KB152839

해·군·사·관·학·교···인·문·학·총·서·1

해양과 인문학

해군사관학교 인문학총서 1

해양과 인문학

1판 1쇄 인쇄_2022년 6월 20일
1판 1쇄 발행_2022년 6월 30일

지은이_박용한, 김재화, 이승철, 설정훈, 민장원, 유민준
기　획_대한민국 해군사관학교 교수부 인문학과
펴낸이_홍정표
펴낸곳_글로벌콘텐츠
　　등록_제25100-2008-000024호

공급처_(주)글로벌콘텐츠출판그룹
　　대표_홍정표 이사_김미미 편집_하선연 이정선 문방희 권군오 기획·마케팅_김수경 이종훈 홍민지
　　주소_서울특별시 강동구 풍성로 87-6
　　전화_02) 488-3280 팩스_02) 488-3281
　　홈페이지_http://www.gcbook.co.kr
　　이메일_edit@gcbook.co.kr

값 32,000원
ISBN 979-11-5852-371-8 93000

해·군·사·관·학·교···인·문·학·총·서·1

해양과 인문학

박용한·김재화·이승철·설정훈·민장원·유민준 지음

글로벌콘텐츠

책머리에

이 책은 해군사관학교 인문학과 교수들이 최근에 연구한 주요 학술적 성과들을 한 권의 책으로 엮은 것이다. 해사 교수부의 인문학과에서는 언어학, 역사학, 철학, 윤리학, 심리학, 리더십과 같은 다양한 분야의 학문을 연구하고 있다. 이들은 지신의 전공 분야에서 해양 또는 해군과 관련된 시사성 있는 주제들을 연구하는 동시에, 장차 정예 해군 장교가 될 해군사관생도들에게 인문학적 지식을 가르치고 있다는 데 항상 자부심을 가지고 있다. 이 책은 이처럼 다양한 전공을 하는 교수들이 각자의 전공 분야에서 연구 발표한 값진 논문들이 여러 학술지에 산재되어 묻혀 있는 것들을 한곳에 모음으로써, 해양과 해군에 관련된 인문학 이야기에 큰 관심을 가지고 있는 독자들이 이 글들을 손쉽게 읽을 수 있도록 도움을 주고자 기획되었다.

2022년 초부터 인문학과 여섯 개 학문 분야의 교수들이 최초 회의를 통해 책 편찬에 대한 아이디어 회의를 가졌다. 그 이후 대략 6개월 동안 책에 실을 16편의 논문들을 선정하고 학술논문 형식의 글을 저서 형식의 읽기 쉬운 글로 편집하였으며, 이를 짜임새 있는 초고로 만들어 낸 후에는 몇 차례의 수정 및 검토 과정을 거쳐 이 책을 만들어 내게 되었다. 생도 교육과 개인 연구 활동 그리고 수많은 학교 업무 등으로 매우 바쁜 상황에서도 이 책의 저술 작업에 기꺼이 참여해준 인문학과 동료 교수들에게 깊은 감사의 말씀을 드린다. 참고로, 이 책을 저술하기 위해 선정한 총 16편의 학술논문이

각 학회지에 게재될 당시의 제목과 게재지 등에 대한 자세한 정보를 독자들께서 쉽게 확인하실 수 있도록 하기 위해 원 논문에 대한 정보를 다음과 같이 제시해 둔다.

1장: 박용한(2018), 〈충무공 이순신의 올바른 지칭어에 대한 언어학적 고찰〉, ≪충무공이순신과한국해양≫ 5, 203~223, 해양연구소.

2장: 박용한(2019), 〈직업 분류 지칭어로서의 '군인'에 대한 사회언어학적 연구〉, ≪해양연구논총≫ 52, 125~136, 해양연구소.

3장: 박용한·허상희(2021), 〈대통령의 졸업식 축사에 나타난 언어적 특성 연구〉, ≪사회언어학≫ 29(4), 179~206, 한국사회언어학회.

4장: 민장원(2018), 〈조선 세종대 병선(兵船) 운용과 해방(海防)전략전술〉, ≪Strategy21≫ 44, 한국해양전략연구소.

5장: 민장원(2019), 〈정조의 '충신' 현창사업과 이순신에 대한 기억의 재구성〉, ≪조선시대사학보≫ 88, 145~186, 조선시대사학회.

6장: 민장원(2020), 〈조선후기 군선(軍船) 운영에 대한 일고찰(一考察): 대동법(大同法) 시행이 군선(軍船) 운영 체제의 변화에 미친 영향을 중심으로〉, ≪이순신연구논총≫ 32, 순천향대이순신연구소.

7장: 김재화·김진수(2019), 〈인공지능(AI) 시대의 군대윤리에 관한 소고〉, ≪해양연구논총≫ 52, 83~94, 해양연구소.

8장: 김재화·박용한(2020), 〈대한민국 창군 정신으로서의 신사도 정신과 이에 기반한 미래의 선진 해군상 연구〉, ≪한국군사학논집≫ 76(3), 145~166, 화랑대연구소.

9장: 김재화·민동화·박용한(2021), 〈해사인의 의미 범주와 정체성에 대한 연구〉, ≪충무공이순신과한국해양≫ 8, 202~253, 해양연구소.

10장: 이승철·김혜진(2018), 〈대한민국 군대의 다문화 현상 분석과 교육적 방법 연구: 도덕적 민감성을 중심으로〉, ≪윤리연구≫ 118, 227~252,

한국윤리학회.

11장: 이승철(2019), 〈신독(愼獨)의 어원적 고찰을 통한 사관생도 명예심 함양방안 연구〉, ≪해양연구논총≫ 52, 327~341, 해양연구소.

12장: 이승철·김혜진(2021), 〈전쟁범죄에 대한 군인의 책임 개념 탐색: 도덕적 책임을 중심으로〉, ≪도덕윤리과교육≫ 71, 219~244, 한국도덕윤리과교육학회.

13장: 유민준·손영우·설정훈(2020), 〈팀장의 윤리적 리더십이 팀원의 번영감에 미치는 영향: 팀신뢰와 일의 의미의 다수준 매개효과〉, ≪인사조직연구≫ 28(3), 97~129, 한국인사조직학회.

14장: 설정훈·유민준·손영우(2021), 〈상사의 윤리적 리더십이 부하의 소명의식에 미치는 영향: 리더 동일시 및 도덕적 정체성의 순차적 매개효과〉, ≪한국심리학회지: 산업 및 조직≫ 34(4), 601~627, 한국산업및조직심리학회.

15장: 박용욱·설정훈·손영우(2018), 〈직업소명의식과 지각된 사회적 지지가 파병 군인의 파병 불안 감소에 미치는 영향: 상호작용효과를 중심으로〉, ≪한국심리학회지: 문화 및 사회문제≫ 24(1), 63~77, 한국문화및사회문제심리학회.

16장: 설정훈·박용욱·최진수·손영우(2021), 〈소명의식이 외상 후 스트레스 증상 및 외상 후 성장에 미치는 영향에서 삶의 의미의 매개역할: 해군 아덴만 파병부대 종단 연구〉, ≪Frontiers in Psychology≫ 11, 599109, Frontiers Media S.A.

역사적으로 언제나 그랬듯이 인간의 삶에 있어 인문학의 가치는 아무리 강조해도 지나칠 수 없다. 세상이 아무리 4차 산업혁명 시대로 접어들었다 하더라도, 인문학적 지식을 기초로 하여 인간을 제대로 이해하지 않고서는 우리는 아무것도 제대로 해낼 수 없다. 바다를 삶의 터전으로 삼고 살아가는 수많은 해양인 그리고 국가의 바다를 수호하는 소중한 사명을 수행하고 있는 우리 해군에게 있어, 인문학은 인간과 바다 그리고 더 넓은 세상을 온전히 이해하는 데 필요한 가장 기초적인 밑거름이 되어 줄 것이다.

이러한 관점에서 이 책은 좁게는 미래 해군의 주역이 될 사관생도들과 그러한 사관생도가 되기 위한 준비에 열중하고 있는 예비 사관생도들, 그리고 더 나아가서는 해군사관학교와 다양한 인연을 맺고 있는 많은 해사인들이 해양과 관련된 인문학적 지식을 함양하는 데 큰 도움을 줄 것으로 기대한다. 더불어 이 책은 이른바 '해사 인문학총서 1권'이라는 이름으로 세상에 나오게 된 만큼, 앞으로 해군사관학교 인문학과 교수들의 왕성한 연구 활동을 통해 제2, 제3권의 해사 인문학총서가 지속적으로 출간되어 많은 독자들이 해양과 인문학에 대한 인식의 지평을 넓혀 가는 데 큰 디딤돌 역할을 해주기를 기대해 본다.

끝으로 어려운 상황에도 불구하고, 이 책을 출판해 주신 글로벌콘텐츠 홍정표 대표님과 책을 멋지게 편집해 주신 편집부의 여러 선생님께 깊은 감사의 말씀을 드린다. 또한 이 책을 발행하고 많은 분들께 배부할 수 있도록 도움을 준 해군사관학교 산학협력단에도 진심 어린 감사의 마음을 전한다.

2022년 6월

(전체 저자들을 대표하여) 박용한 씀

차 례

제4부 윤리학 | 이승철

제5부 리더십 | 유민준

제1부
언어학

해군사관학교 국어 교수 박용한

제1장

충무공 이순신은 장군인가 제독인가?

우리는 다른 사람과 대화를 할 때 제3자를 가리켜 부르기 위해 다양한 형태의 지칭어를 사용한다. 이 지칭어는 '가리킴말'이라고도 일컬어지는데, 이 어휘 속에는 우리가 가리킴을 받는 사람의 정체성 또는 그와 우리의 상호관계를 어떻게 생각하고 있는가에 대한 내용이 내포되어 있기 때문에 사회언어학적 차원에서 볼 때 아주 중요한 의미를 가지고 있다. 이러한 지칭어의 사용 양상은 시간이 흐름에 따라, 사회 구조 또는 사회 구성원들의 인식 변화에 영향을 받아 지속적으로 변화하는 모습을 보인다. 과거에 사용되었던 '간호원', '청소부', '하사관', '정신대' 등의 지칭어가 '간호사', '환경미화원', '부사관', '종군위안부' 등의 지칭어로 바뀌어 사용되는 것은 그 대표적인 예라 할 수 있다.

이번 장에서는 이러한 관점에 기초하여 우리 국민이 역사상 가장 존경하는 인물로 꼽는 위인 중의 한 명인 충무공 이순신을 가리켜 말할 때 사용해야 하는 올바른 지칭어를 언어학적 관점에서 제안해보고자 한다. 우리 국민의 대부분은 과거 조선시대 임진왜란이라는 절체절명의 국가적 위기에서 나라를 구해낸 충무공 이순신을 아주 자랑스럽게 생각하며 존경한다. 특히 충무공 이순신의 후예임을 자부하고 있는 해군은 그의 업적을 기리고 그 명성이나 권위를 국내외적으로 널리 알리기 위해 각종 선양 및 홍보활동을 전개해 나가고 있다. 그 과정에서 우리는 어떤 형태로든 충무공 이순신을 가리키는 지칭어를 사용해야 하는데, 그 지칭 형태는 매우 다양할 수 있다. 예를 들어 '충무공'이나 '이순신'과 같이 간단한 형태의 지칭어를 사용하는 경우도 있고, 그 외에 이 둘을 합친 '충무공 이순신' 그리고 '이순신 장군', '이순신 제독', '충무공 이순신 장군', '충무공 이순신 제독' 등과 같이 상대적으로 복합적인 형태의 지칭어를 사용하기도 한다.

주지하는 바와 같이, 지칭어는 단지 우리가 그 대상을 가리키기 위해 사용하는 어휘라는 것 이상으로 아주 중요한 의미를 가지고 있다. 지칭어 속에는 우리가 그 사람의 정체성을 어떻게 생각하고 있는지 그리고 그와 우리의 관계를 어떻게 생각하고 있는지에 대한 내용이 녹아 들어가 있기 때문이다. 예를 들어 현역의 신분을 가지고 군에서 교수의 임무를 맡고 있는 필자를 군대의 동료들은 주로 '○ 대령(님)' 또는 '○ 교수(님)'과 같이 성에 계급이나 교수의 직함을 붙인 두 가지 형태로 지칭하거나 호칭하고 있다. 전자의 형태를 사용하는 이는 필자의 현역 신분에 주목하면서 자신과 필자 사이의 상하 계급 관계를 중시하는 것으로 보인다. 이런 경우는 대개 그들이 필자에게 업무상의 지시를 하거나 협조를 구하려는 경우가 많다. 이와 다르게 후자의 형태를 사용하는 경우에는, 비록 자신이 선배 장교라 하더라도, 필자가 전공하고 있는 학문 분야의 전문성을 고려하면서 교육 업무에 종사하는 필자의 특수성을 인정하는 것으로 보인다. 쉽게 짐작해 볼 수 있듯이, 이런 경우는 대개 필자에게 국어 문제와 관련된 학문적인 자문을 구하거나 여러 가지의 교육 지원을 요청하는 경우가 많았다.

이렇듯 누군가를 가리켜 말하거나 대화 상대를 부르게 될 때 어떤 형태의 지칭어와 호칭어를 사용하는가 하는 문제는 사회언어학적 관점에서 매우 큰 의미를 가지게 된다. 여기에서는 이런 인식에 기초하여, 우리가 충무공 이순신을 가리키기 위해서는 어떤 형태의 지칭어를 사용하는 것이 적절한지에 대해 살펴보고자 한다. 물론 지금까지 이 주제에 대해서는 몇 차례의 연구들이 수행된 바 있다. 다음에서는 먼저 이런 기존 연구들의 결과를 종합적으로 검토해 본 후, 그동안 우리가 충무공 이순신에 대해 어떤 형태의 지칭어를 주로 사용해 왔었는지를 역사적 측면과 어휘 사용적 측면에서 살펴볼 것이다. 그리고 마지막으로는, 해군은 물론이고 우리나라의 일반 국민이 충무공 이순신을 가리켜 말할 때 사용해야 하는 올바른 지칭어를 언어학적인 관점에서 제안해보고자 한다.

장군과 제독의 의미

오늘날 충무공 이순신에 대한 지칭어로는 일반적으로 '이순신 장군'과 '이순신 제독'이 널리 사용되고 있다. ≪표준국어대사전≫을 검색해 보면, '장군'과 '제독'에 대한 뜻풀이는 다음과 같이 제시되고 있다.[1]

> 장군04(將軍)
>
> 「명사」
>
> 「1」 군의 우두머리로 군을 지휘하고 통솔하는 무관.
>
> ¶ 을지문덕 장군/장군은 군사들을 이끌고 싸움터로 나아갔다./우리는 이제야말로 우리의 성웅 이순신 장군의 진가를 세계에 선양해야 할 시대가 아닌가 한다. ≪정비석, 비석과 금강산의 대화≫
>
> 「2」 장관(將官) 자리의 사람을 높여 이르는 말.
>
> 「3」 힘이 아주 센 사람을 비유적으로 이르는 말.
>
> ¶ 그 사람이야말로 힘세기로는 천하 으뜸인 장군이로다.
>
> 「4」 『군사』준장, 소장, 중장, 대장을 통틀어 이르는 말. ≒장관03(將官)「2」·

장령04(將領)「1」·장성07(將星).

「5」『역사』신라 때에 둔, 육정(六停)·구서당·시위부의 으뜸 벼슬. 또는 그 벼슬아치. 위계는 급벌찬에서 아찬까지이다.

「6」『역사』발해 때에 둔 무관 벼슬. 또는 그 벼슬아치. 발해는 당나라 군사 제도를 본떠서 중앙군으로 십위(十衛)를 베풀고, 각 위에 대장군 1인과 장군 1인을 두었다.

「7」『역사』고려 시대에 둔 정사품 무관 벼슬. 또는 그 벼슬아치. 중앙군의 셋째 위계로, 공민왕 때 호군(護軍)으로 고쳤다.

「8」『역사』조선 초기에 둔 종사품 무관 벼슬. 고려 시대의 제도를 계승하여 각 영(領)에 한 명씩 두었으나 세조 3년(1457)에 군제 개편으로 없앴다.

제독04(提督)

「명사」

「1」 해군 함대의 사령관.

¶ 나는 일본의 어느 제독이 이순신을 세계에서 가장 훌륭한 제독으로 꼽았다는 말은 하지 않았다. ≪윤후명, 별보다 멀리≫/왜적이 방심하고 있는 틈을 타서 이 제독으로 대군을 휘동하여 평양성을 습격하도록 하라. ≪박종화, 임진왜란≫

「2」『역사』조선 선조 때에, 교육을 장려·감독하려고 팔도에 한 사람씩 둔 벼슬. ≒훈도01「3」.

위의 사전적 정의에서 확인할 수 있듯이, '장군'은 일반적으로 군을 지휘하고 통솔하는 지휘관을 뜻한다. 이 어휘는 역사적으로 보면 신라에서부터 시작하여 발해, 고려, 조선에 이르기까지 각 시기마다 조금씩은 다르지만, 군에서 일정 수준 이상의 고위 직위에 해당하는 무관 벼슬을 가리키는 어휘였다. 오늘날에는 비유적으로 힘이 아주 센 사람을 이르는 데 사용되기도

하지만, 가장 기본적인 의미는 군사 분야에서 장관(將官)급의 자리에 있는 사람을 높여 이르는 말이라 할 수 있겠다. 일반적으로 군대에 종사하는 간부의 계급은 크게 부사관(하사, 중사, 상사, 원사), 위관(소위, 중위, 대위), 영관(소령, 중령, 대령) 그리고 장관(준장, 소장, 중장, 대장)으로 분류할 수 있는데, 이 중에서 장관에 해당하는 계급을 통틀어서 장군이라 이르고 있는 것이다.

다음으로 '제독'은 먼저 역사적으로 보면, 조선 선조 때에 지방의 교육을 장려하고 감독하기 위한 목적으로 8도 지방 향교에 감독관을 한 사람씩 임명하였는데 이 벼슬의 이름을 '제독장학관(提督奬學官)'이라고 하면서 사용된 바 있다. 하지만 여기에서의 '제독'은 이 글에서 '장군'과 함께 다루고 있는 '제독'과는 비록 같은 형태이기는 하지만 그 쓰임의 분야가 전혀 다른 것으로, 현재 군에서 사용하고 있는 '제독' 어휘의 사용 유래를 여기에서 찾을 수는 없을 것으로 보인다.

제독은 영어로 'Admiral'이라 하는데, 이 칭호의 사용은 오랜 역사를 가지고 있다. 먼저 영어권의 사용 유래를 보면, 이 용어는 12세기 이전부터 아랍인들에 의해 사용된 것으로 보고되고 있다. 아랍어에는 왕 또는 지휘관을 뜻하는 '아미르'와 관사 '알' 그리고 바다의 뜻을 가지는 '바하르'라는 단어가 있는데 이들이 합쳐져 '아미르알바하르'라는 단어가 만들어졌고, 나중에 시칠리아인들이 이를 줄여서 '아미랄'이라는 용어를 사용한 것으로 전해지고 있다.[2] 유럽에서는 근대 초기부터 이 어휘가 본격적으로 사용되기 시작하는데 영국의 국력이 신장되고 해양력이 확장됨에 따라 1620년부터 영국은 함대사령관의 의미로 'Admiral'이라는 지칭어를 사용하였으며, 이후 해군의 장관급 장교를 일컫는 용어로 널리 사용해오고 있다.

이러한 개념의 지칭어로 한자권에서는 바로 '제독(提督)'이라는 어휘가 사용되었는데, 그 유래는 먼저 명나라에서 1592년에 이여송을 감독관 또는 지휘관의 의미를 갖는 '제독'으로 임명한 데서 찾을 수 있다. 그 이후 청나라 시대에는 주요한 성의 수군과 육군 모두를 통솔하는 무관의 최고 벼슬을 가리켜 제독이라 하였으며, 각 성에 육로제독(陸路提督)과 수사제독(水師提督)을 두었다. 한편 일본에서는 1891년 청나라의 수사제독 정여창이 일본을 방문하게 되면서 이 어휘를 처음 접하게 되었는데, 청일전쟁과 러일전쟁 이후에는 영어권에서 사용되는 'Admiral'의 번역어로 사용되기 시작했다. 그 이후에는 1, 2차 세계대전과 태평양 전쟁을 겪게 되면서 자국에서 많이 배출하게 된 함대 지휘관 또는 장관급 장교의 지칭어로 이 '제독'이라는 어휘를 본격적으로 사용하게 된다.

비슷한 시기의 조선에서는 위에서 언급한 것처럼 1586년부터 1592년까지 8도 지방 향교의 교육 감독 업무를 수행하는 이를 제독장학관이라 지칭한 바 있다. 하지만 현재 사용되고 있는 제독의 유래는 임진왜란 시기에 명의 이여송이 제독이라는 호칭을 가지고 등장하게 되자 제독을 최고 장수의 직함으로 인식하기 시작한 데서 찾을 수 있다. 이후 청일전쟁과 러일전쟁 이후에 일본식 군대용어가 대량으로 유입되었는데, 근대 한국 해군의 창설 이전까지는 해군의 인력이 전혀 없었던 관계로 제독이라는 용어는 사용할 필요가 없는 지칭어였다. 그러던 중 1947년 2월 해군의 아버지라 불리는 손원일이 준장으로 진급하여 해안경비대 총사령관의 자리에 취임하면서 중국과 일본 해군의 영향을 받아 제독이란 지칭어로 최초로 명명되었고, 그 이후 장관급 해군장교의 총칭으로 인식되어 지금까지 사용되어 오고 있다.[3]

올바른 지칭어 사용에 대한 갑론을박

충무공 이순신을 어떻게 불러야 하는가에 대한 논의는 1965년 7월 31일에 발행된 해군의 전문 잡지인 ≪옥포≫ 2002호에서 처음 시작된 것으로 보인다. 이 잡지에서는 "李忠武公은 提督인가 將軍인가?"라는 제목의 '지상(紙上) 토론' 내용을 게재하고 있다. 여기에서 먼저 최석남(1965)는 조선시대에는 육군의 장군이 해군의 장군이 될 수도 있었고 그 반대도 가능했다는 점을 지적하면서, 이순신은 장군이라 함이 타당하며 제독이라 하는 것은 쑥스러운 면이 있다고 언급하였다. 또한 한국식의 전통과 제도 하에 있었던 수군의 장군을 억지로 서양식으로 지칭하는 것 같아 좀 어색하다고 주장하였다.

이와 달리 이용술(1965)는 원래 해군은 오랜 역사와 바다를 무대로 하는 특수성을 지니기 때문에 제독이라는 말을 사용하면서 타군과 구별될 수 있다고 말한다. 그러면서 충무공 이순신은 육군으로서의 경력을 가지고는 있지만 육군으로서보다는 해군제독으로서 더 두드러지는 경력을 보여주고 있기 때문에 해군 제독으로 보는 것이 마땅하다고 언급하고 있다. 또한 해군이 발달된 미국에서 장군에 해당하는 'General'이라는 어휘 못지않게 제독에 해당하는 'Admiral'이라는 어휘가 널리 알려져 있는 것을 고려해야 한다고 하면서, 이순신은 제독이라 부르는 것이 마땅하고 이것이 시대적 감각에도 적합하다고 주장하고 있다. 조성도(1965) 또한 같은 지면상에서 이순신 제독이라 부르는 것이 옳다는 주장을 내놓고 있다. 그리고 그러한 주장의 근거로 "…… 當時의 우리나라는 陸軍을 爲主로 한 呼稱이 一般化되었기 까닭에 現今까지도 將軍이라는 말이 많이 使用되고 있음은 否認 못할 事實이다. 그러나 오늘날의 世界는 陸海軍이 서로 獨立되어 있으며 나아가서는 將軍과 提督이란 呼稱도 뚜렷이 區別되어 있으므로 陸軍으로서의 忠武公이 아니라 「水軍將으로서의 李舜臣」에게는 只今에 불려지고 있는 呼稱을 따라 마땅히 「李舜臣 提督」이라고 불러야 할 것이다."와 같이 주장하고 있다.

이후 충무공 이순신의 지칭어에 대한 논의는 20세기 말경에 다시 이루어진다. ≪옥포≫지에서의 초기의 논의가 있었던 이후 약 30년이 지난 시점에서, 이홍우(1997)은 조선시대의 군사 조직과 이순신의 관직을 분석함으로써 이순신을 제독으로 불러야 한다고 주장한다. 이홍우(1997)에서는 이순신이 근무했던 주요 관직들이 갖는 현대적 차원의 의미를 다음의 〈표 1〉과 같이 분석하고 있다.

〈표 1〉 이순신 주요 관직의 현대적 직위

년도	주요 관직	품계	현대적 직위	계급	호칭
1576	권관	종9품	분대장	부사관	
1580	수군만호	종4품	전대장	준장	제독
1586	주부	종6품	소대장	위관	장교
	조산보 만군	종4품	여단장	준장	장군
1591	전라좌수사	정3품	함대사령관	소장	제독
1593	삼도수군통제사	종2품	작전사령관	중장	제독

위의 표에서 보는 바와 같이 충무공 이순신은 당시 육군과 수군의 직위에 모두 임용되었지만, 실제로 육군에 근무했던 기간은 수군에 근무했던 기간보다 상대적으로 상당히 짧다. 특히 오늘날 우리가 위대한 승리라고 인정하는 전과들은 대부분이 육전이 아닌 해전에서의 결과라는 점, 그리고 임진왜란 시 전사하였던 최후의 해전인 노량해전에서는 삼도수군통제사의 직위를 맡고 있었는데 이는 오늘날 해군작전사령관에 해당하는 직위였다는 점을 고려하여, 이홍우(1997)에서는 이순신을 당연히 제독으로 지칭해야 한다고 주장하였다.

한편 정진술(1998)은 역사상의 인물을 부를 때에는 그가 살아 있던 시대의 호칭 법도를 따라 불러야 하고, 또 그 인물의 사후에는 주로 시호를 따라 불러야 한다고 보았다. 그리하여 충무공 이순신은 관직명을 이용하여 '통제사 이순신'이라 부르거나 1643년 이순신에게 내려진 '충무공'이라는 시호를 고려하여 '충무공 이순신', '이충무공'으로 지칭해야 한다고 보았다. 결과적으로 '이순신 제독'이라는 지칭어를 사용해서는 안 되며, '이순신 장군' 또한 장군은 직함이 아닌 계급이었기 때문에 부적합하다는 의견을 제시하였다. 그런데 정진술(1998)은 이순신을 외국인들에게 소개할 때는 그가 육군 지휘관이 아닌 해군지휘관이었고, 그가 해전의 영웅임을 알리기 위한 것이므로 영어 어휘로는 'Admiral'로 번역해야 한다고 함으로써, 국내용 지칭어와 해외용 지칭어의 의미가 서로 일관되지 않는 문제점을 초래하고 있다.

위와 같은 주장들의 장단점을 상호 검토한 강영오(1999)에서는 제독 호칭 반대론이라 할 수 있는 정진술(1998)의 의견을 충무공 이순신을 학문적으로 연구해온 일부 국내 사학자들의 견해라 보았고, 제독 호칭 찬성론이라 할 수 있는 이흥우(1997)의 의견은 그러한 국내 사학자들의 의견과 관계없이 우리나라 해군 장병들의 일반적인 정서와 맥을 같이하고 있는 것이라 보았다. 또한 우리나라에서 정부 수립 이후에 충무공 이순신을 제독이라 부르지 않고 장군이라 불러온 것은 과거 박정희 대통령이 그를 존경하여 아산에 현충사를 짓고 이순신 장군이라 불렀는데, 이러한 육군 정권 시절의 분위기에 너무 위축이 된 것이라 하였다. 그 결과 그동안 해군은 공식 석상에서조차도 이순신 제독이라는 지칭어를 사용하지 못했는데 이는 참으로 안타깝고 부끄러운 일이라고도 지적하고 있다.

이상의 연구 결과들을 보면, 순수하게 역사학적인 관점에서 당시의 관직명을 중시하면서 오늘날의 호칭 관습을 수용하는 데 보수적인 입장을 취하는 이들은 '충무공 이순신', '이충무공', '이순신 장군' 등의 지칭어 사용을 주장하면서 '이순신 제독'이라는 지칭어는 부적절한 것으로 보고 있다. 이와 달리 역사학적 관점보다는 오늘날의 호칭 관습을 중시하면서, 특히 해군의 정체성과 특수성을 전략적으로 살리고자 하는 이들은 '이순신 제독', '충무공 이순신 제독' 등의 지칭어를 적극적으로 사용하려는 것으로 보인다.

오늘날 일반 언중의 지칭어 사용 모습

일반적으로 볼 때 충무공 이순신에 대한 지칭어로 '충무공 이순신', '이충무공'을 사용하는 것은 별로 문제가 없는 것으로 보인다. 그런데 임진왜란 당시에 무관 직위에 있었던 그를 오늘날 지칭하는 어휘로 '이순신 장군'과 '이순신 제독' 중에 어느 것이 더 적절한가 하는 문제는 아직 명쾌한 해결책을 찾지 못하고 있다.

현재 시행되고 있는 국방부의 언어생활 관련 규정을 살펴보면, 국방부훈령 제600호(1988년 8월 6일)인 「국군병영생활규정」의 제13조 (호칭)에서는 "① 상급자에 대하여는 성과 계급 또는 직명 다음에 '님'의 존칭을 붙이되 성 또는 직명을 알지 못할 경우에는 계급 다음에 '님'을 붙여 호칭한다. 또한 장관급 장교에 대하여는 계급 대신 '장군' 또는 '제독'의 호칭을 사용할 수 있다."라고 규정하고 있어, 분명하게 '제독'이란 어휘의 사용 가능성을 명시하고 있다. 물론 여기에서 제독이라 부를 수 있는 대상은 해군의 장관급 장교가 될 것이다.

그렇다면 일반 언중들은 충무공 이순신을 장군과 제독 중 어느 것으로 지칭하고 있을까? 여기에서는 오늘날 일반 언중들이 충무공 이순신을 지칭할 때 사용하는 어휘의 사용 현황을 역사적 측면과 어휘 사용적 측면으로 나누어 살펴보겠다.

역사적 측면

조선시대에는 현재의 군대 조직과 마찬가지로 육군과 수군의 조직이 구분되어 존재하였으나, 최고 지휘관에 임명되는 장수들은 육군의 경우 병마절도사, 수군의 경우 수군절도사 등의 지휘관 직위에 모두 임명될 수 있었다. 충무공 이순신도 당시의 관례에 따라 현재의 육군 장군과 해군 제독의 경력을 공유하였다.

〈표 2〉 충무공 이순신이 재직했던 주요 관직의 근무 월수

수군		육군		관원		기타
직위	근무 월수	직위	근무 월수	직위	근무 월수	
발포 만호	19	동구비보권관	26	정읍 현감	13	파직
전라좌수사	30	훈련원 봉사	8			휴직
삼도수군 통제사	59	충청병사군관	8			부친상
		훈련원 봉사	13			백의종군
		함남병사군관	2			
		조산보 만호	2			
		전라군관	10			
계	108	계	69	계	13	57

이흥우(1997)에서는 충무공 이순신이 재직했던 관직의 보직 기간을 위의 〈표 2〉와 같이 분석하고 있다. 그런데 조선시대 당시에 종4품 이상의 벼슬, 즉 육군의 경우 '만호, 첨절제사, 절제사, 병마절도사', 수군의 경우 '만호, 첨절제사, 절제사, 수군절도사, 수군통제사'에 해당하는 직위에 있는 무관들은 모두 육군과 수군의 구분 없이 '장군'이라 통칭하였다. 그러므로 오늘날의 군대조직이나 호칭 관례를 고려하지 않고 오로지 역사적인 측면에서만 본다면, 충무공 이순신은 엄연히 장군이었고 지금도 장군이라고 지칭하

는 데에 큰 문제가 없는 것으로 볼 수 있겠다.

어휘 사용적 측면

어떤 대상에 대한 지칭어를 결정하는 데 있어서 일반 언중들의 어휘 사용 실태는 매우 중요하다. 사용 가능성의 측면에서 보면, 이론적으로 충무공 이순신에 대한 지칭어는 다음과 같은 형태들이 사용 가능하다.

(이)(충무)공 + (이순신) + (장군 / 제독)

1. 공은 어려움 속에서도 국난을 극복해낸 우리 겨레의 위대한 영웅이다.
2. 충무공은 어려움 속에서도 국난을 극복해낸 우리 겨레의 위대한 영웅이다.
3. 이충무공은 어려움 속에서도 국난을 극복해낸 우리 겨레의 위대한 영웅이다.
4. 충무공 이순신은 어려움 속에서도 국난을 극복해낸 우리 겨레의 위대한 영웅이다.
5. 충무공 이순신 장군은 어려움 속에서도 국난을 극복해낸 우리 겨레의 위대한 영웅이다.
6. 충무공 이순신 제독은 어려움 속에서도 국난을 극복해낸 우리 겨레의 위대한 영웅이다.
7. 이순신 장군은 어려움 속에서도 국난을 극복해낸 우리 겨레의 위대한 영웅이다.
8. 이순신 제독은 어려움 속에서도 국난을 극복해낸 우리 겨레의 위대한 영웅이다.

위의 다양한 지칭어 형태들 중에서 일반 국민은 '이순신 장군'을 가장 많이 사용하고 있는 것으로 보인다. 이것은 일반 국민뿐만 아니라 각종 언론에서도 마찬가지인데, 2018년 2월 13일 연합뉴스에 보도된 올림픽 관련 기사에는 "IOC, 이순신 장군에 이어 '자유의 여신상'도 지워라"라는 제목의 기사가 올라왔고, 2018년 4월 28일에 보도된 아시아경제신문 [뉴스 그 후]에는 "'친일'에 둘러싸인 이순신 장군… 씁쓸한 탄신 473주년"이라는 제목의 기사가 입력되기도 하였다. 이 외에도 국립국어원이 인터넷상에서 제공하고 있는 신문 말뭉치 8천만 어절에서의 빈도 검색을 해본 결과 '이순신 장군'은 288회 검색되었고, '이순신 제독'은 17회만 검색된 것을 통해서도 그러한 현황을 쉽게 확인할 수 있다. 우리 국민은 광화문 앞에 설립된 충무공 이순신의 동상을 대부분 '이순신 장군 동상'이라 부르지 '이순신 제독 동상'이라 부르지 않는 것을 통해 볼 때, 오늘날 우리 사회의 일반 언중들은 충무공 이순신을 제독보다는 장군으로 인식하고 있는 것으로 보인다.

언어학적 관점에서의 지칭어 제안

그렇다면 우리는 충무공 이순신을 제독이 아닌 장군으로만 지칭해야 하는 것일까? 역사학적인 측면에서 바라본다면 그렇다고 할 수 있겠다. 과거에 충무공 이순신이 장군으로 불린 적은 있지만, 당시의 어휘체계에는 있지도 않았던 제독으로 불린 적은 없었기 때문이다. 하지만 관점을 달리하여, 이 문제를 언어학적 관점에서 바라본다면 충무공 이순신을 제독으로 지칭하는 데 아무런 문제가 없을 것으로 보인다. 아니 오히려 그렇게 지칭할 때 많은 긍정적 효과를 볼 수 있을 것으로 보인다. 다음에서는 그 이유를 어휘의 의미장(semantic field), 언어 정책, 글로벌 차원의 의사소통이라는 세 가지 측면에서 설명해보도록 하겠다.

어휘의 의미장 측면

의미장 이론(semantic field theory)은 한 언어 안에서 사용되는 어휘들이 의미적으로 서로 관련이 있는 것들끼리 체계적으로 그룹화되어 하나의 장을 이루고 있는 모습을 살펴보는 것이다. 이 하나의 장에 속하는 어휘들은 공통의 의미 관계를 갖게 되는데, 예를 들면 색깔의 의미를 가지고 어휘들의 의미장, 친족 관계를 나타내는 의미를 갖는 어휘들의 의미장 등을 들 수 있다. 예상할 수 있듯이, 이 의미장의 모습은 각 언어들마다 그 언어를 사용하는 사람들의 문화에 따라 서로 다른 형태를 보인다. 또한 같은 언어의 의미장이라도 시간의 흐름에 따라 그 모습이 변해갈 수 있다. 다음의 그림은 그러한 모습을 간략하게 보여주는 것이다.

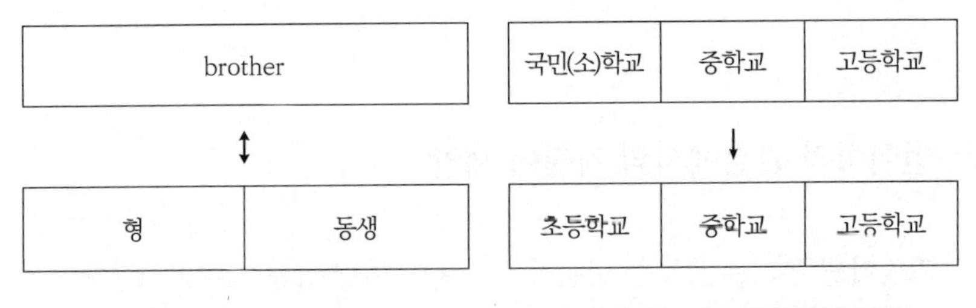

〈그림 1〉 형제 관련 어휘 의미장의 차이 **〈그림 2〉 학교 관련 어휘 의미장의 변천**

〈그림 1〉은 영어에서의 어휘 'brother'가 차지하는 의미장을 한국어의 경우에는 '형'과 '동생'의 두 어휘가 차지하고 있는 모습을 보여 주고 있다. 〈그림 2〉는 과거에는 학교의 어휘장을 구성하던 '국민학교(또는 소학교)'라는 어휘가 현재에는 '초등학교'라는 어휘로 대체된 모습을 보여주고 있다. 여기에서 우리가 특히 주목할 필요가 있는 것은 〈그림 2〉의 변화 모습이다. 예를 들어 과거에 '○○초등학교'를 졸업한 이라 하더라도, 요즘에 와서 굳이 자신은 '○○초등학교'를 나왔다고 이야기하지 않고 '○○초등학교' 졸업생이라고 말한다. 이는 오늘날 언중들의 어휘 사용이 과거가 아닌 현재의 의미장 구조에 기초한다는 것을 의미하는 것이다. 이러한 모습은 여러 어휘에서 찾아볼 수 있다. 과거에는 늘 친하게 어울리는 사람을 '동무'라 하였으나, 현대에 와서 이 어휘는 특정의 정치적 신념을 공유하고 있는 이들에게는 '혁명을 위하여 함께 싸우는 사람'의 의미가 되었다. 또한 과거에는 정3품

또는 종3품 이상의 벼슬을 하는 사람을 '영감'이라 하였으나, 요즘에 와서 이 어휘는 중년 이상 또는 노인을 지칭하는 어휘로 사용되고 있다.

이처럼 특정 개념의 어휘장을 구성하는 어휘 의미가 변하는 데 더하여, 그 의미장의 구조가 변천 과정을 거치기도 한다. 그 대표적인 예가 바로 다음의 〈그림 3〉에서 볼 수 있는 '장군'의 의미장이다.

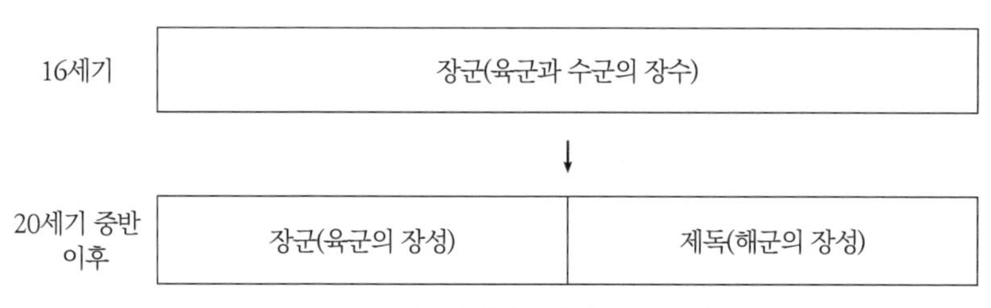

〈그림 3〉 '장군'의 의미장 변천

위의 〈그림 3〉을 통해 볼 때, 충무공 이순신을 장군으로만 지칭해야 한다는 의견은 과거의 의미장을 구성하는 어휘 체계에 머물러 의미장의 변천 결과를 수용하지 못하는 것이라 할 수 있다. 이는 동시대를 살고 있는 타인들과의 원활한 의사소통에 걸림돌이 될 수 있다. 결론적으로, 일반 언중들은 과거의 의미장이 아닌 현재의 의미장을 구성하는 어휘들을 적극적으로 사용한다는 점, 그리고 과거에 널리 사용되었던 '장군'의 의미장이 오늘날 두 개의 영역으로 분화되어 사용되고 있다는 점을 고려해 볼 때, 현재의 시점에서 충무공 이순신을 제독으로 지칭할 수 있는 이유는 충분하다고 할 수 있겠다.

언어정책적 측면

한 언어공동체의 언어 사용, 특히 어휘 선택의 문제는 정책적 결정의 대상이 될 수 있다. 즉 언어 사용 주체들은 그들의 정책적 필요에 의거해서 어휘 사용, 표기법, 표준어 규정과 같은 분야에서 정책적으로 변화를 도모할 수 있다. 국가 정부 기관인 국립국어원의 정책적 결정에 따라 기존의 어휘를 다른 어휘로 대체하여 사용한 사례는 결코 적지 않다. 과거에 일반 언중들이 자연스럽게 사용했던 어휘 '청소부'를 '환경미화원', '때밀이'를 '세신사', '장애인'을 '장애우', '정신대'를 '종군위안부', '간호원'을 '간호사', '하사관'을 '부사관'으로 대체하여 사용한 것들이 바로 그런 사례들이다. 이 어휘들은 각자 다른 배경의 사유에 의해서, 언어 사용 주체들이 나름의 의도를 가지고 이를 정책적으로 변화를 주도해낸 결과라 할 수 있다.

해군은 지금껏 자신들이 충무공 이순신의 정신을 계승한 후예라는 점을 항상 강조해 왔다. 이런 해군의 입장에서 보면 해군만의 전통과 특수성 그리고 충무공 이순신의 후예라는 정체성을 더욱 부각하는 네 있어서 충무공 이순신을 '제독'이라 지칭하는 것은 상징적으로 매우 긍정적인 효과를 불러일으킬 수 있다. 물론 당장은 언중들의 대부분이 이순신을 장군으로 지칭하면서 제독 어휘의 정확한 의미와 쓰임새를 잘 모르고 있을 수도 있다. 하지만 21세기에 접어들면서 선진국 해군의 위용을 갖춰 나가고 있는 우리나라 해군의 정책적 시각에서 본다면, 당장은 알아주는 언중이 부족하다 하더라도 '충무공 이순신 제독'이라는 지칭어를 해군 공동체부터 적극적으로 사용할 필요가 있다.

현재 해군에서 발행하는 모든 인쇄물이나 홍보물, 그리고 각종 공식 행사나 문서 등에서 '충무공 이순신 제독'이라는 지칭어를 사용하면서 그 쓰임새와 의미를 일반 언중에게 적극적으로 홍보해나가면, 해군만의 독창성과 전통을 일반인들에게 더 널리 알리게 되는 효과를 보게 될 것이다.[4] 결론적으로, 해군의 입장에서 보면 조직의 미래지향적 발전을 위해 언어정책적 차원에서 '(충무공) 이순신 제독'이라는 지칭어를 보다 주도적으로 사용하고 이를 군 외부의 일반 언중들에게까지 적극 홍보해 나갈 필요가 있겠다.

글로벌 차원의 의사소통적 측면

충무공 이순신을 제독으로 지칭해야 하는 이유는 글로벌 차원의 의사소통적 측면에서도 찾아볼 수 있다. 주지하는 바와 같이, 해군은 바다에서 작전을 하기 때문에 육군이나 공군에 비해 상대적으로 더 자주, 타국의 군대와 연합작전을 하는 등 전 세계를 무대로 활동을 하는 경우가 많다. 이런 상황에서는 타국 해군과 우리 해군 간의 계급 조직 및 계급 명칭 등이 일치해야 하는 것은 상호 의사소통 과정에서 매우 중요한 조건이 된다. 일반적으로 전 세계의 모든 선진국 해군에서는 군의 장성을 지칭할 때 'general(장군)'과 'admiral(제독)'을 구분하여 사용하고 있다. 그 의미장의 모습을 영어권과 한국어의 상황을 비교하여 나타내면 다음의 〈그림 4〉와 같다.

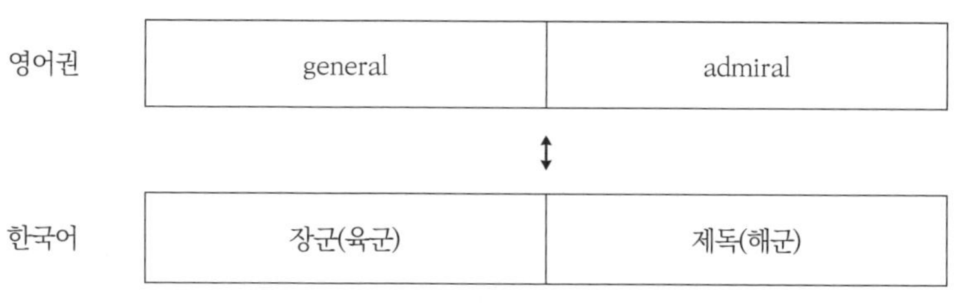

〈그림 4〉 군 장성과 관련된 의미장 구조 비교

이런 점에 주목하여 이용술(1965)에서는 해군이 발달된 미국의 경우만 해도 admiral(제독) 하면 general(장군) 못지않게 널리 알려져 있다고 하면서, "이순신 제독이라 부르는 것이 마땅하며 또한 시대적 감각에도 적합한 용어라 생각하는 것이다."라고 언급하고 있다. 다행히 현재 우리나라에서는 충무공 이순신과 관련된 외국어 서적을 출판할 때에 대부분이 'general Yi'가 아닌 'admiral Yi'를 사용 중에 있다. 이는 세계 해전사 분야에서 충무공 이순신과 함께 훌륭한 위인으로 언급되고 있는 영국의 넬슨과 일본의 도고를 전 세계인들이 넬슨 제독, 도고 제독이라 지칭하는 것과 같은 현상이다. 역사학적인 관점에 서서, 충무공 이순신을 제독으로 지칭해서는 안 된다고 주장한 정진술(1998)에서도 외국인들에게 충무공 이순신을 소개할 때에는 당연히 그들의 용어에 적합한 'admiral'을 사용해야 한다고 언급하고 있다.

이런 점들을 고려해 볼 때, 우리 해군이 타국 해군과 원활하게 의사소통할 수 있는 여건을 조성하고, 더 나아가 전 세계 어디에 내놓아도 뒤지지 않을 만큼 우리나라의 큰 자랑이라고 할 수 있는 '해군으로서의 충무공 이순신'을 전 세계에 효과적으로 홍보하기 위해서는, 군의 장성과 관련된 의미장을 외국어권과 통일하여 장군과 제독을 구분하여 사용하는 것이 바람직할 것이다.

맺으며

이제껏 지속되어 왔던 충무공 이순신의 지칭어에 대한 논의는 간략히 말하면 역사학적 관점의 의견과 해군의 정책적 차원의 의견으로 나누어 볼 수 있겠다. 단순히 역사학적인 관점에서만 보면 충무공 이순신은 장군으로 지칭하는 데 별 무리가 없어 보인다. 또한 현재 우리 사회의 일반 언중들은 그러한 지칭어를 사용하는 데 별다른 문제의식을 가지고 있지 있다. 하지만 충무공 이순신의 후예임을 자처하는 해군의 정체성이나 특수성을 적극 고려하면서, 어휘 사용과 관련된 이 문제를 언어학적인 관점으로 바라본다면 충무공 이순신을 제독으로 지칭하는 것은 여러 측면에서 보다 긍정적인 효과를 불러일으킬 수 있을 것으로 보인다.

앞에서 설명한 바와 같이, 첫째 어휘의 의미장 측면에서 볼 때 군의 장성에 관한 의미장의 모습이 16세기와 현재의 모습이 상이한데 어휘 사용은 과거가 아닌 현재의 어휘 체계에 기초하게 된다는 점, 둘째 언어(어휘 사용) 문제는 그 사용 주체가 긍정적 효과를 얻어 내고자 정책적으로 변화를 도모할 수 있다는 점, 셋째 영어권의 경우 'general'과 'admiral'을 명확하게 구분하여 사용하는 현실 속에서 글로벌 차원의 의사소통을 원활히 하고 충무공 이순신을 전 세계에 효율적으로 홍보하기 위해 필요하다는 점에서, 충무공 이순신을 지칭할 때 '(충무공) 이순신 제독'이라 지칭하고 영어로는 'admiral Yi Sun-shin'이라 지칭하는 것이 바람직할 것으로 보인다. 이런 어휘 사용이 점차 확대되고 지속된다면, 일반 언중들도 제독 지칭어의 사용이 보다 정확한 쓰임이라는 것을 더 잘 이해하고 '(충무공) 이순신 제독'이라는 지칭어를 자연스럽게 사용하게 될 것으로 생각한다.

주석

1) ≪표준국어대사전≫의 뜻풀이에 제시된 용례들에서도 충무공 이순신의 지칭어로 '장군'과 '제독'이 함께 사용되고 있음을 알 수 있다. 그 용례들은 "우리는 이제야말로 우리의 성웅 이순신 장군의 진가를 세계에 선양해야 할 시대가 아닌가 한다."와 "나는 일본의 어느 제독이 이순신을 세계에서 가장 훌륭한 제독으로 꼽았다는 말은 하지 않았다./왜적이 방심하고 있는 틈을 타서 이 제독으로 대군을 휘동하여 평양성을 습격하도록 하라."인데, 전자의 용례에서는 장군으로, 후자의 용례에서는 제독으로, 각각 충무공 이순신을 지칭하고 있다.

2) 이흥우(1997: 96)에서 아랍어 '아미랄'의 유래에 대해 설명한 내용을 참고하였다.

3) ≪표준국어대사전≫에서는 제독을 '해군 함대의 사령관'이라고 뜻풀이하고 있는데, 이는 정확한 의미 해설이라고 보기 어렵다. 물론 해군 함대사령관은 모두 장관급이기 때문에 제독이 되기는 하지만, 해군에는 참모총장, 참모차장, 해군본부의 각 부장 그리고 해군사관학교장이나 교육사령관 등과 같이 함대사령관 이외의 직위에 있는 제독들이 더 많기 때문이다. 한편 ≪연세한국어사전≫에서는 제독을 '해군의 장군. 해군의 장성 계급의 총칭'이라 하고 있는데, 이런 뜻풀이가 상대적으로 볼 때 보다 정확하다고 할 수 있다.

4) 강영오(1999: 30)에서는 한국 해군의 본산이라 할 수 있는 해군사관학교의 졸업식에서 대통령뿐만 아니라 학교장도 지금껏 충무공 이순신을 제독이라 부르지 못한 것은 정말 부끄러운 일이라고 지적하고 있다. 하지만 오늘날의 해군은 각종 공식행사에서는 물론이고 거의 모든 인쇄물, 홍보물에서 충무공 이순신에 대해 '제독'이라는 지칭어를 사용하고 있다.

참고문헌

강영오(1999), 〈이순신의 호칭에 대한 제언〉 , ≪해군≫ 342호, 해군본부.

박용한(2012), 〈국어의 존댓말 사용 양상에 대한 연구〉, ≪사회언어학≫ 20(1), 한국사회언어학회.

박용한(2013), 〈군에서 사용되는 특수어에 대한 연구〉, ≪해양연구논총≫ 44호, 해군사관학교 해양연구소.

박용한(2016), 〈군대 언어의 제도적 특성〉, ≪사회언어학≫ 24(3), 한국사회언어학회.

이흥우(1997), 〈이순신 호칭에 관한 연구〉, ≪해군≫ 333호, 해군본부.

이용술(1965), 〈충무공은 제독이다.〉, ≪옥포≫ 2002.

전은주(2009), 〈호칭어·지칭어의 '표준화법' 실태와 개선방안〉, ≪화법연구≫ 15. 화법학회.

정진술(1998), 〈이순신의 호칭에 대한 연구〉, ≪해양전략≫ 10, 합동군사대학교.

조성도(1965), 〈이순신 제독이라 불러야 옳다〉, ≪옥포≫ 2002.

최석남(1965), 〈장군으로 불러야〉, ≪옥포≫ 2002.

군사용어대사전편집위원회(2016), ≪군사용어대사전≫, 청미디어.

한국사회언어학회(2012), ≪사회언어학사전≫, 소통.

제2장

군인을 넘어 국방인으로

인간은 다른 사람들과의 사회적 관계 속에서 살아간다. 그 과정에서 나는 남의 무엇이 되고 남은 나의 무엇이 된다. 그리고 우리는 사회적 행동을 하는 상황에서 어떤 형태로든 서로를 부르거나 가리키게 되는데, 남을 부를 때 사용하는 말은 호칭어 또는 부름말이라고 하고, 남을 가리킬 때 사용하는 말은 지칭어 또는 가리킴말이라고 한다.

주지하는 바와 같이, 이러한 호칭어나 지칭어는 우리의 사회적 삶 속에서 아주 중요한 기능을 한다. 1차적으로는 남을 부르거나 가리키는 기능을 하게 되지만, 그러한 기능 이외에도 내가 상대방을 어떠한 사회적 관계 속에서 인식하고 있는지, 그리고 상대방이 나를 어떤 관계로 인식하고 있는지를 자연스럽게 나타내주는 역할도 하기 때문이다.

이런 지칭어들은 대개 직업, 직위, 가족 및 친족 관계 등을 표현하는 어휘로 되어 있다. '변호사, 과장, 언니, 삼촌' 등이 그러한 예들이다. 이 같은 지칭어들 중 군대에서 현역 근무를 하는 이들의 직업을 나타내는 것이 바로 '군인'인데, 이 어휘는 다른 직업들을 통칭적으로 나타내는 지칭어인 '정치인, 경제인, 문화인' 등과는 어휘 구성적인 측면에서 다른 모습을 보여주고 있다. 즉 해당 직업을 가지고 있는 이들이 '무엇'을 하고 있는지를 나타내는 것이 아니고 '어디'에서 근무하고 있는지를 나타내 주고 있는 것이다. 뒤에서 더 자세히 언급하겠지만, 이러한 이유로 인해서 지칭어 '군인'은 군인과 일반 민간인 모두에게 있어 군인에 대한 사회적인 이미지가 부정적으로 형성되는 데 일조하고 있는 것으로 보인다.

따라서 이 글에서는 이처럼 우리 사회에서 흔히 사용되고 있는 지칭어들 중에서 '군인'이라는 지칭어의 쓰임과 그에 따른 문제점 그리고 개선 방안을 중점적으로 살펴보고자 한다. 이를 위해 먼저 이른바 명명하기(naming)가 그 대상들의 정체성 형성에 일반적으로 어떠한 영향을 미치게 되는지, 그리고 '군인'이라는 지칭어로 인해 군인에 대해서는 어떤 인식이 이루어져 있는지를 살펴볼 것이다. 또한 우리 사회의 다양한 직업을 일반적으로 분류하는 통칭 지칭어들의 어휘 구성을 살펴보고, 이러한 지칭어들의 사용 측면에서 지칭어 '군인'을 대체해서 사용할 수 있는 새로운 형태의 지칭어를 제시해보고자 한다.

사회적 지칭어에 대한 언어태도와 인식의 문제

명명하기(Naming)와 정체성의 관계

군에서는 지난 1977년부터 1991년까지 일명 '국군보안사령부'를 창설하여 군대 내부는 물론 국내 전반에서의 보안과 관련된 업무를 수행하였고, 1991년부터는 부대 명칭을 '국군기무사령부'로 변경하여 동일한 성격의 업무를 수행해왔다. 하지만 군의 조직인 국군기무사령부가 민간인까지 사찰을 했다는 의혹과 관련된 논란이 발생하면서 2018년 8월에 이 부대의 폐지가 결정되었고, 이를 대체하는 조직으로 일명 '군사안보지원사령부'가

2018년 9월 1일에 출범하게 되었다. 이러한 부대 명칭과 관련된 시대적 변화의 모습은 그 명칭이 부대의 정체성과 맺게 되는 관계를 고민한 결과로 보인다. 한 단체를 지칭하기 위한 명칭을 정한다는 것은 그 단체의 정체성을 대내외적으로 공표하는 것과 다름없다고 할 수 있기 때문이다. 이전의 국군기무사령부는 이 부대가 기무 즉 기밀업무에 해당하는, 양지가 아닌 음지의 영역에 해당하는 업무를 담당한다는 인식을 낳게 하였다. 따라서 군은 민간의 영역과 철저하게 분리하여 군사보안과 군 방첩, 즉 군에 관한 정보의 수집과 처리 업무만을 수행하도록 맡기겠다는 의지로 그 조직명을 '군사안보지원사령부'라는 새로운 지칭어로 수정한 것이며, 이것은 곧 조직 스스로가 생각하는 자신의 올바른 정체성을 공식적으로 선언한 것이라 할 수 있다.

이처럼 우리가 사용하는 다양한 분야의 지칭어들은 그 대상이 되는 객체의 정체성을 표현하고 있는데, 이화숙·원순옥(2016: 161)에서는 명칭의 의미 구조를 분석해보면 [행위]와 [정체성]의 요소가 결합되어 있는 것을 볼 수 있다고 언급하고 있다. 예를 들어 '북한이주난민'이라는 명칭에는 '북한이주'라는 행위와 '난민'이라는 정체성의 의미 요소가 함께 결합되어 있는 것이다. 물론 이러한 지칭어 하나를 만드는 데에도 그 대상의 행위와 정체성을 어떻게 보느냐에 따라 다양한 형태의 지칭어가 만들어질 수 있다. 이화숙·원순옥(2016: 157)에서는 위의 '북한이주난민'을 지칭하는 통칭어가 다음의 25종에 이른다고 언급하고 있다.

귀순동포, 귀순북한동포, 귀순자, 무국적탈북자, 북한귀순자, 북한새터민, 북한이주민, 북한이탈난민, 북한이탈주민, 새터민, 이탈귀순자, 자유이주민, 탈북난민, 탈북동포, 탈북디아스포라, 탈북민, 탈북북한동포, 탈북북한주민, 탈북새터민, 탈북이주민, 탈북이주자, 탈북인, 탈북자, 탈북정착자, 탈북주민 이러한 명명하기와 그 대상의 정체성 문제는 군대의 계급에 관한 지칭어에서도 발견할 수 있다. 현재 군 조직의 구성원을 사병과 간부로 나눌 때, 사병은 이병에서부터 병장의 계급에 속하는 장병을 말하며, 간부는 장교와 부사관의 계급에 속하는 장병을 말한다. 여기에서 부사관은 어휘 '사관'에 '버금가다, 보좌하다'의 뜻을 가진 한자 접두어 '부(副)'를 붙여 쓴 말로 장교에 버금가는, 장교를 보좌하는 간부라는 뜻을 나타낸다. 그런데 과거에는 이 '부사관'이라는 지칭어 대신 '하사관'이라는 지칭어를 사용했었다. 하지만 이 '하사관'이란 어휘는 장교와 비교했을 때의 상대적인 계급상의 상하관계를 부각시켜 이들을 장교의 예속 개념으로 인식하게 한다는 문제의식에 따라 2001년 3월 현재의 '부사관'이라는 지칭어로 변경됐다. 이 지칭어는 그 대상을 계급상의 상하관계 차원이 아닌, 업무상의 정부 관계를 고려하여 지칭하고자 한 데서 사용되기 시작한 것이다. 그리고 2002년에는 이들에게 부사관의 계급을 부여하는 것을 '임용'이라 부르던 것을 대신하여 장교와 동일하게 '임관'이라는 용어를 사용하게 되었다. 이런 어휘 사용은 부사관들에게 간부로서의 자긍심과 책임감을 부여하기 위한 언어정책적 결정의 결과로 볼 수 있다.

이처럼 어떤 대상을 가리키는 지칭어나 그 대상들의 업무나 행동을 가리키는 말들은 그 대상이 속해 있는 조직이 내세우고 싶은, 더 나아가 다른 일반인들이 그렇게 인식해주기를 바라는 특정의 정체성이 내포되어 있기 때문에 사회언어학적 차원에서 볼 때 아주 중요한 의미를 가진다. 따라서 이런 지칭어는 시간의 흐름에 따라 사회 구성원들의 변화되는 인식에 영향을 받아 지속적으로 변화하는 모습을 보인다. 과거에 사용되었던 '청소부'라는 지칭어 대신 '환경미화원'이라는 지칭어를, 그리고 '정신대' 대신 '위안부', '때밀이' 대신 '세신사'와 같은 지칭어를 새롭게 사용하는 것은 모두 다 그러한 사례들이다. 우리 사회의 이러한 언어 사용 모습은 명명하기와 그 대상의 정체성 형성 사이의 매우 긴밀한 영향 관계를 고려한 결과라 할 수 있겠다.

지칭어 '군인'에 대한 일반인의 인식과 언어태도

앞에서 살펴본 명명하기와 정체성 형성 사이의 관계는 다른 측면에서 보면 말의 힘에 관한 문제인 동시에 언어와 사회의 관계에 대한 문제이다. 일반적으로 말은 인간으로 하여금 어떠한 대상을 그렇게 바라보게끔 하는 강력한 힘을 가지고 있다. 분절적이지 않고 연속적인 특성을 가지고 있는 무지개 색깔을 우리가 '빨강, 주황, 노랑, 초록, 파랑, 남색, 보라'라는 7개의 색깔로 인식하는 것은 바로 한국어의 일곱 가지 색깔 지칭어가 우리를 그렇게 바라보도록 안내해주기 때문이다.

마찬가지로 이 글에서 다루고자 하는 지칭어 '군인'도 우리 사회의 일반 사람들이 군인에 대해 어떤 특정의 인식을 하도록 유도하는 기능을 하고 있다. ≪표준국어대사전≫에서는 '군인'을 다음과 같이 뜻풀이하고 있다.

> 군인(軍人)
> 「명사」
> 군대에서 복무하는 사람. 육해공군의 장교, 부사관 병사를 통틀어 이르는 말이다.
> * 군인 부대
> * 초등학교 다닐 때는 연말이면 으레 군인 아저씨께 위문편지를 썼다.
> * 돌아보니 대위 계급장을 단 젊은 군인 하나가 뜻 모를 미소를 지은 채 들어서고 있었다. ≪이문열, 영웅시대≫

위 뜻풀이를 통해 확인할 수 있듯이 지칭어 '군인'은 무엇을 하는 사람인가를 표현해주는 어휘가 아니라 어디에서 일하는 사람인가를 표현해주는 어휘다. 그리고 일반인들이 이런 관점에서 군인들을 인식하도록 유도하게 된다. 또한 한국어에는 이 '군인'과 밀접하게 관련된 어휘로 '민간인'이라는 어휘가 사용되고 있다. 그 뜻을 ≪표준국어대사전≫에서 찾아보면 다음과 같다.

> 민간인(民間人)
> 「명사」
> 관리나 군인이 아닌 일반 사람. 흔히 보통 사람을 군인에 상대하여 이르는 말이다.
> * 일견 보아도 병사는 아닌 것 같고 민간인 같다. ≪유현종, 들불≫
> * 좌익 사상을 가진 군인들이 반란을 일으켰고, 거기에 민간이 지하 조직이 합세한 것이었다. ≪조정래, 태백산맥≫

이처럼 다른 직업을 나타내는 통칭 지칭어, 예를 들면 정치인이나 경제인 등에 상대되는 보통의 사람을 가리키는 지칭어는 없는데, 유독 군인에 상대되는 보통 사람이라는 개념으로 지칭어 '민간인'이 사용되고 있다. 그리고 '군인'은 항상 이 '민간인'의 상대 개념으로 비교되면서 인식된다. 이러한 '군인 대 민간인'의 이분법적 인식은 아주 오래 전부터 있었던 '문무(文武)'의 개념에 기초한 상대적인 무인 천대 의식으로부터 부정적 영향을 물려받고 있으며, 이는 오늘날 국민들이 군에 대해 부정적 인식을 갖도록 하는 데 일조하고 있는 것으로 보인다. 그 결과 우리 사회에서 '군인'이란 어휘는 그 부정적 함축이 고착화되고, 급기야 '군인'은 군대라는 폐쇄된 공간 안에서 바깥 사회와 단절된 상태로 자신들이 맡은 업무를 생산성과 효율성이 결여된 방식으로 독자적으로 해나가는 사람들이라는 사회적 편견을 낳게 되었다. 1997년 3월 24일에 경향신문에 게재된 다음의 짧은 기사는 그러한 사회적 분위기를 아주 잘 드러내 주고 있다.

> 신성한 국방의무를 모독한 코미디 프로그램에 대해 중징계 조치가 내려졌다. 방송위원회(위원장 ○○○)는 군복무를 마치고 제대하는 개그맨 ○○○를 부대 앞까지 찾아가 국방의무를 모독하는 내용을 담아 지난주 방송한 SBS TV「아이러브 코

미디」에 대해 시청자에 대한 사과 방송과 연출자 경고 조치를 내렸다.

이 프로그램은 「홍진경의 스타 따라잡기」 코너에서 군복무를 마치고 나온 ○○○에게 『이게 무슨 꼴이냐, 다시는 오지 않기를 바란다.』면서 그에게 두부를 먹이고 『이런 곳에 다시 오지 않으려면 두부를 발로 밟아야 한다.』며 군화발로 두부를 밟게 하는 등 국방의무와 군 장병을 모독하는 내용을 방송했다.

〈경향신문 1997년 3월 24일 기사〉

위의 기사 내용과 같은 사례뿐만 아니라, 남녀노소를 불문하고 군대를 약간 비하하면서 이야기하는 우리 사회의 분위기 그리고 군대에서 발생하는 소소한 이야기들을 소재로 하는 군대 관련 유머 등은 우리의 언어생활 중 '군인'이란 어휘에 부정적인 함축과 사회적 편견이 존재하고 있음을 잘 보여 준다.

그런데 군인에 대한 이러한 부정적 시각은 단순히 과거에만 그치는 것이 아니라 현재에도 지속적으로 이어지고 있다. 이정희(2019: 58-62)에서는 군에 대한 국민의 인식을 객관적으로 보여주는 조사 결과로, 한국 CSR 연구소가 2018년 5월 11일에 발표한 '일반인 신뢰지수'를 소개하고 있다.[1] 그 결과에 따르면 "국가 기관 중에서는 법원(3.70)의 신뢰도가 가장 높았고, 군대(2.34)의 신뢰도가 가장 낮았다."고 한다. 다른 집단 중에서 처음 만난 사람의 신뢰도는 3.03인데 군대의 신뢰도는 이보다도 낮은 수치이다. 그 외에 기업은 2.76, 국회는 2.62, 종교 단체는 2.34, 정치인은 2.27로 조사되었으니, 군대는 정치인에만 약간 앞서고 있을 뿐이다.

위의 조사 결과 이외에, 더 주의를 끄는 내용은 성인의 신뢰지수와 대학생의 신뢰지수 사이에 가장 큰 차이를 나타내는 집단이 군대라는 것이다. 성인은 군대에 대해 대학생보다 1.12점 더 높은 신뢰도를 보였다. 하지만 남자 대학생들의 경우, 군대에 대한 신뢰점수는 2.19점으로 22개 대상 집단 중 가장 낮으며, 정치인에 대한 신뢰점수 2.34점보다도 낮게 나타났

다.[2)]

이상에서 살펴본 바와 같이, 군인에 대한 우리 사회의 일반적인 인식은 전반적으로 부정적이며, 특히 상대적으로 나이가 더 많은 일반인보다 나이가 어린 대학생들의 인식이 더 나쁜 것으로 나타나고 있다. 물론 이렇게 군인에 대한 인식이 여전히 좋지 않은 것은 과거에 군이 정치에 개입한 역사적 사실이나 최근에도 빈번하게 재발하고 있는 각종 부조리나 군대 내의 인권 문제로 인해 군에 대한 부정적 인식이 국민에게 뿌리 깊게 박혀 있기 때문으로 보인다. 그런데 군인에 대한 일반 국민의 부정적 인식에 적지 않게 기여하고 있는 것이 있는데, 그것은 바로 '민간인'에 대비되는 개념으로 쓰이는 '군인'이라는 명명 어휘 속에 내재된 부정적 함축과 편견이다. 다음에서는 이에 대해 좀더 구체적으로 설명하고 그 해소 방안도 함께 살펴보도록 하겠다.

군인의 정체성에 부합하는 대체 지칭어 모색

직업 분류 지칭어들의 일반적 어휘 구성

우리 사회에는 국회의원, 의사, 변호사, 기자, 사업가, 강사, 경리, 판매원 등의 매우 다양한 직업 지칭어들이 사용되고 있다. 이러한 지칭어들 중 일반적으로 하나의 분야로 모을 수 있을 만큼 서로 관련되는 직업들을 한 데 모아 통칭하는 지칭어들이 있다. 바로 '정치인, 경제인, 문화인, 예술인, 법조인, 의료인, 체육인, 방송인, 연예인, 영화인, 종교인'과 같은 형태의 지칭어들인데, 이것들은 그 직업에 종사하고 있는 이들이 수행하는 업무 분야의 명칭에 사람 '인(人)'자를 결합하여 사용된다. 즉 정치 분야의 업무를 하는 이는 정치인, 경제 분야의 업무를 하는 이는 경제인이 되는 것이다. ≪표준국어대사전≫에서 이러한 지칭어들에 대한 뜻풀이를 확인해보면 다음과 같다.

정치인

정치를 맡아서 하는 사람. 또는 정치에 관한 학식과 경험이 풍부한 사람. = 정치가

경제인

경제계에서 활동하는 사람

* 국내의 주요 경제인들이 한자리에 모여 국가 경제가 처한 문제를 이야기했다.

문화인

학문, 예술 따위의 분야에 종사하는 사람

* 그런 날이 만일에 온다 하더라도 그것은 이 나라의 정치인, 경제인, 문화인들의 공동책임이요, 일본을 탓할 노릇이 못 된다. ≪김소운, 일본의 두 얼굴≫

예술인

예술 작품을 창작하거나 표현하는 것을 직업으로 하는 사람.= 예술가

법조인

일반적으로 법률 사무에 종사하는 사람. 특히 재판관, 검찰관, 변호사 따위의 법률 실무에 종사하는 사람을 이른다. = 법조.

의료인

병을 치료하는 일에 종사하는 사람.

* 노인들의 건강 상담에 퇴직 의료인들을 활용하기로 했다.

체육인

체육 분야에 종사하는 사람.

방송인

방송에 관계된 일에 종사하는 사람.

연예인

연예에 종사하는 배우, 가수, 무용가 등을 통틀어 이르는 말.

* 요즘은 커서 연예인이 되고 싶다는 청소년이 많다.

영화인

영화 사업에 종사하는 사람.

종교인

종교를 가진 사람

* 그리고 무엇보다도 저는 독실한 신심으로 종교를 신앙하였던 종교인이었습니다. ≪김성동, 연꽃과 진흙≫

위의 사전적 뜻풀이를 통해 알 수 있듯이, 통칭 직업 지칭어들은 '업무 명칭 + 인'의 어휘 구성으로 이루어지면서 '해당 업무에 종사하는 사람'이라는 의미를 갖는다. 즉 그 대부분이 이른바 업무 기반의 지칭어로서 어떤 업무를 행하는 사람을 뜻하게 된다. 하지만 이글에서 주목하고 있는 '군인'이라는 통칭 직업 지칭어는 위의 것들과는 어휘 구성 방식이 다르다. 지칭어 '군인'은 ≪표준국어대사전≫ 뜻풀이에 의하면 '군대에서 복무하는 사람'이라 하여, 다른 지칭어들처럼 '무슨 업무를 하는 사람인지'를 나타내는 업무 기반 지칭어가 아니라, '어디에서 업무를 하는 사람인지'를 나타내는 처소 기반 지칭어라 할 수 있다.

또한 앞서 살펴본 바와 같이, 다른 지칭어들과는 달리 '민간인'이라는 상대 개념의 지칭어도 가지고 있다. 이처럼 지칭어 '군인'은 대상이 되는 인물의 정체성, 즉 어떤 행위를 하는 이인지를 객관적으로 나타내 주지 못하고,

다른 지칭어들과는 달리 "보통 사람을 군인에 상대하여 이르는 말"이라는 뜻을 지닌 '민간인'이라는 상대적 개념의 지칭어를 가지고 있어, "군대라는 특정 공간에서 업무를 하는 일반적이지 않은 사람"이라는 부정적 함축을 갖게 된다. 그리고 어떤 경우에는 '군바리'[3]와 같은 속된 의미를 가진 지칭어로 대체되어 사용되기도 한다. 이처럼 지칭어 '군인'은 어휘 구성 측면에서 볼 때 그 구성 어휘가 업무에 기반하지 않고 처소에 기반하고 있어 지칭 대상의 정체성을 나타내주지 못한다는 점, 그리고 '민간인'이라는 상대 개념어가 존재하여 상대적으로 부정적 함축을 지니게 된다는 점에서 '정치인, 경제인, 문화인' 등과 같은 일반적인 직업 분류 지칭어들과 일관된 모습으로 사용되지 못하고 있다.

지칭어 '군인'의 대체어 제안

지칭어 '군인'이 앞에서 살펴본 바와 같이 사용되고 있는 것은 우리 사회에 널리 퍼져 있는 군에 대한 부정적 인식을 개선하는 데 적잖은 걸림돌이 된다. 군대 관련 유머 중에는 "취업이 너무 힘들어진 요즘의 젊은 여성들은 안정적인 직업을 가진 군인을 최고의 남편감 2위로 꼽고 있다. 그런데 1위는 민간인이었다."라는 내용의 유머까지 있다. '정치인, 경제인, 문화인' 등에 상대되는 보통 사람을 가리키는 지칭어는 없는데, 유독 '군인'에 상대되는 보통 사람이라는 개념의 어휘인 '민간인'이 존재하는 언어 현실은 우리 사회의 구성원을 군인과 민간인의 두 부류로 나누는 일반인들의 이분법적 인식이 반영되어 있다.

이러한 인식은 국민이 군에 대해 예전부터 가지고 있던 부정적 인식을 지속시키는 데 일조하고 있다. 지칭어 '군인'은 우리 사회의 군에 대한 부정적 함축을 더욱 공고하게 하고, 결국 '군인'은 군대라는 폐쇄된 공간 안에서 바깥 사회와 단절된 상태로 그들에게 맡겨진 특수한 업무를 생산성과 효율성이 떨어지는 상태로 수행하고 있는 사람들이라는 사회적 편견을 낳게 되는 것으로 보인다. 앞에서 인용한 경향신문의 특정 기사문을 통해 알 수 있듯이, 우리나라에는 군대를 약간 비하하듯 이야기하는 사회적 분위기가 존재하며, 군대에서 발생하는 소소한 이야기들을 소재로 하는 군대 관련 유머들은 우리가 사용해온 '군인'이라는 지칭어에 부정적 함축과 편견이 존재하고 있음을 말해주고 있다.

군대는 개인의 영리를 추구하는 사적 집단이 아니라, "외국의 침략에 대비 태세를 갖추고 국토를 방위하는 일"을 하는 매우 공적인 성격의 집단이다. 따라서 이러한 군대의 정체성에 부합하는 지칭어의 사용이 언어 정책적으로 필요해 보인다. 언론 업무에 종사하는 이를 언론인이라 지칭한다면, 대략 63만에 이르는 '군인'들도 단순히 어디에서 일을 하는지가 아니라 어떤 업무를 하는 이들인지를 나타내는 어휘로 지칭해야 할 필요가 있다.

이러한 의미에서 이글에서는 지칭어'군인'을 대신하여 '국방인'을 대체어로 사용하는 방안을 제시해보고자 한다.4)

〈표 1〉 업무 분야별 여러 상황에 사용되는 지칭어 모습

업무 분야	부처	뉴스	기자	종사자
정치	정치부	정치 뉴스	정치부기자	정치인
경제	경제부	경제 뉴스	경제부기자	경제인
문화	문화부	문화 뉴스	문화부기자	문화인
교육	교육부	교육 뉴스	교육부기자	교육인
…	…	…	…	…
국방	국방부	국방 뉴스	국방부기자	"국방인"

우선 '국방인'은 어휘 사용의 일관성 측면에서 볼 때, 위의 〈표 1〉과 같이 다른 직업 분류 지칭어들과 마찬가지로 지칭 대상들이 수행하는 업무에 기

반하는 지칭어이므로 명명의 방식 차원에서 일관성을 확보할 수 있다. 또한 군대의 정체성 확립 측면에서, '국방인'은 군인이 단순히 군대에서 복무하는 사람이 아니라, 국가를 방위하는 국방 업무를 하는 사람이라는 그들의 정체성을 그들 자신에게, 그리고 국민에게 명확히 인식시킬 수 있는 지칭어이다. 즉 군인 당사자들에게 자신의 올바른 정체성을 확립시켜 줄 뿐만 아니라 국민에게도 그동안 가져 왔던 군에 대한 부정적 편견에서 벗어나 군대의 존재 가치를 객관적으로 인식할 수 있도록 해줄 것이다. 이는 이미 '국군기무사령부'를 '군사안보지원사령부'로 개명한 사례와 유사한 것으로, 지칭 대상에 대한 정체성을 올바로 세워나갈 수 있도록 해줄 것이다.

물론 당장은 이 지칭어의 사용이 어색할 수 있다. 하지만 어휘 사용에서의 친숙성 문제는 시간이 해결해줄 것이다. 앞에서 잠시 언급했던 바와 같이 과거에 '하사관'을 '부사관'으로 바꿔 지칭한 것 그리고 '간호원, 청소부, 식모' 등을 '간호사, 환경미화원, 가사도우미' 등으로 바꿔 지칭하기로 했던 것도 당시는 어휘 사용에 적지 않은 어색함이 있었지만, 요즘의 언어사용자들은 오히려 예전의 어휘를 더욱 어색해 하고 지금 사용하고 있는 어휘를 훨씬 자연스러운 것으로 인식한다. 따라서 어느 정도의 사용 기간이 지나면 '군인'을 '국방인'이라 지칭하는 것은, 우선 군에게는 그 구성원 스스로가 책임 있게 맡아야 할 직업으로서의 사명을 똑바로 직시할 수 있게 하는 동시에, 국민에게도 이들이 신성한 '국방'의 업무를 하는 이들이라는 인식을 갖게 해주는 데 큰 도움을 줄 것이다.

맺으며

하나의 지칭 대상을 어떻게 명명하느냐 하는 것은 대단히 중요한 문제다. 간단한 예로 2002년 월드컵 당시 '2002 한일 월드컵'과 '2002 일한 월드컵'의 두 가지 대회 명칭을 가지고 한국과 일본이 치열한 논의를 했던 것도 이런 이유에서다. 오늘날 어느 나라건 '국방' 업무는 다른 모든 업무보다 그 중요도에서 우선시된다. 국방이 튼튼하게 자리 잡은 뒤에야 정치와 경제, 문화 등의 업무를 그 토대 위에서 안전하게 발전시켜 나갈 수 있기 때문이다. 따라서 대부분의 국가에서 이러한 업무를 하고 있는 이들은 개인의 영리 추구가 아닌 국가의 신성한 국방 업무를 하고 있다는 점에서 스스로 자부심과 명예심을 느끼며, 국민도 이들의 존재 가치를 충분히 인정하고 있다. 하지만 앞에서 잠시 언급했듯이 우리나라에서는 아쉽게도 '군인'에 대한 국민의 일반적인 인식이 그다지 긍정적이지만은 않은 것으로 보인다. 이는 과거에 있었던 군의 정치 개입부터 최근까지 군에서 발생하고 있는 여러 가지 불미스러운 사건들에 기인하는 것이라 할 수 있다.

이러한 국민의 군에 대한 부정적 인식을 해소하기 위해 군은 과거의 잘못을 반성하고 군 본연의 임무만을 완벽하게 수행하는 모습으로 새롭게 거듭나기 위해 계속 노력해 왔다. 이글에서는 이러한 노력에 더하여, 우리 사회에 널리 인식되어 있는 "군인 대 민간인"의 바람직하지 못한 이분법적 분류 관행에서 탈피하여 국방의 업무를 담당하는 이들에 대한 정체성을 군 내외적으로 올바로 세우기 위해 지칭어 '국방인'의 사용을 제안해 본다. 이러한 제안은 기존의 '군인'에 대한 국민의 인식을 올바른 방향으로 이끌고, 나아가 군대가 국민의 신뢰를 받는 군대로 발전해 나가려고 노력하는 데 있어서, 언어학적 관점에서 하나의 아이디어를 제시하고 있다는 점에서 나름의 의미를 지닌다고 할 수 있겠다.

주석

1) CSR 연구소는 'Corporate Social Responsibility(기업의 사회적 책임 연구소)'를 뜻하며 가족, 친구, 병원, 학교, 시민단체, 정부, 법원, 군대 등 22개 집단들에 대한 일반인의 신뢰점수를 7점 만점으로 조사하여 제시하고 있다.

2) 또한 이 점수는 여자 대학생들의 신뢰점수보다 낮았는데, 이정희(2019: 62)에서는 이런 결과에 대해 "군대에 대해 여성(3.36)보다 남성(3.55)이 더 높은 신뢰점수를 기록한 일반인 조사 결과와 반대되는 결과여서 흥미롭다."라고 보충 설명하고 있다.

3) '-바리'는 '군바리, 악바리' 등과 같이 일부 명사에 붙어서 '그러한 사람'의 뜻과 함께 그 지칭 대상을 얕잡는 뜻을 더하여 명사를 만드는 말이다. ≪표준국어대사전≫에서는 '군바리'를 "'군인'을 낮잡아 이르는 말"이라 뜻풀이하고 있다.

4) ≪표준국어대사전≫을 검색해 보면 정치인, 경제인, 문화인 등은 등재어로 수록되어 있지만, '국방인'이라는 어휘는 등재되어 있지 않다.

참고문헌

김태경, 이필영(2018), 〈표준언어예절 개정을 위한 사회에서의 호칭어지칭어 사용 양상 연구〉, ≪국어교육연구≫ 66.

박용한(2012), 〈국어의 존댓말 사용 양상에 대한 연구〉, ≪사회언어학≫ 20(1), 한국사회언어학회.

박용한(2013), 〈군에서 사용되는 특수어에 대한 연구〉, ≪해양연구논총≫ 44, 해군사관학교 해양연구소.

박용한(2016), 〈군대 언어의 제도적 특성〉, ≪사회언어학≫ 24(3), 한국사회언어학회.

박은하(2013), 〈호칭어 선생님에 대한 사회언어학적 분석〉, ≪우리말글≫ 59, 우리말글학회.

이강호(2017), 〈한국군 부대 상징명칭 연구〉, ≪한국군사학논집≫ 73(1).

이선웅(2007), 〈국어 지칭어 호칭어의 명사구 형성 문법〉, ≪우리말글≫ 40, 우리말글학회.

이화숙, 원순옥(2016), 〈북한에서 온 집단에 대한 명칭 분석〉, ≪현대사회와다문화≫ 6(2).

전은주(2009), 〈호칭어·지칭어의 '표준화법' 실태와 개선방안〉, ≪화법연구≫ 15, 화법학회.

정유진, 강범모(2015), 〈인물 지칭어와 관련어의 사용 양상〉, ≪담화인지언어학회 학술대회 발표논문집≫ , 담화인지언어학회.

박용한 외(2009), ≪언어와 사회-사회언어학으로의 초대≫, 소통.

박용한 외(2014), ≪언어와 사회 그리고 문화≫, 글로벌콘텐츠.

백종천 외(1994), ≪한국의 군대와 사회≫, 나남출판.

이정희(2019), ≪군과 민주시민교육≫, 국방정신전력원.

한국사회언어학회(2012), ≪사회언어학사전≫, 소통.

홍두승(1996), ≪한국 군대의 사회학≫, 나남출판.

제3장

사관학교 졸업식 대통령 축사의 미학

대통령은 자신의 국정 철학이나 목표 더 나아가 세부적인 정책들의 기조를 국민에게 알리고 그에 대한 지지를 이끌어내기 위해 다양한 형태의 연설을 한다.[1] 대통령이 어떤 유형의 연설을 주로 하는가 하는 문제는 대통령의 통치 스타일을 보여주는 중요한 지표가 될 수 있는데, 황창호(2015: 39)는 역대 대통령의 연설문을 유형별로 분석해 본 결과 치사가 가장 활발하게 생성되고 있으며 이러한 흐름은 최근에 이르러 더욱 확대되고 있음을 확인하였다. 그리고 그 원인은 대통령이 치사를 통해 특정 대상이나 행위를 칭찬함으로써 공동체의 통합을 유도하고 공통체와의 합일을 이끌어낼 수 있기 때문인 것으로 추론하고 있다. 사관학교에서의 대통령 졸업식 축사는 일정한 교육 과정을 마친 졸업생들에게 축하와 당부 그리고 기원 등의 뜻을 전하는 연설로서, 바로 이러한 치사의 유형에 속하는 것으로 볼 수 있다.

일반적으로 대통령의 연설은 정치, 경제, 외교, 교육, 문화 등에 해당하는 국가의 주요 정책들을 언급하게 되는 경우가 많기 때문에 그에 대한 연구는 언어학적 관점의 연구보다는 국정 기조나 가치, 주요 담론의 변화 그리고 대통령의 리더십 등에 대한 정책적 관점의 연구가 주로 이루어져 왔다.[2] 이런 관점에서 볼 때, 대통령의 졸업식 축사는 그 내용상 다른 유형의 연설들에 비해서 정책적으로 쟁점화가 될 가능성이 상대적으로 작은 경향이 있다. 이로 인해 일반 국민이나 각종 언론들로부터 사회적인 관심을 덜 받게 되고, 결국 대통령의 졸업식 축사는 언어학적 관점이든 정책적 관점이든 연설 연구자들로부터 많은 관심을 받지 못했다.[3)]

하지만 대통령의 졸업식 축사는 단조롭게 축하와 당부, 기원 등의 내용만으로 이루어지지 않는다. 대통령은 졸업식 축사를 통해서도 정부의 주요 정책과 그 추진 방향 등에 대해 졸업식장에 참석한 청중의 범위를 넘어 일반 국민을 대상으로 이야기한다. 주지하는 바와 같이, 대통령의 졸업식 축사는 주로 육·해·공군의 각 사관학교 졸업식에서 이루어져 왔다. 이는 대통령이 국군의 최고 통수권자 자격으로 사관학교 졸업식을 주관하는 임석 상관으로 참석하면서 자연스럽게 축사를 하게 되었기 때문이다. 이 자리에서 대통령은 주로 국가의 안보와 관련되는 주요 정책들을 비중 있게 언급한다. 정부의 국방 및 외교 정책을 국민에게 알리고 지지를 호소하는 장으로 활용하고 있는 것이다. 한편 문재인 대통령은 지난 2018년에 유니스트(UNIST, 울산과학기술원) 졸업식, 2019년에는 유한대학교의 졸업식에 참석하였다.[4)] 이 자리에서 대통령은 졸업생을 축하하는 동시에, 4차 산업혁명 시대에 맞는 혁신성장과 지역균형발전, 미래 사회에서의 능동적 변화와 공정한 경쟁 등을 강조하는 내용의 축사를 한 바 있다.

이런 상황에서, 그동안 상대적으로 관심을 덜 받아왔던 대통령 졸업식 축사의 구조적 특성과 거기에서 주로 사용되는 언어적 특징들을 살펴보는 것은 대통령 연설문 연구의 대상을 확장한다는 점에서 중요한 의미를 찾을 수 있겠다. 또한 대통령이 일반대학교와 사관학교에서 각각 갖게 되는 자기 정체성의 차이 그리고 각 학교의 설립 목적에서의 차이 등이 대통령의 졸업식 축사에 어떠한 영향을 미치게 되는지를 비교 분석하는 것도 사회언어학적 관점에서 흥미로운 결과를 낳게 될 것으로 생각한다.[5)] 이에 따라 이글에서는 현직 대통령이 참석하였던 일반대학교 졸업식 축사문 두 편과 사관학교 졸업식 축사문 세 편을 비교하면서 살펴보았다.[6] 다음에서는 일반대학교 졸업식 축사와 사관학교 졸업식 축사 각각의 구조적 특성, 그리고 이 두 졸업식 축사에서 사용되는 언어적 특징들을 화제 선택, 청중과의 관계 인식, 연설 내용 표현 방식의 세 분야로 나누어 비교 설명하겠다.

졸업식 축사의 일반적 구조

졸업식 축사는 기본적으로 졸업생들에게 축하, 당부 및 기원 등의 뜻을 전달하는 연설인데, 대통령의 졸업식 축사에는 이것들 외에도 국정과 관련된 다양한 내용들이 언급된다. 또한 일반대학교와 사관학교 졸업식에서 연설을 하는 대통령의 자격이나 각 학교의 설립 목적이 서로 다르기 때문에 축사문의 문장 구성과 단락의 전반적인 구성도 서로 다르게 나타난다. 우선 주요 연구대상인 축사문 다섯 편의 양적 정보를 간단히 정리해보면 다음의 〈표 1〉과 같다.[7]

〈표 1〉 각 학교별 축사 문서의 양적 정보 비교

구분	학교명(연도)	글자 수	단어 수	문장 수	문장당 글자 수
일반 대학교	유니스트(2018년)	3,040	893	91	33.4
	유한대(2019년)	2437	761	70	34.8
사관 학교	육사(2018년)	2,160	640	72	30.0
	해사(2019년)	3,021	921	92	32.8
	공사(2020년)	2,386	731	70	34.0

일반대학교 졸업식에 참석하지 않았던 2020년의 경우를 제외하고

2018년과 2019년의 각 학교별 축사를 비교해보면, 글자나 단어 그리고 문장의 수적인 측면에서 보았을 때 어떠한 일관된 모습은 보이지 않는다. 2018년에는 일반대학교에서의 연설 분량이 더 많고, 2019년에는 반대로 사관학교에서의 연설 분량이 더 많다.

하지만 한 문장당 사용된 글자의 수를 비교해보면, 항상 사관학교에서의 수가 일반대학교에서의 수보다 더 작다.(2018년: 33.4(유니스트) 〉 30.0(육사) / 2019년: 34.8(유한대) 〉 32.8(해사)) 이는 일반대학교보다 사관학교에서 연설한 문장의 길이가 상대적으로 짧다는 것을 의미한다. 그 원인은 일반대학교의 경우 대통령의 정책적 판단이나 개인적 인연에 따라 졸업식에 참석하게 되는 반면, 사관학교의 경우에는 대통령인 동시에 국군 최고 통수권자의 자격으로 참석하게 되기 때문인 것으로 보인다. 즉 대통령은 각 학교에서의 참석 자격에 부합하도록 일반대학교 졸업식에서는 부탁과 약속의 발언을, 사관학교 졸업식에서는 지시와 명령의 발언을 상대적으로 더 하게 되는데 특히 정부의 국방 정책이나 졸업생에 대한 당부의 말을 하게 될 경우에 국군 통수권자로서 간결하고 위엄 있는 어조의 짧은 문장으로 축사를 하고 있다. 이에 대해서는 뒤에서 좀더 자세히 언급하도록 하고, 우선 각 학교에서 이루어진 축사의 개요를 간단히 살펴보겠다.

일반적으로 연설문의 구조는 '도입부-진술부-논증부-종결부'의 4단계 형태로 구분하기도 하고, '도입부-논증부-종결부' 또는 '도입부-전개부-종결부'의 3단계 형태로 구분 짓기도 한다. 이글에서는 이러한 단계의 수나 각 단계별 지칭어에 대해서는 논의하지 않는다. 대신에 연설문이 가지고 있는 문서적 성격을 고려하여 그 단계를 간략하게 '서론-본론-결론'의 3단계로 구분하고, 각 단계에서 언급되고 있는 주요 내용들과 그 핵심 문장들을 중심으로 축사의 구조를 살펴보겠다.

일반대학교 졸업식 축사

일반대학교의 졸업식 축사 중에서, 먼저 유니스트 졸업식 축사의 개요를 간단히 정리해보면 다음의 〈표 2〉와 같다. 먼저 서론에서는 졸업생에 대한 축하와 관계자들에 대한 감사의 표현을 한 후, 유니스트 캠퍼스에 대해 개인적으로 느낀 인상을 이야기한다.[8] 이후 본론에서는 학교가 설립되고 발전해온 역사, 졸업생들이 지난 4년간 거쳐온 교육과정의 회고, 졸업생들에 대한 당부의 말, 학교와 지역의 발전 염원 등과 같은 내용들을 언급하고 있다. 마지막으로 결론에서는 졸업생들에 대한 격려와 축복의 뜻을 전하고 있다.

〈표 2〉 유니스트 졸업식 축사의 개요

구성	주요 내용	핵심 문장
서론	축하 및 감사	· 먼저 유니스트 졸업생 여러분의 새로운 출발을 마음으로 축하합니다.
	캠퍼스에 대한 인상	· 유니스트에 와보니 과학의 미래로 성큼 들어선 것 같은 기분이 듭니다.
본론	학교의 역사	· 유니스트는 울산시민의 염원과 국가균형발전의 꿈으로 설립되었습니다.
	지난 교육 과정	· 여러분은 462명의 탁월한 교수님들과 함께 미래를 향한 과학기술의 항로를 따라왔습니다.
	졸업생에 대한 당부	· 때로는 실패가 성공보다 값진 경험이 될 수 있다는 것을 명심해 주기 바랍니다. · 또한 우리는 결코 혼자가 아니란 사실을 잊지 마시기 바랍니다. · 여러분과 과학이 인류의 삶을 바꾸고 … 역사를 새로 쓰고 있다는 것을 결코 잊지 않길 바랍니다.
	학교와 지역 발전 염원	· 울산의 제조업에 4차 산업혁명을 접목시켜 산업 수도 울산의 경쟁력을 높여가는 데 유니스트가 앞장서 주시기 바랍니다.
결론	격려 및 축복	· 여러분, 새로운 시작을 맞는 우리의 젊은이들에게 다함께 축복을 보냅시다.

다음으로 일반대학교 졸업식 축사 중 두 번째인 유한대학교 졸업식 축사의 개요를 살펴보면 다음의 〈표 3〉과 같다. 서론에서는 마찬가지로 졸업생에 대한 축하와 관계자에 대한 감사의 표현을 하고 있다. 이후 본론에서는 졸업생에 대한 당부의 말, 학교의 설립 이념을 포함한 학교의 역사, 대통령으로서 바라보는 미래 사회에서의 소망 등을 이야기하고 있다. 그리고 마지막으로 결론에서는 다시 한 번 더 졸업생에 대한 당부의 말을 전한 후 졸업생들에게 행복한 미래를 기원하면서 응원의 뜻을 전달하고 있다.

〈표 3〉 유한대 졸업식 축사의 개요

구성	주요 내용	핵심 문장
서론	축하 및 감사	· 졸업생 여러분 축하합니다. … 가족들과 교수님들께도 축하와 감사 인사를 드립니다.
본론	졸업생에 대한 당부(1)	· 청춘을 먼저 보낸 선배로서 여러분이 청년의 시간을 온전히 청년답게 살아가길 바랍니다. · 4차 산업혁명의 새로운 시대가 시작되고 있습니다. … 저는 유한대학교의 인재들이 우리나라 혁신성장을 이끌어나가는 든든한 동량이 될 것이라 믿습니다. · 동서고금을 통틀어 변화하지 않는 시대나 나라는 없습니다. 여러분에게 강조하고 싶은 것은 그 변화에 대한 능동적인 대처입니다.
	학교의 역사 (설립 이념)	· 더 나은 세상에 대한 (유일한) 선생의 꿈이 교육사업으로 이끌고 유한대학교의 설립으로 이어졌습니다. · 졸업생 여러분의 가슴에는 사회와 국가를 위해 헌신해 온 유일한 선생의 인류평화와 봉사 그리고 자유정신이 흐르고 있다는 사실을 잊지 말길 바랍니다.
	미래 사회에 대한 소망	· 누구나 평등한 기회 속에서 공정하게 경쟁하고 노력하는 만큼 자신의 꿈을 성취할 수 있는 사회를 원합니다. … 저도 그 소망을 위해 항상 여러분과 함께 하겠습니다.
결론	졸업생에 대한 당부(2)	· 청년을 청년답게 사는 여러분이 … 포기하지 말고 끝까지 가보는 여러분이 되어 주십시오. · 삶의 만족은 다른 사람의 시각에 있는 것이 아니라 자신이 좋아하는 일에 있다는 사실을 잊지 말기 바랍니다.
	기원 및 응원	· 정부도 여러분의 행복한 미래를 바라고 기원합니다. · 모든 학교의 졸업생 여러분을 응원합니다.

위의 축사 두 편을 통해 볼 때, 일반대학교 졸업식의 축사는 일정하게 정형화된 구성을 보이지 않는다. 언급되고 있는 주요 내용들은 다양한 주제의 것들이 서론, 본론, 결론의 각 단계 구분에 상관없이 자유로운 구성으로 배열되고 있다. 유니스트의 졸업식 축사에서는, 서론에서 학교의 캠퍼스에 대한 인상을 이야기하면서 자연스러운 도입을 시도하기도 하고, 대학교 졸업식 축사임에도 불구하고 '지역균형발전'이라는 국가 정책에 맞추어 울산이라는 지역 사회에서 유니스트가 차지하고 있는 위상과 가치 등을 언급하며 학교와 산업 수도 울산의 발전을 염원하고 있다.

유한대학교의 졸업식 축사에서는 학교가 위치하고 있는 지역에 대한 언급은 전혀 없고, 학교 설립 이념에 대해 긍정적으로 가치 평가하면서 더불어 학교의 역사를 회고하고 있다. 또한 능동적 변화와 공정한 경쟁이 가능한 미래 사회를 바라는 대통령의 소망을 언급하고 있고, 졸업생에 대한 당부의 말은 본론의 첫 부분과 결론의 첫 부분에서 두 차례에 걸쳐 전하고 있다. 이처럼 일반대학교 졸업식의 축사는 상대적으로 자유로운 구성의 다양성이라는 특성을 보이고 있다. 이는 다음에서 살펴볼 사관학교 졸업식 축사가 일정하게 짜인 정형화된 구성을 보이는 것과 대비된다.

사관학교 졸업식 축사

사관학교 졸업식의 축사는 일반대학교의 다양성과는 달리 일정한 형태로 구성된 정형성이라는 특성을 보인다. 이는 비록 3군의 각 사관학교가 서로 다른 학교이기는 하지만, 그 설립 목적이 육·해·공군의 정예 신임 장교를 양성하는 것으로 동일하고, 이들에게 있어 대통령은 공동의 국군 최고 통수권자이기 때문에, 대통령이 이들 학교에서 연설하는 졸업식 축사의 내용과 구성은 거의 대동소이하다. 따라서 이글에서는 2018년부터 2020년까지 실시된 3개 사관학교 졸업식 중에서 2019년에 실시된 해군사관학교 졸업식 축사의 개요만을 제시하고자 한다. 이는 해군사관학교의 축사가 단어나 문장의 수적인 측면에서 가장 크고 내용 또한 더욱 세부적인 사항들로 이루어져 있기 때문에 다른 학교의 축사 구조를 대표할 수 있을 것으로 생각하기 때문이다. 해군사관학교 졸업식 축사의 개요는 〈표 4〉와 같다.

〈표 4〉 해군사관학교 졸업식 축사의 개요

구성	주요 내용	핵심 문장
서론	축하 및 감사	· … 영광된 자리에 선 해군사관학교 제73기 생도들의 졸업과 임관을 진심으로 축하합니다. · 호국간성의 양성을 위해 노력해 주신 교직원, 훈육관 여러분도 수고 많았습니다.
본론	해군의 창군 과정	· 해군의 역사가 대한민국 국군의 역사입니다. · 바다를 지키고자 고군분투한 해군의 노고가 오늘의 대한민국을 있게 했음을 결코 잊지 않을 것입니다. · 국민의 한 사람으로서 또 대통령으로서 우리 해군의 역사가 참으로 자랑스럽습니다.
	국제안보환경과 국방정책 방향	· 세계 최강의 해양강국들 사이에 해양력의 우위를 차지하려는 경쟁이 치열합니다. · 바다를 둘러싼 다양한 갈등이 표면화되기도 합니다. · 평화를 단지 지켜내는 것을 넘어 평화를 만들어 가기 위해서는 더 강한 국방력이 필요합니다. · 다양한 위협에 대응할 수 있어야 하고 4차 산업혁명 시대에 등장할 새로운 형태의 전력에도 대비해야 합니다.
	정부의 약속	· 정부는 해군의 역량이 강화될 수 있도록 적극 지원할 것입니다. · 정부는 … 아들 딸들이 무사히 복무를 마치고 건강하게 가정으로 돌아갈 수 있도록 최선을 다할 것입니다.
	졸업생에 대한 당부	· 거침없이 5대양 6대주를 누비며 마음껏 꿈꾸고 막강 해군의 기개를 떨쳐 주길 바랍니다. · 함께 고된 훈련을 하며 쌓은 전우애, … 동기들과의 추억을 잊지 말기 바랍니다. · 사랑하기에 부끄러움 없는 조국, 헌신하기에 아깝지 않은 조국을 만드는 데 앞장서 주십시오.
결론	격려 및 기원	· 우리 국민은 여러분이 선택한 군인의 길에 언제나 함께 할 것입니다. · 여러분의 무운과 영광을 기원합니다.

먼저 서론에서는 졸업생에 대한 축하와 관계자들에 대한 감사의 뜻을 전한다. 이 부분은 일반대학교의 축사에서도 동일한 모습을 보인다. 본론은 모두 네 개의 주요 내용으로 구성되는데 '해군의 창군 과정', '국제안보환경과 국방정책 방향', '정부의 약속', '졸업생에 대한 당부'의 순으로 이루어지고, 마지막으로 결론은 졸업생에 대한 격려와 영광 기원의 내용을 담고 있다. 앞서 언급한 바와 같이, 육·해·공군사관학교 졸업식의 축사는 모두 이와 동일한 구성으로 이루어지고 있는데, 단지 그 세부적인 내용은 각 군의 상황에 부합하는 내용들로 언급되고 있다. 예를 들면, 대통령은 사관학교의 졸업식 축사 중 본론의 첫 번째 내용으로 각 군의 창군 과정을 언급하고 있는데, 육사에서는 '이곳 화랑 연병장은 대한민국 수호의 요람입니다.', 해사에서는 '해군의 역사가 대한민국 국군의 역사입니다. 해군의 발자취가 국민 군대의 발자취입니다.' 그리고 공사에서는 '국민의 한 사람으로서, 또 대통령으로서 우리 공군의 역사가 매우 자랑스럽습니다.'라는 내용의 연설을 하였다.

또한 국제안보환경과 국방정책 방향을 언급할 때에도, 육사의 경우 '우리는 한반도 비핵화를 위해 북한과 대화해야 합니다.', 해사의 경우 '이들 나라(세계 최강의 해양강국) 사이에 해양력의 우위를 차지하려는 경쟁이 치열합니다.', 공사의 경우 '국경을 초월한 다양한 위협에 대응할 수 있어야 하고 과학전, 정보전, 항공전 같은 미래 전쟁에 대비해야 합니다.'와 같이, 각 군의 정체성에 부합하는 내용으로 연설을 하였다.

이상에서 살펴본 바와 같이, 사관학교 졸업식 축사의 문장이 일반대학교 졸업식 축사의 문장보다 상대적으로 더 짧은데, 이는 대통령이 국군 최고 통수권자의 자격으로서 졸업생들에게 간결한 지시 어조의 문장으로 연설을 하기 때문인 것으로 보인다. 또한 일반대학교 졸업식 축사의 경우 정형화된 프레임이 없이 자유로운 구성의 '다양성'을 보여주고 있는 반면에, 사관학교 졸업식 축사는 일정하게 짜여 있는 '정형성'의 특성을 보인다. 이는 상대적인 경향을 띠는 것이기는 하지만, 사관학교의 경우 일반적으로 군 조직이 가지고 있는 간결성이나 통일성 같은 조직 특유의 특성을 더 많이 가지고 있는 데 기인하는 것으로 볼 수 있겠다.

일반대학교와 사관학교 졸업식 축사의 특성 비교

앞에서 살펴본 바와 같이, 대통령의 졸업식 축사는 졸업생을 축하하고 당부의 말을 전하며 기원을 하는 정도의 내용으로 그치지 않는다. 대통령은 졸업식 축사를 통해 어떤 대상에 대한 개인적 차원의 인식이나 미래의 소망 그리고 정부의 주요 정책과 추진 방향 등을 졸업식 참석자를 포함하여 일반 국민에게까지 전달하려고 한다. 이러한 상황에서 일반대학교와 사관학교는 각각의 설립 목적과 같은 조직적 특성이 서로 다르고 각 학교에서 차지하는 대통령의 위상이나 연설 자격 등도 서로 다르기 때문에, 각 학교에서 이루어지는 대통령 졸업식 축사의 언어적 특징도 서로 다르게 나타난다. 다음에서는 그 특징들을 연설자의 화제 선택, 연설자의 청중에 대한 관계 인식, 연설 내용의 표현 방식으로 분류하여 서로 비교해보고자 한다.

화제 선택

대통령은 졸업식 축사에서 해당 학교의 설립 목적이나 역사 그리고 자신의 행사 참가 자격 등을 고려하여 그에 부합하는 화제들을 선택하여 연설을 한다.

(1) 학교의 설립 역사와 건학 이념 VS 국군의 창군 과정

〈 일반대학교 〉

가. 유니스트는 울산 시민의 염원과 국가균형발전의 꿈으로 설립되었습니다. 13년 전 울산시민들은 … 지역 국립대 설립 운동에 본격적으로 팔을 걷어붙였습

니다. … 지역 국립대 설립은 울산 시민들의 오랜 숙원이었습니다. … 노무현 정부는 국가균형발전의 국정 철학에 따라 … 울산시민들의 여망을 받아들여 울산과기대를 설립했습니다. [유니스트]

나. 조국이 위기에 놓이자 열다섯 살 유일한은 한인소년병학교를 지원합니다. … 기업은 개인의 것이 아니라 … 사원들의 것이라는 경영철학은 애국애족의 정신과 함께 새로운 도전에 대한 두려움이 없었기에 가능했을 것입니다. 더 나은 세상에 대한 선생의 꿈이 교육사업으로 이끌고 유한대학교의 설립으로 이어졌습니다. [유한대]

〈 사관학교 〉

다. 우리 군의 역사는 한 순간도 끊어진 적이 없습니다. 일제에 의해 강제 군대해산과 동시에 군인들은 국민과 함께 새로운 독립투쟁을 전개했고, 독립군과 광복군이 되어 불굴의 항전을 이어갔습니다. 우리 대한민국 국군의 뿌리는 깊고 강인합니다. [육사]

라. 광복 후 6일밖에 되지 않은 1945년 8월 21일, 이 나라 해양과 국토를 지킬 동지를 구함이란 벽보가 거리에 붙었습니다. 독립운동가와 민간 상선 사관들이 애국애족의 마음 하나로 자발적으로 모였습니다. 일본군 출신이 아닌 온전히 우리 힘으로 3군 중 최초로 창군했습니다. [해사]

마. 백 년 전 노백린 장군은 미국 캘리포니아주에 최초의 한인 비행사 양성소를 설립해 독립전쟁을 준비했습니다. 바로 대한민국 공군의 효시입니다. 임시정부 광복군 총사령부의 최용덕 장군은 공군설계위원회를 발족시켰고 1949년 이를 기반으로 대한민국 공군이 창설되었습니다. [공사]

대통령 졸업식 축사에서는 졸업생에 대한 축하의 말 다음에 이어지는 본론의 첫 내용으로, 해당 교육 기관의 역사와 관련된 내용을 주로 언급하고 있다. 여기에서 일반대학교의 경우는 해당 학교가 설립된 역사와 건학 이념을 주로 언급하는 데 비해, 사관학교의 경우에는 해당 학교가 속해 있는 육·해·공군 각 군의 초창기 창군 과정을 서술하고 있는 점에서 차이가 있다. 먼저 (1. 가)에서는 유니스트가 울산 시민의 염원을 국가균형개발이라는 국정 철학을 가졌던 과거 노무현 정부가 수용하면서 설립되었다고 이야기하고 있다. 또한 (2. 나)에서는 유한대가 설립자의 애국애족 정신과 도전 정신이 교육사업으로 이어져 설립되었다고 이야기하고 있다. 이는 현직 대통령으로서 해당 학교가 지역 사회의 희망 또는 설립자의 건학 이념과 당시 정부의 국정 철학이 잘 조합되어 설립되었음을 언급하고 있는 것이다.

이에 비해 (1. 다~마)에서는 각 사관학교의 설립이 아닌 그 모군인 육군, 해군, 공군의 창군 과정에 대해 이야기하고 있다. 이는 대통령이 국군 최고 통수권자로서 사관학교 졸업식을 단순한 학교의 한 행사로 보지 않고, 국방의 분야에서 치러지는 각 군의 중요한 기념행사로 보고 있음을 말해준다고 할 수 있다.

(2) 국내 지역의 주요 정세 VS 국제 정세의 변화 흐름

〈 일반대학교 〉

가. 이곳 울산은 대한민국 산업 수도입니다. 우리나라 총 수출액의 20퍼센트를 담당하는 우리 경제의 젖줄입니다. 유니스트를 통해 유능한 인재들이 … 울산 경제의 새로운 주역이 되고 있습니다. … 울산의 제조업에 4차 산업혁명을 접목시켜 산업수도 울산의 경쟁력을 높여나가는 데 유니스트가 앞장서 주시기 바랍니다. [유니스트]

나. 국가의 산업 전체로 보면 주력 산업이 농업에서 경공업, 중화학공업, 첨단 ICT 산업으로 변해 왔습니다. … 정부와 기업, 사회에서 요구하는 인재도 달라졌습니다. 경제와 산업의 발전은 유행하는 아이템도 달라지게 했습니다. 성공하는 사업도 각광 받는 업종도 빠르게 변했습니다. [유한대]

〈 사관학교 〉

다. 4차 산업혁명 시대에 맞는 장비와 인력체계, 새로운 국방전략을 발전시켜나가는 것은 우리에게 주어진 새로운 과제입니다. 사이버 안보에서도 독자적인 역

량을 갖추어야 할 것입니다. [육사]

라. 모든 면에서 대전환이 필요한 시점입니다. … 국경을 초월하는 다양한 위협에 대응할 수 있어야 하고, 4차 산업혁명 시대에 등장할 새로운 형태의 전력에도 대비해야 합니다. [해사]

마. 앞으로 우리에게 닥칠 도전들은 과거와는 전혀 다른 양상이 될 것입니다. 국경을 초월한 다양한 위협에 대응할 수 있어야 하고 … 4차 산업혁명 시대에 등장한 새로운 형태의 위협에도 당당히 맞서야 합니다. [공사]

대통령은 졸업식 축사에서 현재의 국내외 주요 정세나 변화의 흐름을 언급하기도 한다. 여기에서 일반대학교의 경우에는 지역 사회 또는 국가 내부적 차원의 주요 정세에 대해 언급하는 데 비해, 사관학교의 경우에는 특별히 국제 정세의 변화 모습을 강조하여 언급하고 있다는 점에서 차이가 있다. 먼저 (2. 가)에서는 유니스트가 위치하고 있는 울산을 대한민국의 산업수도라고 지칭하면서 '울산의 제조업'과 '울산의 경쟁력' 등에 대한 언급을 하고 있다. 또한 (2. 나)에서는 국가 주력 산업의 변화 모습과 함께 성공 아이템이나 각광 업종도 빠르게 변하고 있음을 이야기하고 있다.

이에 비해 (2. 다~마)에서는 4차 산업혁명 시대에 맞는 국방전략 발전의 도모, 국경을 초월하는 다양한 위협에 대한 대응 능력 구비 등이 필요하다고 말하고 있다. 이는 일반적으로 볼 때, 국방 업무는 다른 국가나 국제기구와의 지속적인 경쟁 관계 속에서 이루어지는 만큼 국내보다는 국제 정세의 변화를 주요 화제로 언급하고 있는 것으로 보인다.

(3) 교육 정책 VS 국방 정책

〈 일반대학교 〉

가. 유니스트는 지역인재전형을 통해 울산의 인재들을 미래과학자로 길러왔습니다. … 앞으로도 우리 정부는 유니스트와 같은 과학기술 특성화 대학이 지역인재양성과 산학협력을 이끌도록 할 것입니다. … 대한민국 산업을 이끌어갈

수 있도록 아낌없이 지원할 것입니다. [유니스트]

나. 유한대학교는 일찍부터 4차 산업혁명에 대응하여 ICT 융합교육을 강화하고 ICT 분야와 산업을 연결하는 새로운 인재를 양성해왔습니다. … 저는 유한대학교의 인재들이 우리나라 혁신성장을 이끌어가는 든든한 동량이 될 것이라 믿습니다. [유한대]

〈 사관학교 〉

다. 나는 한미연합방위태세를 더욱 견고하게 발전시켜 갈 것입니다. 한반도 평화를 위해 주변국을 비롯한 국제사회로부터 전폭적인 지지를 이끌어내는 노력도 계속해나갈 것입니다. [육사]

라. 해양관할권, 통행의 자유 확보 등 자국의 해양전략을 힘으로 뒷받침하기 위해 해군력을 주도면밀하게 확충하고 있습니다. … 스마트 해군 전략을 중심으로 우리 해군이 하나로 뭉쳐 포괄 완보 역량을 갖춰 나가야 합니다. [해사]

마. 정부는 출범 초부터 국방예산을 꾸준히 늘려 올해 역대 최초로 국방예산 50조원 시대를 열었습니다. … 이제 영공 수호를 넘어 방공 식별구역 전체를 관리할 수 있는 능력을 보유하게 되었습니다. [공사]

또한 대통령은 일반대학교의 졸업식 축사에서 교육 정책에 대한 화제를 비중있게 언급하고 있다. (3. 가)에서는 유니스트의 지난 성과를 언급하면서, 앞으로 정부가 유니스트 같은 과학기술 특성화 대학이 지역의 인재를 양성하고 산학협력을 이끌어나갈 수 있도록 적극 지원하겠다는 내용의 약속을 하고 있다. (3. 나)에서는 유한대학교가 ICT 융합교육을 강화하고 해당 분야와 산업을 연결하는 측면에서 많은 인재들을 양성해왔다고 하면서 이들이 우리나라의 성장에 큰 힘이 될 것이라 언급하고 있다.9) 이에 비하여 사관학교 졸업식 축사에서는 교육 정책보다는 국방 정책에 대한 언급을 주로 하고 있다. (3. 다~마)에서는 한미연합방위태세의 견고한 발전, 해군력의 주도면밀한 확충, 국방 예산의 꾸준한 확충 등에 대하여 이야기하고 있다. 이는 이 두 부류의 학교가 모두 학사학위를 수여하는 대학교육기관이지만, 사관학교의 경우 각 군의 정예장교를 양성하는 것을 목표로 하는 특수목적대학이기 때문에, 교육보다는 국방 분야의 정책에 대해 더 관심을 기울이고 그에 부합하는 화제를 언급하게 된 결과라고 할 수 있다.

청중과의 관계 인식

대통령이 졸업식 축사를 하는 상황에서 그 내용을 듣는 청중에는 졸업생과 재학생, 학교 관계자, 축하객 등 다양한 부류의 참석자들이 있다. 다음에서는 대통령이 이들 중에서 누구를 주요 청중으로 선택하여 이야기를 하는지, 그 청중을 어떻게 부르고 어떤 형태의 경어법을 사용하는지 그리고 그들에게 자신을 어떻게 지칭하고 자신의 연설 자격을 어떻게 제시하는지 등에 대해 살펴보도록 하겠다.

(4) 청중에 대한 호칭어 사용

〈 일반대학교 〉

가. 여러분 / 자랑스러운 졸업생 여러분 / 사랑하는 졸업생 여러분 / 사랑하는 졸업생 여러분 / 사랑하는 졸업생과 유니스트 관계자 여러분 / 사랑하는 졸업생 여러분, 학부모님, 교수 여러분 / 여러분 [유니스트]

나. 졸업생 여러분 / 졸업생 여러분 / 졸업생 여러분 [유한대]

〈 사관학교 〉

다. 자랑스러운 육군사관학교 74기 졸업생 여러분, 가족 여러분, 내외 귀빈 여러분 / 사랑하는 졸업생과 사관생도 여러분 / 자랑스러운 청년 장교 여러분 / 사랑하는 졸업생과 사관생도 여러분 / 자랑스러운 육군사관학교 74기 졸업생 여러분 [육사]

라. 존경하는 국민 여러분 / 존경하는 국민 여러분, 청년 장교 여러분 / 존경하는 국

민 여러분, 사랑하는 청년 장교와 생도 여러분 / 청년 장교 여러분 [해사]
마. 공군사관학교 제68기 사관생도 여러분 / 청년 장교 여러분 / 청년 장교 여러분 / 존경하는 국민 여러분, 청년 장교 여러분 [공사]

먼저, 일반대학교 졸업식 축사(4. 가~나)에서는 '자랑스러운(또는 사랑하는) 졸업생 여러분'이라는 청중 호칭어가 가장 많이 사용되고 있다. 이에 비해 사관학교 졸업식 축사(4. 다~마)에서는 일반대학교에서와 같이 '자랑스러운(간혹 사랑하는) 졸업생 여러분'이라는 호칭어가 자주 사용되는 가운데, '졸업생과(또는 청년 장교와) 사관생도 여러분'이라 하여 재학생까지를 함께 부르는 경우가 있다. 이는 일반대학교와는 달리, 사관학교 졸업식에는 졸업생 이외에 1~4학년 재학 생도 모두가 졸업식에 참석하고 있어, 대통령의 입장에서는 앞으로 1~3년 후에 신임 장교로 임관하게 될 사관생도들까지를 포함하여 격려와 당부의 말을 전하려 하기 때문인 것으로 보인다. 또한 '청년 장교 여러분'이라는 호칭어도 빈번히 사용되는데, 이는 졸업생 모두가 각 군의 신임 소위로 임관하게 되었으므로 그들의 새로운 신분에 부합하는 호칭어도 함께 사용하고 있는 것으로 보인다.

한편 사관학교 졸업식에서 특별하게 주목할 만한 것은 일반대학교 졸업식 축사에서는 발견할 수 없는 '존경하는 국민 여러분'과 같은 호칭어가 사용되고 있다는 것이다. 이는 대개의 경우 사관학교 졸업식 행사가 TV 매체를 통해 생방송 되고 있는 가운데, 졸업식에 참석한 축하객 이외에 TV를 통해 시청하고 있는 일반 국민에게도 국방과 관련된 국제 정세 및 정부의 국방 정책을 널리 전달하고자 하는 목적으로 '국민 여러분'과 같은 호칭어를 사용하고 있는 것으로 보인다.

(5) 경어법 사용[10)]

〈 일반대학교 〉

가. 오늘의 또 다른 주인공인 학부모님들, 총장님과 교수님들께도 감사와 축하의

인사를 드립니다, … 울산시와 울산시민 여러분도 오늘 이 졸업식의 주인공들이십니다. [유니스트]

나. 가족들과 교수님들께도 축하와 감사 인사를 드립니다.

〈 사관학교 〉

다. 호국간성의 양성을 위해 혼신의 노력을 다해 주신 교직원, 훈육관 여러분께도 특별히 감사드립니다. [육사]

라. 호국간성의 양성을 위해 노력해 주신 교직원, 훈육관 여러분도 수고 많았습니다. [해사]

마. … 청년 장교를 키워낸 박○○ 학교장과 교직원 여러분의 노고를 치하하며 … [공사]

또한 경어법 사용의 측면에서도, 일반대학교와 사관학교의 졸업식 축사 간에 차이를 확인할 수 있다. 일반대학교 졸업식 축사(5. 가~나)에서는 '학부모님', '총장님', '교수님'과 같이 거의 모든 청중을 대상으로 존대의 접사 '-님'이 사용되고 있으며, '울산시민 여러분'에 대해서는 '주인공들이십니다.'와 같이 주체 존대의 '-시-'가 사용되고 있다. 이에 비해 사관학교 졸업식 축사(5. 다~마)에서는, 학교의 구성원들을 대상으로 해서는 '교직원', '훈육관', '학교장'과 같이 존대의 접사가 사용되지 않고 있다. 이는 일반대학교의 교원과 달리, 사관학교의 학교장을 비롯한 구성원들은 국군 조직 체계상 대통령과 엄격한 상하 관계에 놓여 있기 때문에 대통령의 입장에서는 그러한 청중들에게 존대의 접사를 사용하지 않는 것으로 생각된다.11) 이외에도 일반대학교에서는 '감사 인사를 드립니다.'와 같이 청중에 대해 최대한의 존대 표현이 사용되는 데 비해, 사관학교에서는 '감사드립니다.'와 같이 일반적 수준의 존대 표현이 사용되고 있다. 또한 사관학교에서는 국군 조직 체계상 하급자의 위치에 있는 청자 즉 교직원을 격려하고 칭찬하는 데 있어서도 '수고 많았습니다.', '노고를 치하하며'와 같은 표현이 사용되고 있다.

(6) 자기 지칭어의 사용과 연설 자격 제시
〈 일반대학교 〉
가. 제가 더불어민주당 당대표를 할 때 … / 저 역시 유니스트의 설립과 도약에 힘을 보탠 것에 … / 저도 살면서 실패가 많았습니다. / 저도 변호사로 사회에 첫발을 내딛고 … / 지금의 대통령 문재인은 제 개인의 힘으로 된 것이 아닙니다. / 오늘 저의 축사도 기억해 주십시오. / 저는 여러분에게서 … [유니스트]
나. 유한대학교 졸업식에 함께하게 되어 영광입니다. / 저의 청년 시절을 되돌아보면 … / 저 역시 여러분께 답을 드릴 수는 없습니다. / 다만 청춘을 먼저 보낸 선배로서… / 제가 대학에 입학한 시기에 … / 저 혼자만의 힘만으로 … / 제가 좋아하는 유일한 선생의 … / 인생 선배로서 경험을 말하자면 … [유한대]

〈 사관학교 〉
다. 면책이 허용되지 않는 나와 군의 사명입니다. / 나는 한미연합방위태세를 더욱 … / 나는 어제 북한에 특사단을 … / … 나는 마음이 든든합니다. / … 나도 항상 여러분과 함께 하겠습니다. [육사]
라. 국민의 한 사람으로서 또 대통령으로서 우리 해군의 역사가 참 자랑스럽습니다. / 신임 해군 장교들에게 국군 통수권자로서 첫 명령을 내립니다. [해사]
마. 엄중하고 힘든 시기이지만 여러분을 축하하기 위해 이 자리에 왔습니다. / 국민의 한 사람으로서 또 대통령으로서 우리 공군의 역사가 매우 자랑스럽습니다. [공사]

대통령은 졸업식 축사에서 청중들에게 자기를 지칭하거나 연설 자격을 제시하는 데 있어서도 두 부류의 학교 간에 차이가 보이고 있다. 일반대학교에서는 (6. 가~나)에서 볼 수 있는 바와 같이, '저', '지금의 대통령 문재인' 등의 지칭어를 사용하면서, '청춘을 먼저 보낸 선배로서', '인생 선배로서'와 같이 개인적 관계를 나타내는 표현으로 자신의 자격을 제시하고 있다. 이에 비해 사관학교에서는 (6. 다~마)에서와 같이, 자기 지칭어는 모든 경우에 '나'를 사용하고 '국민의 한 사람으로서 또 대통령으로서', '국군 통수권자로서'와 같은 표현으로 자신의 연설 자격을 제시하고 있다. 또한 졸업식에 참석하게 된 것의 의미를 언급할 때에도 일반대학교(6. 나)에서는 '유한대학교 졸업식에 함께하게 되어 영광입니다.'라는 말로 겸양의 뜻을 나타내는 데 비해, 사관학교(6. 마)에서는 '엄중하고 힘든 시기이지만 여러분을 축하하기 위해 이 자리에 왔습니다.'라고 하면서 겸양의 뜻보다는 어려운 결정을 통해 참석하게 되었음을 피력하고 있다. 대통령의 이러한 자기 지칭어 사용과 연설 자격 제시 등의 모습은 국군 최고 통수권자로서 자기의 지휘권 아래에 있는 사관학교의 졸업식에 참석하여 군 서열상 자신보다 하위 계급에 위치한 졸업생과 학교 관계자들을 축하하고 격려하는 상황이기 때문에 가능한 것이라 할 수 있다.

연설 내용의 표현 방식

앞에서 살펴본 바와 같이, 대통령은 일반대학교와 사관학교의 졸업식 각각에서 청중들과의 관계를 서로 다르게 인식하고 있기 때문에, 그가 졸업식 축사에서 자신의 연설 내용을 표현하는 방식 또한 서로 다르게 나타난다. 즉 어떤 조직상의 상급자가 아니라 단지 대통령의 자격으로 초대되어 참석하게 되는 일반대학교 졸업식에서는 졸업식에서 기본적으로 말하게 되어 있는 축하와 기원 이외에는 부탁과 약속의 발언을 조심스럽게 한다. 이에 비해 군 조직상 자신이 최상급자에 위치하게 되는 사관학교 졸업식에서는 졸업생들을 비롯하여 재학생, 학교 관계자들에게까지 지시와 명령의 발언을 직접적으로 말한다. 다음의 (7)은 그러한 발화들만을 간추려 본 것이다.

(7) 부탁과 약속 vs 지시와 명령

〈 일반대학교 〉

가. ① 여러분이 힘들 때 오늘 유니스트에서 받은 격려와 응원을 떠올려 주십시오. 외롭게 느낄 때가 있다면 오늘 저의 축사도 기억해 주십시오.

② 앞으로도 우리 정부는 유니스트와 같은 과학기술 특성화 대학이 지역 인재양성과 산학협력을 이끌도록 할 것입니다. … 지역 인재들이 지역을 떠나지 않아도 대한민국 산업을 이끌어갈 수 있도록 아낌없이 지원할 것입니다.[유니스트]

나. ① 저 역시 여러분께 답을 드릴 수는 없습니다. … 다만 … 무엇이든 이룰 수 있다라는 자신감만은 꼭 가슴에 담아달라고 말하고 싶습니다.

② 여기 계신 졸업생뿐만 아니라 이 땅 모든 청년들의 소망이기도 할 것입니다. 저도 그 소망을 위해 항상 여러분과 함께 하겠습니다.

③ 정부도 … 다시 훌훌 털고 일어설 수 있게 뒷받침하는 나라를 반드시 만들겠습니다. [유한대]

〈 사관학교 〉

다. 우리는 한반도 비핵화를 위해 북한과 대화해야 합니다. 그러나 동시에 우리는 … 실효적으로 구축하는 데 총력을 기울여야 합니다. … 사이버 안보에서도 독자적인 역량을 갖추어야 할 것입니다. 국방개혁은 … 더 이상 지체할 수 없는 국민의 명령이자 소명입니다. … 청년 장교들이 이 길의 주역이 되어야 한다는 것을 명심하기 바랍니다. [육사]

라. ① 우리 해군도 이에 대응해 가야 합니다. … 국경을 초월하는 다양한 위협에 대응할 수 있어야 하고 … 새로운 형태의 전력에도 대비해야 합니다. … 싸우면 반드시 이기는 군대가 되어야 합니다. … 스마트 해군 전략을 중심으로 우리 해군이 하나로 뭉쳐 포괄안보 역량을 갖춰 나가야 합니다.

② 오늘 해군사관학교 제73기 신임 해군장교들에게 국군 통수권자로서 첫 명령을 내립니다. [해사]

마. 국경을 초월한 다양한 위협에 대응할 수 있어야 하고 … 미래 전쟁에 대비해야 합니다. 무인항공기나 드론처럼 새로운 형태의 위협에도 당당히 맞서야 합니다. [공사]

(7. 가~나)에서 보는 바와 같이, 대통령은 일반대학교 졸업식에서 '떠올려(기억해) 주십시오.', '~라고 말하고 싶습니다.'와 같은 겸양적이고 간접적인 표현을 통해 부탁을 하고, '이끌도록 할(지원할) 것입니다.', '~하겠습니다.', '반드시 만들겠습니다.'와 같은 표현의 약속을 하고 있다. 이에 비해 (7. 다~마)에서 보는 바와 같이, 사관학교 졸업식에서는 '~어야(해야) 합니다.', '~어야 할 것입니다.', '국민의 명령이자 소명입니다.', '명심하기 바랍니다.', '명령을 내립니다.'와 같이 지시적이고 강한 어조로 지시와 명령을 하고 있다. 앞의 〈표 1〉에서 잠시 언급한 것처럼, 일반대학교보다 사관학교에서 연설한 문장의 길이가 상대적으로 짧은 것도, 이처럼 일반대학교에서는 부탁과 약속의 발화를 조심스럽게 하는 데 비해, 사관학교에서는 지시와 명령의 발화를 직설적으로 간결하게 표현하는 데서 기인하는 것으로 판단된다.

(8) 개인 경험에 대한 진솔한 표현 VS 국가 안보에 대한 진중한 표현

〈 일반대학교 〉

가. ① 저도 살면서 실패가 많았습니다. 대통령 당선도 재수로 되지 않았습니까?
② 저도 변호사로 사회에 첫발을 내딛고 오늘에 이르기까지 헤아릴 수없이 많은 분들의 도움을 받았습니다. [유니스트]

나. ① 청춘의 시간을 한마디로 표현하기 어렵지는 저는 청년 시절을 되돌아보면 희망이기도 하고 고통이기도 한 시간이었습니다. 인생에 대한 회의가 가득 찬 때도 있었습니다. 인생에 정답이라는 게 있다면 누군가 알려주면 좋겠다는 생각도 했습니다.
② 대학입시도 졸업도 사법시험도 변호사도 대통령 선거도 실패 후에 더 잘할 수 있었습니다. [유한대]

〈 사관학교 〉

다. 우리에게는 청년장교들의 불타는 애국심이 있습니다. 또한 북핵보다 강한 민주주의가 있고 민주주의를 지켜낸 자랑스러운 국민들이 있습니다. [육사]

라. 우리의 용기있는 도전으로 한반도는 평화의 시대를 맞이하고 있습니다. 남북 간의 만남으로 한반도의 바다와 땅, 하늘에서 총성이 사라졌습니다. … 평화 경제의 시대가 이어질 것입니다. [해사]

마. 올해는 6.26 전쟁 70주년이자 6.15 공동선언 20주년을 맞이하는 뜻깊은 해입니다. 전쟁의 비극을 되돌아보면서 안보와 평화의 의지를 다지는 해가 될 것입니다. 우리는 한반도의 운명을 스스로 결정할 수 있어야 합니다. [공사]

또한 대통령은 일반대학교 졸업식에서 졸업생들에게 당부의 말을 전하고자 할 때에 대통령이 되기 이전에 인생의 한 선배로서 겪었던 경험들을 진솔하게 표현한다. (8. 가~나)에서 보는 바와 같이, 본인이 대학입시, 사법시험, 대통령 선거 모두에서 실패를 경험한 바 있다고 말하고, 지난 시절 많은 이들로부터 도움을 받았으며 청년 시절에는 고통과 인생에 대한 회의로 많은 어려움을 겪었다는 등의 개인적 이야기를 거침없이 이야기하고 있다. 이를 통해 자신은 현재 졸업생들이 가지고 있는 어려움을 공감하고 있으며 여러분도 이를 충분히 극복해 나갈 수 있다는 점을 역설하고자 한다. 이에 비해 사관학교 졸업식에서는, 대통령 개인의 경험에 대한 이야기는 전혀 없다. 대신 (8. 다~마)에서 확인할 수 있는 바와 같이, 대통령은 국가의 원수로서 국가 안보의 현주소에 대한 냉철한 진단, 미래에 대한 기대와 다짐의 내용 등을 선언적인 문장을 통해 아주 엄중한 어조로 표현하고 있다.

(9) 어휘('우리', 사자성어) 사용, 노래 가사 인용, 맺음 인사말의 표현

〈 어휘 '우리'의 사용 〉

가. 일반대학교

① 우리 학생들이 노벨상을 받으면 / 우리의 소중한 딸과 아들들이 이곳 / 우리의 졸업생을 기다리고 / 우리의 젊은이들에게 [유니스트 4회]

② [유한대 0회]

나. 사관학교

① 우리 군을 이끌어 갈 / 우리 군의 역사는 / 우리 대한민국 국군의 뿌리는 / 우리 군의 영광스러운 역사는 [육사 4회]

② 우리 해군을 창설한 / 우리 해군의 첫 임무는 / 우리 해군의 역사가 참으로 / 우리 해군은 이에 대응해 / 우리 해군이 하나로 / 우리 해군의 위용을 [해사 6회]

③ 우리 공군 창군의 주역 / 우리 공군의 눈부신 역사가 / 우리 공군의 활약은 / 우리 공군의 가슴에 / 우리 공군의 역사가 매우 / 우리 미래 공군의 주역인 여러분 / 우리 공군의 드론봇 / 우리 공군의 위용에 / 우리 공군의 안보 역량을 [공사 9회]

〈 사자성어 사용 〉

다. 일반대학교

① [유니스트 0회]

② 동서고금, 애국애족 [유한대 2회]

라. 사관학교

① 호국간성, 애국애민, 위국헌신, 군인본분 [육사 4회]

② 호국간성, 호국망신, 애국애족, 고군분투, 주도면밀, 절치부심 [해사 5회]

③ 임전무퇴, 변화무쌍 [공사 2회]

〈 노래 가사 인용 〉

마. 해사

바다를 지켜야만 강토가 있고 강토가 있는 곳에 조국이 있다는 해군가처럼 바다를 지키고자 고군분투한 해군의 노고가 … 결코 잊지 않을 것입니다.

바. 공사

가슴 속 끓는 피를 저 하늘에 뿌린다는 공군가의 구절처럼 … 앞장서 실현해 주길 바랍니다.

〈 맺음 인사말의 표현 〉

사. 일반대학교

① 여러분 새로운 시작을 맞는 우리의 젊은이들에게 다함께 축복을 보냅시다. [유니스트]

② 모든 학교의 졸업생 여러분을 응원합니다. [유한대]

아. 사관학교

① 여러분의 장도에 무운과 영광이 늘 함께하기를 기원합니다. [육사]

② 여러분의 무운과 영광을 빕니다. [해사]

③ 여러분의 앞길에 명예와 영광이 가득하길 빕니다. [공사]

한편 이글에서는 연설 내용의 표현 방식과 관련하여 '우리'라는 어휘의 사용, 사자성어의 사용, 노래 가사의 인용, 맺음 인사말의 표현 등에 대해서 좀더 살펴보고자 한다. 우선 (9. 가~나)를 통해 알 수 있듯이, '우리'라는 어휘는 사관학교 졸업식 축사에서 훨씬 너 많이 사용되고 있다. 이는 대통령이 일반대학교의 경우 대통령의 자격을 제외하면 해당 학교와의 연관성이 전혀 없을뿐더러 어떠한 공통의 분모를 찾을 수 없으나, 사관학교의 경우는 국군 통수권자로서 졸업생을 포함하여 각 군 장병들과 공동체 의식을 강화하고 친밀감을 더욱 공고하게 형성하기 위해 전략적으로 '우리'라는 어휘를 적극 사용하기 때문으로 보인다.[12] 또한 사자성어도 (9. 다~라)에서 보는 바와 같이, 일반대학교보다 사관학교의 졸업식 축사에서 더 많이 사용되고 있다. 이는 일반적으로 한자성어의 경우 비유적이고 함축적인 내용을 담고 있어 청중에게 강한 호소력을 전달할 수 있기 때문에, 부탁이나 약속을 하게 되는 일반대학교보다는 지시와 명령을 더 하게 되는 사관학교의 졸업식 축사에서 더 자주 사용되는 것으로 보인다.[13]

한편 (9. 마~바)에서 확인할 수 있듯이, 일반대학교에서와는 달리 사관학교 졸업식 축사에서는 모군의 대표적인 군가라고 할 수 있는 해군가와 공군가의 주요 가사 내용이 인용되는 경우가 있다. 일반적으로 군가는 군대의 사기를 높이고 군 구성원의 군인정신을 고취하기 위한 목적으로 불리기 때문에 대개의 경우에 충성이나 희생과 같은 가치를 강조하는 내용이 주로 포함된다. 이런 맥락으로 인해 대통령은 사관학교 졸업생들에게 국가 방위의 사명을 지시와 명령의 어조로 전하는 상황에서 해당 군의 사기와 단결력 높일 수 있는 군가의 가사 내용을 적극 활용하는 것으로 생각된다.

마지막으로, 맺음 인사말의 표현도 (9. 사~아)에서 보는 바와 같이 두 부류의 학교 간에 차이가 있다. 일반대학교의 축사에서는 '우리 젊은이들에게 다함께 축복을 보냅시다.', '모든 학교의 졸업생 여러분을 응원합니다.'와 같이 좀더 일반적이고 부드러운 어조의 표현들이 다양하게 사용되는 데 비해, 사관학교 축사에서는 '여러분의 무운(명예)과 영광을 빕니다.'와 같이 간결하게 정형화된 형식의 인사말이 사용되고 있다. 신임 장교가 될 졸업생들에게 '무인으로서의 운' 또는 '싸우고 이기는 운수'의 뜻을 가진 '무운'과 군인으로서의 '영광'을 기원하는 것은 최고의 축원이라 할 수 있다. 실질적으로 이글에서 연구 대상으로 한 세 편의 축사 이외에 다른 여러 해의 모든 졸업식 축사들에서도 이런 표현의 맺음 인사말이 상투적으로 계속 사용되고 있다. 이는 앞서 언급한 바 있듯이, 일반대학교 축사의 경우 일정한 프레임이 없이 자유로운 구성과 내용으로 이루어지는 '다양성'의 특징을 갖고 있는 데 비해, 사관학교의 축사는 간결성과 통일성을 선호하는 군 조직의 특수성으로 인해 일정하게 짜여 있는 '정형성'의 특징을 가지고 있기 때문이라 할 수 있겠다.

맺으며

대통령의 연설 중 치사의 한 형태로 분류 가능한 대통령의 졸업식 축사는 그동안 정책적으로나 언어학적으로 많은 관심을 받지 못했다. 졸업식 축사는 그 내용이 주로 축하와 당부, 기원 등으로 이루어져, 다른 유형의 대통령 연설들에 비해 정치·사회적으로 큰 쟁점이 될 가능성이 적다고 여겨졌기 때문이다. 하지만 대통령의 졸업식 축사는 그렇게 단순한 내용만으로 그치지 않는다. 여기에서는 해당 학교나 그 지역의 주요 현황을 비롯하여 대통령의 국정 철학이나 정부의 정책 기조 등과 같은 내용이 상당 부분 언급되고 있음을 확인할 수 있었다.

이글에서는 이러한 대통령 졸업식 축사를 일반대학교의 것과 사관학교의 것 둘로 나누어 비교 설명해보았다. 먼저 축사의 전반적인 구성 측면에서 비교해보면, 일반대학교 졸업식 축사는 어떤 정형화된 형식이 없이 자유롭게 다양한 모습으로 구성되고 있는 데 비해, 사관학교 졸업식 축사는 군 조직이 가지고 있는 간결성이나 통일성과 같은 조직 특유의 특성으로 인해 일정하게 정형화된 모습으로 구성되고 있음을 확인할 수 있었다.

또한 두 부류의 졸업식 축사를 화제 선택, 청중과의 관계 인식, 연설 내용의 표현 방식이라는 세 가지 관점에서 각각의 언어적 특징을 비교해보았다. 첫째, '화제 선택'의 측면에서 대통령이 해당 학교의 정체성이나 역사 그리고 자신의 연설 자격 등을 고려하여 그에 부합하는 화제들을 선택하여 연설하는 모습을 확인할 수 있었다. 주로 일반대학교에서는 학교의 설립 역사와 건학 이념, 국내 해당 지역의 주요 정세 그리고 교육 정책 등을 주요 화제로 선택하였고, 사관학교에서는 국군의 창군 과정, 국제 정세의 변화 흐름 그리고 국방의 주요 정책 등에 관한 화제를 주로 언급하였다.

둘째, '청중과의 관계 인식'에서 대통령이 청중을 가리킬 때 사용하는 호칭어와 경어법 그리고 자기 지칭어의 세 측면을 살펴보았다. 일반대학교에서는 주로 '졸업생 여러분'이라는 호칭어를 가장 많이 사용하고 청중들에게 확실한 존대의 뜻을 담은 경어법을 사용하며 자기 지칭어로서 '저'를 가장 많이 사용하였다. 이에 비해 사관학교에서는 졸업생들에게 다양한 호칭어를 사용하였는데, '국민 여러분'과 같은 호칭어도 사용하면서 국민에게도 대통령의 의도를 전달하려 하였으며, 졸업생을 대상으로 자기를 가리켜

'나'라는 지칭어를 가장 많이 사용하고 있었다.

마지막으로 '연설 내용의 표현 방식'에 있어서, 일반대학교에서는 부탁이나 약속의 표현을 자주 사용하고 개인의 경험도 진솔하게 이야기하였으며 맺음 인사말 같은 경우에는 사관학교에 비해 더 부드러운 어조로 다양한 인사 표현을 사용하였다. 이에 비해 사관학교에서는 지시나 명령의 표현을 더 많이 사용하였고 개인적인 이야기보다는 국가적 차원의 내용들을 진지하고 엄중한 어조로 말하였으며, 청중과 친밀감을 형성할 수 있는 '우리'라는 어휘와 사자성어를 상대적으로 많이 사용하였다. 또한 군가의 가사 일부를 적극적으로 활용하였고, 맺음 인사말의 경우에는 '무운'과 '영광'이라는 어휘를 포함하면서 간결하고 정형화된 인사말을 상투적으로 사용하는 것을 확인할 수 있었다.

지금까지 그동안 대통령 연설 중에서 상대적으로 많은 관심을 받지 못했던 졸업식 축사에 대해 살펴보았다. 향후에는 나름의 개별적 특성을 보이는 대통령의 졸업식 축사를 다른 유형의 대통령 연설들과 서로 비교하여 분석해 본다면 더욱 흥미로운 사회언어학적 연구 결과를 거둘 수 있을 것으로 생각한다.

주석

1) 황창호 외(2015: 36)에서는 역대 대통령의 연설문을 '만찬사/환영사, 기념사, 치사, 성명/담화문, 국회연설/신년사' 등의 유형으로 분류하면서, 이런 연설문 유형은 대통령의 통치 스타일을 보여주는 중요한 지표가 될 수 있다고 설명하였다.

2) 최근에 언어학적 관점에서 대통령의 연설을 다룬 주요 연구로는 먼저 김병홍(2017)을 들 수 있다. 여기에서는 김대중, 노무현, 문재인 대통령의 취임사를 대상으로 어휘의 계량적 특성과 수사적 특성을 비교 분석하였다. 유희재(2017)는 박근혜 전 대통령의 연설문에서 사용되고 있는 '우리'의 의미를 화자와 청자를 모두 포함하는 우리, 화자만을 뜻하는 우리, 청자만을 뜻하는 우리의 세 가지로 세분화한 후, 이 세 가지의 '우리'가 전략적으로 사용되고 있는 모습을 살펴보았다. 김재희(2018)는 문재인 대통령 초기 연설문에 나타난 사회언어학적 의미를 인칭대명사, 반복 및 배제되는 어휘, 전제나 함축되는 내용, 상호텍스트성의 네 가지 요소를 중심으로 살펴보았다. 김영준(2019)는 영향력, 진정성, 대통령다움 등 자체 개발한 6개의 언어 스타일 지표를 기준으로 하여, 광복 이후 한국의 대통령 8인의 공식 연설문을 정량적으로 비교 분석하였다. 안정아·남경완(2020)은 남·북한 두 정상의 신년사를 대상으로 텍스트의 구성 방식과 그 구성별 설득 전략 및 언어적 특징을 고찰하였다.

3) 축사에 대한 언어학적 연구 결과로 주목할 만한 연구에는 김혜숙(2006)이 있다. 여기에서는 대통령이 아닌 국내의 모 대학교 총장이 행한 네 편의 졸업식 축사, 세 편의 입학식 축사, 두 편의 개교기념일 기념사, 한 편의 이임사를 연구 자료로 활용하여 총장 연설 화법의 담화적 전략을 연구하였다.

4) 유니스트의 경우는 문재인 대통령이 과거에 본인의 소속 정당 당대표로서 유니스트의 설립에 기여한 바가 있다는 인연으로 참석하였고, 유한대학교의 경우는 갑작스러운 방문이었던 것으로 언론에 보도된 바 있다. 특히 유한대학교의 경우, 현직 대통령이 사관학교나 국립대가 아닌 사립 전문대 졸업식에 참석한 것은 매우 이례적이라는 평가를 받았다.

5) 과거의 대통령 연설 연구는 주로 여러 명의 대통령들이 행한 연설문을 서로 비교하여 대통령 개인의 연설 스타일을 비교 분석하는 방법이 주를 이루었다면, 본고에서는 한 명의 대통령이 동일한 시기에 다른 성격의 학교에서 연설한 축사를 대상으로 그 각각의 특성을 살펴본다는 점에서 차이가 있다.

6) 문재인 대통령은 2018년부터 2020년까지 육·해·공군 사관학교의 졸업식에 매년 1회씩 차례대로 참석하였다. 일반대학교의 경우에는 2018년과 2019년에 두 개 학교의 졸업식에 참석하였으나, 2020년에는 COVID-19 사태로 인해 어느 곳도 참석하지 못했다. 같은 해 공군사관학교 졸업식에 참석한 대통령은 축사의 서론에서 '엄중하고 힘든 시기이지만 여러분을

축하하기 위해 이 자리에 왔습니다.'라는 말로 당시 시국의 심각성을 언급한 바 있다.

7) 다섯 편의 축사문 전문은 인터넷의 뉴스 기사에 게재된 자료를 수집하여 활용하였다.

8) 유니스트 캠퍼스에 아홉 개의 다리가 있는데 미래에 학생들이 노벨상을 타게 되면 그 하나하나의 다리에 수상자의 이름을 붙일 계획이라는 학교의 계획을 언급하면서, 열정 어린 학생들의 모습을 보니 더 많은 다리가 필요할 것 같다고 하며 학생들을 격려하고 있다.

9) 이러한 화제들은 해당 학교의 정체성 또는 교육 목표와 깊이 관련된다. 유니스트의 경우 '2030년 세계 10위권 과학기술 특성화 대학'을 목표로 세우고 있으며, 유한대학교의 경우는 '인간 교육의 바탕 위에 전문지식과 실무역량으로 사회에 기여하는 성실한 직업인 양성'을 교육 목표로 세우고 있다. 이러한 일반대학교와 달리, 사관학교는 국가 방위에 헌신할 수 있는 각 군의 정예장교를 양성하는 것을 교육 목표로 삼고 있다.

10) 대통령 연설문에서 사용되고 있는 경어법의 특성에 대한 연구로는 이정복(2003)을 주목해 볼 수 있다. 여기에서는 김대중 대통령이 각종 외교 행사에서 사용한 연설문들을 연구 대상으로 하여, 대통령의 경어법 사용은 일반 국어 화자들의 용법과는 다른 점이 있으며 이는 대통령이 힘과 권위를 드러내기 위해 전략적으로 경어법을 사용하기 때문이라 보았다.

11) 물론 앞의 '청중에 대한 호칭어 사용'에서 언급한 것처럼, 국민을 청중으로 선택하여 말을 할 때에는 '존경하는 국민 여러분. … 충무공 이순신 장군의 후예들을 기쁜 마음으로 함께 축하해 주시기 바랍니다.'와 같이 주체 존대의 어미를 사용하고 있다.

12) 유희재(2017: 120)에서도 청자와 화자를 모두 포함하게 되는 경우의 '우리'는 화자인 대통령과 청자인 국민 사이의 친밀감을 형성하고 국민들이 정부와 한 편이 되도록 하기 위한 전략에서 사용된다고 설명하고 있다.

13) 언어 사용의 측면에서 볼 때, 군대 사회는 민간 사회보다 상대적으로 더 보수적인 경향을 띠고 있다고 할 수 있다. 오늘날 쓰임이 거의 사라진 압존법이 민간 사회보다 군에서 더 최근까지 사용되었고, 종결어미의 사용에서도 군은 민간 사회보다 격식체의 종결어미를 더 사용하고 있는 모습이 이를 뒷받침해준다. 사자성어의 사용이 더 많은 것도 군의 이러한 보수적 특성과 관련이 있어 보인다.

참고문헌

김병홍(2017), 〈대통령 취임사의 언어 특성 분석〉, ≪우리말연구≫ 51, 161~185, 우리말학회.

김영준, 김경일(2019), 〈대한민국 대통령의 언어스타일: 연설문에 나타난 언어적 특성과 심리적 특성〉, ≪인지과학≫ 30(3), 105~132, 한국인지과학회.

김재희(2018), 〈대통령 연설문에 나타난 사회언어학적 의미 연구: 페어클로의 비판적 담화분석을 중심으로〉, ≪텍스트언어학≫ 44, 1~33, 한국텍스트언어학회.

김혜숙(2006), 〈총장 연설 화법의 텍스트담화적 전략〉, ≪사회언어학≫ 14(2), 117~146, 한국사회언어학회.

권향원, 최도림(2013), 〈대통령의 언어적 상징 전략에 대한 연구: 역대 김영삼, 김대중, 노무현, 이명박 대통령의 공식 연설문 분석을 중심으로〉, ≪정부학연구≫ 19(3), 285~320, 고려대학교 정부학연구소.

박성희(2009), 〈대통령 취임 연설의 제의적 특성 수사 분석: 버락 오바마 미국 대통령 취임연설문을 중심으로〉, ≪한국소통학보≫ 11, 195~222, 한국소통학회.

안정아, 남경완(2020), 〈2019년 남·북한 신년사 비교 분석〉, ≪사회언어학≫ 28(1), 111~134, 한국사회언어학회.

유희재(2017), 〈정치적 담화에서 나타나는 '우리'의 의미와 대통령의 전략적 위치짓기: 박근혜 전 대통령의 연설문을 대상으로〉, ≪이화어문논집≫ 43, 119~142, 이화어문학회.

이정복(2003), 〈대통령 연설문의 경어법 분석〉, ≪배달말≫ 33, 213~237, 배달말학회.

황창호 외, 이혁우, 임동완(2015), 〈역대 대통령 연설문의 유형과 특징에 대한 비교연구: 연설문의 유형, 분야, 주제, 시점을 중심으로〉, ≪한국공공관리학보≫ 29(4), 27~50, 한국공공관리학회.

제2부
역사학

해군사관학교 국사 교수 민장원

제4장

병선兵船 운영을 통해 본 조선 세종대 해양방어 전략전술*

한반도는 삼면이 바다로 둘러싸인 반도의 특징을 지니고 있어 지정학적으로 바다로부터의 외침이 잦았다. 이에 따라 해양방어(이하 해방海防)의 중요성은 시대를 막론하고 끊임없이 제기되어 왔다. 특히 여말선초 왜구의 잦은 침입과 내륙 침탈로 해방海防의 필요성은 더욱 부각될 수밖에 없었다.[1] 일본 열도의 서쪽 연안 일대에서 빈발한 왜구의 침입은 고려 말 충정왕 2년(1350)부터 본격화되었다.[2] 이때 고려 조정은 한동안 왜구 방어에 수군을 활용하는 대신 육지에서 적을 막는 방식, 즉 '육전주의'를 고수하였다.[3]

한편, 공민왕 재위(1352~1374) 말에 이르러 왜구 억제 수단으로서 '병선兵船'의 중요성이 대두되기 시작하였다. 공민왕의 뒤를 이은 우왕 재위 3~4년(1377~1378) 경에는 각 도에서 병선을 건조하는 한편, 병선을 활용해 강화부와 수원부에 침입한 왜구를 격퇴하는 전과를 거두는 등 대왜對倭 방어책의 전환이 그 실효성을 인정받기 시작하였다.[4]

주변 정세와 적의 위협에 따라 해방 태세의 완급은 가변적이었지만, 고려의 뒤를 이은 조선 왕조 역시 건국 초부터 바다를 통한 적의 침공을 염두에 두고 있었다.[5] 태조는 선초鮮初 육군과 별개의 독립된 병종으로서 수군을 제도화하고,[6] 수군의 병력 모집과 유지에 힘썼다. 아울러 수군이 해전을 치를 때 반드시 필요한 병선을 건조하는 데 역점을 두었다.[7] 이러한 노력은 태종과 세종에 의해 발전적으로 계승되었다. 세종대 대마도 정벌은 이러한 흐름 속에서 이루어진 대왜 군사행동이었다.[8] 한편, 문종 재위 초에는 제주목사 이명겸이 "적을 제어하는 전술로는 수전水戰[해전海戰] 만한 것이 없다."라고 하며 사면이 바다로 둘러싸인 제주도에 병선을 배치해 줄 것을 청하였다.[9] 병선의 중요성이 지속적으로 강조되어 온 것이다.

해방에 육전과 해전 중 어느 쪽이 더 효율적 혹은 효과적이었는지는 차치하고서라도,[10] 여말선초麗末鮮初 병선의 건조와 이를 활용한 해양방어체제 구축은 왜구 억제에 어느 정도 실효를 거두었던 것으로 보인다. 주목할 점은 '기해동정己亥東征(1419)', 즉 대마도 정벌이 단행되었던 세종대를 전후하여 병선 관련 제도와 전술 변화가 두드러진다는 사실이다.

왜선倭船보다 빠른 선속船速과 내구성耐久性을 유지하기 위해 병선을 개량하고 이를 시험 운용하는 노력이 계속되었으며, 전투 효율성과 생존성을 높이기 위한 선단船團의 구성 및 전투 방식을 고민하였다. 이상의 노력과 고민이 실제 해상 전장戰場에 적용되었다. 그 결과 왜구의 침입에 선제적으로 대응할 수 있었으며, 상당한 전과戰果도 올릴 수 있었다. 그리고 이러한 병선 운영을 뒷받침하는 실질적 조처로써 병선의 정박처 이동 및 최적화도 이루어졌다.

이 글은 ≪세종실록≫에 실린 세종대 해양방어에 관한 논의, 해상전투 준비과정, 해전 양상과 전과 보고, 병선의 정박 거점 이동 등에 관한 기록을 시계열 변화에 따라 검토하였다. 특히 세종대 해방 체제의 핵심축이라 할 수 있는 병선의 운영상 고찰은 당시 조선이 구사하고자 했던 해방 전략전술을 가늠할 수 있는 단초를 제공한다. 이로써 좁게는 실제 전투를 치르는 단위

부대의 군사전술과 대왜 해방책부터, 넓게는 조선 조정이 견지했던 군사정책 기조와 군사전략까지 규명할 수 있을 것이다.

먼저 여말선초 왜구 억제를 위한 해양방어체제 구축 배경과 과정 전반을 개괄한다. 다음으로 세종대 '기해동정己亥東征'을 분수령으로 변화하는 병선의 해상 전투 양상을 통해 조선 수군이 모색한 구체적인 해방의 개념과 전술을 규명한다. 마지막으로는 효과적인 대왜 전술 구사를 위한 병선의 배치 변화 추이를 밝히고, 그것이 지닌 전략적 의미를 논한다.

'평화기를 구가'하던 세종대에도 조선에는 국방을 위한 유의미한 움직임이 계속되고 있었다는 사실을 기억할 필요가 있다. 이 글은 그러한 움직임이 지니는 해양사적 의의를 되짚어 보는 동시에, 후대에 임진왜란 등 일본과의 해상전에서 조선이 승리할 수 있었던 배경 기반을 설명하는 데 유효한 지표와 시사점을 제공할 것이다. 세종대의 '적극적' 대왜 해방 전략전술과 병선 운영의 경험은, 이후 조선이 대다수의 해전에서 승기를 잡았던 사실과 무관하지 않다. 이순신 등 걸출한 장수將帥를 승전의 결정적인 요인으로 해석하는 '영웅사관英雄史觀'에서 한 걸음 벗어나, 조선 수군의 '저력'을 조선시대의 '해방사海防史' 전체 흐름 속에서 이해하고자 한다.

본격적인 서술에 앞서, 이 글의 핵심 키워드라 할 수 있는 '병선'에 대한 정의와 범주화가 필요하다. ≪고려사≫나 ≪조선왕조실록≫에는 군용 선박을 지칭하는 용례로써 '병선兵船', '전선戰船', '전함戰艦', '군선軍船', '군함軍艦' 등이 사용되었다. 그 중 '병선'과 '전선'은 조선후기에 이르러 특정선박을 지칭하는 고유명사로 자리 잡게 되었고, '전함'과 '군함'은 현대의 용어로도 계속 사용되고 있다.[11] 한편, 조선 성종대 완성된 ≪경국대전≫ 상에 수군 및 군용 선박의 체제가 정비되고,[12] 그것이 세부적으로 분류, 명시되기 전까지는 제반 군용 선박을 포괄하여 '병선'이라 지칭하였는데,[13] 이 글에서 다룰 세종대 '병선'은 어떠한 특정 선종船種을 가리키는 용어가 아니라, 당시 해상 전투에 활용된 여러 선박을 포괄 지칭하는 보통명사임을 일러둔다.

여말선초 대왜 정책과 해양방어체제의 정비

해방海防 체제가 정비되기 시작한 시점은 고려 말 '해방론海防論'이 제기되기 시작하면서부터였다. 충정왕 2년(1350), 소위 '경인庚寅의 왜구倭寇'라는 사건이 그 신호탄이 되었다.[14] 잠잠했던 왜구가 경인년(1350)의 침공을 시작으로 다시금 창궐하기 시작한 것이다.[15] 적게는 20여 척에서 많게는 400여 척 규모의 선박을 동원하여 고려의 연안지역을 침공하였고, 심지어 우왕 10년(1384)에는 왜구가 경기 내륙지역인 양주까지 진출한 바 있다.[16]

고려 조정은 해방을 위한 대책을 강구해야만 했다. 그러나 당시 고려는 수군양성과 해상방어에 온 힘을 쏟을 수 있는 형편이 아니었다. 무엇보다 홍건적 침입(1359~1362), 나하추 침입(1362) 등 북방의 위협이 종식되지 않았기 때문에,[17] 남쪽의 왜구 방비에만 전력투구할 수 없는 노릇이었다. 준전시 상황이나 다름없었던 고려의 입장에서는 한정된 군사력으로 다방면에서 침공해 오는 적들을 방어하기에 그나마 '홈그라운드'의 이점을 활용한 육상방어가 최선의 선택지였다.

이후 북방의 전쟁이 종식된 공민왕 22년(1373) 무렵이 되어서야 고려는 수군양성과 병선을 활용한 구체적인 '해방론'을 논의하기 시작하였다.[18] 예컨대, 최영이 대규모 선박 건조와 수군 육성을 기치로 내걸고 적극적인 해상방어를 강력히 주장하였고,[19] 최무선이 함포 사격에 필요한 화약을 개발하는 등 무기체계의 질적 개선에도 박차를 가하였다.[20] 이와 같이 고려 조정은 바다로 오는 적을 육지가 아닌 바다에서 막는 해상방어를 구상하고 있었다. 이는 백성의 보금자리인 한반도 '영토'에 왜구가 발 딛을 여지를 주지 않고자 했던 고려의 의지나 다름없었다.

그러나 그 구상이 계획대로 실현되지는 않았다. 완전한 해상방어체제로의 전환을 위해서는 먼저 해결되어야 할 과제들이 산적해 있었기 때문이었다. 수군의 군역軍役 및 지휘체계와 관련된 제도 정비는 물론, 전투 선박의 건조를 위한 비용 마련 등이 걸림돌이었다. 이에 따라 고려 조정은 왜구의 침입을 해상에서 공세적으로 차단하는 방식이 아닌, 가용한 해상 전력을 활용하여 왜구를 해상에서 1차적으로 억제함으로써 연안의 피해를 최소화함과 동시에 육상방어를 보완하는 과도기적 방식을 선택하였다. 고려의 입장에서는 이러한 방식이 왜구를 육상에서 처음 맞닥뜨리는 형태의 방어체제보다 훨씬 효과적이었다. 해상 전력을 운용하는 것만으로도 적으로 하여금 불특정 시점의 공격에 대한 경계를 강요할 수 있으며, 이는 곧 적군의 피로도와 전투력 저하로 직결되기 때문이었다.

다만, 당시 고려의 병선이 속도, 내구성은 물론, 운영 능력 면에서 왜선倭船보다 월등하지 않았기 때문에, 병선의 수세적 운영이 불가피하였던 것으로 보인다. 아래의 두 기사는 각각 ≪세종실록≫, ≪성종실록≫의 내용을 발췌한 것인데, 고려 말엽 병선 운영의 실태와 당시 대왜 해상방어에 대한 조선 왕조의 인식과 평가를 엿볼 수 있다.

> 병조 참의 박안신朴安臣이 상서上書하기를, 나라를 위하는 도리는 오직 마땅히 지난 일을 거울삼아 뒷일을 염려하여, 그 장구히 다스려지고 오래 편안하기를 도모하는 데 있습니다. 우리 나라는 삼면三面이 바다이고 왜도倭島와 심히 가까와서, 예전 삼국 시대에 있어서도 왜구倭寇의 침략은 지난 역사를 상고하면 똑똑히 알 수 있습니다. 고려 말엽에 미쳐 왜놈들이 비로소 우리 나라 가까운 섬에 와 붙어서 혹 구걸도 하고 혹 장사도 하여 오늘의 일과 같았었는데, 경인년(1350)에 협박하여 빼앗기를 시도하고 점점 노략질을 하니, 백성들은 싸움할 줄을 알지 못하여 왜적을 바라보면 달아나서, 바다 연변沿邊의 지방은 모두 왜적의 소굴이 되고, 드디어 그 배는 피로한 군졸들에게 주어 언덕을 떠나서 머물러 있게 하고, 여러 고을로 깊이

들어와서 혹 열흘이나 한 달 동안 함부로 마구 죽이고 노략질하다가 제 욕심이 차면 돌아가고, 돌아갔다가 또 다시 와서 봄부터 가을까지 조금도 빈 달이 없었습니다. 그 사이에 혹시 군사를 준비하여 방어하려 하였사오나, 왜적의 배는 너무 빨라서 돌리고 가기를 나는 듯이 하여, 동쪽을 지향하는 듯하다가 어느 사이에 돌리어서 서쪽을 침범하니, 우리 군사가 달려 쫓아가도 적을 만나는 일이 대개 적고, 비록 혹 같이 싸워도 이기는 일이 거의 없으므로 이에 깊고 먼 고을도 또한 적의 소굴이 되고 말았습니다.

(≪세종실록≫ 세종 12년 4월 13일)

신[조석문曺錫文]이 듣건대 전조前朝[고려] 말기에 왜적倭賊이 침략하였으나 그때 병기兵器를 갖추지 못하여 숫제 대적하지를 못했고, 또 우리 나라 병선兵船은 크고 느린데 왜선은 작고 가벼워 빠르기 때문에 언제나 갑자기 우리 배의 밑으로 들어와서 배 밑바닥을 도끼로써 구멍을 뚫으니, 이로 말미암아 우리 군사의 실패가 많았는데, …

(≪성종실록≫ 성종 5년 9월 11일)

고려 조정이 구체적인 '해방론'을 거론하며 왜구 방비를 위한 전략전술의 변화를 꾀하고 있었음에도 불구하고, 절대적인 해상전력의 우위를 뒤집기에는 역부족이었다. 특히 병선의 속도, 전술 등 해전의 승리에 큰 영향을 끼치는 요소들에서 고려가 열세를 금치 못하고 있었다고 해도 과언이 아니다. 그러나 단기간에 해상방어 전력의 양적, 질적 성장을 기대하기란 쉽지 않은 일이었을 것이다.

한편, 이 대목은 고려의 뒤를 이은 조선이 어떠한 해방 정책을 표방하며 대왜 해방체제를 구축해 갔는지, 그 귀추가 주목되는 이유이기도 하다. 과연 새로운 왕조 국가인 조선의 경우, 왜구 방비에 어떠한 준비와 조치들을 취하였을까? 이에 대해 살펴보자.

고려 우왕 14년(1388) 5월, 요동정벌의 명을 받고 출정한 우군도통사 이

성계는 위화도에서 회군하여 최영 일파를 제거한 뒤, 우왕을 폐위시키고 창왕을 옹립하면서 정권을 장악했다.[21] 얼마 후인 1392년 7월, 새 왕조 조선의 왕으로 등극한 태조 이성계는 전조前朝의 굴레를 벗고 국왕을 정점으로 하는 강력한 중앙집권국가를 수립하는 한편, 경제·사회 등 제 분야의 폐단을 개혁하고 대내·외 정치 및 외교 안정에 힘썼다.

그 중 왜구 문제는 해결이 시급한 사안이었다. 고려 말 왜구와의 전쟁을 몸소 경험했던[22] 태조는 "왜적이 국가의 가장 큰 근심이다."고 언급하며[23] 연해의 방비를 한층 강화하는 한편, 왜구 토벌을 위한 준비에 착수하였다.[24] 예컨대, 수군의 병력 모집과 유지를 위한 제도적 장치를 마련하고[25] 박위로 하여금 병선을 추가로 건조하도록 하였으며,[26] 건조한 선박을 여러 차례 직접 살피며 많은 관심을 보였다.[27] 아울러 만호萬戶·천호千戶·백호百戶와 같은 수군 군관의 관직과 품계를 정하는 한편, 고려 말 각 지방별로 파견하던 '수군도안무처치사'의 명칭을 '수군도절제사'로 변경하는 등 직제職制 정비에도 힘썼다.[28] 태조대 왜구 방어의 일환으로써 수군 제도 정비 및 병선의 확보를 통한 해양방어체제 강화를 끊임없이 추진하였음을 짐작해 볼 수 있다.

한편, 태조는 일본에 통신사를 파견하거나 항왜降倭를 후대함으로써 왜구 억제를 유도하는 온건책도 병용하였다. 건국 초, 사대교린의 외교원칙 하에 일본과 교섭하였는데 지방의 다이묘, 대마도 도주 등은 그 교섭에 적극적인 태도로 임하였다. 특히 태조는 왜구의 근거지에 인접한 규슈[九州]와 긴밀한 협조 관계를 맺고 왜구에게 영향력을 행사하였다. 일본 구주절도사九州節度使 미나모토 료순[源了俊], 구주탐제九州探題 오우치 요시히로[大內義弘] 등에게 왜구 금압을 의뢰하는 동시에 조선인 포로를 송환케 한 것이 대표적인 예이다.[29]

그럼에도 왜구의 침입은 연안 지역을 중심으로 한동안 계속되었다. 그 와중에 태조 5년(1396) 8월에는 120여 척의 대규모 선단을 이룬 왜구가 경상도에 침입하였는데, 이는 조선 개국 이래 가장 큰 규모였다. 대규모 왜구 선단은 조선의 병선 16척을 빼앗고 수군 만호 이춘수를 살해하였으며 동래, 기장 등지를 침탈하였다.[30] 얼마 지나지 않아 동년 10월에도 한 차례 동래성을 공격한 바 있는데, 왜구는 패하여 퇴각하였으나 조선의 병선 21척을 불태우고 수군 만호 윤형과 임식을 살해하였다.[31]

왜구 침입이 확대되고 장기화 되자 조선 조정은 더욱 강경하고 근본적인 대책을 강구하여 태조 5년(1396) 12월, 고려 말에 이어 두 번째로 대마도 정벌을 단행하기로 결정하였다.[32] 정벌 결과에 관한 기록이 남아 있지 않아 그 전말과 성패를 상세히 알 수는 없지만, 전조前朝 고려의 해방海防 정책 기조 및 방왜防倭 능력에 견주어 고무적인 성장을 한 것으로 평가해 볼 수 있다. 비난 그것이 계획에 그친 것이라 하더라도 이를 통해 조선이 원거리 해상전력 투사 능력과 여건을 어느 정도 갖추었다는 것이 증명된 셈이다.

이후 1399~1400년, 2년의 정종 재위기간 동안, 그리고 태종이 즉위한 초기에는 왜구의 침입이 그 빈도와 규모 면에서 잠시 소강상태를 보이는 듯 하였다. 그러나 왜구의 활동이 태종 6년(1406)과 동왕 8년(1408)에 또 다시 급증함에 따라,[33] 태종 8년부터는 재차 각도의 병선을 증강하고, 병선과 병기를 점검하는 등 전비태세 강화에 주력하였다. 당시 태종이 의정부의 건의를 수용하여 병선 185척을 추가 건조하도록 허락한 사실은 특기할 만하다.[34] 뿐만 아니라, 후술하겠지만 태종은 병선을 적재적소에 배치하기 위해 병선이 정박하기 적당한 곳을 검토하기 시작하였다. 이러한 움직임은 이후 세종대에 이르러 왜구를 억제하고 연안의 '제해권'을 장악할 수 있는 밑거름이 되었다. 즉 체계적인 해양방어체제 구축의 초석이 되었다는 것이다.

1418년 즉위한 세종 역시 태종의 대왜 정책을 발전적으로 계승하였다. '기해동정'이 그 대표적인 예이다. 주지하듯이 조선의 연해를 지속적으로 침탈하던 왜구를 토벌하기 위해 세종 원년(1419) 또 한 차례의 대마도 정벌을 단행한 것이다.

세종 즉위년(1418) 9월, 제주의 미곡선 약탈을 비롯하여,[35] 세종 원년 5월, 충청·전라·황해도 연해에 왜선이 출몰하여 연해민들을 위협하고 식량을 약탈하는 등의 침구활동이 계속되자[36] 조선 조정은 연해 지역의 방비를 강화하는 동시에, 대마도 정벌을 위한 준비에 만전을 기하기 시작하였다.

상왕上王 태종과 세종은 대신들과 대마도 정벌을 의논하였는데, 명을 침공하기 위한 왜구의 본대가 출병한 뒤, 허술한 틈을 타서 대마도 정벌을 감행하자는 결론을 내렸다. 동시에 각 도의 병선과 군졸을 점검하고, 정보 유출을 방지하기 위한 활동에도 힘썼다. 또한 왜적 침입에 대비하여 봉화 체계를 재정비하고, 대마도 정벌 시 허술해질 포구의 방어책을 마련하였다.[37]

세종 원년(1419) 6월 17일, 삼군 도체찰사 이종무가 병선 227척(경기 10척, 충청도 32척, 전라도 59척, 경상도 126척), 장수 이하 관군 669명, 갑사甲士·별패別牌·시위侍衛·영진속營鎭屬과 잡색군雜色軍, 원기선군元騎船軍을 병합하여 16,616명, 총 17,285명을 거느리고 거제도를 떠났다.[38] 그러나 악천후에 따라 다시 귀항하였다가, 이틀 뒤인 19일에 다시 대마도를 향해 진군하였다.[39]

대마도 두지포豆知浦에 정박하여 크고 작은 왜선 129척을 빼앗고, 그 중 사용할 만한 20척을 노획하였다. 또한 왜적의 가옥 1,939호를 불태우고, 114명의 수급을 베었으며 21명을 사로잡았다.[40] 뿐만 아니라 원정군은 한반도로 향하는 길목에 위치한 훈내곶訓內串을 장악하여 목책을 치고 왜적 잔당을 수색 토벌하였는데, 결국 대마도주의 항복을 받지 못한 채 동년 7월 3일, 거제도로 다시 복귀하였다.[41] 요동으로 북상한 왜구 주력부대가 대마도로 귀환할 시기가 임박하여 이들을 조선 연안에서 요격할 2차 공격을 준비해야 했기 때문이었다. 동년 8월 20일, 결국 대마도주 도도웅와가 항복

을 함으로써 대마도 정벌은 일단락되었다.[42]

기해년의 대마도 정벌은 조선의 해방 전략전술에 있어 큰 전환점이 된 사건이었다. 원거리 대규모 해상 정벌의 성공은 조선 조정은 물론 전투 현장의 군사들에게도 적지 않게 고무적인 일이었다. 이는 해상전투에 대한 경험 축적, 병선 운영과 관련된 노하우 습득 등 조선이 해전에 동원할 수 있는 총체적인 역량의 성장을 뜻하는 것이었으며, 동시에 이전의 수세적인 전술에서 벗어나 공세적인 전술 구사 능력을 갖추었다는 것을 의미하였다. 그렇다면, 이후 본격적인 세종 재위기의 해방 전략전술과 병선 운영의 양상은 어떠하였는지 궁금해진다.

세종대 대마도 정벌 이후 병선 전술의 변화

흥미롭게도 세종은 기해년(1419)의 대마도 정벌 직전까지 바다로 침입해 오는 왜구를 병선을 이용하여 해상에서 공세적으로 억제하는 전술에 대해 우려를 표명하였다. 오히려 상륙한 왜구를 육지에서 요격하는 수세적 전술을 취하고자 하였다. 다음은 대마도 정벌이 단행되기 약 한 달 전, 세종의 언급이다.

> 각도와 각 포구에 비록 병선은 있으나 그 수가 많지 않고 방어가 허술하여 혹 뜻밖의 변을 당하면 적에 대항하지 못하고 도리어 변환邊患을 일으키게 될까 하여 이제 전함戰艦[兵船]을 두는 것을 폐지하고 육지만을 지키고자 한다.
>
> (≪세종실록≫ 세종 원년 5월 14일)

결과론적이지만 세종의 해방 전술에 대한 의견은 한 달 뒤의 대마도 정벌이라는 군사 행동이 무색할 정도로 소극적이다. 이는 당시 병선 간의 해상

전투는 물론, 병선을 이용한 대규모 병력의 투사 경험이 부족한 데에서 기인한 것으로 생각된다. 이에 따라 병선의 효용과 필요성 또한 대두되지 못하였다. 세종의 의견에 반대하며 병선을 이용한 해상방어의 중요성을 역설하는 판부사 이종무, 찬성사 정역 등의 신하들도 있었으나,[43] 실제 왜구와의 해상전투 결과는 번번이 조선의 병선이 후퇴하거나 피해를 입는 양상이 주를 이루고 있었던 점을 미루어 보았을 때, 실질적인 해방 전술의 변화 시도는 이루어지지 않았음을 알 수 있다.

이러한 상황 속에서 세종 원년(1419) 6월, 세종은 상왕 태종의 주도 하에 계획된 대마도 정벌을 단행하였다. 눈여겨 볼 점은 대마도 정벌을 분수령으로 병선에 관한 눈에 띄는 변화들이 일어나기 시작하였다는 것이다. 그 일련의 변화들은 대마도 정벌 이전, 세종이 견지한 해방 기조와는 상반된 것이었다.

오래된 선박을 수리하거나 새로 건조하여 해상 전력을 증강하는 동시에 내풍성, 내구성, 속도 등 병선의 성능에 관한 요소를 지속적으로 개량하고 시험하였으며, 수세적이었던 대왜 병선 전술을 공세적으로 전환하기에 이른다. 왜구 방비에 병선을 보다 적극적으로 활용하기 시작하였으며, 병선 간 상호 지원체제를 유지한 채 작전을 수행함으로써 선단船團의 생존성을 제고하는 모습도 엿볼 수 있다.

관련 내용을 조금 더 자세히 살펴보자. 첫째, 해상 전력 증강이다. 이미 기존의 여러 연구 성과를 통해 밝혀진 바와 같이 당시 조선의 수군은 49,337명(도별 병력 합계)~50,442명(진영별 병력 합계)으로 조선의 전체 군 병력 96,259명 중 절반 가량을 차지하고 있었던 것으로 보이며, ≪세종실록≫ 〈지리지〉의 기록에 따르면 약 10여 종의 병선이 829척으로 조선 전 기간 중 가장 많은 척수를 보유했던 것으로 판단된다.[44] 관련하여 병선을 추가 건조하거나,[45] 병선 건조용 목재 확보 및 관리에 많은 관심을 기울인 대목도 확인된다.[46]

둘째, 병선의 성능 개량 및 시험이다. 내풍성 및 내구성, 그리고 특히 선속 향상에 힘썼다. 우선 당시 조선의 병선은 풍랑 시 전복되기 쉬운 구조였는데, 왜선의 제도에 따라 풍랑 시에는 선미에 꼬리를 추가로 설치하여 병선의 안정성을 높이고,[47] 내풍성이 강한 돛을 제작하여 사용하고자 하였다.[48] 또한 병선 외면에 엷은 목재를 덧대 배좀[螓]으로 인한 선체 본판의 손상을 방지함으로써 병선의 내구연한을 늘리고,[49] 명·유구 등 타국의 병선 건조 자재 및 부속, 선체 구조의 장점을 취해 내구성을 향상하려는 노력을 계속하였다.[50]

특히 병선의 속도 향상을 위한 노력이 눈에 띈다. 세종 2년(1420) 5월 12일, 동년 11월 17일 두 차례의 시험을 시작으로 본격적인 선속 개량에 착수한다. 세종 2년 11월 17일 기사에서는 각도의 병선이 왜선보다 속도가 느려 왜선을 추격하지 못하는 것을 보완하기 위해 대호군 윤득민에게 속도가 빠른 병선 3척을 만들어 시험하도록 한 사실을 확인할 수 있다. 이 때, 귀화한 왜인으로 하여금 왜선을 타고 10여 보 가량 먼저 출발하게 한 뒤, 새로 만든 병선 1척씩을 타고 추격하도록 하였는데 병선의 속도가 왜선보다 빨랐다고 기록되어 있다.[51]

이처럼 조정에서는 병선의 속도를 전술적 측면에서 매우 중요한 요소로 고려하고 있었다. 세종 2년 이후의 실록 기사에서도 확인할 수 있듯이, 새로 만들었거나 개량한 병선의 속도가 향상되었는지의 여부를 꾸준히 시험하는 모습이 그 사실을 방증한다.[52]

셋째, 병선 전술의 전환이다. 앞서 서술한 병선의 속도 향상은 대왜 병선 전술에 영향을 미쳤다. 병선의 속도가 향상됨에 따라 기존과는 전혀 다른 양상의 해상전투 결과가 보고되기 시작한 것이다. 속도가 개량되기 이전에는 왜선을 보고도 추격하지 않거나 응전에 소극적인 태도를 보였고, 주로 아측이 피해를 입었다.[53] 반면, 병선의 속도 개량 이후에는 왜선을 추격하여 나포하거나 승선해 있는 왜구를 사살해 수급首級을 얻는 등의 공세적인

작전 형태가 두드러졌다.[54]

심지어 왜구와의 전투에서 패한 경우에도 '추격하다가 패전'하였다는 보고 내용을 확인할 수 있는데,[55] 이는 기존에 왜선을 추격하지 못하고 속수무책으로 당했던 것과는 상반된 모습이라 할 수 있으며, 당시 조선의 병선은 왜선보다 빠른 속도를 이용하여 왜선을 추격하는 전술을 구사하고 있었음을 방증한다.

세종대 이전에 '왜선을 보고도 추격하지 않는 풍조'가 만연했던 것은 조선의 병선이 왜선을 추격·나포할 수 있는 능력을 갖추고 있지 못했기 때문이었으며, 이에 따라 왜구 억제에 있어 병선의 효용성이 부각되지 못하였던 것이다.

세종 원년(1419) 대마도 정벌을 계획, 준비, 실행하는 과정에서 병선의 활용이 빈번해지고 그 중요성이 부각됨에 따라, 속도 등 병선의 성능 개량이 수반되었던 것으로 보인다. 이를 기반으로 항해와 해상 전투에 자신감을 갖게 되었으며, 비로소 왜선을 추격하여 공격·나포하는 전술을 구사할 수 있게 된 것으로 생각된다. 이와 관련하여 세종 22년(1440) 5월 26일, 경상감사의 건의가 주목할 만하다.

> 매양 병선에 '추왜선追倭船' 세 글자를 새기었고, 선군도 또한 항상 '추왜선'이라고 부르는데, 왜객의 왕래가 대개 각 포浦를 경과하게 되니 반드시 보고 들을 것입니다. 지금 무수撫綏하는 때를 당하여 먼저 의심나는 것을 보이면 원수의 틈이 생길까 두려우니, 청하건대 이름을 고칠 것입니다.
>
> (≪세종실록≫ 세종 22년 5월 26일)

병선에 새긴 '추왜선'이라는 명칭이 왜인들의 반발심을 일으킬 수 있다는 이유로 명칭을 바꾸자고 건의한 것이다. 조정에서는 이를 받아들여 '추왜선追倭船(왜선을 추격하는 배)'의 명칭을 '별쾌선別快船(속도가 빠른 배)'

으로 변경하였다. 이는 대마도 정벌 이후 변화된 대왜 병선 전술을 단적으로 보여주는 예라고 할 수 있다.

그렇다면 병선으로 왜선을 추격하여 공격·나포하는 전술의 구체적 양상은 어떠하였을까? 이에 관해서는 세종 5년(1423) 10월 3일의 전라도 처치사 윤득홍의 보고와 세종 7년(1425) 3월 7일의 경상우도 처치사 이순몽의 보고가 참고된다. 전자와 후자는 각각 고도孤島 근처의 왜선을 추격 나포한 전과를, 욕지도欲知島에 출현한 왜적을 섬멸한 전과를 보고하며, "병선을 영솔하고 세 길로 나누어 나갔다.", "진무 이권·황윤후, 부사정 김을만으로 하여금 길을 나누어 추격하게 하였다."라고 언급하고 있다. 즉 병선을 대략 세 개의 편대로 나누어 편성하고 상호 지원태세를 유지한 채 작전을 수행했던 것으로 보인다.[56]

이러한 편대 편성은 한정된 해상 전력으로 보다 넓은 해상 면적을 효과적으로 방어하는데 유용하다. 하나의 선단으로 뭉쳐 움직일 때보다 각각의 편대로 나눠 일정한 거리를 유지한 채 이동할 때, 보다 넓은 탐지거리를 확보할 수 있다. 즉 해안 정찰 및 초계에 적합한 방법이라 할 수 있다. 또한 이러한 분할 편대의 운영은 전체 선단의 생존성 제고에도 유효하였다. 선속의 우위가 보장된 조건 하에 하나의 편대가 왜구의 선박들과 조우하였을 때, 나머지 편대의 공격 침로 확보가 용이하여 다면多面에서의 협공이 가능하기 때문이다. 뿐만 아니라 임무 수행에도 효과적이다. 예컨대 사전에 각 편대의 유사시 혹은 필요시 임무를 지정하여 인명 구조, 조운선 호송 등 특수 임무 수행 소요가 발생하면, 해당 임무를 맡은 편대가 그것을 수행하고 나머지 편대는 본래의 임무에 임함으로써 왜구 방어의 공백을 최소화 할 수 있었다.

한편, 편대를 구성하고 있던 병선의 종류 중 '비거도선鼻居刀船'은 당시 왜적을 추격하는데 유용하게 활용되었던 것으로 추정된다. '비거도선'의 용례는 세종 5년(1423) 1월 5일 기사에서 처음 확인되는데, 경상좌도 각

포에 '비거도선'을 건조해 운영하였다.57) 그 이후에도 '비거도선'에 관한 내용이 다수 산견되는 바, 아래의 세종 12년(1430) 5월 19일 기사를 통해 그 용도를 보다 명확히 파악할 수 있다.

> 비거도선鼻巨刀船은 고기를 잡고 왜적을 쫓는 데에 매우 편리하오나, 그러나 병기兵器를 싣지 않아서 만약 적선賊船을 만나면 반드시 사로잡힘을 당할 것이오니, 청하건대 이제부터 검선劍船에는 한 자 되는 창과 칼을 뱃전에 벌려 꽂아서, 적이 칼을 뽑아 들고 배에 오르지 못하게 하며, 검선 1척마다 비거도선 2, 3척을 쫓아 따르게 하여 싸움을 돕게 하며, 만약 왜적을 보거든 비거도선으로서 급히 쫓아 붙잡게 하고, 검선이 따라서 급히 치면 왜적을 잡을 수 있을 것입니다. … 하니, 그대로 따랐다.
>
> (≪세종실록≫ 세종 12년 5월 19일)

'비거도선'은 속도가 빨라 왜적을 쫓는 데 유용하나 병기를 싣지 않고 있었기 때문에 '검선' 1척당 2~3척의 '비거도선'을 함께 편성하여 왜선을 추격하도록 하였다. 즉 당시 대왜 병선 전술에 주로 사용되었던 것은 '검선'과 그보다 작은 규모인 '비거도선'이었던 것으로 생각된다.

아울러 세종 26년(1444) 윤7월 22일 충청도 처치사의 보고를 통해 병선 1척에 승선하는 선군船軍의 수효가 60명임을 알 수 있는데,58) 병선 중 어느 종류의 선박에 대한 인원인지는 정확히 알 수 없지만, 다음 기사를 통해 당시 대왜 병선 전술에 동원된 선박의 대소大小와 대략적인 승선 인원을 유추할 수 있다.

> 여러 나라의 대·중·소의 배에 각각 비거도선이 있는데, 비거도선은 본선本船의 대소에 따라 만들되, 혹은 통나무[全木]로 만들기도 하여 행선行船할 때는 본선 안에 실었다가, 쓸 일이 있으면 곧 내려 놓는데, 우리 나라의 병선은 본디 몸이 모두 크고 또 비거도선을 배 꼬리에 달고 다니므로, 배가 다니기에 느릴 뿐 아니라, 큰 바람을

만나면 능히 구조할 수 없으며, 잡아 맨 줄이 혹 끊어지면 버리고 가게 되니, 청하건대 이제부터는 대선大船·맹선猛船·검선劍船에는 모두 크게 만든 비거도선 및 전목全木 비거도선을 각각 1척씩 두어, 포구에 머물 적에는 큰 비거도선을 쓰고, 행선行船할 적에는 전목 비거도선을 쓰도록 하되, 배 위에 싣고 다니게 하옵소서.

(≪세종실록≫ 세종 12년 5월 19일)

이 기사에서는 '비거도선' 운영 개선 방안을 제안하고 있다. 그와 동시에 '여러 나라의 대·중·소의 배'를 당시 조선의 '대선大船·맹선猛船·검선劍船'에 비견하고 있는 내용도 확인된다. 세종 26년(1444) 윤7월 22일 기사에서 확인된 60명의 선군이 승선하는 병선은 중형 선박인 '맹선'에 해당되는 것으로 보인다. 이후 ≪경국대전經國大典≫ 〈병조兵曹〉 제도병선조諸道兵船條의 선박 분류와 내용을 보면 그 사실이 명확해진다.

조선전기에 왜구를 토벌하기 위하여 '대선大船'·'중대선中大船'·'중선中船'·'쾌선快船'·'맹선孟船'·'별선別船'·'추왜별맹선追倭別孟船'·'추왜별선追倭別船' 등 여러 종류의 병선들이 건조되었으나,59) 이러한 선박들이 일정한 규격을 갖추고 있지 않았기 때문에 세조 7년(1461) 10월 신숙주가 각지의 선박을 개량하여 전투와 조운에 겸용할 수 있도록 할 것을 건의하였다.60) 이에 따라 세조 11년(1465)에 '병조선兵漕船'이 개발되었는데, 이후 ≪경국대전≫ 반포를 계기로 하여 '대·중·소맹선'으로 개명되어 '맹선'은 약 1세기 동안 전투와 조운을 겸하여 사용되었다. 왜구 진압 시에는 전투용으로써, 평상시에는 조운용으로 전환하여 사용하였다. 조선은 이에 관한 규정을 법전인 ≪경국대전經國大典≫ 및 ≪속대전續大典≫에 명시하고 관리하였다.61) ≪경국대전≫에 기록된 조선 중기의 '맹선'의 각 지역별 배치 및 척수는 다음과 같다.

선종 \ 지역	경기	충청	경상	전라	황해	강원	함경	평안	계
大猛船	16	11	20	22	7	·	·	4	80
中猛船	20	34	66	43	12	·	2	15	192
小猛船	14	24	105	33	10	14	12	4	216
無軍大猛船	·	·	·	·	·	·	·	1	1
無軍中猛船	·	·	·	·	·	·	·	3	3
無軍小猛船	7	40	75	88	10	2	9	16	247
총 계	57	109	266	186	39	16	25	43	739

〈표 1〉 각 지역별 '맹선'의 배치 및 척수(≪경국대전≫ 〈병조〉 제도병선조).

≪경국대전≫에 따르면, 승선 인원은 각각 대맹선이 80명, 중맹선이 60명, 소맹선이 30명이었다. 따라서 세종 26년(1444) 윤7월 22일 기사에 등장하는 병선은 당시의 '맹선', 즉 ≪경국대전≫ 분류 상의 '중맹선' 규모에 해당하는 선박이었을 것이고, 세종대 해방 주력 선종이었던 '검선'과 '비거도선'은 ≪경국대전≫ 분류 상의 '소맹선'일 가능성이 크다.

〈표 1〉에서도 마찬가지로 '소맹선'이 가장 많은 비율을 차지하고 있는데, 1척 당 약 30여 명이 승선하는 '소맹선'이 주류를 이루고 있는 사실을 통해 세종대 중·소형함 위주의 대왜 병선 전술 운영의 자취를 엿볼 수 있다.

세종 후반에 이르러서는 조정에서 "국가에서 처음 병선을 만들어 요해지에 정박하게 하고자 함은 구적寇賊을 막을 뿐이요, 바다 밖까지 멀리 쫓으라는 명령은 없었사온데, 지난번에 한 두 장수가 바다 밖까지 멀리 쫓아가서 요행으로 성공하여 혹은 은상을 입은 자가 있었습니다."라는 말이 나올 정도로 병선을 활용한 적극적인 대왜 해방 활동이 이루어지고 있었다. 이에 조정에서는 수군 만호, 천호 등에게 병선을 가볍게 움직이지 말 것을 지시하기도 하였다.62)

요컨대, 세종대 대마도 정벌 이전에는 조선 조정이 수군 병력 모집과 유지, 병선 건조 등 해상전력 양성에 힘쓰는 한편, 왜구의 위협에 대응할 최소한의 능력을 갖춘 채 수세적인 해방 체제를 운영하였다면, 대마도 정벌 이후에는 선속, 내구성 및 내풍성 등 성능 개량을 거친 중·소형선 위주의 병선을 공세적으로 운영하며, '선속 우위'에 기반한 추격 및 공격·나포 전술을 구사하였다.63) 이로써 왜구가 자주 출몰하는 남해안 지역, 특히 연안의 '제해권'을 장악하였다고 평가할 수 있다.

다만, 수세적 전술에서 공세적 전술로의 전환을 통해 '제해권'을 장악하고자 할 때, 반드시 수반되어야 할 필요조건이 있었다. 그것은 바로 병선을 적재적소에 배치하는 것, 즉 왜구의 침입에 신속히 대응할 수 있는 거점을 확보하는 것이었다. 전략전술적 요충지 확보의 중요성은 이미 인류의 전쟁·전투사에서 증명된 바 있다. 다음장에서는 이에 대해 살펴보자.

병선의 전진배치와 방어거점의 이동

해방 전략·전술에서 전투 플랫폼의 정박 위치는 가장 중요한 사안이라 해도 과언이 아니다. 인류 전쟁·전투사에서도 여러 사례를 통해 요충지 확보의 중요성이 증명된 바 있고, 대개 해양 강국은 해군 부대의 해외 정박 거점 확보를 통해 자국의 해양전략을 표방하기도 한다. 전투 선박을 적재적소에 배치하는 것이 해전의 승패를 가리는 결정적 요인이 되는 것은 주지의 사실이다. 전투 선박의 정박 위치와 그것의 변화 양상은 해당 국가의 해양전략·전술을 들여다 볼 수 있는 좋은 지표이다. 그러한 측면에서, 세종대 이에 관한 논의와 실제 조처들은 주목할 만한 가치가 있다.

세종대 병선 배치에 대해 서술하기에 앞서, 태종대 병선 배치와 관련된 정책과 제도를 살펴보고자 한다. 본격적인 병선의 이동은 세종대에 이르러 이루어지지만, 그에 대한 논의는 앞서 태종대부터 시작되고 있었기 때문이다.

≪태종실록≫에서 확인되는 병선 이동 관련 사례는 두 건으로, 태종 7년

(1407) 7월 27일, 경상도 병마절제사의 건의와 태종 8년(1408) 12월 24일, 전라도 수군도절제사의 건의에서 확인할 수 있다. 전자는 왜인이 왕래하는 경상좌도 지역에 혹시 모를 사변에 대비하여 울주 연해 개운포의 병선을 장생포로 옮겨, 긴급할 때 서로 지원 가능한 출동거리를 유지하자고 건의한 것이고,[64] 후자는 병선 이동과는 직접 관련된 내용은 아니지만, 전라도 수군도절제사가 왜적을 방어하기 위한 대책의 일환으로 옥구[군산]의 수영을 무안현의 대굴포로 옮기자고 건의한 것이다. 옥구는 해로의 중앙이 아니기 때문에 진수鎭戍에 합당하지 않다는 이유로 해도의 중앙인 무안현의 대굴포로 수영을 옮겨야 한다는 주장이었다.[65]

전자는 곧바로 시행되었고, 후자의 경우에는 태종이 조정으로 하여금 전라감사와 함께 의논하여 아뢰도록 한 사실만이 확인된다. 태종대 병선 이동 관련 사례는 위와 같이 확인되지만, 뚜렷한 경향성을 드러내며 본격적인 배치 변화가 이루어지고 있었다고 보기는 힘들다.

한편, 태종 7년(1407) 조정에서는 각 포浦를 매일 순행하며 군사를 무휼하기 위해 '수군찰방'을 설치하였고,[66] 이것이 이듬해(1408)에 이르러 '해도찰방'이라는 이름으로 하삼도에 한 명씩 파견되었다. 이 때, 조정에서는 해도찰방에게 고찰 사목事目을 내려 사목에 의거하여 각 포의 군비태세를 규찰·점고하도록 하였다.[67] 태종 14년(1414)에도 손실경차의 임무를 겸해 해도찰방을 각도에 파견하였는데 이 때, 해도찰방에게 내린 사목의 내용이 주목된다. 바로 기존 고찰 사목의 '선박 점고'에 더하여, '병선 정박 요해처'에 대한 점검이 추가된 것이다.[68] 이는 태종 14년(1414)경에 이르러 병선의 척수, 관리 상태 외에도 병선의 정박 거점에 대한 관심이 대두되었음을 방증한다. 즉 이때부터 병선의 배치가 변화될 조짐을 보이고 있는 것이라 할 수 있다.

병선 이동에 대한 논의와 그에 따른 병선의 배치 변화는 세종대에 접어들며 본격적으로 이루어지게 되었다. 각 해역별로 병선 배치의 변화 양상이 각기 다르게 나타나는데,69) 가장 두드러진 변화가 식별되는 해역은 남해안이다. 세종대 수군에게 '전방'이란 대마도를 비롯한 일본 열도와 맞닿아 있는 남해안이었을 것이다. 특히 전라도와 경상우도 연해 지역에 걸친 병선 배치 변화가 주를 이루고 있다. 이에 대한 대략적인 병선 배치 및 변화 양상은 아래 〈그림 1〉과 〈그림 2〉와 같다.

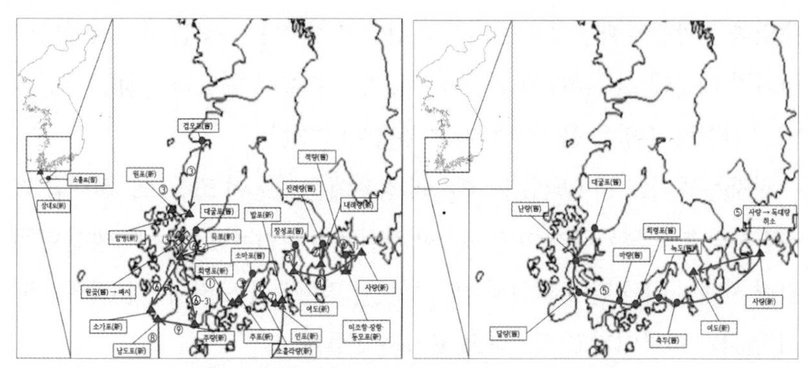

〈그림 1〉 남해안(전라도 연해) 병선 배치 및 변화 양상

첫째, 〈그림 1〉은 전라도 연해 지역의 병선 배치 및 변화 양상이다. 옛 정박지(●)와 새로 신설되었거나 옮긴 정박지(▲)의 위치를 비교 검토하면, 병선을 내지內地에서 왜해外海쪽으로 전진 배치한 사실을 확인할 수 있다.70)

즉 해안 안쪽에 깊숙이 위치하여 외해로 나오기까지 시간이 오래 걸리거나, 조수간만의 차가 커 물이 빠지는 간조 때 포구 밖으로 나오지 못하거나, 외진 곳에 위치하여 다른 포구의 병선 지원이 어려운 곳을 지양하고, 외해에 인접해 왜구에 즉각 대응이 가능하고 조수간만의 차가 적고 수심이 양호하여 병선이 항상 출입할 수 있으며 주변 군진과의 거리를 고려해 다른 포구의 병선 지원이 용이한 곳을 찾아 병선을 이동시켰던 것이다.

이 때, '정박지의 출·입항이 용이한지, 조수간만 차·수심 등이 병선이 활동하기에 적합한지, 주변에 긴급 상황 전파를 위한 봉화 시설이 갖추어져 있는지, 사변 발생 시 지원해 줄 병선의 정박지와는 거리가 적당한지’ 등의 논의는 모두 왜적에 대응하기 유리한 거점을 확보하기 위한 이유에서 비롯된 것이었다.

병선 이동 논의에서 중요하게 다루어진 ‘수심’, ‘조수간만의 차’, ‘접근 용이성’, ‘봉화 체계 구비 여부’ 등은 모두 왜적에 신속히 대응하기 위해 충족되어야 하는 필요조건이라 할 수 있으며, 아울러 병선을 이동시키는 것이 ‘왜적’ 때문이라고 직접적으로 언급하는 대목도 다수 확인된다.

정리하면, 〈그림 1〉에서는 육지 쪽으로 움푹 파인 해안, 혹은 바다와 인접한 강 어귀에 위치해 있었던 병선들이 외해 쪽으로 이동하는 분명한 경향성을 확인할 수 있었다. 이는 대마도 정벌 이후, 속도 우위를 기반으로 왜구가 주로 출몰했던 남해안 도서 인근 해역의 ‘제해권’을 장악하고, 작전 수행에 적합한 방어거점을 마련해 가는 움직임으로 해석할 수 있을 것이다.

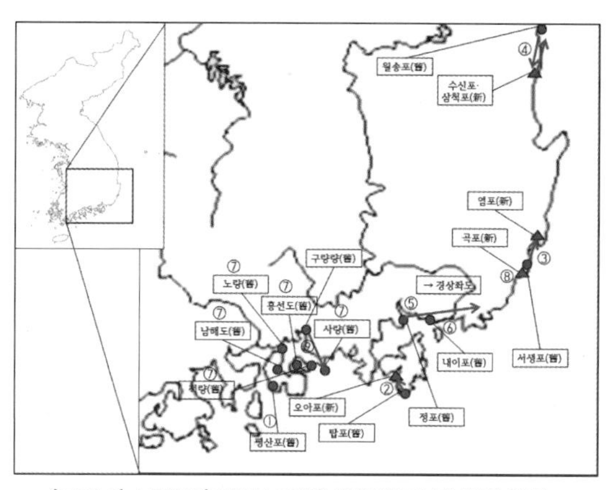

〈그림 2〉 남해안(경상도 연해) 병선 배치 및 변화 양상

둘째, 〈그림 2〉는 경상도 연해 지역의 병선 배치 및 변화 양상이다. 병선이 원래 정박하고 있었던 기존 옛 정박지(●)를 확인할 수 있는 기사내용은 다수 확인되나, 새롭게 신설된 정박지나 병선이 이동 배치된 곳(▲)은 전라

도 연해에 비해 많지 않음을 확인할 수 있다.71)

전라도 연해 지역은 병선 정박지를 내지에서 외해쪽으로 전진 배치하고 있는 반면, 경상도 연해 지역의 경우에는 그러한 양상을 보이지 않는다. 이는 해양환경의 차이에 기인한 것으로 생각되는데, 전라도에 비해 섬이 많지 않은 경상도 해역, 특히 경상좌도 연해는 전라도 해역에 비해 풍랑과 파고의 영향을 많이 받았기 때문에, 중·소형 위주의 아측 병선은 물론 왜선의 활동에도 적합하지 않았고, 따라서 왜구의 위협도 비교적 낮았다고 볼 수 있다.

이와 관련하여 세종 21년(1439) 6월 16일 경상감사의 보고 A와 동년 9월 2일 동지중추원사 이사검이 올린 비변책 내용의 일부 B를 주목할 필요가 있다.

> A. 도내道內의 수어守禦하는 형세를 살펴보건대, 각 포의 병선이 비록 상거相距가 적당하고, 봉화를 서로 바라볼지라도 서로 구원하기가 어려운 형세이오며, 육지의 방수防戍는 상거가 멀어서 기회에 임하여 승리하거나 구원하기가 어렵습니다. 그 사이에 수어하기에 가장 긴요한 곳으로서 병선을 더 설치할 요해처要害處가 비록 많을지라도, 모래와 자갈이 험하게 막혔고 풍랑도 많으므로 병선을 더 설치할 수 없사옵니다.
>
> (≪세종실록≫ 세종 21년 6월 16일)

> B. 경상도 방수防戍의 상황을 살펴보옵건대, 우도右道의 선군船軍은 항상 행선行船하기 때문에 배에 익숙한데, 좌도의 선군은 바다 가운데에 섬과 곶이 없기 때문에 일찍이 행선하지 아니하여 배에 익숙하지 못하고 …
>
> (≪세종실록≫ 세종 21년 9월 2일)

경상감사와 동지중추원사의 언급에서 확인할 수 있듯이 경상도, 특히 경상좌도는 풍랑의 영향을 많이 받았다. 즉 섬이 많고 리아스식 해안의 형태를 갖춘 전라도 연해 지역과는 정반대의 해양환경을 갖추고 있었던 것인데,

이를 고려한 병선 배치의 결과가 〈그림 2〉와 같은 양상을 띠게 된 것이라 해석할 수 있다.

그렇다면 남해안의 병선들이 전진 배치되었던 까닭은 무엇이었을까? 전술하였듯이 병선 이동에 대한 논의는 태종대부터 시작되고 있었다. 두 차례의 병선 이동 논의와 해도찰방의 고찰사목의 내용 변화를 통해 그것을 알 수 있었다.

이후, 병선의 이동은 세종 4년(1422)부터 연쇄적으로 이루어지게 되는데, 남해안 해역의 병선 전진 배치는 조선이 속도 우위에 기반한 공세적 대왜 병선 전술을 구사하기 시작함에 따라, 그에 적합한 거점을 확보해 나가는 과정에서 수반된 결과물이라 볼 수 있다. 단, 전진배치 과정에서 '해양환경'과 '왜구 침입의 가능성'을 중요한 요소로 고려하고 있었음을 확인하였다.

한편, 동·서해안에서는 병선 배치에 대한 논의가 소략할 뿐더러 뚜렷한 변화 양상이 식별되지 않는다. 다만, 평안도 및 함길도는 북방의 여진족과 맞닿아 있었기 때문에, 여진족 방어용으로 작고 빠른 병선을 강에서 운영하였다는 특징 정도가 확인된다.[72]

요컨대, 세종대 병선의 전진배치는 수세적 전술에서 공세적 대왜 병선 전술로의 전환을 바탕으로, 각 해역별 '해양환경(조수간만의 차, 수심, 파고 혹은 풍랑, 해저저질 등)'과 '적 위협(일본 내부 정세 악화에 따른 왜구의 조선 연해지역 침입, 약탈)'을 고려하여, 전환된 전술을 구사하기에 적합한 방어거점을 마련해 가는 전략적 구상이었다고 결론지을 수 있다.

맺으며

국가의 군사軍事에 있어 전략전술은 그 국가가 처한 대외정세와 주어진 환경·여건 속에서 군사력을 얼마나 효율적이고 효과적으로 운용할 수 있는

지를 판단하는 중요한 지표가 된다. 물론 전근대 시대의 '전략전술'은 현대전 개념의 그것과 같은 선상에서 비교·검토하기 어려우나, 그 방향성이나 전체적인 패러다임을 이해하는 도구로는 일면 유용하다. 당시에는 '해양력', '제해권' 등의 개념이 사용되지는 않았다. 하지만 여말선초부터 시작된 '해방론海防論'과 해방 체제 구축을 위한 노력, 실질적 조처들은 그것들과 많이 닮아있다.

특히 고려 말 이른바 '경인庚寅(1350)의 왜구'로부터 시작된 왜구의 창궐은 '해양력' 제고의 필요성을 실감하게 하였고, 이후 고려·조선 조정은 수군 병력 모집 및 수군 제도 정비, 병선 건조, 무기체계 개발 등 왜구 방비를 위한 해양방어체제 마련에 부심한다. 그 결과 부침을 거듭하며 수군 및 병선 등 해상 전력의 괄목할 만한 성장을 이룰 수 있었다. 이를 활용하여 세 차례의 대마도 정벌도 단행하였다. 그러나 이 당시까지만 해도 수군과 그 핵심 전투 플랫폼인 병선을 체계적이고 조직적으로 운용했다고 보기는 힘들다. 세종대 기해동정 이전의 대왜 전투 양상과 전과 보고에 따르면, 병선의 성능과 전술 측면에서 왜구보다 우위를 점하고 있지 못했기 때문이다.

그런데 세종대 기해동정을 분수령으로 대왜 해방 전략전술의 패러다임의 변화가 일어났다. 병선의 성능 개량 및 전술 전환, 병선 배치와 방어거점 변화가 바로 그것이다. 축적된 해상 전투 및 전력 투사 경험을 바탕으로 병선의 속도, 내구성·내풍성 등을 개량하였으며, 이를 기반으로 '선속'의 우위를 점하여 왜선을 추격 공격·나포하는 전술을 구사할 수 있는 능력을 갖추게 되었다. 이로써 기존의 수세적 대왜 전술에서 벗어나 중·소형함 위주의 공세적 전술을 구사하기에 이르렀다. 동시에 그것을 뒷받침하기 위한 전략적 구상으로써 '병선의 전진배치', 즉 방어거점을 내지에서 외해쪽으로 옮기는 조처가 실현되었다. 선속의 우위에 기반한 전술 구사와 신속한 왜구 대응에는 병선이 외해쪽에 배치되는 것이 보다 유리하였기 때문이다. 각 해역별 '해양환경'과 '적 위협'을 고려해 병선이 정박할 요해처를 적의 조정하는 조선의 전략적 구상이 인상적이다. 이를 통해 조선은 남해안 연안 해역의 '제해권' 확보를 달성할 수 있었다.

이렇듯 '평화기를 구가'하던 세종대에도 조선에서는 국방을 위한 유의미한 움직임들이 계속되고 있었다. 물론, 여말선초에 견주어 왜구의 침입 규모와 빈도가 현격히 줄어든 것은 사실이나, 세종대에 이루어진 전략전술의 변화는 '해방사海防史' 흐름에 중요한 전환점이 아닐 수 없다. 이후 조선후기 임진왜란의 승리도 이러한 전략전술의 이해에 기반하여 평가되어야 하겠다.

주석

* 이 글에 관한 연구사 정리는 민장원, 2018, 〈조선 세종대 병선(兵船) 운용과 해방(海防) 전략 전술〉, ≪Strategy21≫ 44 참조.

1) 여말선초 왜구에 관한 연구는 다음을 참고할 수 있다. 신석호, 1959, 〈여말 선초의 왜구와 그 대책〉, ≪국가상의 제문제≫ 3, 국사편찬위원회 ; 孫弘烈, 1975, 〈高麗末期의 倭寇〉, ≪史學志≫ 9 ; 羅鍾宇, 1980, 〈高麗 末期의 麗·日 關係 -倭寇을 中心으로-〉, ≪全北史學≫ 4 ; 國防軍史研究所, 1993, 〈倭寇討伐史〉, ≪民族戰亂史≫ 9 ; 나종우, 1994, 〈홍건적과 왜구〉, ≪한국사≫ 20(고려후기 사회와 대외관계), 국사편찬위원회, 390~415쪽 ; 하우봉, 1995, 〈일본과의 관계〉, ≪한국사≫ 22(조선 왕조의 성립과 대외관계), 국사편찬위원회, 367~410쪽.

2) 孫弘烈, 1978, 〈麗末·鮮初의 對馬島征伐〉, ≪湖西史學≫ 6, 112쪽.

3) 여기서 "'육전주의陸戰主義'를 고수하였다."라는 서술은 고려 조정이 해양방어를 게을리 하였다는 뜻이 아니라, 주어진 상황과 여건 속에서 최적의 '해방海防' 방법론으로써 해전海戰보다는 육전陸戰을 취하였다는 것을 의미한다.

4) 林容漢, 2005, 〈고려 후기 수군 개혁과 전술변화〉, ≪군사≫ 54, 286~299쪽.

5) 조선후기의 자료인 ≪만기요람≫에는 "우리나라는 동·남·서 3면이 바다로 둘러싸여 있다. 동과 남은 왜倭와 마주하고, 남과 서는 중국의 오吳·월越·연燕·제齊의 지방과 마주하였다. 그러므로 해방海防을 설치하였다."라고 기록되어 있다(≪萬機要覽≫, 〈軍政篇 4〉, 海防 "我國東南西三面環海 東及南距倭 又南及西與中國之吳·越·燕·齊地方相距 故設置海防.").

6) 方相鉉, 1991, ≪朝鮮初期 水軍制度≫, 民族文化社, 7쪽 "해방海防을 담당하는 수군체제水軍體制가 정비되기 시작한 것은 고려말기高麗末期의 일이며, 그것도 육군과는 별개의 독립된 병종으로서 수군제도가 정착 발전된 것은 조선초기朝鮮初期였다."

7) 張學根, 1988, ≪朝鮮時代海洋防衛史≫, 創美社, 87~101쪽 ; 육군군사연구소, 2012, 〈해상방어체제의 정비와 수군〉, ≪한국군사사 5(조선전기 I)≫, 육군본부, 392~393쪽.

8) 대마도 정벌에 관한 연구는 다음을 참고할 수 있다. 李銀圭, 1974, 〈15世紀初 韓日交涉史 研究 -對馬島征伐을 中心으로-〉, ≪湖西史學≫ 3 ; 孫弘烈, 1978, 앞의 논문 ; 張學根, 1983, 〈朝鮮의 對馬島 征伐과 그 支配政策 ; 對外關係를 中心으로〉, ≪海士論文集≫ 18 ; 李相泰, 1988, 〈대마도 정벌(對馬島征伐) 고찰〉, ≪군사≫ 17 ; 羅鍾宇, 1992, 〈朝鮮初期의 對倭寇政策〉, ≪中齋 張忠植博士 華甲紀念論叢≫ ; 國防軍史研究所, 1993, 앞의 책 ; 한문종, 1997, 〈朝鮮初期의 倭寇對策과 對馬島征伐〉, ≪全北史學≫ 19·20 ; 이규철, 2009, 〈1419년 대마도 정벌의 의도와 성과〉, ≪역사와 현실≫ 74 ; 장준혁, 2014, 〈麗末鮮初 동아시아 국제정세 속의 대마도정벌〉, ≪역사와 실학≫ 53.

9) ≪文宗實錄≫ 卷9, 文宗 1年 9月 28日(癸亥).

10) 해방海防은 단지 선박을 이용한 해상 방어만을 뜻하는 것은 아니다. 바다로 침입해 오는 적을 해상에서 차단하는 것 외에도, 뭍에 상륙한 적과의 전투를 통해 침공을 저지하는 방편 또한 해방에 속한다. 더 나아가 한정된 자원과 병력으로 여러 방면의 적들과 수륙水陸 전쟁을 치러야 했던 당대의 상황을 고려했을 때, 병선을 증강하여 해상에서 왜구를 차단·봉쇄하는 방식을 주主 해방 전술로 하는 것이 정말 효과적이었는지는 고민해 볼 문제이다. 즉 현대의 '해군력 강화' 개념을 그대로 적용하기보다는 당시 대외정세, 전장 환경, 전투 개념, 무기체계, 연락체계 등 제 분야의 시대적 차이를 감안할 필요가 있다.

11) 金在瑾, 1977, ≪朝鮮王朝軍船研究≫, 一潮閣, 9쪽.

12) ≪經國大典≫ 卷4, 〈兵曹〉 諸道兵船條.

13) 金在瑾, 1977, 앞의 책, 31쪽 ; 육군군사연구소, 2012, 앞의 책, 393쪽.

14) ≪高麗史≫ 卷37, 世家37, 忠定王 2年 2月 "왜구가 고성固城·죽림竹林·거제巨濟를 노략질하자 합포천호合浦千戶 최선崔禪과 도령都領 양관梁琯 등이 전투를 벌여 격파하고 적 300여 급級을 죽였다. 왜구의 침략이 이때부터 시작되었다."

15) 이는 일본 국내 사정과 밀접한 관련이 있다. 당시 일본은 남북조南北朝 시대로 쟁란에 휩싸여 있었다. 정권이 양분되어 중앙통치권이 지방에까지 미치지 못하였으며, 이로 인해 사회적 불안이 증대되었다. 이러한 혼란 속에서 농지를 잃은 농민과 전쟁에 동원되었으나 보상을 받지 못해 경제적 어려움에 처한 하급무사 등이 왜구로 전락하였다. 대마對馬, 일기壹岐, 송포松浦 등지를 근거지로 삼고 식량 약탈, 인민 포획을 주목적으로 고려를 침구하였다(孫弘烈, 1978, 앞의 논문, 112~117쪽).

16) 나종우, 1994, 앞의 책, 392쪽.

17) ≪高麗史≫ 卷39, 世家39, 恭愍王 10年 11月 14日 ; ≪高麗史≫ 卷40, 世家40, 恭愍王 11年 7月.

18) ≪高麗史≫ 卷83, 志37, 兵3, 船軍 "今東西江, 並置防守, 賊泛海揚揚而來, 我軍臨岸拱手而已. 雖精百萬, 其如水何哉? 宜作舟艦, 嚴備器仗, 順流長驅, 塞其要衝, 賊雖善水, 安能飛渡? 儻得勢便, 擒捷掃蕩, 亦可必也."

19) ≪高麗史≫ 卷113, 列傳26, 諸臣 "瑩曰, 吾昔爲六道都統使, 大作戰艦八百餘艘, 欲掃淸海寇. 不圖李海等冒請先王, 分領其船, 卒以敗功, 孫光裕領江口船艦, 一遇倭賊, 燒毁殆盡." ; ≪高麗史節要≫ 卷29, 恭愍王4, 恭愍王 22年 10月 "以贊成事崔瑩爲六道都巡察使, 黜陟將帥守令, 籍軍戶, 造戰艦, 有罪者, 皆令直斷."

20) ≪高麗史≫ 卷133, 列傳46, 禑王 3年 10月 "始置火㷁都監, 從判事崔茂宣之言也. 茂宣與元焰焇匠李元同里閈, 善遇之, 竊問其術, 令家僮數人, 習而試之, 遂建白置之."

21) 육군군사연구소, 2012, 앞의 책, 388쪽.

22) ≪高麗史≫ 卷116, 列傳29, 諸臣 ; ≪高麗史≫ 卷133, 列傳46, 禑王 3年 5月 ; ≪高麗史≫ 卷134, 列傳47, 禑王 6年 9月 ; ≪高麗史≫ 卷135, 列傳48, 禑王 11年 9月.

23) ≪太祖實錄≫ 卷3, 太祖 2年 5月 7日(辛亥).

24) ≪世宗實錄≫ 卷48, 世宗 12年 4月 13日(癸未) "惟我太祖大王, 參謀國政, 始設兵船, 以備制賊."

25) 조선전기 수군제도 정비는 李載龒, 1970, 〈朝鮮前期의 水軍-軍役關係를 中心으로〉, ≪韓國史硏究≫ 5 ; 오붕근, 1998, ≪조선수군사≫, 한국문화사 참조.

26) ≪太祖實錄≫ 卷4, 太祖 2年 7月 5日(戊申).

27) ≪太祖實錄≫ 卷12, 太祖 6年 8月 8日(丁亥) ; ≪太祖實錄≫ 卷12, 太祖 6年 12月 15日(癸巳).

28) 육군군사연구소, 2012, 앞의 책, 393~394쪽.

29) ≪太祖實錄≫ 卷6, 太祖 3年 7月 13日(庚戌) ; ≪太祖實錄≫ 卷6, 太祖 3年 10月 11日(丁丑) ; ≪太祖實錄≫ 卷8, 太祖 4年 7月 10日(辛丑) ; ≪太祖實錄≫ 卷12, 太祖 6年 7月 25日(甲戌) ; ≪太祖實錄≫ 卷12, 太祖 6年 12月 25日(癸卯) ; 일본과의 사절使節 왕래는 조선의 대왜정책의 변화에도 그 원인이 있지만, 50여년 간의 남북조 전쟁이 종식되고 일본이 다시 통일됨으로써 정치의 안정이 이루어지기 시작한 것도 큰 이유이다(孫弘烈, 1978, 앞의 논문, 126쪽).

30) ≪太祖實錄≫ 卷10, 太祖 5年 8月 9日(甲午).

31) ≪太祖實錄≫ 卷10, 太祖 5年 10月 27日(辛亥).

32) ≪太祖實錄≫ 卷10, 太祖 5年 12月 3日(丁亥).

33) 李鉉淙, 1959, 〈朝鮮初期倭人接待考(上)〉 ≪史學硏究≫ 5, 31~36쪽.

34) ≪太宗實錄≫ 卷15, 太宗 8年 3月 21日(庚午).

35) ≪世宗實錄≫ 卷1, 世宗 卽位年 9月 9日(丙辰).

36) ≪世宗實錄≫ 卷4, 世宗 1年 5月 4日(戊申) ; ≪世宗實錄≫ 卷4, 世宗 1年 5月 5日(己酉) ; ≪世宗實錄≫ 卷4, 世宗 1年 5月 7日(辛亥) ; ≪世宗實錄≫ 卷4, 世宗 1年 5月 13日(丁巳).

37) ≪世宗實錄≫ 卷2, 世宗 卽位年 12月 20日(乙未) ; ≪世宗實錄≫ 卷4, 世宗 1年 6月 5日(戊寅).

38) ≪世宗實錄≫ 卷4, 世宗 1年 6月 17日(庚寅).

39) ≪世宗實錄≫ 卷4, 世宗 1年 6月 19日(壬辰).

40) ≪世宗實錄≫ 卷4, 世宗 1年 6月 20日(癸巳).

41) ≪世宗實錄≫ 卷4, 世宗 1年 7月 3日(丙午).

42) ≪世宗實錄≫ 卷5, 世宗 1年 9月 20日(壬戌).

43) 판부사 이종무李從茂, 찬성사 정역鄭易은 "우리나라는 바다에 접해 있으니, 전함[병선]이 없어서는 안 될 것입니다. 만약 전함[병선]이 없으면 어찌 편안히 지낼 수 있겠습니까?"라고 되물었고, 호조참판 이지강李之剛은 고려 말의 사례를 들어 "고려 말년에 왜적이 침노하여 경기까지 이르렀으나, 전함[병선]을 둔 후에야 국가가 편안하였고, 백성이 안도하였나이다."라고 언급하였다(≪世宗實錄≫ 卷4, 世宗 1年 5月 14日(戊午)).

44) 李載龒, 1970, 앞의 논문, 116쪽 ; 육군군사연구소, 2012, 앞의 책, 395~398쪽.

45) ≪世宗實錄≫ 卷4, 世宗 1年 7月 28日(辛未) ; ≪世宗實錄≫ 卷5, 世宗 1年 8月 10日(壬午) ; ≪世宗實錄≫ 卷5, 世宗 1年 8月 11日(癸未) ; ≪世宗實錄≫ 卷5, 世宗 1年 9月 25日(丁卯).

46) ≪世宗實錄≫ 卷24, 世宗 6年 4月 28日(癸酉).

47) ≪世宗實錄≫ 卷4, 世宗 1年 5月 27日(辛未) ; ≪世宗實錄≫ 卷4, 世宗 1年 6月 27日(庚子).

48) ≪世宗實錄≫ 卷113, 世宗 28年 9月 9日(甲戌).

49) ≪世宗實錄≫ 卷25, 世宗 6年 7月 26日(己亥).

50) ≪世宗實錄≫ 卷48, 世宗 12年 5月 19日(戊午) ; ≪世宗實錄≫ 卷48, 世宗 12年 5月 24日(癸亥).

51) ≪世宗實錄≫ 卷8, 世宗 2年 5月 12日(己卯) ; ≪世宗實錄≫ 卷10, 世宗 2年 11月 17日(辛巳).

52) ≪世宗實錄≫ 卷25, 世宗 6年 7月 26日(己亥) ; ≪世宗實錄≫ 卷52, 世宗 13年 5月 14日(丁丑) ; ≪世宗實錄≫ 卷65, 世宗 16年 9月 23日(丁酉).

53) ≪太祖實錄≫ 卷11, 太祖 6年 4月 6日(戊子) ; ≪太宗實錄≫ 卷14, 太宗 7年 11月 8日(戊午) ; ≪太宗實錄≫ 卷15, 太宗 8年 1月 2日(辛亥) ; ≪太宗實錄≫ 卷15, 太宗 8年 4月 10日(戊子) ; ≪世宗實錄≫ 卷4, 世宗 1年 6月 2日(乙亥) ; ≪世宗實錄≫ 卷4, 世宗 1年 7月 22日(乙丑) ; ≪世宗實錄≫ 卷6, 世宗 1年 12月 16日(丙戌).

54) ≪世宗實錄≫ 卷16, 世宗 4年 7月 21日(丙子) ; ≪世宗實錄≫ 卷22, 世宗 5年 10月 3日(庚戌) ; ≪世宗實錄≫ 卷25, 世宗 6年 9月 20日(壬辰) ; ≪世宗實錄≫ 卷26, 世宗 6年 11月 7日(戊寅) ; ≪世宗實錄≫ 卷27, 世宗 7年 3月 7日(丁丑) ; ≪世宗實錄≫ 卷42, 世宗 10年 10月 16日(甲午) ; ≪世宗實錄≫ 卷64, 世宗 16年 4月 21日(戊辰).

55) ≪世宗實錄≫ 卷26, 世宗 6年 10月 7日(戊申) "全羅道處置使報 : 左道都萬戶梁漸追倭賊于釜島戰敗"

56) ≪世宗實錄≫ 卷22, 世宗 5年 10月 3日(庚戌) ; ≪世宗實錄≫ 卷25, 世宗 6年 9月 20日(壬辰) ; ≪世宗實錄≫ 卷27, 世宗 7年 3月 7日(丁丑).

57) ≪世宗實錄≫ 卷19, 世宗 5年 1月 5日(丁亥).

58) ≪世宗實錄≫ 卷105, 世宗 26年 閏7月 22日(己亥).

59) ≪世宗實錄≫ 〈地理志〉.

60) ≪世祖實錄≫ 卷26, 世祖 7年 10月 2日(戊辰).

61) ≪經國大典≫ 卷4, 〈兵曹〉 諸道兵船條 ; ≪續大典≫ 卷4, 〈兵曹〉 諸道兵船條.

62) ≪世宗實錄≫ 卷83, 世宗 20年 10月 24日(乙亥).

63) 중·소형 병선은 속도 측면에서 우세한 장점을 지녔지만, 단점이 없는 것은 아니었다. ≪중종실록≫의 기사 내용처럼 '군사를 많이 태우지 못하고 적군이 기어오르기 쉬운' 단점이 있었다(≪中宗實錄≫ 卷42, 中宗 16年 5月 7日(戊午), "참찬관 서후徐厚가 아뢰었다. … 소선은 다른 배를 쫓기에는 빠르지만, 육박하여 싸우는 데는 적합하지 않으며, 또 전사를 많이 태우지

못하고 적군이 기어오르기도 쉽습니다."). 이로 인해 세종대 이후에 또 한번의 군용 선박 운용 전술 및 전투 방식 상의 패러다임 변화를 겪게 된 것으로 보인다. 이에 관한 내용은 향후의 연구과제로 삼고자 한다.

64) ≪太宗實錄≫ 卷14, 太宗 7年 7月 27日(戊寅).

65) ≪太宗實錄≫ 卷16, 太宗 8年 12月 24日(丁酉). 무안현의 대굴포는 외해 쪽이 아닌 강어귀를 따라 올라가야만 도달할 수 있는 내지에 위치하고 있었는데, 이후 세종 11년, 세종 14년에 "대굴포는 다만 배를 정박하는 곳이 깊고 멀 뿐만 아니라, 포浦가 또한 굽고 좁아서 또한 그때 그때에 응변하기가 어렵다.", "대굴포는 깊숙이 들어가 있으니, 바다에 떨어지기가 거의 2식경이나 된다."라는 이유로 대굴포의 병선을 외해 쪽으로 이동시키는 모습이 확인된다(≪世宗實錄≫ 卷44, 世宗 11年 4月 12日(丁亥) ; ≪世宗實錄≫ 卷57, 世宗 14年 8月 5日(申卯)).

66) ≪太宗實錄≫ 卷13, 太宗 7年 6月 1日(癸未).

67) ≪太宗實錄≫ 卷15, 太宗 8年 1月 2日(辛亥).

68) ≪太宗實錄≫ 卷28, 太宗 14年 8月 7日(丁未).

69) 이에 대한 자세한 내용(병신 징박지 이동 사유, 여타 해역의 병신 빙어거짐 이동 양싱 등)은 민장원, 2018, 〈조선 세종대 병선兵船의 운용과 해방海防 전략전술〉, ≪Strategy21≫ 44 참조.

70) ≪世宗實錄≫ 卷18, 世宗 4年 11月 22日(乙亥) ; ≪世宗實錄≫ 卷19, 世宗 5年 1月 21日(癸卯) ; ≪世宗實錄≫ 卷27, 世宗 7年 2月 25日(乙丑) ; ≪世宗實錄≫ 卷37, 世宗 9年 7月 8日(甲午) ; ≪世宗實錄≫ 卷44, 世宗 11年 4月 12日(丁亥) ; ≪世宗實錄≫ 卷56, 世宗 14年 4月 16日(甲辰) ; ≪世宗實錄≫ 卷57, 世宗 14年 8月 5日(申卯) ; ≪世宗實錄≫ 卷58, 世宗 14年 10月 20日(乙巳) ; ≪世宗實錄≫ 卷60, 世宗 15年 6月 27日(戊申) ; ≪世宗實錄≫ 卷64, 世宗 16年 6月 19日(甲子) ; ≪世宗實錄≫ 卷80, 世宗 20年 1月 10日(乙未) ; ≪世宗實錄≫ 卷85, 世宗 21年 4月 11日(戊子).

71) ≪世宗實錄≫ 卷19, 世宗 5年 2月 25日(丙子) ; ≪世宗實錄≫ 卷29, 世宗 7年 7月 11日(戊寅) ; ≪世宗實錄≫ 卷32, 世宗 8年 4月 5日(戊辰) ; ≪世宗實錄≫ 卷37, 世宗 9年 7月 16日(壬寅) ; ≪世宗實錄≫ 卷39, 世宗 10年 1月 4日(丁亥) ; ≪世宗實錄≫ 卷54, 世宗 13年 10月 28日(己未) ; ≪世宗實錄≫ 卷56, 世宗 14年 4月 17日(乙巳) ; ≪世宗實錄≫ 卷64, 世宗 16年 4月 21日(戊辰) ; ≪世宗實錄≫ 卷83, 世宗 20年 10月 1日(壬子).

72) ≪世宗實錄≫ 卷64, 世宗 16年 4月 6日(癸丑) ; ≪世宗實錄≫ 卷77, 世宗 19年 5月 21日(庚戌).

참고문헌

1. 사료

≪고려사高麗史≫, ≪고려사절요高麗史節要≫, ≪조선왕조실록朝鮮王朝實錄≫, ≪경국대전經國大典≫, ≪속대전續大典≫, ≪만기요람萬機要覽≫

2. 저서

신석호(1959), 〈여말 선초의 왜구와 그 대책〉, ≪국가상의 제문제≫ 3, 국사편찬위원회

李載龒(1970), 〈朝鮮前期의 水軍-軍役關係를 中心으로〉, ≪韓國史研究≫ 5

金在瑾(1977), ≪朝鮮王朝軍船研究≫, 一潮閣

張學根(1988), ≪朝鮮時代海洋防衛史≫, 創美社

車勇杰(1988), ≪高麗末·朝鮮前期 對倭 關防史 研究≫, 충남대 박사학위논문

方相鉉(1991), ≪朝鮮初期 水軍制度≫, 民族文化社

國防軍史研究所(1993), 〈倭寇討伐史〉, ≪民族戰亂史≫ 9

나종우(1994), ≪한국사≫ 20(고려후기 사회와 대외관계), 국사편찬위원회

하우봉(1995), ≪한국사≫ 22(조선 왕조의 성립과 대외관계), 국사편찬위원회

朴元鎬(1995), ≪한국사≫ 22(조선왕조의 성립과 대외관계), 국사편찬위원회

오붕근(1998), ≪조선수군사≫, 한국문화사

육군군사연구소(2012), ≪한국군사사 5(조선전기 I)≫, 육군본부

3. 논문

李鉉淙(1959), 〈朝鮮初期倭人接待考(上)〉, ≪史學研究≫ 5

李銀圭(1974), 〈15世紀初 韓日交涉史 研究-對馬島征伐을 中心으로-〉, ≪湖西史學≫ 3

孫弘烈(1975), 〈高麗末期의 倭寇〉, ≪史學志≫ 9

孫弘烈(1978), 〈麗末·鮮初의 對馬島征伐〉, ≪湖西史學≫ 6

羅鍾宇(1980), 〈高麗 末期의 麗·日 關係 -倭寇을 中心으로-〉, ≪全北史學≫ 4

김재근(1980), 〈朝鮮王朝의 水軍〉, ≪軍史≫ 1

張學根(1983), 〈朝鮮의 對馬島 征伐과 그 支配政策 ; 對外關係를 中心으로〉, ≪海士論

文集≫ 18
李相泰(1988), 〈대마도 정벌(對馬島征伐) 고찰〉, ≪군사≫ 17
羅鍾宇(1992), 〈朝鮮初期의 對倭寇政策〉, ≪中齋 張忠植博士 華甲紀念論叢≫
한문종(1997), 〈朝鮮初期의 倭寇對策과 對馬島征伐〉, ≪全北史學≫ 19·20
林容漢(2005), 〈고려 후기 수군 개혁과 전술변화〉, ≪군사≫ 54
林容漢(2009), 〈조선 건국기 수군개혁과 해상방어체제〉, ≪군사≫ 72
이규철(2009), 〈1419년 대마도 정벌의 의도와 성과〉, ≪역사와 현실≫ 74
장준혁(2014), 〈麗末鮮初 동아시아 국제정세 속의 대마도정벌〉, ≪역사와 실학≫ 53

제5장

조선 정조대 이순신에 대한 기억의 재구성*
: 임진왜란 '공신功臣'에서 '충신忠臣'의 표상으로

이순신은 선조 31년(1598) 노량해전에서 전사한 뒤, 같은 왕 37년(1604) 임진왜란 당시 세운 전공을 토대로 선무공신 1등으로 책훈되었다. 그 이후 약 400여 년 동안 이순신은 역사 속에 살아 숨 쉬며 시대적 상황과 목적에 따라 변화된 모습으로 기억되어 왔다. 근래에 이순신은 '민족의 태양', '구국성웅' 등으로 불리며 조선을 대표하는 위인으로 자리매김하였다.

주목할 점은 이상의 기억들이 정조 연간에 편찬된 ≪이충무공전서≫(이하 ≪전서≫)에 기초하고 있다는 것이다.[1] 전서는 이순신의 일기, 시, 편지글, 장계 등 개인의 저술에 그치지 않고, 그와 관련된 제반 기록들을 모두 아우르고 있다. 서두에는 정조의 윤음綸音과 어제신도비문御製神道碑文을 비롯하여 선조 이후 역대 왕들이 내린 제문祭文 등을 수록하였는데, 특히 영조와 정조의 제문은 국왕이 직접 지었다는 점이 눈여겨볼 만하다. 이는 영조대부터 이순신에 대한 국왕의 관심이 한층 고조되기 시작하였음을 뜻하는 동시에, 이순신에 대한 기억의 재구성이 정조대 전서발간을 통해 공적인

영역에서 이루어지게 되었음을 의미한다.[2)]

정조는 이순신을 국가적 차원에서 현창하고자 했다. 이순신 관련 사가私家의 기록을 집대성하여 국가적 차원에서 전서로 편찬한 것 외에도 조선후기의 '국가적 제의장치'인 대보단에 이순신 배향을 특별히 지시한 것을 통해서도 알 수 있다. 그러나 이를 단순히 '이순신이라는 인물의 공적을 기리기 위한 수순'으로 이해해서는 곤란하다. 국왕의 주도 아래 국가적 차원의 이순신 현창은 이순신 사후 약 200여 년이 지난 시점에 이루어졌다. 아울러 조선이라는 왕조국가에서 왕이 신하 개인을 드높이는 일련의 현창작업의 의미를 고려한다면, 정조 연간의 이순신 현창 사업은 단순히 한 신하 개인의 업적을 기리는 데에 있었다기보다는 국왕인 정조의 특정한 의도 하에 진행되었으리라는 것을 쉽게 짐작해 볼 수 있다.

충신 현창사업을 통한 왕조 정부의 '충忠' 이념 현양이 지니는 맥락은 당시의 국왕 및 정부의 정치적 목적, 의도와 함께 파악되어야 한다. 왕조 체제 안에서 한 개인이 아무리 뛰어난 업적을 쌓았다 하더라도, 그것은 국왕의 '충신'이라는 한계를 넘어설 수 없기 때문이다. 따라서 특정 인물을 공적 영역에서 현창한다는 것은 '충절', '효행' 등에 대한 이상적인 전형을 만들어 제시하기 위한 목적을 가지고 있는 것으로 볼 수 있다. 더더욱 후대의 국왕이 200여 년 전의 '충신'을 국가적 차원에서 현창하는 작업은 그 인물의 업적과 공로 자체만을 칭송하는데 목적을 둔 것이라기보다는 특정한 정치적 의도를 관철하기 위한 방편으로써 이해해야 마땅하다.

이상의 문제의식을 바탕으로 정조대 이순신 현창사업의 추이와 그것을 추진한 국왕 정조의 의도를 밝혀보자. 우선 정조대의 '충신'에 대한 현창사업과 그 안에서 이루어진 이순신 현창 과정을 살핀다. 정조대의 정국 동향과 정국 운영을 장악하기 위한 정조의 준비와 노력, '충신'의 문집 편찬, 대보단을 '충신' 현창사업에 활용하여 '충' 이념을 국가적 차원에서 선양하고자 했던 일련의 시도들은 이순신에 대한 기억의 재구성과 무관하지 않다.

정조의 이순신 현창은 그를 왕조에 귀감이 될 만한 '충신'의 표상으로 만들고자 했던 의도에서 비롯된 것이었다. 이를 논증하기 위해 국왕 정조를 중심으로 정치무대에서 이순신에 대한 기억을 재구성해가는 논리와 명분을 보다 구체적으로 규명할 필요가 있다.

우선 정조 재위 후반에 본격적으로 추진된 '충신' 현창사업의 전개에 대해 알아본다. '충신'의 문집 편찬, 대보단에 기반한 '충신' 및 그 가문의 현창 양상을 살펴본다. 정조대 편찬된 '충신' 관련 문집(전서全書 및 실기實紀 등 '충신'의 문집류, ≪해동명장전海東名將傳≫, ≪존주휘편尊周彙編≫)과 대보단 관련 목록(≪황조인본조충신목록皇朝人本朝忠臣目錄≫, ≪황단배향제신목록皇壇配享諸臣目錄≫)을 활용하여 '충신'과 그 가문에 대한 현창사업이 어떠한 의도와 목적으로 추진된 것인지도 함께 고찰한다.

다음으로 이상의 '충신'·'충가' 현창사업 안에서 이루어진 이순신 현창 과정을 알아본다. ≪전서≫ 편찬과 이순신의 대보단 배향 과정에서 드러나는 여러 특징들을 분석함으로써 이순신 현창에 담긴 정조의 의도와 이순신에 대한 기억이 재구성되는 양상을 밝힌다. 이는 이순신이 사후 약 200여 년이 지난 시점에 재부각되어 국가적 차원에서 현창될 수 있었던 까닭에 대한 실마리를 제공해 줄 것이다. 아울러 왕조국가의 굴레 속에서 과거의 인물을 소환하여 그에 대한 기억을 재구성하는 작업이 지닌 의미를 이해하는 데 유효한 시사점을 줄 수 있을 것이라 기대한다.

정조의 '충신忠臣' 현창사업의 추진

정국의 동향과 '충신' 현창사업의 배경

정조는 영조 38년(1762) 11살의 나이에 생부生父 사도세자가 뒤주에 갇혀 죽는 것을 목격하였다. 노·소론계의 정쟁 과정에서 사도세자가 부왕父

王인 영조에 의해 죽음을 맞게 되었는데, 이 임오년(1762)의 임오화변壬午禍變으로 인해 정조는 그 해 8월 동궁東宮의 지위에 오른 후에도 끊임없는 정치적 견제를 받을 수밖에 없었다. 정치적 난국難局 속에서도 영조 51년(1775) 12월 병세가 깊어진 영조를 대신하여 대리청정을 수행하였고, 이듬해 3월 영조가 죽자 효장세자孝章世子의 종통宗統을 이어 왕위를 계승하였다.[3)]

즉위 초 정조는 왕위계승을 부정하는 정치 세력의 비방과 직접적인 신변의 위협을 견뎌내며, 권력기반을 차츰 다져나가기 시작하였다.[4)] 즉위한 직후에는 임오화변에 대한 영조의 처분을 준수할 것을 천명함과 동시에 사도세자에 대한 추숭을 논하는 자는 형률로써 다스리겠다고 전교하였다.[5)] 아울러 정치적 입지 강화를 위해 기존의 집권세력인 노론의 의리를 인정하고 그 정신적 지주인 우암 송시열을 현창하는 등의 조치를 취하기도 하였다.[6)]

정조의 정국 운영은 정조 12년(1788)을 기점으로 점차 변화하기 시작한다.[7)] 정국의 주도권을 장악해 가며, 그동안 불문에 부쳐졌던 사도세자의 죽음과 관련된 임오의리를 재천명하고 사도세자 신원 및 추숭, 수원 화성 건설 등의 현안들을 단계적으로 해결해 나갔다.[8)] 또한 노론·소론·남인의 삼상三相 체제를 구축하는 한편,[9)] 각 정파의 대립된 당론을 공적인 의리에 입각해 조제하면서 한 단계 높은 의리론을 제시함으로써 정국의 주도권 뿐 아니라, 의리의 주재권까지 점차 강화시켜 나가고자 하였다.[10)]

그러나 공의公義에 입각한 탕평과 화합을 추구했던 정조의 기대와는 달리 시時·벽僻의 갈등과 대립은 수그러들지 않았다.[11)] 이러한 정국의 흐름은 결국 정조 24년(1800)의 오회연교五晦筵教, 즉 5월 그믐날 경연에서 정조가 하교를 내리는 국면에까지 이른다. 정조는 당파의 사적私的 의리를 관철시키기 위해 왕에게 맞서는 일부 신료들에게 경고를 보내며 왕이 천명하는 의리에 적극 호응할 것을 촉구하였다.[12)]

정조대 '충신' 현창사업은 정조의 정국 주도가 궤도에 오르기 시작한 정조 12년(1788)을 기점으로 본격적으로 추진되기 시작하였다. 후술할 '충신'의 문집 편찬, 대보단을 기반으로 전개된 '충신' 및 충직한 가문에 대한 현창사업 모두 정조 재위 후반에 집중적으로 이루어졌음을 유념할 필요가 있다. 이는 정조 연간의 '충신' 현창사업이 당시 정국의 흐름과 정치적 배경 속에서 고찰되어야 하는 이유와도 맞닿아 있다. 이와 관련하여 정조 12년(1788) 11월 정조의 언급이 주목된다.

> 일찍이 듣건대 우리나라는 접역鰈域에 위치해서 풍기風氣가 국한되었으므로 생각 또한 옹졸한데 거기다 당사黨私를 현자賢者와 정인正人을 해치는 무기로 삼기 때문에 상대가 먼저 착수着手하느냐 내가 먼저 착수하느냐에 따라 연슬淵膝이 크게 달라진다고 하기에, 나도 즉시 이런 풍기에 이런 당사黨私마저 있다면 비록 기夔·설卨·관중管仲·제갈량諸葛亮 같은 인재가 다시 나오더라도 세상에 용납되기 어려울 것이라고 하였다. 충장공忠壯公(김덕령)이 화를 당한 것만이 반대파 소인들에게서 연유한 것일 뿐 아니라 충무공忠武公(이순신)과 충민공忠愍公(임경업)도 모두 그렇지 않음이 없었으니 어찌 몹시 한탄스럽지 않겠는가. 그러나 없어지지 않는 것은 공의公議이고 어두워지지 않는 것은 영웅의 업적이어서, 천 년 전의 일이 백세百世 뒤에서도 사리상 굽혀진 것은 반드시 펴지고 억울한 것은 언제고 풀리기 마련이다.
>
> (≪정조실록≫ 정조 12년 11월 16일)

정조는 '당사黨私'의 폐단을 비판하며, 이순신을 비롯하여 임경업·김덕령 등의 인물들이 화를 당한 것은 모두 그 폐단에서 비롯된 것이라 하였다. 정조의 언급은 정치적 우위를 점하기 위해 '각 당파의 의리義理를 내세워 당쟁을 일삼는 신하들'에게 일침을 가하는 한편, 왕이 의리를 주관하고 정국을 주도하겠다는 의지를 표명한 것과 다름없었다. 이를 미루어 보았을 때, 정조 재위 후반에 본격적으로 추진된 이순신, 임경업 등 '충신'에 대한 현창사업은 '당사'의 폐단을 지적하고, 나아가 왕에 대한 충성을 유도하려는 정조의 의도와 무관할 수 없다.

아울러 정조 12년(1788)은 무신란戊申亂[13]으로부터 1주갑(60주년)이 되던 해이기도 하였다. 주지하듯이 무신란은 노·소론의 당쟁에서 비롯된 유례없는 전국적 규모의 반란이었다.[14] 정조는 "선조先朝(영조) 임진년에도 임진년이 다시 돌아왔으므로 공신의 후예를 녹용하였는데, 무신년의 공신은 연대가 비교적 가까우니 특별한 은전을 베푸는 것이 마땅하다."라고 하며,[15] 무신란 1주갑을 맞아 당시 반란을 진압하는 과정에서 순절하거나 공을 세운 인물들을 현창하려는 뜻을 밝혔다.

이 대목에서 주목되는 사실은 정조가 이때 무신란과 무관한 인물들까지도 함께 현창했다는 점이다. 예컨대, 각각 임진왜란과 병자호란시 활약한 김덕령·임경업은 무신란과 직접적인 관련이 없음에도 "선대에 걸쳐 수차례 포장褒奬하였으나, 내가 무신년을 맞아 그들에게 거듭 은전을 베풀었다"고 강조하였다.[16] 여기서 무신란 1주갑을 '충신' 현창사업을 추진하는 명분으로 삼으려 했던 정조의 의도를 엿볼 수 있다. 정조는 무신란 1주갑을 계기로 '충신'에 대한 현창사업을 전개함으로써 '당사黨私'의 폐단을 억제하는 동시에 군신의 의리를 천명하여 주도적인 정국 운영을 모색하고자 했던 것으로 보인다.

조선은 충신과 효자에 대한 현창을 충·효 등 유교적 이념을 장려하는 정책의 하나로 삼았다. 품계나 관직을 추증하는 증직贈職, 시호를 내리는 증시贈諡, 제문祭文과 제물祭物을 갖추어 제사를 지내주는 치제致祭, 사당 건립 및 배향, 후손을 녹용하는 등의 조처가 대표적이다.[17] 그러나 이상의 조처들은 때에 따라 유교적 이념을 고양하는 것 이상의 의미를 지닌다고 할 수 있다. 앞서 살펴본 바와 같이 '충신' 현창을 통한 '충' 이념의 강조는 국왕의 정치적 목적과도 직·간접적으로 관련되어 있기 때문이다. 정조 연간의 '충신' 현창사업 역시 이러한 요소가 충분히 고려될 때, 그 내막과 함의를 보다 명확히 파악할 수 있다.

덧붙여 정조의 '충가忠家'에 대한 관심도 눈여겨 볼 필요가 있다. 정조는 '충신' 현창에 그치지 않고 '충직'한 가문(이하 '충가')을 선정하여 그 가문의 후손들을 우대하는 정책을 취하였다. '충량가忠良家'·'충량자손忠良子孫'·'충량후예忠良後裔' 등의 용례는 정조대에 처음 확인되는데,[18] 충직하고 선량한 가문을 강조하며 그 후손들을 우대했던 정조의 의도가 무엇이었는지를 염두에 두어야 한다.

요컨대, 즉위 초 정조는 점진적으로 권력기반을 다지며 정치적 현안들을 해결함과 동시에 정국 운영의 주도권을 확보해 나갔다. 정국 주도가 궤도에 오르기 시작한 정조 12년(1788), 정조는 '충신' 현창사업을 추진하려는 움직임을 보였다. 무신란 1주갑(1788)을 명분 삼아 무신란 당시 '순절'한 인물들은 물론, 그와 무관한 이순신, 임경업, 김덕령 등 전대前代의 인물들까지 적극 현창하기 시작한 것이다. 이는 '충신' 현창을 통해 '당사黨私'의 폐단을 억제하는 한편, 군신의 의리를 천명함으로써 주도적인 정국 운영을 모색하고자 했던 정조의 의도가 투영되어 있는 것으로 볼 수 있다. 그렇다면 정조의 '충신'에 대한 현창사업은 어떠한 양상으로 전개되었을까? 이에 대해 절을 바꾸어 서술하고자 한다.

'충신' 현창사업의 전개와 그 특징

정조의 '충신' 현창사업은 재위 후반기에 정조의 주도 아래 집중적으로 전개되었다. 전개 과정에서 눈에 띄는 특징은 크게 두 가지로 요약된다. 하나는 '충신'의 공적이나 충절을 기리는 문집이 국가적 차원에서 활발히 편찬되었다는 것이고, 다른 하나는 '충신' 현창사업에 '국가적 제의장치'인 대보단이 활용되었다는 것이다. '충신' 현창사업의 전개 과정과 특징에 대해 조금 더 자세히 살펴보도록 한다.

첫째, 정조는 '충신'의 사적事跡을 모아 그들을 기리는 문집을 편찬하는

데 주력하였다. 다음 〈표 1〉은 정조대에 편찬·간행된 '충신'의 문집을 정리한 것인데, 왜란과 호란시 순국·순절한 '충신'들의 문집 편찬이 주를 이루고 있다. 이 가운데 ≪이충무공전서≫, ≪김충장공유사≫, ≪임충민공실기≫, ≪양대사마실기≫의 경우, 정조가 그 편찬을 주관하였다. '충신'의 문집 편찬에 깊은 관심을 표명했던 정조는, 자신이 직접 '충신'의 비문碑文이나 시詩를 지어 내리는가 하면[19] 문집 편찬이 지연될 경우에는 담당 관원들을 질책하기도 했다.[20]

간행 시기	문집명	대 상	비 고
정조 15년(1791)	≪金忠壯公遺事≫[21]	忠壯公 김덕령	임진왜란
	≪林忠愍公實紀≫	忠愍公 인경업	병자호란
정조 18년(1794)	≪龍城雙義錄≫[22]	襄武公 정봉수· 贈 戶曹參判 정기수	정묘호란
정조 19년(1795)	≪李忠武公全書≫	忠武公 이순신	임진왜란
정조 22년(1798)	≪忠烈錄≫[23]	忠武公 김응하	심하전투
정조 24년(1800)	≪梁大司馬實紀≫	忠壯公 양대박	임진왜란

* 전거 : ≪正祖實錄≫, ≪日省錄≫, ≪弘齋全書≫, ≪龍城雙義錄≫, ≪忠烈錄≫.

〈표 1〉 정조대 편찬·간행된 '충신'의 문집

정조가 '충신'의 문집 편찬을 주도한 의도는 유교적 이념을 모델화하여 제시함으로써 사람들이 따를 수 있는 표본을 마련하는 데에 있었다. 정조가 새로 간행된 ≪이충무공전서≫(이하 ≪전서≫)를 경상감사 편에 統營으로 내려 보내며, "그 사람(이순신)의 충효를 배우고, 많은 사람들에게 널리 감동을 일으킬 수 있도록 하라."[24]고 명한 것이나, 임경업의 사적을 각 영營의 군사들에게 교육시킬 것을 명하며 "충민공(임경업)의 공적과 절개를 알게 하면 풍속과 교화에 도움이 될 것"[25]이라고 언급한 사실은 그 의도를 분명히 보여준다. 이와 같은 '충신'의 문집 편찬은 그 인물에 관련된 제반 사적들을 집대성하는 작업으로써, 개인의 공적을 기리는 데 그치지 않고 국왕 및 조정에 대한 '충신'으로서의 면모를 공식화하여 당대 혹은 후대에 귀감이 되도록 하는데 그 근본적인 목적이 있었던 것이다.

한편, 정조 18년(1794)에는 정조대 이조판서, 대제학 등을 역임한 홍양호가 찬술한 ≪해동명장전海東名將傳≫이 완성되었다. 삼국시대부터 조선 인조대까지의 명장名將 46명에 대한 생애와 공적을 전기식으로 엮은 책이다.[26] 홍양호가 정조 재위 후반기의 핵심관료였음을 감안한다면,[27] 이 책 역시 정조의 '충신' 현창사업과 무관하지 않은 것으로 보인다. 또한 같은 왕 24년(1800)에 편찬된 ≪존주휘편尊周彙編≫에는 대보단 관련 의주儀注, 도설圖說과 함께 '충신' 관련 제반 사적을 정리한 내용이 많은 분량을 차지하고 있는데,[28] 이는 정조대 '충신' 현창사업의 최종 결과물이라 보아도 무방하다.

둘째, 정조는 대보단을 활용하여 '충신' 현창사업을 보다 공적인 영역에서 추진하고자 했다. 대보단은 명·청 교체 이후 숙종 30년(1704)에 '존주대의' 천명의 일환으로 설치되었는데, 정조는 이곳에 '충신'을 배향하는 한편 '충직'한 가문의 후손들로 하여금 대보단 의식에 참례하게 함으로써 현창사업을 국가적 차원에서 전개할 수 있는 기반을 확보하였다.

이와 관련하여 정조 재위 후반에 성책된 ≪황조인본조충신목록皇朝人本朝忠臣目錄≫[29]과 ≪황단배향제신목록皇壇配享諸臣目錄≫[30] 두 사료에 주목할 필요가 있다. ≪황조인본조충신목록≫과 ≪황단배향제신목록≫은 대보단을 중심으로 한 정조의 '충신' 현창사업 구상 및 방안을 논증할 수 있는 중요한 사료임에도 불구하고 성책된 시기를 제대로 파악하지 못해 그동안 크게 주목받지 못하였다.[31] 이 사료에 따르면 정조는 ≪황조인본조충신목록≫을 성책하여 '충신'을 목록화하고, 이를 바탕으로 ≪황단배향제신목록≫을 성책하여 대보단(황단)에 배향配享할 '충신'을 선정하였다.

≪황단배향제신목록≫에는 대보단에 배향할 '충신'의 명단 외에도 정조

의 '특교特敎'에 의해 대보단 의식 참례의 반열에 오른 일곱 가문이 명시되었다.32) 송시열 가문을 시작으로 신만, 이순신, 임경업, 윤황, 최효일, 조정의 가문이 '충가'로서 정조의 '특명'으로 대보단 의식에 참례하는 반열에 올랐다.33) 일곱 가문의 대보단 의식 참례는 정조의 의도가 반영된 결과였다.

정조는 '충신' 현창사업을 대보단이라는 '국가적 제의장치'로 수렴시켜 국가적 차원에서 추진할 수 있는 기반을 마련하였던 것이다. 나아가 '충신'을 현창하는 데 그치지 않고 충절이 뛰어난 '충신'의 가문을 '충가'로 규정하여 우대하였다.

이보다 앞서 영조도 대보단 참례를 지시한 바가 있다. 영조 32년(1756) 명 태조·신종·의종의 기일에 대보단 망배례望拜禮를 행할 때, 영조가 명에서 귀화한 황조인皇朝人의 후손과 병자호란시 순국·순절한 '충신'의 후손을 참례토록 명하였던 것이다.34) 정조는 이를 정례화하여 대보단에 배향할 '충신'을 선정하고 대보단 의식에 참례할 '충가'를 명시하여 목록을 성책하는 등 대보단 기반의 '충신'·'충가' 현창사업을 구체화하였다고 평가할 수 있다.

전술했듯이 대보단은 '존주대의' 천명의 일환으로 설치되었다.35) 병자호란은 중화질서가 파괴된 '천하대란天下大亂'으로 인식되었고, 조선이 이적夷狄으로 여기던 청나라에 신속臣屬한 계기였다.36) 곧이어 명나라가 멸망했다는 현실은 주나라의 명맥을 잇는 한족漢族의 정통이 단절되고 중화질서가 붕괴되었음을 의미하는 것이었다. 조선의 지식인들은 중화의 재건을 염원하고 또 청에 대한 복수를 다짐하는 북벌론北伐論을 국가대의國家大義로 삼았다.37) 그러나 청의 세력은 오히려 확장일로에 있었고, 중원에 대한 지배마저 안정되어가는 추세를 보이게 되면서 중화의 재건이나 청에 대한 복수는 요원한 일이 되었다. 이러한 현실 가운데 조선은 스스로 중화의 정통을 계승한 주체라는 인식을 내면화하게 된다.38) 명나라 멸망 1주갑이 되던 해인 숙종 30년(1704)의 대보단 건립은39) 그 정당성을 표명하려는 의지의 발로였다.

한편, 대보단은 제의장치로서의 기능적인 측면에 더하여 군신의리 혹은 왕에 대한 '충' 이념을 강조하기 위한 정치적 무대로 활용되기도 하였다.[40] 영조는 날씨가 차다며 대보단의 친제親祭를 만류하는 좌의정 서명균에게 "내가 대보단에 신하의 예를 행하여 여러 신하들로 하여금 군신의 뜻을 알게 하려 한다."[41]라고 언급하며 대보단 의식에 참례하지 않은 신하들을 질책하였다. 정조는 "대보단 의식에 불참한 신하들을 치죄"[42]하도록 하였는데, 대보단은 군신관계를 강조하며 국왕의 위상을 가시화할 수 있는 공간이기도 했던 것이다. 백관과 유생들이 참여하는 대보단 의례를 통해 명과 조선이 맺은 군신관계는 상황에 따라 변하지 않는 절대불변의 의리임을 신하들 앞에서 스스로 실천해 보임으로써 신하들도 국왕 자신을 향해 같은 실천을 하도록 압박할 수 있었을 것이다.[43]

특히 정조는 대보단을 보다 적극적으로 활용했다. 대보단은 '중화'의 명맥을 잇는 조선의 국왕이 존주대의라는 국가적 명분을 천명하는 무대였지만, 명·청 교체 후 1세기 이상의 시간이 흐른 시점에서 정조는 대보단이라는 의례 장치를 통해 존주대의의 '주재자'로서 역할하며 국왕의 권위를 강화하는 실질적 효과도 거둘 수 있었다.[44] 보다 높은 차원의 권위에 가탁하여 국왕에 대한 '충'을 유도하는 것은 무조건적인 '충' 강요보다 훨씬 유효했을 것이다.

요컨대, 정조는 '충신'의 문집 편찬을 통해 '충신'의 표본을 모델화하여 제시하는 한편, 대보단이라는 공적인 공간을 활용하여 군신의리와 왕에 대한 '충'을 강조하고자 하였다.

이순신 현창은 이상의 '충신' 현창사업을 추진한 정조의 의도와 직접적으로 연관되어 있다. ≪전서≫ 편찬을 비롯하여 이순신의 대보단 배향, 그 후손들의 대보단 의식 참례는 모두 앞서 살펴본 '충신'의 문집 편찬과 대보단에 기반한 '충신'·'충가' 현창사업 틀 안에서 이루어진 것이다. 다음 장에서는 그 틀 안에서 이루어진 이순신의 대보단 배향과 그 가문의 참반, ≪전서≫ 편찬에 대해 분석하고자 한다. 이를 통해 정조가 왜 이순신을 현창하려 하였는지, 그리고 이순신에 대한 기억이 어떻게 재구성되었는지에 대한 실마리를 찾을 수 있을 것이다.

이순신 현창과 '충신'의 표상화

이순신의 대보단 배향과 이순신 가문의 참반

정조의 '충신' 현창사업은 대보단을 기반으로 전개되었다. 전술한 바와 같이 '충신'과 충직한 가문을 선정하고 대보단 중심의 국가적 현창사업을 추진하였다. 그 추진 과정과 흐름은 정조 재위 후반에 성책된 ≪황조인본조충신목록≫, ≪황단배향제신목록≫에 잘 반영되어 있으며, 재위 연간의 현창사업 내용은 정조 24년(1800) ≪존주휘편≫을 통해 총정리되었다.

이순신은 이상의 흐름 속에서 공식적으로 '충신' 반열에 들 수 있었다. 즉 정조대 '충신'을 현창하고자 했던 시대적 분위기 속에서 국왕에 의해 적극적으로 추진될 수 있었던 것이다. 이를 통해 이순신은 조선 조정에 공로를 세운 공신功臣에서 한 걸음 나아가 '충신忠臣'으로 자리매김하게 되었다.

그런데 흥미로운 점은 이순신이 대보단 관련 '충신' 목록에는 우선적으로 수록되었음에도 그 최종 결과물인 ≪존주휘편≫에는 제외되어 있다는 사실이다.[45] 기존의 연구 성과대로라면, "이순신은 중화질서 수호에 공을 세운 인물"로서 ≪존주휘편≫, 〈제신사실〉에도 포함되었어야 마땅하다. 그러나 이순신이 제외되어 있다는 사실은 이순신의 대보단 배향이 이례적인 경우라는 반증이며, 그 이면에는 정조의 특정한 '의도'가 반영되어 있음을 시사한다. 후술하겠지만 당시 대보단 기반의 현창 대상은 정묘·병자호란 등 대청항쟁과 관련된 인물들이었다. 그럼에도 불구하고 임진왜란의 대표적 공신인 이순신은 예외적으로 '충신'의 반열에 올라 대보단에 배향되는 '은전恩典'을 입었던 것이다. 이상의 사실을 고려하며 이순신 현창의 핵심 내용 및 특징, 그리고 현창 논리를 조금 더 구체적으로 살펴볼 필요가 있다. 그 과정에서 정조가 이순신을 대보단에 배향하고자 했던 '의도'가 무엇이었는지 밝힐 단서를 찾을 수 있을 것이다.

첫째, ≪황조인본조충신목록≫은 명에서 귀화한 인물에 대한 〈황조인皇朝人〉조條와 조선의 '충신'에 대한 〈본조충신本朝忠臣〉조條로 구성되어 있는데, 이순신은 〈본조충신〉에 첫 번째로 기록되었다(〈그림 1〉). 이순신 현창은 정조 12년(1788) 무신란 발발 1주갑이 되던 해부터 집중적으로 이루어졌다. 이순신의 후손인 이봉상李鳳祥과 이홍무李弘茂는 영조 4년(1728) 무신란 때 '순절'하였는데, 그 당시 영조는 이들의 충심忠心이 이순신으로부터 이어져 온 것이라고 감탄한 바 있었다.[46] 정조는 영조에 이어 무신란에서 '순절'한 이봉상, 이홍무를 높이 평가하며 그들을 현창하였다.[47] 동시에 그 가문의 후손들을 녹용하고 포장하는 등의 은전을 내리는 한편,[48] 이순신을 기리는 사업도 본격적으로 추진하기 시작하였다.

예컨대 정조 16년(1792)에는 정조의 명에 따라 ≪이충무공전서≫(이하 ≪전서≫) 편찬에 착수하였으며, 이듬해에는 이순신을 영의정으로 추증하기도 했다.[49] 같은 왕 19년(1795)에는 정조가 이순신의 신도비 비문을 직접 지어 ≪전서≫에 싣고,[50] ≪전서≫를 발간하여 신하들에게 선물하거나 궁중 및 사고史庫, 홍문관, 성균관 등 주요 국가 기관과 이순신 관련 사당에 보관하게 하였다.[51] 이순신이 ≪황조인본조충신목록≫에 수록된 본조충신 가운데 가장 먼저 기록된 것도 이와 같은 현창사업과 무관하지 않았을 것이다.

둘째, 이순신의 대보단 배향과 그의 가문이 정조의 특교(정조 16년, 1792)에 의해 대보단 의식에 참반參班하게 된 사실이 ≪황단배향제신목록≫

에 규정되었다. ≪황단배향제신목록≫은 〈철향제신腏享諸臣〉·〈특교참반제가特敎參班諸家〉·〈순절제신殉節諸臣〉·〈척화제신斥和諸臣〉·〈병의제신秉義諸臣〉조條로 구성되어 있는데, 이순신은 〈특교참반제가〉조에 가장 먼저 기록되었다(〈그림 2〉).

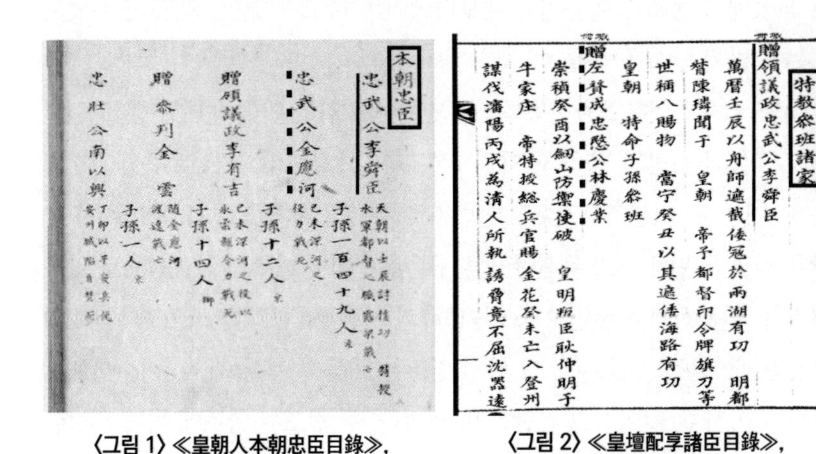
本朝忠臣
忠武公李舜臣 子孫一百四十九人
忠武公金應河 子孫十二人
贈領議政李有吉 子孫十四人
贈參判金雲 子孫一人
忠壯公南以興

特教參班諸家
贈領議政忠武公李舜臣
萬曆壬辰以舟師遮截倭寇於兩湖有功 明都
督陳璘聞于 皇朝 帝予都督印令牌旗刀等
世稱八賜物 當宁癸丑以其遮倭海路有功
皇朝 特命子孫參班
贈左贊成忠愍公林慶業
崇禎癸酉以劒山防禦使破 皇明叛臣耿仲明于
牛家庄 帝特授總兵官賜金花癸未亡入登州
謀伐瀋陽丙戌為清人所執誘脅竟不屈沈器遠

〈그림 1〉 ≪皇朝人本朝忠臣目錄≫, 〈本朝忠臣〉

〈그림 2〉 ≪皇壇配享諸臣目錄≫, 〈特敎參班諸家〉

〈특교참반제가〉에 규정된 인물들의 경우, 〈철향제신〉·〈순절제신〉·〈척화제신〉·〈병의제신〉의 인물들과는 달리 정조의 '특교'에 의해 그 가문의 후손들에게 대보단 의식 참반의 영예가 주어졌다. 이는 정조가 〈특교참반제가〉의 인물들을 우대하고자 했음을 의미한다. 즉 정조는 이순신을 대보단에 배향하는 것에 그치지 않고, 은전의 범위를 가문으로 확대하여 이순신 가문의 후손들로 하여금 대보단 의식에 참례토록 한 것이었다. 정조의 이러한 조치는 이순신을 '충'의 표상으로 만들고자 했던 의도에서 비롯되었으며, 이봉상·이홍무 등 이순신의 후손들이 보여주었던 '충절'과도 깊이 연관되어 있는 것으로 여겨진다.

주목할 것은 이순신이 대보단에 배향되고, 그의 가문이 대보단 의식 참례 반열에 오를 수 있었던 명목에 대한 내용이다. 다음 기사의 내용은 ≪전서≫

의 앞머리 첫 부분에 실릴 정도로 비중 있게 다뤄진 정조의 綸音인데, 정조는 다음과 같이 언급하였다.

> 어제 황단(대보단)에 공손히 절한 것은 신종 황제의 기신忌辰이기 때문이었다. 그날 충신의 후예를 소견하고 유생은 시제試製하고 무사는 시사試射하였다. 그리고 나라를 다시 세워준 황제의 은혜를 길이 생각하고 우리 나라 충신에게 미치게 하여 전수篆首로 써서 충무공 이순신의 공렬功烈을 표창하고자 하였다. 이를 인하여 생각하니, 문정공文正公 송시열은 대의大義를 창명倡明하였으므로 그의 자손을 망배례의 반열에 참여하도록 허락하여 이미 정식을 삼았는데, 더구나 충무공은 황조皇朝의 도독都督이란 고인誥印을 받았음에야 말할 나위가 있겠는가. 충무공(이순신)의 후손도 문정공(송시열) 집안의 예에 따라 반열에 참여하게 하라.
>
> (≪정조실록≫ 정조 16년 7월 25일)

위 윤음은 정조가 이순신의 후손들로 하여금 대보단 의식(망배례)에 참례하도록 명하며, 이순신 가문에게 송시열 가문에 준하는 예우를 부여하겠다는 내용을 골자로 하고 있다. 이때 그 명목으로써 이순신이 명 황제로부터 받았다고 하는 도독의 작위와 인장을 내세웠다는 점이 눈길을 끈다.

≪황단배향제신목록≫ 〈특교참반제가〉에도 정조가 이순신 가문의 후손들로 하여금 대보단 의식 참반을 명했다는 내용과 함께, 명 신종이 이순신에게 도독인都督印·령패令牌·기旗·도刀 등 세칭 '팔사물(팔사품)'을 하사하였다는 내용이 기록되어 있다.[52] 즉 이순신이 대보단에 배향되는 데에 있어 도독의 작위는 매우 중요한 매개가 되었음을 알 수 있다.

이 당시 대보단 중심의 현창사업은 대청항쟁 관련 인물들을 대상으로 이루어지고 있었다. 그런데 이순신은 ≪황조인본조충신목록≫과 ≪황단배향제신목록≫에 수록된 '충신' 가운데 유일하게 대청항쟁과 무관한 인물이었다.[53] 대보단 배향의 필연적 이유가 없음에도 임진왜란의 공신功臣 이순신이 대보단에 배향된 셈인데, 명의 도독 직함과 '팔사물'을 내세운 것은 일종의 현창 명분이었던 것으로 보인다. 이는 매우 이례적인 경우로써, 정조는 이와 같은 명분을 내세워가며 '특교'로 이순신을 대보단에 배향하도록 한 것이다.

그밖에 정조가 이순신을 위해 직접 써 내린 비문碑文과 사제문賜祭文에서도 이순신이 명 황제로부터 받았다고 하는 도독의 작위가 끊임없이 강조되고 있는데, 도독의 작위는 명 황제로부터 부여된 권위로 볼 수 있다.[54] 즉 보다 높은 차원의 권위에 가탁하여 이순신을 대보단 배향 대상에 포함시키기 위한 명분을 만들어냈던 것이다.

정조는 '충신' 현창사업을 추진하는 과정에서 이러한 명 황제의 권위를 널리 활용하였다. ≪황조인본조충신목록≫ 〈본조충신〉과 ≪황단배향제신목록≫ 〈특교참반제가〉에 우선적으로 수록된 인물들은 모두 명 황제나 조정으로부터 인정을 받은 것으로 기록되어 있다. 예를 들어, ≪황조인본조충신목록≫의 경우에는 이순신·김응하가, ≪황단배향제신목록≫의 경우에는 이순신·임경업이 각각 첫 번째, 두 번째로 기록되어 있는데, 이들은 모두 명 황제 혹은 명 조정으로부터 작위를 받았음이 강조되었다. 이순신은 도독都督, 김응하는 요동백遼東伯,[55] 임경업은 총병관摠兵官[56]이라는 작위를 수여받았다는 것이다.

이밖에 심하전투(광해군 11년, 1619) 이후 후금의 포로가 되었으나 절개를 지킨 김경서나 금주전투(인조 19년, 1641)에서 명에 대한 의리를 지키다가 살해된 이사룡 등을 현창할 때에도 같은 논리가 사용되었다.[57] 이를 통해 '충신' 현창시, 정조가 명 황제나 조정으로부터 작위를 수여받았다는 사실을 얼마나 비중 있게 다루고 있었는지를 미루어 짐작할 수 있다.

한편, ≪황단배향제신목록≫에는 정조가 이순신을 대보단에 배향하기 위해 노력했던 정황이 포착된다. 〈특교참반제가〉의 이순신에 대한 내용은 다음과 같다. "(이순신은) 만력 임진년 수군으로 양호兩湖로 (나아가려던) 왜구를 차단한 공이 있었다. 명 도독 진린이 이를 황조皇朝에 알리자 황제가 도독인都督印·령패令牌·기旗·도刀 등을 주었는데 세상에서는 이를 팔사물이라 한다. 당저當宁 계축년癸丑年(정조 17년, 1793)에[58] 왜적의 바닷길을 차단하여 황조에 공로가 있다고 하여 특명으로 자손을 참반시켰다."[59] 이에 따르면 이순신의 후손들이 대보단 의례에 참반하게 된 이유는 두 가지이다. 그 중 한 가지는 앞서 언급한 '팔사물'과 관련된 것이고, 나머지 하나는 이순신이 일본군의 바닷길을 차단하여 명나라에 공을 세웠다는 것이었다. 이 두 가지 이유 가운데 후자는 정조 연간에 새로이 삽입된 것임이 분명하다.

임진왜란 당시 일본군은 애초부터 해로를 통해 명을 정벌할 수 없었기 때문에 조선에 '가도입명假道入明', 즉 명나라로 가는 길을 빌려달라고 한 것이었다. 때문에 조선은 명에 원군을 청하면서 자신들이 이를 거부하여 전쟁이 났으므로 명이 의리를 지킨 조선을 도와주는 것은 당연하다는 논리를 펴기도 했다.[60] 이순신이 바다에서 일본군을 격파한 과거 사실에 근거하여 ≪황단배향제신목록≫에 "해로를 차단하여 황조皇朝에 공을 세웠다."라는 내용을 삽입한 데에서 팔사물 외에도 명에 대한 직접적인 공로가 있었음을 강조하려는 정조의 의도가 엿보인다. 즉, 명에서 내린 작위나 팔사물 외에도 명에 대한 직접적인 공로를 하나의 조항으로 만듦으로써 이순신을 대보단에 배향하는 명분을 강화할 수 있었던 것이다. 따라서 전자의 팔사물에 대한 조항 역시 그 물품들의 실재 여부보다는 명으로부터 도독 인장 등을 받았다고 하는 내용 자체가 중요했을 것임을 아울러 짐작할 수 있다. 결국 팔사물 등은 모두 이순신을 대보단에 배향하고, 그의 후손들을 대보단 의례에 참반시키기 위한 명분으로서의 의미가 보다 강했음을 알 수 있다.[61]

그렇다면 정조는 왜 이순신을 대보단에 배향하려 했을까? 전술했듯이 정조 12년(1788)을 기점으로 정조는 정국 운영을 주도하려는 움직임을 본격화하기 시작하였다. 정조는 이순신을 대보단에 배향함으로써 '충신'의 이상적 표상을 제시하고자 했다. 이는 재위 후반에 군신의리를 강조하며 국왕에게 충성을 다할 것을 요구했던 정조의 모습과 궤를 같이 하고 있는 것이라 볼 수 있다. 정조가 이순신 가문의 후손들에게 취했던 우대 정책을 함께 고려하였을 때, 그 사실은 보다 선명해진다.

정조는 유독 '충량가忠良家' 내지는 '충가忠家'에 대한 깊은 관심을 표명하였다. 충직한 신하의 가문을 높이고 그 후손을 우대함으로써 조정의 신하들이 취해야 할 충직한 신자臣子의 모습을 제시함과 동시에 그것을 따르면 주어지는 혜택을 '가문'에 적용하였던 것이다. 정조가 특교를 내려 이순신의 후손들을 대보단 의식에 참례하도록 하는 한편, 그 가문의 후손들을 대대적으로 등용하려 했던 것 또한 같은 맥락에서 이해할 수 있다.

송시열 가문이 정조 11년(1787)에 정조의 특교에 의해 가장 먼저 대보단 의식 참례의 반열에 올랐음에도 불구하고, ≪황단배향제신목록≫ 〈특교참반제가〉에는 이순신 가문이 첫 번째로, 임경업 가문이 그 다음으로 송시열 가문보다 앞서 기록되었다.[62] 이는 적지 않은 의미를 함축하고 있다고 할 수 있다. 전술한대로 이순신과 임경업 모두 명 황제로부터 작위를 받았다는 것 외에도 다음과 같은 공통점을 지닌다.

두 인물의 가문에서는 반란을 진압한 공로를 세우거나 반란군에게 굴하지 않고 '순절'한 자들이 배출되었다. ≪이충무공전서≫와 ≪임충민공실기≫에 의하면, 이순신의 가문에서는 이괄의 난 당시 '순절'한 이순신의 서자 이훈, 무신란 당시 '순절'한 이순신의 4대손 이홍무와 5대손 이봉상이 확인되며,[63] 임경업의 가문에서는 이괄의 난 당시 안현전투에서 반란군을 격파한 전공을 세웠던 임경업과 형 임승업, 동생 임준업이 확인된다.[64] 즉 왕의 신변을 위협했던 반란 사건에서 충절을 지킨 '충신'과 그 가문에 대한 현창은 곧 왕에 대한 충성을 독려하는 것에 다름 아니었다.

정조는 이순신 현창과 함께 그의 가문 후손들을 등용하는 일에 깊은 관심을 가지고 있었으며, 그 후손들에 대한 배려를 아끼지 않았다. 예컨대, 정조가 자신의 친위군영인 장용청을 장용위, 장용영으로 확대하며 정조 12년

(1788) 초대 장용대장[兵房]에 이순신의 6대손 이한풍을 임명하였고,65) 정조 15년(1791) 3월에는 이조와 병조에 전교를 내려 이순신의 후손 중 등용할 인물을 찾아 아뢸 것을 명하였는데 신속히 이루어지지 않자, "지난날의 충의를 생각하여 명령을 내린 것인데 벌써 여러 날이 지났다. 또 덕수 이씨는 많은 공로를 쌓았으며, 충무의 후손이 헤아릴 수 없이 많은데 어찌 한 사람의 적임자가 없을 수 있는가?"66)라고 하며 신하들을 질책하였다. 뿐만 아니라, 정조 21년(1797) 7월에는 병조에서 경주의 영장營將 이경희가 승중상承重喪을 당하여 부임하지 않으니 체차하고 가자를 환수할 것을 청하였는데, 정조는 "충무(이순신)의 가문은 다른 집안과는 다른데, 어찌 그 집안사람을 상례대로 다룰 것인가?"67)라고 하며, 가자를 환수하지 않도록 하였다. 즉 정조는 이순신과 그 후손들의 충절을 높이 평가하여 특별히 대우하였던 것이다.

요컨대, 정조는 '팔사물八賜物'과 '황조유공皇朝有功'의 명분을 내세워 가며 대청항쟁과 무관한 이순신을 '특교特教'로써 대보단 배향 대상에 포함시켰다. 아울러 그의 가문을 송시열 가문에 준하는 반열에 올리는 한편, 그 후손들로 하여금 대보단 의식에 참반토록 하였다. 그밖에 이순신의 후손들을 녹용錄用하거나 포장褒奬하는 등의 은전을 베풀기도 했다. 이는 조정 신하들에게 '충' 이념을 강조하고 '충신'의 모범적 표상을 제시하기 위한 정조의 의도에서 비롯되었던 것으로, 이순신과 그의 가문은 '충신'·'충가'의 전형典型이었다. 때문에 정조는 도독의 작위, 즉 명 황제의 권위에 가탁하여 이순신을 공적 영역인 대보단에 배향하고, 그 가문을 국가적 차원에서 우대하고자 했던 것이다.

≪이충무공전서≫ 편찬과 그 내용적 함의

조선 왕조는 이순신 사후 그에 대한 현창사업을 꾸준히 진행하였다. 선조

31년(1598) 노량해전에서 전사한 직후 우의정으로 증직하였고,68) 선조 37년(1604)에는 이순신의 전공을 인정하여 그를 선무공신 일등으로 책훈하고 좌의정으로 증직하였다.69) 광해군 12년(1620) 전라도 여수에 전라좌수영대첩비를 건립하였고,70) 인조 21년(1643) 이순신에게 '충무忠武'라는 시호를 내렸다.71) 효종 7년(1656)에는 이순신의 외손자인 홍우기의 요청으로 김육이 이통제충무공신도비명李統制忠武公神道碑銘을 짓고, 현종 1년(1660) 그 신도비명을 비석에 새겨, 숙종 19년(1693) 이순신 묘가 있는 아산 현충사에 세웠다.72) 이 외에도 이순신이 배향된 사당에 편액을 하사하고, 왕이 온천을 다녀오는 길에 그의 묘소에 들러 제사를 지내는 등의 현창사업이 지속적으로 이루어졌다.73)

다만, 이순신에 대한 국왕의 직접적인 관심은 영조대부터 고조되어 정조대에 ≪이충무공전서≫(이하 ≪전서≫) 편찬으로 이어지게 되었다. 선조대 신료들의 건의와 몇 차례의 상소 끝에 이순신 사당이 건립된 것, 효종대 이순신 후손들의 수차례의 요청 끝에 신도비 건립이 이루어진 것과는 달리, 정조는 이순신을 영의정으로 추증하고 신도비문을 직접 지어 내리는 한편, ≪전서≫ 편찬을 주도하는 등 이순신 현창에 적극적인 태도를 보였다. 이러한 정조의 행적은 분명 이전 왕들과 구별되는 모습이라 할 수 있다.

특히 정조의 ≪전서≫ 편찬은 이순신 관련 기록의 파편들을 집대성한 작업으로, 당대 및 후대의 이순신 인식과 기억에 결정적인 영향을 미치게 되었다.74) 그런데 ≪전서≫ 편찬 과정에서 정조의 윤음綸音, 어제 신도비명御製 神道碑銘, 어제 사제문御製 賜祭文 등이 다수 추록되었고, 〈난중일기亂中日記〉의 내용은 저본의 내용을 옮기는 과정에서 일부 삭제되기도 하였다. 이는 정조의 이순신 현창 의도를 가늠하고 이순신에 대한 기억의 재구성 양상을 조명할 수 있는 지표가 된다. 까닭에 ≪전서≫ 편찬과 그것이 의미하는 바를 면밀히 짚어볼 필요가 있다.

≪전서≫는 정조 16년(1792) 왕명에 의해 편찬되기 시작하였다. ≪전서

≫ 편찬에 각별한 관심을 가지고 있었던 정조는 '(이순신의) 충의忠義를 드높이고 공로에 보답하며 무용武勇을 드러내고 공적을 표창하려는 뜻'에서 ≪전서≫ 발간이 비롯되었음을 강조하며, 내탕과 어영청에서 인쇄비용을 보조할 것을 명하였다.75) 뿐만 아니라 이순신의 신도비문을 직접 지어 신하들에게 나누어주는 동시에 ≪전서≫ 앞머리에 싣도록 하였다.76) 규장각 직각 윤행임이 이순신 관련 기록을 수집하고77) 편집을 마친 후, 검서관 유득공의 교정 작업을 거쳐 정조 19년(1795)에 간행되었다.78) 이로써 14권 8책의 ≪전서≫가 완성된 것이다.

≪전서≫는 이순신의 후손들이 숙종대에 편찬한 ≪충무공가승忠武公家乘≫(이하 ≪가승家乘≫),79) 이순신 가문에서 전해 내려오던 ≪충무공유사忠武公遺事≫(이하 ≪유사遺事≫),80) 이순신의 친필 일기(이하 친필 초고본), ≪임진장초≫81) 등을 저본으로 하여 증보한 문집으로써 이순신 관련 사적을 모두 모은 것이라 할 수 있다.82) ≪전서≫ 편찬은 이순신 후손들의 노력으로 완성된 사가私家의 기록이 국왕에 의해 공적 차원에서 수용되었음을 의미한다. 이는 이순신에 대한 평가가 국가적으로 공식화되는 계기가 되었다. ≪전서≫의 구성과 내용을 분석하고 아울러 편찬 과정에서 첨삭된 대목을 검토함으로써 그에 대한 평가 혹은 기억이 어떻게 재정립되는지 살펴보자.

≪전서≫의 앞머리에는 정조가 내린 윤음 3편과 정조가 직접 지은 비명이 실려 있다. 이어서 권수卷首에는 임진왜란 중 선조宣祖가 이순신에게 내린 명령서 혹은 독전의 글이라 할 수 있는 교유敎諭(교서敎書 및 유서諭書)를 비롯하여 역대 왕들이 내린 사제문賜祭文, 이순신이 명 신종으로부터 수여받았다고 하는 '팔사물八賜物'과 이순신이 제작한 귀선·무기에 대한 도설圖說, 이순신 가문의 세보世譜, 이순신 생애에 대한 연표年表가 수록되어 있다. 권1~8에는 시, 편지글, 장계, 일기 등 이순신이 직접 지은 것들을, 권 9~14는 행록行錄, 행장行狀, 시장諡狀, 묘비문 등 이순신 관련 기록이나 이

순신을 추모하는 타인의 저술들을 모아 정리하였다. ≪전서≫는 그 구성과 내용에 따라 크게 서두 및 권수, 권1~8, 권9~14 세 부분으로 구분할 수 있다. 각 부분별 특징과 함께 편찬 과정에서 추록追錄·삭거削去된 내용을 분석하면 다음과 같이 정리해 볼 수 있다.

첫째, 서두 및 권수의 경우, 대부분 ≪전서≫ 편찬 과정에서 추록된 것으로써 정조의 ≪전서≫ 편찬 의도가 잘 반영되어 있다. 저본인 ≪가승≫에 있었던 교서敎書나 사제문賜祭文의 경우, 임진왜란시 이순신이 세운 전공戰功에 대한 내용이나 그의 순국을 높이 평가하는 내용을 골자로 하고 있다. 그런데 정조 연간에 ≪전서≫를 편찬하며 추가된 정조의 윤음 및 어제 신도비명, 영·정조의 어제 사제문에서 새로운 내용들이 등장하여 눈길을 끈다.

우선 정조의 윤음에서는 이순신을 노론의 영수인 송시열에 준하는 반열에 올리는 한편, 이순신의 가문을 '충가'로 규정하고 있다. 이 대목은 정조가 재위 초 기존의 집권세력인 노론의 의리를 인정하고 그 정신적 지주인 우암 송시열을 현창하는 모습과는 상반되는 것이라 하겠다. 또한 전대前代의 사제문에서는 확인되지 않는 내용으로 이순신 후손들의 '순절' 사실과 명 황제로부터 받았다고 하는 도독인都督印 등 팔사물에 관한 내용이 새롭게 추록되었다.

전술한 바와 같이 이순신의 서자 이훈은 이괄의 난(1624)에서, 4대손 이홍무와 5대손 이봉상은 이인좌의 난(무신란戊申亂, 1728)에서 국왕에 반하여 일어난 반란군에 굴하지 않고 '순절'하였다. 정조가 무신란 1주갑을 계기로 '충신'들을 현창하는 과정에서 이순신 후손들의 '충절'이 재차 부각되었고, ≪전서≫ 편찬시 이홍무, 이봉상 등의 '순절' 사실이 권수卷首의 세보世譜에 추가되기도 하였다.[83]

덧붙여 새로 추록된 내용들은 이순신이 명 황제로부터 도독의 작위를 받았다는 것을 거듭 강조하고 있다. 서두의 윤음과 어제 신도비명, 권수의 사제문은 물론 도설에 이르기까지 ≪전서≫의 전반에 걸쳐 계속해서 도독 작위가 언급된다. 특히 ≪전서≫ 편찬 과정에서 권수卷首에 도독인都督印, 즉 명 신종이 도독의 작위를 제수하며 보낸 인장印章과 그 밖의 령패令牌·귀도鬼刀·참도斬刀·독전기督戰旗·남소령기藍小令旗·홍소령기紅小令旗·곡나팔曲喇叭 이른바 팔사물八賜物에 대한 그림과 설명(〈그림 3〉)이 수록되었다.[84]

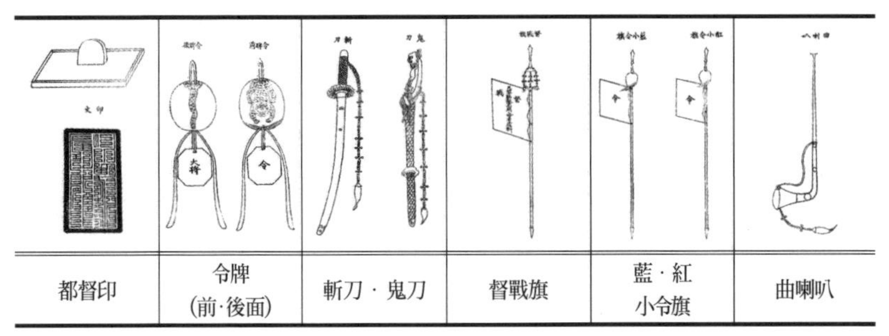

* 전거 : ≪李忠武公全書≫(奎 457) 卷首, 〈圖說〉.

〈그림 3〉 八賜物(八賜品)

둘째, 권1~8은 주로 이순신이 직접 지은 글들로 구성되어 있다. 이 대목에서는 이순신의 일기에 대한 첨삭을 주목해야 한다. 권1의 시와 잡저, 권2~4의 장계는 각각 ≪가승≫, ≪임진장초≫의 것을 옮겨 적고, 이후 새로 수집된 글들을 추록한 것으로써 내용면에서는 거의 변화가 없는데 반해, 권5~8의 일기는 친필 초고본, ≪유사≫의 내용을 옮기는 과정에서 내용 자체에 적지 않은 첨삭이 가해졌기 때문이다.

권5~8의 난중일기는 이순신이 선조 25년(1592)부터 선조 31년(1598)까지 쓴 일기로써, 이순신의 일기 친필 초고본과 ≪유사≫ 〈일기초〉를 저본으로 하여 작성되었으며, ≪전서≫를 편찬하는 과정에서 〈난중일기〉로 명명되었다. 그런데 그 과정에서 일기 내용의 일부가 첨삭된 흔적들이 확인된다.[85] 어떠한 내용이 첨삭되었느냐의 문제는 ≪전서≫ 편찬 의도와 밀접한 관련을 맺고 있는 것이라 여겨진다.

단순히 글자만 수정하거나 빠진 장수의 이름을 채워 넣은 경우도 확인되지만, 이순신이 조정을 비판하거나 상관(권율) 혹은 동료(원균)에 대한 원망, 부당한 처사에 대해 불만을 표하는 내용, 가족·개인적인 내용, 자신의 처절한 심경을 토로하는 구절 등이 삭제되었다.

특히 조정에 대한 비판, 상관·동료를 원망하는 내용이 삭제된 사실이 인상적이다. 예컨대, 갑오년(1594) 정월 18일의 "전田이 말하기를, '수군을 거창으로 붙들어 갔다고 하며, 원수元帥[권율]가 방해하려 한다고 들었다' 했다. 가소롭다. 예로부터 남의 공을 시기함이 이와 같은 것이니 무엇을 한탄하랴."[86] 라든지, 정유년(1597) 5월 20일의 "체찰사는 개탄해 마지 않았다. … 또 말하되, '음흉한 자(원균)의 무고하는 소행이 극심하건만 하늘[임금]이 굽어 살피지 못하니 나랏일을 어찌하리' 하는 것이었다.",[87] 정유년 9월 8일의 "이러고야 조정에 사람이 있다고 할 수 있겠는가. 다만 때를 못만난 것이 한스러울 따름이다."[88] 등이 삭제된 것이다.

정조가 ≪전서≫를 편찬함으로써 이순신을 '충신'의 표상으로 만들고자 했던 의도를 감안한다면, 조정에 대한 비판이나 상관·동료를 원망하는 내용을 삭제하는 것이 불가피했을 것으로 생각된다.

셋째, 권9~14는 당대 혹은 후대에 작성된 이순신 관련 기록이나 타인의 저술을 모두 모아 정리한 것이다. 권 9~10에는 이순신의 일생을 기록한 행록行錄, 행장行狀을 비롯하여 시호를 내릴 것을 왕에게 건의할 때 그에 대한 행적을 기록한 시장諡狀, 각종 비문碑文이 실려 있다. 권11은 이순신 사당 관련 기록, 묘비문, ≪가승≫이나 장계초본에 대한 발문跋文이, 권12는 이순신에 대한 추모·애도의 글이 수록되어 있다. 권13~14는 각종 역사서 혹은 여러 인물들의 문집에서 발췌한 이순신 관련 기록에 해당한다.

여기에 수록된 글은 주로 대신大臣 혹은 당대 최고 학자들이 지은 것으로서, 당색黨色을 막론하고 모두 이순신의 충절을 칭송하고 있다. 선조대 당시 서인인 이항복, 동인인 정탁은 물론이고, 그 이후의 노론 영수인 송시열 및 노론 4대신 중 한 명인 이이명, 소론 남구만·조현명 등은 당색과 상관없이 그의 충절과 전공을 칭송하는 글을 지었다.[89] 즉 이순신은 '당색'을 초월하여 그 충절과 전공을 인정받은 인물이라는 점을 알 수 있다. 정조가 당시 노론, 소론, 남인의 당론을 조제해 가며 그 균형 위에 국왕이 공의公議를 주도하는 정국 구도를 모색하고 있었다는 점을 감안한다면, '충'의 표상 선정 및 현창에 관해 이순신이라는 인물은 각 당파의 정치적 이해관계, 또 그로 인한 시비 다툼의 여지에서 비교적 자유로웠을 것이다. 즉 '충신'의 전형으로 더할 나위 없는 조건을 갖추고 있었다고 해석할 수 있다.

지금까지 ≪전서≫의 구성과 내용, 편찬 과정에서 드러난 제반 특징을 살펴보았다. ≪전서≫ 편찬시 새롭게 추가된 것으로는 이순신과 그의 가문을 각각 '충신'과 '충가'의 반열에 올린 내용, 무신란 당시 이순신 후손들의 '순절' 사실, 명 황제로부터 받았다고 하는 도독에 대한 언급 및 도설 등이 있다. 반면, 삭제된 내용으로는 이순신의 일기에서 확인되는 조정에 대한 비판이나, 상관·동료를 원망하는 내용이다. 이를 토대로 ≪전서≫를 편찬하고자 했던 정조의 의도를 짐작해 볼 수 있다.

요컨대, ≪전서≫ 편찬은 이순신에 대한 기억의 재구성 작업으로써 이순신을 '충신'의 표상으로 만들고자 했던 정조의 의도가 반영된 결과물이라 할 수 있다. 이를 통해 이순신은 조선 왕조의 공신에서 더 나아가 '충신'을 대표하는 인물로 공식화되었다. 이순신은 '충' 이념 선양을 위한 최적의 조건을 갖춘 인물이었다. 첫째, 이순신은 임진왜란 당시 혁혁한 전공을 세웠을 뿐 아니라, 국가를 위해 목숨을 바친 '충신'으로서 당대부터 당색을 막론하고 그 공적과 충절을 인정받았다. 둘째, 이순신 가문의 후손들이 왕을 대상으로 일어난 반란에서 '순절'한 사실이 부각되며, 이순신과 그의 가문이 '충'의 표상으로 자리매김하게 되었다. 셋째, 사실 여부를 떠나 이순신이 명 황제로부터 받았다는 도독의 작위는 '충'의 표상인 그를 대보단에 배향하여 국가적 차원에서 현창할 수 있는 명분이 되었다.

선조대 이순신에 대한 평가는 주로 그가 임진왜란 당시 세운 전공에 토대를 두고 있었을 뿐, '충절'에 기반하고 있지는 않았다. ≪선조실록≫ 및 ≪선조수정실록≫에는 오히려 이순신이 조정의 출정 명령을 거부하여 '불충不忠'의 죄로 백의종군에 이른 사실이 기록되어 있다.90) 인조대에 이르러 이순신에게 '충무공忠武公'이라는 시호가 내려졌는데, 시장諡狀 말미에는 이순신에 대한 당대의 평가가 기록되어 있다. 기록에 따르면, 이순신은 전투과정에서 국가를 위해 목숨을 바친 '사란지충死亂之忠'의 인물로 평가되었다.91) 이순신에게 '충무공'이라는 시호가 부여된 시점이 병자호란이 있은 연후였음을 고려한다면, 전쟁의 상처를 극복하고 왕조 국가를 위해 목숨을 바친 인물들을 기리는 분위기 속에서 그러한 평가가 이루어졌던 것임을 미루어 짐작해 볼 수 있다. 이때, '충'은 왕조 정부에 대한 '충성' 내지는 '희생'으로 해석되었을 것이며, 그것은 곧 왕에 대한 '충'으로도 해석될 여지를 내포하고 있었다. 이후 이순신 가문의 후손들이 각종 반란 등에서 '순절'함으로써 '충신'다운 면모를 드러내었으며, 정조는 이러한 사실에 주목해 이순신과 그의 가문을 '충신'·'충가'의 표상으로 삼고자 하였다. 그 과정에서 이순신의 '충'은 왕에 대한 '충'으로 재해석되었다. 즉 이순신은 정조가 처한 정치적 상황과 맞물려 사후 약 200여 년이 지난 시점에 다시금 부각되었으며, 이를 통해 비로소 그에 대한 기억이 왕조 정부의 공신에서 '충신'으로 재구성되었던 것이다.

맺으며

이 글은 정조의 이순신 현창과 그에 대한 기억의 재구성 양상을 밝히고 그 의미를 규명할 목적에서 쓰여졌다. 우선 정조대의 '충신' 현창사업이 어떠한 정치적 배경에서 비롯되었는지를 파악하기 위해 전반적인 정국의 동향과 정조가 처한 정치적 상황을 살펴보았다. 아울러 정조 12년(1788) 이후 집중적으로 추진된 '충신' 현창사업의 구체적 내용과 특징을 분석하였다. 다음으로 정조대 '충신' 현창사업의 틀 안에서 이루어진 이순신 현창의 추이와 논리를 규명하고, 그 과정에서 이순신에 대한 기억이 어떻게 재구성되는지를 함께 고찰하였다. 이를 통해 정조의 이순신 현창은 정조가 처한 정치적 상황과 밀접한 관련을 맺고 있으며, ≪이충무공전서≫ 편찬 과정에서 이순신에 대한 기억이 왕조의 공신에서 '충신'으로 새롭게 조직되었음을 논증하였다. 장절 구성에 따라 글의 내용을 요약하면 다음과 같다.

정조는 영조 38년(1762)의 임오화변으로 인해 동궁이 된 이후부터 즉위초에 이르기까지 영조대 말 정국을 주도했던 척신 세력들의 끊임없는 견제를 받았다. 권력기반이 약했던 정조는 자신의 정치적 입지 강화를 위한 제반 조치를 단계적으로 취하였다. 즉위 직후에는 사도세자의 죽음과 관련된 '임오의리'에 대한 사안을 불문에 부치고 노론 세력을 위무하며 자신의 정치·군사적 기반을 점진적으로 확보해 나갔다. 정조 12년(1788)을 기점으로 정조의 정국 운영 주도권이 궤도에 오르기 시작하였는데, '충신'에 대한 현창사업도 궤를 같이 하여 본격적으로 추진되기에 이른다. 한편, 정조 12년(1788)은 영조 4년(1728)에 있었던 대규모 반란인 무신란으로부터 1주갑(60주년)이 되던 해였는데, 정조는 무신란 당시 순절하거나 공을 세운 인물들에게 은전을 베푸는 한편, 무신란과 무관한 이순신·김덕령·임경업 등 임진왜란 및 병자호란과 관련된 전대前代의 인물들까지 현창하였다. 즉 무신란을 계기 삼아 '충신' 현창사업을 도모하고자 했던 것이었다.

현창사업은 정조의 주도 하에 크게 두 가지 방향으로 전개되었다. 하나는 '충신'의 제반 사적을 모아 문집을 편찬하는 것이고, 다른 하나는 대보단을 중심으로 '충신'과 '충직'한 가문을 국가적 차원에서 현창하는 것이었다. 정조는 이순신의 ≪이충무공전서≫, 임경업의 ≪임충민공실기≫, 김덕령의 ≪김충장공유사≫ 등 '충신'의 문집 편찬에 각별한 관심을 가지고 있었다. 자신이 직접 시나 비문을 지어 내리고 그것을 문집에 싣도록 하였을 뿐 아니라, 간행된 '충신'의 문집을 주요 국가기관, 史庫에 보관하고 신하들이나 관련 사당에 나눠주기도 하였다. 이는 '충신'으로서의 면모를 공식화하는 동시에, 당대 혹은 후대에 귀감이 될 수 있는 표본을 마련하는 것과 다름없었다. 아울러 정조는 대보단에 '충신'을 배향하고 '충가'의 후손들을 대보단 의식에 참례토록 하였다. 숙종 30년(1704) '존주대의' 천명의 일환으로 설치된 대보단은 제의장치로서의 기능적인 측면에 더하여 국왕이 신하들에게 군신의리 혹은 왕에 대한 '충'을 강조하기 위한 정치적 무대로도 역할하였다. 즉 정조는 대보단이라는 공적인 공간에 기반하여 왕에 대한 '충'을 장려하기 위해 위와 같은 정치적 의례를 구상하였던 것이다. 그 구상은 ≪황조인본조충신목록≫, ≪황단배향제신목록≫, ≪존주휘편≫ 등에 잘 반영되어 있다.

정조의 이순신 현창은 이상의 '충신' 현창사업의 틀 속에서 이루어졌다. 그 구체적 내용은 ≪이충무공전서≫ 편찬과 대보단에 기반한 이순신 및 그의 가문 현창으로 요약된다. 이순신은 대보단 관련 목록에 '충신'으로서 우선적으로 기록되었고, 대보단에도 배향되었다. 그런데 당시 대보단 배향의 대상이 대청항쟁과 관련된 인물들이었음을 감안한다면, 그와 무관한 이순신의 대보단 배향은 매우 이례적인 경우였음을 미루어 짐작할 수 있다. 정조는 '팔사물八賜物'과 '황조유공皇朝有功'의 명분을 내세워가며 대청항쟁과 무관한 이순신을 '특교'로써 대보단 배향 대상에 포함시켰다. 아울러 그의 가문을 송시열 가문에 준하는 반열에 올리는 한편, 그 후손들로 하여금 대보단 의식에 참반토록 하였다. 그밖에 이순신의 후손들을 녹용하거나 포장하는 등의 은전을 베풀기도 했다. 이는 조정 신하들에게 '충신' 및 '충가'의 모범적 표상을 제시하고 왕에 대한 '충'을 강조하기 위한 정조의 의도에서 비롯되었던 것이었다.

이순신과 그의 가문은 '충신'·'충가'의 전형이었다. 정조 16년(1792) 편찬에 착수, 같은 왕 19년(1795)에 간행된 ≪이충무공전서≫를 통해 그 사실을 확인할 수 있다. 이순신은 임진왜란에서 혁혁한 전공을 세웠을 뿐 아니라, 전투 과정에서 순국함으로써 '충절'을 인정받은 인물이었다. 이와 더불어 후대의 이순신 후손들이 각종 반란에서 '순절'함으로써 드러난 '충신'으로서의 면모는 이순신과 그의 가문을 '충신'·'충가'의 표상으로 자리매김하는 데에 일조하였다. 아울러 이순신이 명 황제로부터 받았다는 도독의 작위는 정조가 명 황제의 권위에 가탁하여 '충신'의 표상인 이순신을 대보단에 배향하고 그 가문의 후손들을 대보단 의식에 참반시킬 수 있는 명분이 되었다. 즉 도독인都督印을 위시한 팔사물이 이순신을 국가적 차원에서 현창할 수 있는 발판이 되었던 것이다.

정조대 이전, 이순신 가문에서 전해 내려오던 이순신 관련 여러 유고遺稿가 정조대에 이르러 ≪이충무공전서≫로 종합·편찬된 것은 적지 않은 의미를 지닌다. 이는 사가私家의 기록을 국가적 차원에서 수용하여 그 기록과 해당 인물에 대한 평가를 공식화하는 것이었기 때문이다. 이로써 이순신은 사후 약 200여 년이 지난 시점에 '충신'을 대표하는 인물로서 재기억되었다. ≪이충무공전서≫ 편찬시, 조정에 대한 비판, 상관·동료에 대한 불만과 관련된 일기의 일부 내용을 삭제해가면서까지 이순신을 '충신'의 표상으로 제시하고자 했던 의도는 다음과 같은 사실과도 깊은 관련을 맺고 있다. 정조는 재위 후반기(1788~1800)에 사도세자의 죽음과 관련된 임오의리를 재천명하고 사도세자 신원 및 추숭, 수원 화성 건설 등 제반 현안들을 해결해 나가야만 하는 상황에 처해 있었다. 때문에 강력한 정국 운영상의 주도력이 요구되었고, 정조는 공적 기록(문집)과 공간(대보단)을 활용한 '충신'·'충가' 현창사업을 추진함으로써 왕에 대한 '충'을 이끌어내고자 했던 것이다. 그 중심에 이순신이라는 인물이 존재하고 있었다고 평가할 수 있다.

주석

* 이 글에 관한 연구사 정리는 민장원, 2019, 〈정조의 '충신' 현창사업과 이순신에 대한 기억의 재구성〉, ≪조선시대사학보≫ 89 참조.

1) 『李忠武公全書』는 이순신과 관련된 제반 사적을 집대성한 문집이다. 오늘날 이순신에 관한 연구들은 대부분 이에 근거한 것이라 할 수 있는데, 그 중요성에 반해 정작 이 문헌의 편찬 배경 및 과정이나 그 가치를 면밀히 분석한 연구는 소략한 실정이다(이민웅, 「李忠武公全書의 內容과 歷史的 價値」, 『조성도교수화갑기념 충무공 이순신 연구논총』, 해군사관학교박물관, 1991; 이태진, 「정조대왕의 충무공 이순신 숭모(崇慕)」, 『충무공 이순신과 한국 해양』, 해군사관학교 해양연구소, 2015; 김대현, 『이충무공전서 이야기』, 한국고전번역원, 2015).

2) 과거의 역사적 인물이나 사건 등에 대한 기억은 대개 문헌 및 기록을 통해 전승되있다. 이는 곧 문헌 및 기록이 과거의 역사적 인물이나 사건에 대한 기억을 규정짓는 매개가 되는 것을 의미한다(전진성, 『역사가 기억을 말하다』, 휴머니스트, 2005; 알라이다 아스만 저, 변학수 외 옮김, 『기억의 공간 : 문화적 기억의 형식과 변천』, 그린비, 2011).

3) ≪英祖實錄≫ 卷103, 英祖 40年 2月 20日(壬寅); ≪正祖實錄≫ 卷1, 正祖 卽位年 3月 10日(辛巳).

4) 영조 말~정조 초의 정국 동향과 정조의 거취는 유봉학, 2001, ≪정조대왕의 꿈 : 개혁과 갈등의 시대≫, 신구문화사; 金正子, 2008, 〈英祖末~正祖 初의 政局과 政治勢力의 動向 - 英祖 46년(1770)경~正祖 元年(1777)을 중심으로 -〉, ≪朝鮮時代史學報≫ 44; 허태용, 2013, 〈正祖의 繼志述事 기념사업과 ≪國朝寶鑑≫ 편찬〉, ≪韓國思想史學≫ 43, 188~195쪽 참조. 아울러, 정조 재위 前半의 정치세력 변화와 정조가 정국운영 기반을 구축해 가는 과정에 대해서는 김정자, 2012, 〈正祖代 前半期의 政局動向과 政治勢力의 變化(Ⅰ)〉, ≪한국학논총≫ 37; 김정자, 2016, 〈正祖代 前半期의 政局動向과 政治勢力의 變化(Ⅱ)〉, ≪朝鮮時代史學報≫ 78 참조.

5) ≪正祖實錄≫ 卷1, 正祖 卽位年 3月 10日(辛巳).

6) 朴性淳, 2008, 〈正祖의 宋時烈 顯彰과 王權 强化論〉, ≪韓國史硏究≫ 141, 199~204쪽.

7) 정조대 정치사를 다룬 대부분의 연구들은 정조 12년(1788)을 기점으로 정조대 政局을 각각 前·後期로 나누고 있다(박광용, 1994, ≪朝鮮後期 〈蕩平〉 硏究≫, 서울대학교 대학원 국사학과 박사학위논문; 유봉학, 1997, 〈正祖代 政局 동향과 華城城役의 추이〉, ≪奎章閣≫ 19, 1996; 金成潤, ≪朝鮮後期 蕩平政治 硏究≫, 지식산업사; 허태용, 2013, 앞의 논문).

8) 최성환, 2012, 〈임오화변(壬午禍變) 관련 당론서(黨論書)의 계통과 '정조의 임오의리'〉, ≪역사와 현실≫ 85, 203~219쪽 참조.

9) ≪正祖實錄≫ 卷25, 正祖 12年 2月 11日(甲辰).

10) 崔誠桓, 2009, ≪正祖代 蕩平政局의 君臣義理 연구≫, 서울대학교 대학원 국사학과 박사학위논문, 299쪽.

11) 임오화변을 계기로 사도세자를 보호하려 했던 세력은 노론 북당계 및 동당계, 소론 준론계, 남인 청론 계열이 주를 이루며, 이에 반하는 세력은 노론 남당계와 소론 완론 계열이 대다수이다. 이들은 임오화변 이후인 영조 후반대 정국의 주도자인 홍봉한에 대한 태도를 기준으로 부홍파와 공홍파, 양척론으로 한 차례 분기·재편되었다. 그 이후 세손(정조)의 대리청정과 즉위를 둘러싸고 또 한번의 분기를 겪으며 ≪명의록≫ 의리가 성립하였고, 정조 4년(1780) 이후에는 ≪명의록≫ 의리 주도 세력이 점차 時派와 僻派로 나뉘게 되었다. 대개 노론 북당계 및 동당계와 소론 서명선·정민시 등이 시파를 주도하였고, 노론 남당계가 벽파를 주도하였다(崔誠桓, 2009, 앞의 논문, 107~323쪽).

12) 정조는 신료들의 태도를 속된 습속[俗習]이라 비판하며, 그것을 시정할 것[矯俗]을 요구하고, 자신의 입장을 추종할 것[率敎]을 강력히 요구하였다(유봉학, 2001, 앞의 책, 30쪽).

13) 무신란에 관한 연구는 李鍾範, 1985, 〈1728年 戊申亂의 性格〉, ≪朝鮮時代 政治史의 再照明 - 士禍.黨爭篇≫, 汎潮社; 鄭奭鍾, 1989, 〈〈戊申亂〉과 英祖年間의 政治的 性格〉, ≪東洋學≫ 19; 李迎春, 1998, ≪朝鮮後其 王位繼承 硏究≫, 集文堂; 鄭萬祚, 2003, 〈英祖代 初半의 政局과 蕩平策의 推進〉, ≪조선시대 정치사의 재조명≫, 태학사; 고수연, 2004, 〈英祖代 戊申亂 硏究의 現況과 課題〉, ≪역사와 담론≫ 39; 허태용, 2014, 〈1728년 戊申亂의 진압과 ≪勘亂錄≫의 편찬〉, ≪韓國史硏究≫ 166 참조.

14) 李迎春, 1998, 앞의 책, 313~326쪽; 신진혜, 2015, 〈英祖代 凱旋 儀禮의 整備와 그 意義〉, ≪泰東古典硏究≫ 34, 18~20쪽.

15) ≪正祖實錄≫ 卷25, 正祖 12年 3月 1日(癸亥).

16) ≪弘齋全書≫ 卷183, 〈羣書標記〉 5, 命撰1, 金忠壯遺事五卷, "此故忠勇將軍金德齡詩文事蹟之合編者也 德齡湖南光山人 壬辰島夷之難 奮布衣起義旅 雄勇威略 爲一時諸軍之冠 功未就而中蜚語以死 其兄德弘先殉錦山之役 妻李氏亦遇賊罵死 南人所謂一門三忠烈者也 列朝累加褒贈 予戊申 因湖南儒生上言 賜德齡諡曰忠壯."; ≪弘齋全書≫ 卷184, 〈羣書標記〉 6, 命撰2, 林忠愍實紀五卷, "忠愍 故將軍林慶業之諡也 … 予於將軍 夙有曠世之感 爲其生於偏邦而名聞海內 起自韜鈐而志存春秋 其跡甚奇 其節甚苦 其器宇情量 非小夫之所可與知也 將軍之復官贈諡 在肅廟朝 宣祠額給享田 在先王朝 兩聖褒嘉之典至矣 予於卽阼之初 復命有司葺其祠 戊申 又爲之摹遺像以妥其靈 建綽楔以表其里 報之以不祧之典 侈之以牲石之文 蓋至是而古所謂敉功酬忠之典 殆無以復加矣."

17) 지두환, 2010a, 〈조선 임진왜란 충신 열사에 대한 현창정책〉, ≪史學硏究≫ 100; 지두환, 2010b, 〈조선 병자호란 충신 열사에 대한 현창정책〉, ≪한국학논총≫ 34.

18) ≪正祖實錄≫ 卷44, 正祖 20年 3月 6日(壬子); ≪正祖實錄≫ 卷46, 正祖 21年 3月 5日(乙巳); ≪正祖實錄≫ 卷47, 正祖 21年 7月 21日(戊子); ≪正祖實錄≫ 卷48, 正祖 22年 3月 19日(癸未); ≪正祖實錄≫ 卷48, 正祖 22年 4月 13日(丁未); ≪正祖實錄≫ 卷48, 正祖 22年 4月 19日(癸丑);

≪正祖實錄≫ 卷54, 正祖 24年 5月 10日(申卯).

19) ≪正祖實錄≫ 卷32, 正祖 15年 4月 26日(庚午); ≪正祖實錄≫ 卷42, 正祖 19年 5月 11日(辛酉); ≪正祖實錄≫ 卷48, 正祖 22年 3月 19日(癸未); ≪正祖實錄≫ 卷51, 正祖 23年 2月 26日(甲寅).

20) ≪日省錄≫ 卷134, 正祖 19年 7月 21日(庚午).

21) ≪弘齋全書≫ 卷183, 〈羣書標記〉 5, 命撰1, 金忠壯遺事五卷. 이 기록에서는 ≪김충장공유사≫의 편찬 시기를 정조 13년(1789)으로 상정하고 있으나, ≪正祖實錄≫ 卷32, 正祖 15年 4月 26日(庚午) 기사 내용 "上興感於忠壯公 金德齡 忠愍公 林慶業事 命閣臣金憙 輯≪林慶業實紀≫徐龍輔輯≪金德齡遺事≫書成 御製弁卷之文 命湖南道臣刊行"으로 미루어 볼 때, 정조 15년(1791)에 편찬된 것으로 보는 것이 타당하다.

22) ≪龍城雙義錄≫(奎 4811); ≪日省錄≫ 卷149, 正祖 20年 12月 16日(丁亥).

23) ≪忠烈錄≫(奎 1320, 奎 1695); ≪正祖實錄≫ 卷51, 正祖 23年 2月 26日(甲寅). ≪忠烈錄≫은 김응하가 순절하고 2년 뒤(광해군 13년, 1621) 훈련도감에서 처음 간행되었는데, 그 이후 두 차례의 增修를 거쳐 재간행되었으며, 정조대에 이르러 또 한 차례 간행되었다.

24) ≪承政院日記≫ 1757冊, 正祖 19年 12月 5日(壬午).

25) ≪正祖實錄≫ 卷27, 正祖 13年 5月 26日(壬午).

26) ≪海東名將傳≫(奎 3617).

27) 강석화, 2014, 〈홍양호 - 기준을 지키며 변화를 수용한 보수학자〉, ≪내일을 여는 역사≫ 54, 194~196쪽.

28) 鄭玉子, 1992, 〈正祖代 對明義理論의 整理作業 - 〈尊周彙編〉을 中心으로 - 〉, ≪韓國學報≫ 18, 98~107쪽.

29) ≪皇朝人本朝忠臣目錄≫(古4660 - 3)은 '皇朝人'(明에서 귀화한 漢人)과 조선의 '충신', 그리고 그들의 후손에 관한 목록이다. 〈皇朝人〉·〈本朝忠臣〉條로 구성되어 있으며, 각 條에는 '황조인'(29명)과 조선 '충신'(68명)의 성명, 시호, 관직명을 비롯하여 그들의 공적이 간략히 기록되어 있다. 아울러 그들의 후손이 몇 명인지와 그 후손들의 성명, 관직, 거주지까지 기록되어 있다. 이는 대보단에 배향할 '충신'을 선정하여 기록한 ≪황단배향제신목록≫을 성책하기 앞서, 여러 '충신'들을 조사하여 목록으로 만든 것으로 생각된다.

30) ≪皇壇配享諸臣目錄≫(奎 1325)은 대보단에 배향할 '충신'·'열사', 정조의 '특교'에 의해 대보단 의식에 참례하게 된 일곱 가문에 대한 목록이다. 〈腏享諸臣〉·〈特教參班諸家〉·〈殉節諸臣〉·〈斥和諸臣〉·〈秉義諸臣〉條로 구성되어 있다. 대보단에 배향하기 이전에 이미 지역별 사당·서원에 배향되고 있었던 인물들은 〈철향(배향)제신〉조에, 그렇지 않았던 인물들은 〈순절제신〉·〈척화제신〉·〈병의제신〉조에 각각의 공적을 참작하여 분류·기록하였다. 전자의 경우, '충신'의 성명, 시호, 관직명, 공적은 물론 '충신'이 배향된 사당·서원의 내력(명칭·위치·건립 및 賜額 시기)이 함께 기록되어 있고, 후자의 경우에는 '충신'의 성명과 시호, 관직명, 공적만 기록되어 있다. 〈특교참반제가〉조에는 정조의 '특교'에 따라 대보단 의식에 참례

하게 된 일곱 가문이 기록되어 있다. 이 목록의 편자 및 편년은 미상이나, 내용 중 '當宁 丙辰' 라고 표기된 것으로 보아 丙辰年은 영조 12년(1736) 혹은 정조 20년(1796)으로 상정할 수 있다. 이 책에서는 연도를 표시할 때, 干支를 사용하고 있는데 '顯宗 辛亥', '肅宗 乙未' 등을 비롯하여 1752년을 나타내는 '英宗 壬申'이 확인된다. 따라서 이 책은 영조 死後에 작성된 것으로 볼 수 있으며, '當宁 丙辰'은 정조 20년(1796)임을 알 수 있다. 한편, 정조 19년(1795)에 ≪황조인본조충신목록≫이 완성된 것으로 보아, 이를 참고하여 정조 20년(1796) 경에 ≪황단배향제신목록≫을 성책한 것으로 생각된다.

31) 규장각 해제에서는 이 목록이 성책된 시기를 철종 6년(1855)으로 추정하고 있으나, 이는 정조 19년(1795)으로 수정되어야 한다. 왜냐하면 ≪日省錄≫ 卷130, 正祖 19年 3月 6日(丁巳) 기사에 ≪황조인본조충신목록≫ 앞 머리에 실린 정조의 傳教 내용이 확인되기 때문이다. 뿐만 아니라 ≪日省錄≫ 卷134, 正祖 19年 7月 21日(庚午) 기사에 漢城府에서 올린 황조인(18명), 본조 '충신'(59명) 관련 별단의 내용이 확인되는데, 그 중 '황조인' 4명과 조선 '충신' 2명을 제외한 나머지 인물들이 모두 ≪황조인본조충신목록≫에 반영되었다. 단, 서두에 실린 정조의 전교에 따라 매년 3월에 지속적으로 명단을 추가·수정한 것으로 보인다.

32) ≪皇壇配享諸臣目錄≫(奎 1325), 〈特教參班諸家〉.

33) ≪황단배향제신목록≫, 〈특교참반제가〉조에 따르면, 정조 11년(1787) 송시열 가문을 시작으로 같은 왕 14년(1790)의 신만 가문, 같은 왕 16년(1792)의 이순신 및 임경업 가문, 같은 왕 18년(1794)의 윤황 가문, 같은 왕 20년(1796)의 최효일 및 조정익 가문이 차례대로 정조의 특명으로 대보단 의식에 참례하는 반열에 올랐다.

34) ≪英祖實錄≫ 卷87, 英祖 32年 1月 14日(壬午). 영조 33년(1757)에도 忠烈祠와 顯節祠에 배향된 '충신'의 후손들을 망배례에 참여시켰는데(≪英祖實錄≫ 卷89, 英祖 33年 1月 29日 (辛酉)), 이 해는 인조가 청 태종에게 '出城降服'한 丁丑年(인조 15년, 1637)으로부터 2주갑(120년)이 되던 해였다.

35) 鄭玉子, 1992, 앞의 논문, 81~82쪽.

36) 許泰玖, 2009, ≪丙子胡亂의 정치·군사사적 연구≫, 서울대학교 대학원 국사학과 박사학위 논문, 122~136쪽.

37) 북벌론에 대해서는 송양섭, 2007, 〈효종의 북벌구상과 군비증강책〉, ≪韓國人物史研究≫ 7; 許太榕, 2010, 〈17, 18세기 北伐論의 추이와 北學論의 대두〉, ≪大東文化研究≫ 69 등 참조.

38) '조선 중화사상(의식·주의)'·'중화 계승의식'에 관한 제반 논의와 연구사는 허태용, 2009, ≪조선후기 중화론과 역사인식≫, 아카넷; 우경섭, 2012, 〈朝鮮中華主義에 대한 학설사적 검토〉, ≪韓國史研究≫ 159 참조.

39) ≪肅宗實錄≫ 卷39, 肅宗 30年 1月 10日(庚戌); 황단(대보단) 설치에 관한 연구는 鄭玉子, 1985, 〈大報壇 創設에 관한 研究〉, ≪邊太燮博士華甲紀念史學論叢≫, 三英社 참조.

40) 노대환, 2003, 〈숙종·영조대 對明義理論의 정치·사회적 기능〉, ≪韓國文化≫ 32, 155~165

쪽; 권오영, 2004, 〈南漢山城과 조선 후기의 大明義理論〉, ≪韓國實學研究≫ 8, 247~252쪽; 김문식, 2004, 〈조선후기 敬奉閣에 대하여〉, ≪書誌學報≫ 28, 198~202쪽; 이근호, 2016, ≪조선후기 탕평파와 국정운영≫, 민속원, 121~141쪽.

41) ≪英祖實錄≫ 卷40, 英祖 11年 3月 1日(辛未).

42) ≪正祖實錄≫ 卷42, 正祖 19年 3月 6日(丁巳); 대보단 의식에 참례하지 않은 신하들을 처벌하는 내용은 정조 19년(1795)에 성책된 ≪황조인본조충신목록≫의 서문에서도 확인할 수 있다.

43) 계승범, 2010, 〈조선후기 대보단 친행 현황과 그 정치·문화적 함의〉, ≪역사와 현실≫ 75, 173쪽.

44) 신하들이 尊明義理, 對明義理 등으로 표현되는 尊周大義의 이데올로기를 철회하지 않는 한, 그 의리의 '주재자'인 국왕의 권위는 대보단이라는 明의 권위에서 의례의 형태로 끊임없이 재현될 수 있었다.

45) ≪尊周彙編≫(古 4252.4-22) 卷10~16, 〈諸臣事實〉. 정조 24년(1800)에 간행된 ≪존주휘편≫에는 이순신이 빠져있다. ≪존주휘편≫은 정조가 재위 말에 '충신' 관련 사적을 총정리하고자 편찬한 것으로, 대청항쟁과 관련된 기사와 대청항쟁 과정에서 순국·순절했던 '충신'·'열사'에 대한 내용을 담고 있으며, 대보단에 배향된 대부분의 인물들이 여기에 수록되었다. 이상의 사실로 미루어 보아 이순신의 대보단 배향은 예외적인 경우였음을 알 수 있다.

46) ≪李忠武公全書≫(奎 457) 卷首, 〈賜祭文〉, 英廟御製 賜祭文, "遙瞻公祠 卿孫甄錄 嗚呼 戊申 卿忠庶績不昧者存 感予歆格"; ≪李忠武公全書≫(奎 457) 卷首, 〈賜祭文〉, 溫泉行幸時賜墓祭文, "遺風未泯 賢孫繼出 西原立慬 可繩祖烈 一門雙節 于卿有光."

47) ≪正祖實錄≫ 卷25, 正祖 12年 3月 1日(癸亥).

48) ≪正祖實錄≫ 卷32, 正祖 15年 3月 19日(癸巳); ≪正祖實錄≫ 卷35, 正祖 16年 9月 5日(辛丑).

49) ≪正祖實錄≫ 卷38, 正祖 17年 7月 21日(壬子).

50) ≪正祖實錄≫ 卷42, 正祖 19年 5月 11日(辛酉); ≪正祖實錄≫ 卷43, 正祖 19年 9月 14日(壬戌).

51) ≪李忠武公全書≫(奎 457) 卷14, 〈附錄(6)〉, "原任直閣臣尹行恁 承命撰次以進 教以此擧 出於尙忠報功旌武彰烈之意 宜示別異 今下內帑錢五百緡 御營錢五百緡 俾爲印書之費 內入頒賜西庫件外各一件分藏于五處史庫 弘文館 成均館及順天忠愍祠 海南忠武祠 南海忠烈祠 統制營忠烈祠 牙山顯忠祠 康津遺祠 巨濟遺廟 咸平月山祠 井邑遺愛祠 溫陽忠孝堂 鼇梁草廟."

52) ≪皇壇配享諸臣目錄≫(奎 1325) 〈特教參班諸家〉, 贈領議政忠武公李舜臣, "萬曆壬辰 以舟師遮截倭寇於兩湖有功 明都督陳璘聞于皇朝 帝予都督印令牌旗刀等 世稱八賜物 當宁癸丑 以其遮倭海路有功皇朝 特命子孫參班."

53) 정옥자는 ≪황단배향제신목록≫을 언급하며, "임진왜란의 명장 이순신 외에는 모두 대청항쟁 관련 인물들이다."라고 서술하였으나, 그 예외적인 사례에 대해서는 분석하지 않았다(鄭玉子, 1994, 〈朝鮮後期 享祀關係 文獻資料의 檢討 - ≪皇壇配享諸臣目錄≫을 中心으로 - 〉, ≪奎章

閣≫ 16, 13쪽).

54) 明·清 교체 후 中華를 계승한 조선의 국왕들은 명 황제의 遺痕을 중시하며, 尊周 = 尊明 = 尊王의 논리에 기반하여 중화문화의 계승자이자 대명의리의 주도자 역할을 자처함과 동시에 국왕의 위상을 강화시킬 수 있는 정치적 장치를 마련하였다(김문식, 2004, 앞의 논문, 198~202쪽).

55) ≪正祖實錄≫ 卷48, 正祖 22年 3月 19日(癸未), "皇朝贈遼東伯忠武公金應河."

56) ≪正祖實錄≫ 卷26, 正祖 12年 11月 15日(癸酉); ≪皇壇配享諸臣目錄≫(奎 1325) 〈特敎參班諸家〉, 贈左贊成忠愍公林慶業, "崇禎癸酉 以劒山防禦使 破皇明叛臣耿仲明 于牛家庄 帝特授摠兵官 賜金花."

57) 김경서의 후손이 그에 대한 현창을 청하며 "富車嶺의 전투에서 뛰어난 절조를 이룩한 까닭에 황제가 특별히 令旗·令劍과 3度의 箚牌를 하사"하였음을 강조하고 있으며(≪日省錄≫ 卷74, 正祖 12年 8月 18日(丁未)), 일개 포수 신분에 지나지 않았던 이사룡의 경우에는 명 장수 조대수로부터 '朝鮮義士'라는 칭호를 받았다는 사실로 인해 대보단에 배향될 수 있었다(≪正祖實錄≫ 卷38, 正祖 17年 7月 27日(戊午)).

58) 壬子年(정조 16년, 1792)의 오기이다. ≪李忠武公全書≫(奎 457)의 綸音(1)과 ≪正祖實錄≫ 卷35, 正祖 16年 7月 25日(壬戌) 기사 내용을 통해 정조 16년(1792)에 정조가 이순신 가문의 후손들을 대보단 의식에 참례하도록 명했던 사실을 알 수 있다.

59) ≪皇壇配享諸臣目錄≫(奎 1325) 〈特敎參班諸家〉, 贈領議政忠武公李舜臣, "萬曆壬辰 以舟師遮截倭寇於兩湖有功 明都督陳璘聞于皇朝 帝予都督印令牌旗刀等世稱八賜物 當宁癸丑 以其遮倭海路有功皇朝 特命子孫參班."

60) 김경태, 2014, ≪임진전쟁기 강화교섭 연구≫, 고려대학교 대학원 한국사학과 박사학위논문, 72~73쪽.

61) 도독인 등 팔사품을 고찰한 기존 연구성과들에서는 작위 수여에 대한 진위여부나 대략적인 수여 시기 등을 규명하고자 하였다(文智成, 2012, 〈통영충렬사 '八賜品'에 대한 고찰(下)〉, ≪中國語文學論集≫ 73; 장경희, 2014, 〈보물 제440호 통영 충렬사 팔사품(八賜品) 연구〉, ≪역사민속학≫ 46; 박현규, 2018, 〈이순신 八賜品 내력 고찰〉, ≪中國學論叢≫ 60). 장경희는 도독인 등 팔사품이 명 황제로부터 수여받은 것이 아니라 명 도독 진린이 이순신을 기리기 위해 사적으로 통제영에 남긴 것이라 주장하였다. 수여 사실에 관한 진위여부를 정확히 판가름할 수 있는 기록이 존재하지 않기 때문에 진위 여부를 섣불리 단언하기는 어렵다. 그러나 이순신이 받았다는 도독의 작위는 그가 대보단에 배향될 수 있었던 명분으로 활용되었던 것은 분명해 보인다. 한편, 정조대 이후에는 ≪전서≫ 卷首에 수록된 圖說의 영향으로 '八賜品' 혹은 '八賜物'이라는 용어가 통용되기 시작하였다. 예컨대, 고종은 ≪이충무공전서≫를 근거로 이순신이 명 황제로부터 도독의 작위와 팔사품을 수여받았음을 언급하였다(≪承政院日記≫ 2803冊, 高宗 11年 7月 30日(庚午), "上曰 李舜臣 自皇明封水軍都督 至有八賜之物 其事蹟昭載忠武公全書矣").

62) ≪皇壇配享諸臣目錄≫(奎 1325) 〈特教參班諸家〉조에 기록된 일곱 가문은 차례대로 李舜臣(1545~1598), 林慶業(1594~1646), 宋時烈(1607~1689), 尹煌(1571~1639), 申曼(1620~1669), 崔孝一(?~1644), 趙廷翼(1599~1637)의 가문이다. 흥미로운 점은 송시열의 가문이 정조 11년(1787)에 가장 먼저 대보단 의식 참례의 반열에 올랐음에도 불구하고 이순신, 임경업, 송시열 순으로 기록되었다는 사실이다. 각 인물들의 생몰연대나 공적을 이룬 시기 순대로 기록한 것도 아니다. 예컨대, 윤황과 조정익의 생몰년이 송시열보다 앞서지만 송시열보다 뒤에 기록되어 있다. 또한 공적을 이룬 시기 순대로 기록하였다면, 임경업이 윤황보다 뒤에 기록되었어야 할 것이다.

63) ≪李忠武公全書≫(奎 457) 卷首, 〈世譜〉, "舜臣 - 庶子薰 : 武科甲子适變戰死於鞍峴."; "舜臣 - 子薈 - 子之白 - 子光胤 - 子弘茂 : 戊申逆變不屈而死 贈參判旌閭."; "舜臣 - 子薈 - 子之白 - 子光胤 - 子弘著 - 子鳳祥 : 武科訓鍊大將戊申以忠淸兵使殉節 贈左贊成諡忠愍公旌閭."

64) ≪林忠愍公實紀≫(奎 576) 卷2, 〈年譜〉, "賊适之變 與兄承業弟俊業 應募出戰 奏捷鞍峴 時人皆希功爭赴行在 而公獨直走龍山收府庫餘財 使人守之 時�官金汝義 船運金帛簿書方向江都 爲賊徒所拘執 公見之 與兄及弟 拔劒逐之 盡殲賊徒 觧汝義縛 得全財寶送之江都 兄弟三人 皆錄原從一等 而公則陞嘉善."

65) 이한풍은 곧장 사직을 청하였으나 정조는 받아들이지 않았다(≪日省錄≫ 卷72, 正祖 12年 3月 6日(戊辰)). 다만, 7일 뒤 다른 인물을 장용대장에 임명했던 사실이 확인되는 만큼, 이한풍이 장용대장의 직임을 맡지는 않았던 것으로 보인다. 그럼에도 불구하고 정조가 친위군영의 초대 대장으로 이한풍을 임명하고자 했던 사실은 눈여겨 볼 필요가 있다.

66) ≪承政院日記≫ 1688冊, 正祖 15年 3月 23日(丁酉).

67) ≪承政院日記≫ 1779冊, 正祖 21年 7月 20日(丁亥).

68) ≪宣祖實錄≫ 卷106, 宣祖 31年 11月 30日(辛亥).

69) ≪宣祖實錄≫ 卷175, 宣祖 37年 6月 25日(甲辰); 보물 제1564-10호(李舜臣 贈職教旨).

70) ≪李忠武公全書≫(奎 457) 卷10, 〈附錄(2)〉, 全羅道左水營大捷碑.

71) 아산 현충사 소장 教旨에 의하면 인조 21년(1643) 3월 28일에 '忠武'라는 시호를 내린 것으로 확인된다(윤정, 2014, 〈肅宗代 ≪忠武公家乘≫ 편찬의 경위와 정치적 함의 - ≪李忠武公全書≫의 원전에 대한 검토 -〉, ≪역사와 실학≫ 55, 116쪽).

72) ≪忠武公家乘≫(가람古 923.551-Y63y) 卷2, 〈紀述〉, 神道碑銘.

73) 선조~숙종대 이순신 현창 관련 사적은 尹晶, 2015, 〈17세기 李舜臣 사적 정비와 宣祖대 역사의 재인식〉, ≪震檀學報≫ 125, 64~74쪽 참조.

74) 정조대에는 정약용이 ≪李忠武公全書≫를 읽고, 그를 효자로 평가하였고(≪經世遺表≫ 卷15, 〈夏官修制〉 武科, "國朝將帥之才 於古則稱金宗瑞 於近則稱李舜臣 … 舜臣孝子也."), 이후 고종대에는 고종이 ≪이충무공전서≫를 근거로 이순신이 명 황제로부터 都督印 등 팔사품을 받았다는 사실을 강조하였다(≪承政院日記≫ 2803冊, 高宗 11年 7月 30日(庚午)). 뿐만 아니

라, 이른바 ≪亂中日記≫라 전해지는 이순신의 일기도 ≪전서≫ 편찬과정에서 〈난중일기〉라 명명되어 지금껏 그 이름으로 불리고 있다.

75) ≪正祖實錄≫ 卷43, 正祖 19年 9月 14日(壬戌).

76) ≪正祖實錄≫ 卷42, 正祖 19年 5月 11日(辛酉). '尙忠旌武之碑'라 불렸던 神道碑의 碑銘[碑文]은 정조가 직접 지은 것으로 ≪李忠武公全書≫(奎 457), 碑銘에 실려 있다.

77) ≪李忠武公全書≫(奎 457) 卷11, 〈附錄(3)〉, 祠院錄, "臣行恁承命悸恐 謹就其家乘 附以公私文獻."

78) ≪正祖實錄≫ 卷43, 正祖 19年 9月 14日(壬戌).

79) ≪忠武公家乘≫(가람古 923.551-Y63y)은 이순신의 후손들이 그의 사적을 모아 편찬한 가문의 기록이다. 이순신의 4대손인 李弘毅가 이순신의 遺藁, 詩文 등을 모아 ≪충무공가승≫을 편찬하였는데, 이후 이홍의의 조카인 李鳳祥이 숙종 35년(1709) 전라좌수사로 재임 중에 보완 발간에 착수하여 숙종 41년(1715)에 완성하였다(윤정, 2014, 앞의 논문, 110쪽).

80) ≪忠武公遺事≫는 이순신 관련 기록을 傳寫한 傳寫年·傳寫者 未詳의 책이다. 다만, ≪충무공유사≫의 구성 중 ≪再造藩邦志≫에서 抄錄한 〈再造藩邦志抄〉가 확인되는 바, 전사된 연도를 대략 ≪재조번방지≫가 간행된 숙종 19년(1693) 이후로 상정할 수 있다. 이 책은 이순신 종가에서 보존되어 오다가 현재는 이순신 일기 친필 초고본(≪壬辰日記≫·≪癸巳≫·≪日記 甲午年≫·≪丙申日記≫·≪丁酉日記≫·≪日記(丁酉日記Ⅱ)≫·≪戊戌日記≫), ≪임진장초≫ 및 ≪서간첩≫과 함께 아산 현충사에 보관중이다. 2008년 이전까지 ≪再造藩邦志抄≫(南雲古 141)로 불리다가, 노승석의 검토를 통해 이 책이 이순신 관련 내용만으로 구성되어 있다는 사실을 확인하고, 2008년 6월에 표지에 희미하게 남아있던 '忠武公遺事'라는 글자로 제목을 정정하였다(노승석, 2015, ≪종합교감 난중일기 정본≫, 여해, 34~35쪽).

81) ≪壬辰狀草≫에 대해서는 趙成都, 1973, ≪임진장초≫, 同元社 참조.

82) 노승석, 2015, 앞의 책, 30~49쪽.

83) ≪李忠武公全書≫(奎 457) 卷首, 〈世譜〉, "舜臣 - 子薈 - 子之白 - 子光胤 - 子弘茂 : 戊申逆變不屈而死 贈參判旌閭"; "舜臣 - 子薈 - 子之白 - 子光胤 - 子弘著 - 子鳳祥 : 武科訓鍊大將戊申以忠清兵使殉節 贈左贊成諡忠愍公旌閭."

84) 정조 사후, 19세기에는 순조 32년(1832)과 고종 29년(1892)에 각 한 차례씩 이순신에게 祭文을 내리는데(이민웅, 2010, 〈충무공 이순신에 대한 몇 가지 인식문제 고찰 - 가계, 관력, 역사적 평가를 중심으로 -〉, ≪역사와 경계≫ 77, 92쪽), 그 사제문에도 都督印 등의 八賜物이 언급되어 있다(≪李忠武公全書(續編)≫(국립중앙도서관 한 古朝46-가763) 卷15, 〈賜祭文〉, 觀音浦 賜祭文, "先皇寵命遥授子鉞鬼刀方璽票旗曲叭"; 忠烈祠 賜祭文, "帝曰嘉乃金章玉節璧月增彩"). 이는 정조대에 팔사물이 이순신 현창의 명분으로써 부각되어 ≪이충무공전서≫에 기록, 전승된 결과이다.

85) 朴惠一 외 3명, 2000, 〈'李舜臣의 日記' 〈日記抄〉의 내용 평가와 親筆草本 결손 부분에 대한

복원〉, ≪정신문화연구≫ 23, 101쪽; 朴惠一 외, 2007, ≪李舜臣의 日記草≫, 조광출판인쇄; 朴惠一 외, 2016, ≪이순신의 일기 - 난중일기≫, 시와진실, 24~64쪽.

86) 친필 초고본(≪日記 甲午年≫(≪甲午日記≫)) 정월 18일, "田曰 水軍捉來于居昌 因聞元帥欲中害之云 可笑 自古忌功如是 何恨焉 因宿."

87) 친필 초고본(≪丁酉日記≫(≪丁酉日記 I ≫)) 5월 20일, "體相不勝慨嘆 向夜 言論間有云 會有有旨 多有未安之辭 心跡可疑 未知意思也 又言 凶人之事誣罔極矣 而天不察 奈國事何."

88) 친필 초고본(≪日記≫(≪丁酉日記II≫)) 9월 8일, "謂朝庭有人乎 只恨時之不遭也."

89) 承旨 崔有海의 행장, 大提學 李植의 시장, 領議政 李恒福의 전라좌수영대첩비, 大提學 李敏叙의 명랑대첩비, 文正公 宋時烈의 노량묘비, 領議政 金堉의 신도비, 領府事 南九萬의 고화도(고하도)유허비, 左議政 趙顯命의 제승당기, 判府事 李頤命의 고금도유사비, 右議政 鄭琢의 신구차 등의 기록들이 망라되고 있다.

90) ≪宣祖實錄≫ 卷84, 宣祖 30年 1月 27日(戊午); ≪宣祖修正實錄≫ 卷31, 宣祖 30年 2月 1日(壬戌).

91) ≪李忠武公全書≫(奎 457) 卷10, 〈附錄(2)〉, 諡狀(李植 撰), "其以死勤事素定者如此 嗚呼 國朝將臣在平世 遇小敵樹勳立名者多矣 若公則當積衰諱兵之後 遇天下莫强之寇 大小數十戰 皆以全取勝 蔽遮西海 使賊不得水陸並進 以爲中興根本 則一時勳臣 宜莫尙焉 至其立身之節 死亂之忠 行師用兵之妙 綜務辨事之智已試而可見者 雖古之名將賢帥代不出一二者 無以過也."

참고문헌

1. 사료

≪朝鮮王朝實錄≫, ≪承政院日記≫, ≪日省錄≫, ≪弘齋全書≫, ≪忠武公家乘≫(가람古 923.551- Y63y), ≪李忠武公全書≫(奎 457), ≪李忠武公全書(續編)≫(국립중앙도서관 한古朝46-가763), ≪尊周彙編≫(古 4252.4-22, 奎 3358), ≪大報壇事筵說≫(奎 3232), ≪皇壇儀≫(奎 14308, 奎 14309), ≪皇朝人本朝忠臣目錄≫(古4660 - 3), ≪皇壇配享諸臣目錄≫(奎 1325), ≪金忠壯公遺事≫(奎 1342), ≪林忠愍公實紀≫(奎 576), ≪龍城雙義錄≫(奎 4811), ≪忠烈錄≫(奎 1320, 奎 1695), ≪梁大司馬實紀≫(고려대 도서관 육당 B12 A46), ≪嘉義吳公事實≫(고려대 도서관 경화당 B12 A232), ≪海東名將傳≫(奎 3617).

2. 저서

김대현(2015), ≪이충무공전서 이야기≫, 한국고전번역원.

김문식(2007), ≪정조의 제왕학≫, 태학사.

金成潤(1997), ≪朝鮮後期 蕩平政治 硏究≫, 지식산업사.

노승석(2015), ≪종합교감 난중일기 정본≫, 여해.

문화재청 현충사관리소 편(2008), ≪충무공유사≫, 현충사관리소.

朴 珠(1997), ≪朝鮮時代의 旌表政策≫, 一潮閣.

朴惠一 외 3명(2007), ≪李舜臣의 日記草≫, 조광출판인쇄.

朴惠一 외 3명(2016), ≪이순신의 일기 - 난중일기, 친필 초본부터 국역본까지≫, 시와진실.

알라이다 아스만 저/변학수 외 옮김(2011), ≪기억의 공간 : 문화적 기억의 형식과 변천≫, 그린비.

유봉학(2001), ≪정조대왕의 꿈 : 개혁과 갈등의 시대≫, 신구문화사.

이근호(2016), ≪조선후기 탕평파와 국정운영≫, 민속원.

李迎春(1998), ≪朝鮮後其 王位繼承 硏究≫, 集文堂.

李殷相(1950), ≪(國譯註解) 李忠武公全書≫, 忠武公記念事業會.

李殷相(1989), ≪(完譯) 李忠武公全書≫, 成文閣.

전진성(2005), ≪역사가 기억을 말하다≫, 휴머니스트.
정옥자(1998), ≪조선후기 조선중화사상 연구≫, 일지사.
趙成都(1973), ≪임진장초≫, 同元社.
허태용(2009), ≪조선후기 중화론과 역사인식≫, 아카넷.

3. 논문

계승범(2010), 〈조선후기 대보단 친행 현황과 그 정치·문화적 함의〉, ≪역사와 현실≫ 75.
권오영(2004), 〈南漢山城과 조선 후기의 大明義理論〉, ≪韓國實學硏究≫ 8.
김경태(2014), ≪임진전쟁기 강화교섭 연구≫, 고려대학교 대학원 한국사학과 박사학위논문.
김문식(2004), 〈조선후기 敬奉閣에 대하여〉, ≪書誌學報≫ 28.
金正子(2008), 〈英祖末~正祖 初의 政局과 政治勢力의 動向 - 英祖 46년(1770)경~正祖 元年(1777)을 중심으로 -〉, ≪朝鮮時代史學報≫ 44.
金正子(2012), 〈正祖代 前半期의 政局動向과 政治勢力의 變化(Ⅰ)〉, ≪한국학논총≫ 37.
金正子(2016), 〈正祖代 前半期의 政局動向과 政治勢力의 變化(Ⅱ)〉, ≪朝鮮時代史學報≫ 78.
노대환(2003), 〈숙종·영조대 對明義理論의 정치·사회적 기능〉, ≪韓國文化≫ 32.
노영구(2004), 〈역사 속의 이순신 인식〉, ≪역사비평≫ 69.
文智成(2012), 〈통영충렬사 '八賜品'에 대한 고찰(下)〉, ≪中國語文學論集≫ 73.
박광용(1994), ≪朝鮮後期 〈蕩平〉 硏究≫, 서울대학교 대학원 국사학과 박사학위논문.
朴性淳(2008), 〈正祖의 宋時烈 顯彰과 王權 强化論〉, ≪韓國史硏究≫ 141.
朴乙洙(2001), 〈李舜臣의 ≪亂中日記≫ 硏究〉, ≪順天鄕語文論集≫ 7.
박현규(2018), 〈이순신 八賜品 내력 고찰〉, ≪中國學論叢≫ 60.
朴惠一 외 3명(2000), 〈'李舜臣의 日記' 〈日記抄〉의 내용 평가와 親筆草本 결손 부분에 대한 복원〉, ≪정신문화연구≫ 23.
裵祐晟(1991), 〈正祖年間 武班軍營大將과 軍營政策〉, ≪韓國史論≫ 24.
송양섭(2007), 〈효종의 북벌구상과 군비증강책〉, ≪韓國人物史硏究≫ 7.
오종록(2004), 〈보통 장수에서 구국의 영웅으로 - 조선후기 이순신에 대한 평가〉, ≪내일을 여는 역사≫ 18.
우경섭(2012a), 〈朝鮮中華主義에 대한 학설사적 검토〉, ≪韓國史硏究≫ 159.

우경섭(2012b), 〈조선후기 귀화 한인(漢人)과 황조유민(皇朝遺民) 의식〉, ≪한국학연구≫ 27.
유봉학(1996), 〈正祖代 政局 동향과 華城城役의 추이〉, ≪奎章閣≫ 19.
윤 정(2014), 〈肅宗代 ≪忠武公家乘≫ 편찬의 경위와 정치적 함의 - ≪李忠武公全書≫의 원전에 대한 검토 - 〉, ≪역사와 실학≫ 55.
윤 정(2015), 〈17세기 李舜臣 사적 정비와 宣祖대 역사의 재인식〉, ≪震檀學報≫ 125.
이민웅(1991), 〈李忠武公全書의 內容과 歷史的 價値〉, ≪조성도교수화갑기념 충무공 이순신 연구논총≫, 해군사관학교박물관.
이민웅(2010), 〈충무공 이순신에 대한 몇 가지 인식문제 고찰 - 가계, 관력, 역사적 평가를 중심으로 - 〉, ≪역사와 경계≫ 77.
李鍾範(1985), 〈1728年 戊申亂의 性格〉, ≪朝鮮時代 政治史의 再照明 - 士禍.黨爭篇≫, 汎潮社.
이태진(2015), 〈정조대왕의 충무공 이순신 숭모(崇慕)〉, ≪충무공 이순신과 한국 해양≫, 해군사관학교 해양연구소.
장경희(2014), 〈보물 제440호 통영 충렬사 팔사품(八賜品) 연구〉, ≪역사민속학≫ 46.
張學根(1999), 〈李舜臣, 元均의 時代別 輿論推移와 評價〉, ≪東西史學≫ 5.
정두희(2006), 〈李舜臣에 대한 記憶의 歷史와 歷史化〉, ≪韓國史學史學報≫ 14.
鄭萬祚(2003), 〈英祖代 初半의 政局과 蕩平策의 推進〉, ≪조선시대 정치사의 재조명≫, 태학사.
鄭奭鍾(1989), 〈〈戊申亂〉과 英祖年間의 政治的 性格〉, ≪東洋學≫ 19.
鄭玉子(1985), 〈大報壇 創設에 관한 硏究〉, ≪邊太燮博士華甲紀念史學論叢≫, 三英社.
鄭玉子(1992), 〈正祖代 對明義理論의 整理作業 - 〈尊周彙編〉을 中心으로 - 〉, ≪韓國學報≫ 18.
鄭玉子(1994), 〈朝鮮後期 享祀關係 文獻資料의 檢討 - ≪皇壇配享諸臣目錄≫을 中心으로 - 〉, ≪奎章閣≫ 16.
鄭玉子(2005), 〈大報壇과 순조대 明 三皇에 대한 從享〉, ≪韓國學報≫ 31.
제장명(2005), 〈조선시대 李舜臣에 대한 인식의 변화과정〉, ≪이순신연구논총≫ 5.
지두환(2010a), 〈조선 임진왜란 충신 열사에 대한 현창정책〉, ≪史學硏究≫ 100.
지두환(2010b), 〈조선 병자호란 충신 열사에 대한 현창정책〉, ≪한국학논총≫ 34.
崔誠桓(2009), ≪正祖代 蕩平政局의 君臣義理 연구≫, 서울대학교 대학원 국사학과 박사학위논문.

崔誠桓(2012), 〈임오화변(壬午禍變) 관련 당론서(黨論書)의 계통과 '정조의 임오의리'〉, ≪역사와 현실≫ 85.
許泰玖(2009), ≪丙子胡亂의 정치·군사사적 연구≫, 서울대학교 대학원 국사학과 박사학위논문.
許太榕(2007), 〈17세기 말~18세기 초 中華繼承意識의 형성과 正統論의 강화〉, ≪震檀學報≫ 103.
許太榕(2010), 〈17, 18세기 北伐論의 추이와 北學論의 대두〉, ≪大東文化研究≫ 69.
許太榕(2013), 〈正祖의 繼志述事 기념사업과 ≪國朝寶鑑≫ 편찬〉, ≪韓國思想史學≫ 43.
許太榕(2014), 〈1728년 戊申亂의 진압과 ≪勘亂錄≫의 편찬〉, ≪韓國史研究≫ 166.
황유복(2005), 〈중국에서의 이순신장군 관련 사료와 연구〉, ≪이순신연구논총≫ 4.

제6장

조선후기 대동법 시행과 군선軍船의 변통*

조선후기의 대표적인 군선軍船으로는 귀선龜船과 판옥선板屋船을 꼽을 수 있다.1) 귀선과 판옥선은 충무공 이순신과 함께 거론되며 임진왜란 당시 왜군의 진격을 막고 전쟁을 승리로 이끈 주역으로 기억되어 왔다.2) 이러한 군선은 바다로부터의 크고 작은 침입을 막는 데 유효한 수단으로서 활용되었다. 주지하듯이 임진왜란 중 육군의 경우 도순변사 신립, 순변사 이일 등이 초기 전투에서 대패하고 전쟁 기간 내내 고전을 면치 못한 반면, 수군은 임진왜란과 정유재란 기간의 대부분 전투에서 승리하였다. 그 승리의 중심에 군선이 있었다고 해도 과언이 아니다.3)

조선 조정은 수군 방어체제 강화의 일환으로 군선의 중요성을 인식하고, 그에 관한 여러 가지 시책을 추진하였다. 예컨대 대외 정세를 고려하여 해역별 군선 배치를 재편하는 한편, 적 위협에 효과적으로 대응할 수 있도록 군선의 성능을 개량하거나 새로운 군선을 개발하기도 하였다.4) 이러한 흐름 속에서 군선은 조정의 해방海防 전략에 따라, 그에 상응하는 운영 체제를 갖추어 나가며 외세의 잠재적 위협에 대응하고자 하였다.5)

한편, 임진왜란 이후 국가재건 과정에서 시행된 '대동법大同法'은 군선 운영 체제에 상당한 영향을 미쳤다. 국가 수취체제에 관한 경제적 변혁은 국가 전반에 다양한 변화를 초래하였는데, 군사적 분야의 변화도 예외가 아니었다. 이를테면, 대동법 시행은 공물貢物 수취를 미곡으로 대신함에 따라 선운船運 소요의 증가를 수반하였다. 이에 중앙정부는 필연적으로 한정된 국가 선박 자원을 어떻게 융통시킬 것인가에 대한 문제를 고민할 수밖에 없었다. 18세기에 이르러 조정에서 조선전기의 '조·전선漕·戰船 변통' 논의가 재론되었던 사실은 그 고민을 대변하고 있다. 즉 대동법 시행에 따른 '선운량의 증가'는 '군선을 조운과 전투에 통용'하려는 움직임으로 귀결되었던 것이다. 이는 군선 운영 체제의 변화를 국가경제와 연계하여 살펴봐야 하는 이유이기도 하다.

이 글에서는 대동법이라는 국가경제 개혁과 연계하여 군선 운영 체제의 변화를 살펴보고자 한다. 이는 조선후기 군선 운영 체제에 대한 이해의 외연을 넓히고자 하는 시도로써, 임진왜란 이후 국가재건 과정에서 조선이라는 국가가 대외적 변인變因과 더불어, 대내적 변인에는 어떻게 대응해 가며 군선을 운영하고자 하였는지, 그 특징과 지향점을 규명하는 계기로 삼고자 한다.

먼저 조선 전·후기 군선 제도와 그 운영 체제의 변화 전반을 개괄한다. 이어서 대동법의 시행규칙인 대동사목大同事目들을 비교·검토하여[6] 17세기 대동법 시행이 해역별 군선 운영 체제에 미친 영향을 살펴보고, 그 운영 상의 차이가 의미하는 바를 밝힌다. 마지막으로 18세기 후반 정조대 중앙정부 차원에서 공론화되었던 군선의 조·전漕·戰 변통 논의와 ≪각선도본各船圖本≫[7] 성책이 갖는 의미를 짚어본다.

이로써 조선후기 군선이 대외관계나 외세의 해양침입 가능성 등의 군사적 요인 외에도, 대동법과 같은 국가 경제적 요인의 변화에 민감하게 반응하고 있었다는 사실을 논증하고, 동시에 17세기 대동법 시행으로 비롯된 군선의 융통적 운영에 대한 움직임이 어떠한 방향으로 귀결되는지도 함께 살펴본다.

조선의 군선 제도와 역사

조선의 군선 제도는 임진왜란을 분수령으로 크게 조선전기 체제와 조선후기 체제로 대별할 수 있다.[8] 조선전기에는 주로 왜구 토벌 및 방비를 목적으로 대선大船·중대선中大船·중선中船·쾌선快船·맹선孟船·중맹선中猛船·별선別船·왜별선倭別船·추왜별맹선追倭別孟船·추왜별선追倭別船 등 크고 작은 종류의 군선들이 건조되었다.[9] 그러나 이러한 군선들은 일정한 규격을 갖추고 있지 않았는데, 세조 11년(1465) 좌의정 신숙주의 건의를 계기로 조선전기 군선 체제의 제도적 확립을 기대할 수 있게 되었다.

> 신숙주가 또 아뢰기를, "신이 경기·충청도 여러 포浦의 병선兵船[군선軍船]을 보니, 임의대로 만들어 체제가 각기 달라서 모두 쓸 수가 없었습니다. 선군船軍은 여러 곳의 요역徭役에 흩어져 나아가서 배를 지키는 자는 한두 사람에 지나지 않았습니다. 이는 다름이 아니라 조선漕船에만 뜻을 두고, 병선[군선]은 소홀히 하였기 때문에 그 폐단이 여기에 이른 것입니다. 신의 생각으로는, 조선과 병선[군선]을 둘로 하는 것은 불가합니다. 하나의 배로 두 가지를 겸용하는 것은 제작하는 기교에 있으니, 청컨대, 전선색典船色으로 하여금 조선漕船을 고쳐 만들게 하되, 판자板子로 막아서 설치할 수도 있고 철거할 수도 있게 하여, 조선으로 사용할 때에는 이를 설치하고, 전선戰船[군선軍船]으로 사용할 때에는 철거하도록 하소서. 이와 같은 체양體樣을 여러 포浦에 나누어 보내어 이를 모방하여 만들게 하면 일거양득이 될 것입니다."하니, 임금이 말하기를, "좋다. 경이 지금 전선제조典船提調에게 이와 같이 만들도록 하는 것이 좋겠다."
>
> (≪세조실록≫ 세조 7년 10월 2일)

신숙주는 세간의 뜻이 조운선에만 있고 군선은 소홀히 한 까닭에 경기, 충청도 등 여러 포浦의 군선이 일정한 체제를 갖추지 못하고 제각각인 실정을 지적하며, 전투와 조운을 겸할 수 있는 군선 체제를 갖출 것을 건의하였다. 세조가 이를 수용하여 전선색典船色으로 하여금 조·전漕·戰 겸용의 군선을 건조하도록 하였는데, 그것이 바로 병조선兵漕船이다.[10] 병조선은 성종 16년(1485) ≪경국대전經國大典≫ 반행頒行을 계기로 맹선猛船으로 개칭됨과 동시에, 일정한 규식에 따라 대맹선大猛船·중맹선中猛船·소맹선小猛船으로 구분되는 체제를 갖추게 되었다.[11]

≪경국대전≫에 규정된 맹선은 약 100여 년간 왜구 진압과 조운에 활용되었다. 그렇다면 맹선의 운영 양상은 어떠하였을까? ≪경국대전≫ 상의 각 지역별 맹선 배치 규모와 형태를 통해 대략의 운영 양상을 고찰해 볼 수 있다. 다음 표는 ≪경국대전≫ 〈병전兵典〉 제도병선조諸道兵船條를 정리한 것이다.

선종 \ 지역	경기	충청	경상	전라	황해	강원	함경	평안	계
大猛船	16	11	20	22	7	·	·	4	80
中猛船	20	34	66	43	12	·	2	15	192
小猛船	14	24	105	33	10	14	12	4	216
無軍大猛船	·	·	·	·	·	·	·	1	1
無軍中猛船	·	·	·	·	·	·	·	3	3
無軍小猛船	7	40	75	88	10	2	9	16	247
총 계	57	109	266	186	39	16	25	43	739

* 전거 : ≪經國大典≫ 〈兵典〉 諸道兵船條

〈표 1〉 조선전기 각 지역별 군선의 배치 규모와 형태

〈표 1〉을 통해 맹선이 가장 많이 배치된 지역은 경상도이며, 그 중에서도 소맹선이 가장 많은 비율을 차지하고 있다는 사실을 확인할 수 있다. 이는 경상도가 왜구와 가장 근접한 지역이었으며, 당시 왜구의 침입이 소규모 위주로 이루어졌기 때문에 이를 격퇴하기 적합한 형태로써 소맹선을 주류로 한 군선 운영 양상을 띠고 있었던 것으로 해석된다.[12]

아울러 절반이 넘는 군선을 경상도, 전라도 지역에 배치하고 있었던 사실을 고려했을 때, 조정에서는 남해안 지역의 해양위협을 우선적으로 염두에 두고 있었음을 알 수 있다. 다만, 군선인 맹선을 전투 전용이 아닌 조운을 겸하게 했던 점과[13] ≪경국대전≫ 상의 군선 및 선군船軍의 수가 ≪세종실록≫ 〈지리지〉에 비해 감축된 점, 무군선無軍船 즉 실제 전투용으로 운용되지 않고 예비 선박으로 규정되어 있는 척수의 비율이 증가한 점[14] 등을 미루어 보아 그 위협이 이전 시기에 비해 줄어든 것으로 보인다.

한편, 성종대에는 대맹선이 너무 무거워 군선으로서 쓸모가 없다는 무용성 논란이 야기되기도 하였다.[15] 실제로 16세기에 접어들며 명종 10년(1555) 5월 을묘왜변 등의 변란 과정에서 맹선은 군선으로서의 제 효능을 발휘하지 못하였고, 그 이후 왜적 방비에 적합한 군선 체제 구축을 촉구하는 목소리가 커졌다.[16] 이에 같은 해 9월, 명종은 새로운 군선으로서 전선戰船을 건조하여 시험하였으며,[17] 그 전선을 운용할 군사 확충에도 힘썼다.[18] 전선은 조·전 겸용의 맹선과는 달리, 전문화된 전투용 군선으로서 자리매김하였다.[19]

이상의 조선전기 군선 체제는 임진왜란을 겪은 후, 이를 전환점으로 또 한 차례의 변화를 겪게 되었다. 그 변화는 대외정세와 더불어 외세의 잠재적 해양위협과 밀접한 관련을 맺고 있었다. 임진왜란을 경험한 바 있듯이 이미 한반도 동남방의 왜적이 큰 위협으로 부상하였고, 서방 해역에서의 황당선荒唐船 출몰이 잦아짐과 동시에 청의 대규모 침략도 염두에 두지 않을 수 없는 상황이었다.[20] 이에 조선은 잠재적 해양위협에 효과적으로 대응할 수 있는 군선 체제를 강구하였다.

우선 16세기에 개발된 이래 임진왜란 당시 큰 활약을 하였던 전선戰船을 중심으로 군선 체제를 정비하였다. 기왕의 연구성과를 통해 밝혀진 바와 같이, 조선 조정은 수영水營 이상의 수군진水軍鎭에 전선 3~4척을, 첨사僉使 이하의 수군진이나 연읍沿邑에는 1~2척의 전선을 배치하였다. 이러한 전선은 판옥선板屋船·판옥전선板屋戰船·누선樓船 등으로 불리우며, 경기를 비롯해 황해·충청·전라·경상도 지역에서 조선후기의 주력 군선으로 역할하였다. 전선과 짝지어 그 효용을 인정받았던 귀선龜船은 수영 이상의 아문에 각 1척씩 배치되어, 적의 진형陣形을 흐트러트리는 돌격선으로 활용되었다.[21] 중형선인 방패선防牌船·防船은 대형선인 전선이 통항할 수 없는 해역에서 전투를 수행하거나, 전선의 공백을 보완하기 위한 목적으로 배치되었다. 이외에 소형선으로 각각 군수지원, 초계용으로 활용된 병선兵船, 사후선伺候船과 같은 보조 군선의 배치 기준도 마련되었다.

이러한 조선후기 군선 체제는 숙종 22년(1746)에 편찬된 ≪속대전續大典≫에 제도화되었다.[22] 조선전기의 ≪경국대전≫과 그 속전續典으로서 찬집된 ≪속대전≫의 내용 비교를 통해 조선 전·후기의 군선 운영 양상의 대략적인 변화와 특징을 살펴볼 수 있다.

선종 \ 지역		경기	충청	경상	전라	황해	강원	함경	평안	계
大	戰 船	4	9	55	47	2			·	117
	龜 船	1	1	9	3	·			·	14
中	防牌船(防船)	10	21	2	11	27			6	77
	兵 船	10	20	66	51	9			5	161
小	挾 船	·	·	·	·	17	·	·	·	17
	艍舠船	3	·	·	·	21			1	25
	伺候船	16	41	143	101	5			12	318
	追捕船	·	·	·	·	23			·	23
	汲水船	9	·	·	·	6			4	19
	其 他	·	·	2	1	2			1	6
총 계		53	92	277	214	112	·	·	29	777

* 전거 : ≪續大典≫ 〈兵典〉 諸道兵船條

〈표 2〉 조선후기 각 지역별 군선의 배치 규모와 형태

〈표 2〉에서 확인할 수 있는 사실은 ①경상도 및 전라도가 전선과 귀선 위주의 전투선박 편성이라고 한다면, 충청도 및 황해도는 방패선 위주의 편성을 이루고 있다는 점, ②≪경국대전≫의 맹선 체제와 비교했을 때, 여전히 경상도 및 전라도에 가장 많은 전력이 배치된 점, ③함경도 및 강원도 지역에 배치된 군선이 없다는 점이다. 조선전기와 비교하였을 때, ①~③와 같은 현상은 다음과 같이 해석되어 왔다.

첫째, 17세기 후반~18세기 초에는 일본이나 청의 대규모 해상 세력의 침입보다는 해적이나 황당선의 출현이 빈번해짐에 따라,[23] 소규모 적의 기습을 방어하는데 주안점을 두고 전력을 재배치할 필요성이 제기되었다. 이러한 전략적 상황의 변화로 인해 조선 조정은 군선 배치를 재편하였다. 이에 따라 특히 황당선 침입이 잦았던 서해안 지역에는 전선 대신 소규모 세력을 대응하기 적합한 방패선과 소규모 선박을 위주로 배치하였고, 남해안 지역에는 기존의 전선 중심의 방어체제를 그대로 유지하였다.[24]

둘째, 임진왜란 이후 조·일 간 국교 회복 등 양국 관계의 개선에 따라 일본과의 전면전 가능성은 줄어들었지만,[25] 이들의 침입 가능성을 전면 배제할 수 없었다. 더구나 과거 대규모 해상 침입으로 국토의 유린을 경험한 터라, 경상도 및 전라도 지역은 일본 해양세력의 방비를 우선 목표로 전선 중심의 군선 운영 체제를 유지하고 있었다.[26]

셋째, ≪속대전≫에서는 ≪경국대전≫과 달리 함경도 및 강원도에 군선 배치를 규정하지 않고 있다. 사실 조선전기의 동해안 군선 배치 역시 형식에 그치고 있었다.[27] 또한 ≪만기요람萬機要覽≫ 군정편軍政編 주사조舟師條에는 임진왜란 이후 "咸鏡·江原道諸船, 竝減" 즉 함경·강원도 여러 선박을 아울러 감축하였다는 기록이 있는데,[28] 이를 미루어 보아 함경·강원도는 해상 침입이 거의 없었던 지역으로써 군선 배치의 필요성이 희박했다고 볼 수 있다.

이상으로 조선 전·후기 군선 제도의 변화와 대략적인 운영 양상, 그 특징을 살펴보았다. 요약하자면, 조선전기에는 일정한 규격 없이 건조, 운영되던 각종 군선들이 ≪경국대전≫ 반포를 계기로 대·중·소맹선 체제로 정비되었다. 조선후기에는 임진왜란의 경험에 따라, 외세의 대규모 해양위협을 염두에 두고 다양한 군선을 개발 및 증강 배치하는데, 전투전용 군선으로서 대형선인 전선과 귀선, 중형선인 방패선을 운영하고, 그 외에 물자보급선인 병선, 정탐용인 사후선 등을 두어 전투전용 군선을 보조하도록 하였다. 이러한 군선 체제는 ≪속대전≫에 수록되며 제도화되었고, 그 틀에서 대외정세의 완급에 따라 조금씩 변형하여 운영되고 있었던 것이다.

그러나 전술한 바와 같이 군선 운영 체제의 변화에 영향을 준 것은 비단 대외정세나 해양위협 등 군사적 요인 뿐만 아니었다. 후술하겠지만, 임진왜란 이후 국가재건 과정에서 전개된 대동법은 조선후기 군선 운영 체제에 적지 않은 영향을 미쳤다. 다시 말해, ≪속대전≫ 상의 조선후기 군선 체제를 갖추게 된 또 다른 요인을 국가경제적 배경 속에서 규명할 필요가 있다는 것이다. 다음 소개할 내용은 조선후기 군선 운영 체제의 변화를 다각적으로 이해하는 데 실마리를 제공할 것으로 생각된다.

17세기 대동법 시행과 군선 운영의 실제

대동법은 조선후기의 대표적인 경제 개혁책으로 손꼽힌다. 임진왜란이 조선에 남긴 여파로 인해, 한반도 일대의 토지가 황폐해졌으며 많은 백성이 터전을 잃게 되었다. 조선 조정은 전후戰後의 여파를 수습하고 국가 재건을 위해 수많은 현안을 해결해 나가야 하는 상황에 직면하였다. 특히 국가체제 유지를 위한 세원 확보가 시급한 과제로 떠올랐다. 이에 조정은 임진왜란 당시 군량미 확보의 목적으로 시행하였던 '공물작미貢物作米' 즉 수미법收米法을 모체로, 광해군 원년(1608) 경기 지역에 선혜법宣惠法을 시범적으로 시행하였다. 이후 약 100여 년 동안 여러 논의와 시행착오를 거치며, 대동법이라는 이름으로 전국적 시행을 이룸으로써 성공의 궤도에 안착할 수 있었다.[29]

대동법의 핵심은 ①호戶를 단위로 수취하던 공물貢物, 즉 특산물을 정액定額의 미·포米·布로 걷음으로써 방납防納 등 각종 중간 농간을 최소화하는 것, ②그 부과단위를 호에서 토지로 변경하여 '대동'의 이념 하에 백성들의 부담을 줄이는 한편, '균등과세均等課稅'를 보장하고자 한 것이었다. 그리고 균등과세와 더불어 '양입위출量入爲出'은 대동법의 중요한 원칙으로 작용하였다. 즉 수입을 헤아려 지출비용을 정함으로써 국가재정의 일원적 파악과 효율적 사용을 도모한 것이다.

한편, 대동법은 비단 공물 뿐 아니라 부역노동賦役勞動의 일부도 전결세화田結稅化하였다. 공물이 전결세화되자, 그것의 생산·조달·운송 등에 관련된 요역徭役이 자연스럽게 그 속에 포함되었으며, 나아가 역役이 과중한 일부 신역身役이 대동법에 흡수되기도 하였다. 임진왜란 직후 국가재건 과정에서의 수군과 군선 재정비 간에도 대동법의 이러한 원리원칙은 관철되었다. 예컨대 대동법 시행 이전 수군과 군선 운영을 위한 각종 비용 및 노동력은 모두 민民에 부과되고 있었으나,[30] 대동법 시행으로 비로소 군선의 수리[개조改造·개삭改槊], 훈련[수조水操], 집물什物·군기軍器 마련 등에 드는 비용이 모두 대동미로 일괄 충당되었다.[31] 이에 관한 조항들이 대동법의 시행규칙인 대동사목에 규정되어 있는 바, 대동사목의 분석은 조선후기 대동법과 군선 운영 체제의 연관성을 살펴볼 수 있는 중요한 단서가 아닐 수 없다.

경기 선혜법(광해군 즉위년, 1608)과 강원도 대동법(인조 원년, 1623)에 이어 효종 2년(1651), 동왕 9년(1658)에 각각 충청도, 전라도 지역에서 대동법이 본격적으로 실시되었는데,[32] 처음 성책된 대동사목은 효종 5년(1654)의 ≪호서대동사목湖西大同事目≫이다.[33] 그로부터 약 10여 년 뒤에 성책된 것은 ≪호남대동사목湖南大同事目≫(현종 4년, 1663)으로,[34] 서문에 "凡于節目一依湖西之例"라고 적혀 있는 것으로 미루어 보아 ≪호서대동사목≫을 근간으로 작성된 것임을 알 수 있다.[35] 그간 대부분의 연구자들은 두 대동사목을 크게 다르지 않다고 보고 가장 먼저 만들어진 ≪호서대동사목≫을 기준으로 대동법 관련 연구를 진행하였다. 하지만 두 대동사목의 조항은 분명한 차이가 있으며, 그 차이를 비교·검토하는 과정에서 당시 군선 운영의 '실제'를 엿볼 수 있다는 점을 주목할 필요가 있다.

중복되는 내용이 많으므로, 각도 대동사목의 근간이 되었던 ≪호서대동사목≫을 중심으로 군선 관련 공통된 규정을 살펴보고, 이어서 ≪호서대동사목≫과 ≪호남대동사목≫ 간의 차이점을 비교·검토해보자. 먼저 ≪호서대동사목≫의 군선 관련 규정을 추려 정리하면 다음과 같다.

조항	내 용
9조[36]	• 전선·방패선·병선의 신규 건조[新造]·수리[改槊] 비용 마련 방법 (충청도 유치미留置米에서 계감計減)
44조[37]	• 전선·방패선·병선의 재건조[改造]·수리[改槊] 연한(각 3년·5년), 개조·개삭 및 그 외 집물什物 비용 마련 방법 • 사후선 건조 비용 마련 방법
45조[38]	• 병선의 용도(전선의 짐을 적재하는 선박) 및 특징(자주 사용되어 쉽게 부패되지 않음) • 병선의 개조 비용[價米]를 연한(5년) 내에 사용하지 않으면, 예비비로 전환[여미餘米에 재록載錄]
46조[39]	• 해미海美[충청도 서산] 추가로 건조한 병선의 적재 능력 * 적재량 : 방패선 = 병선 〈 전선 * 적재량에 따라 개조·개삭 비용 차등 지급
47조[40]	• 전선·방패선의 기휘旗麾 및 색장막色帳幕의 교체[改備] 연한(10년), 비용 마련 방법 • 해상훈련[水操]할 때, 노꾼[格軍]의 군량軍糧을 대동미로 지급 • 화전火箭 제조 시 필요한 화약, 유황, 염초 마련 방법
48조[41]	• 전선 수직[守直]의 임금, 갖가지 소요물품에 대한 비용 마련 방법 (전선·병선 개조·개삭 비용[價米]의 저축[儲置]분을 환곡화[糶糴]하여 얻은 이자로 충당)

* 전거 : ≪湖西大同事目(湖西大同節目)≫(奎 1594)

〈표 3〉 ≪호서대동사목≫의 군선 관련 조항

〈표 3〉의 요지는 다음과 같이 정리할 수 있다. ①종래 민호民戶에게 부과되었던 군선 건조 및 수리보수 비용과 그 외 기타 제반 비용, 예컨대 집물什物·군기가軍器價, 기휘旗麾·색장막色帳幕 개비가改備價, 군선을 지키는 수직守直의 임금, 수조[해상훈련] 시 격군格軍의 군량 등을 규정된 액수에 따라 지방의 대동 유치미留置米·저치미儲置米로 지급한다. ②전선, 방패선, 병선을 개조·개삭하는 연한을 정하여 주기적인 수리보수가 이루어질 수 있도록 하는 한편, 그 비용을 일정하게 책정하여 군선 체제 유지를 위한 항상적인 재정운영을 도모한다. ③병선은 전선의 군수지원선으로서 짐을 싣는 용도로 사용되었고 그 사용 빈도가 잦았으며, 충청도 해미에서 새로 건조한 병선의 경우, 적재능력이 방패선과 비슷하며 전선보다는 떨어졌다.[42]

①, ②의 내용은 ≪호서대동사목≫을 분석 대상으로 한 여러 연구들을 통해 밝혀진 바 있다. 그러나 지금껏 크게 주목하지 않았던 ③의 내용, 즉 45·46조 조항에 언급된 병선, 방선(방패선), 전선의 적재 능력은 대동법 시행과 그에 따른 미곡 선운의 증가와 밀접한 관련을 맺고 있다. 이 대목을 염두에 두고 ≪호서대동사목≫과 ≪호남대동사목≫의 조항 차이를 비교·검토할 때, 그 사실은 더욱 명확해진다.

≪호서대동사목≫과 ≪호남대동사목≫의 구성과 내용은 대동소이하지만,[43] 대동미 선운이 호남보다 호서에 집중되었던 만큼 군선과 조운선 배치 및 운영 측면에서 차이를 보이고 있다. 첫째, 군선의 경우 ≪호서대동사목≫에는 전선·방선(방패선)·병선·사후선이 규정된 반면, ≪호남대동사목≫에는 방선(방패선)이 빠져있다.[44] 둘째, 조선漕船 즉, 조운선의 경우 ≪호서대동사목≫에는 초마선哨亇船, 잉박선仍朴船, 진선津船, 진상수운선進上輸運船이 규정된 반면, ≪호남대동사목≫에는 잉박선과 진상수운선이 빠져있으며 진선의 규정도 개삭·개조가미, 읍별 소유 진선의 척수 등에 있어서 차이를 보인다. 이를 다음 〈표 4〉와 같이 정리해 볼 수 있다.

구 분	≪호서대동사목≫	≪호남대동사목≫
군선 軍船	전선·방선(방패선)·병선·사후선	전선·병선·사후선
조선 漕船	초마선哨亇船·진선津船· 잉박선仍朴船·진상수운선進上輸運船 * 津船에 관한 상세한 규정이 있음	초마선哨亇船·진선津船 * 津船에 관한 상세한 규정이 없음

* 전거 : ≪湖西大同事目(湖西大同節目)≫(奎 1594), ≪湖南大同事目(全南道大同事目)≫(奎 1556)

〈표 4〉 ≪호서대동사목≫ 및 ≪호남대동사목≫의 차이점

양도兩道 대동사목 간의 이러한 차이가 발생한 배경과 이유는 무엇일까? 크게 두 가지로 나누어 생각해 볼 수 있다. 하나는 서해안과 남해안의 해양환경 차이에서 비롯된 것이고, 다른 하나는 대동법 시행으로 인해 각 지역별 선박의 주요 임무나 운영 목적에 차이가 생겼기 때문이다.

첫째, 서해안과 남해안은 해양환경이 서로 다르다. 서해안은 수심이 얕고 조수간만의 차가 심한 반면, 남해안은 수심이 양호하고 조수간만의 차도 비교적 크지 않다. 이 때문에 서해안을 인접하고 있는 지역의 경우, 대형 선박이 통항하거나 계류하는데 어려움이 있었다.

숙종 44년(1718) 9월 4일, 태안군수 안서우의 보고에 따르면 전선이 대형선인 까닭에 만조가 되어야 이내 움직일 수 있을 정도였으며,[45] 효종 원년(1650) 7월 21일, 우의정 조익이 충청도 지역의 전선 계류 시설에 대해 언급하는 대목에서는 대형 군선인 전선이 계류할 정박시설이 부족하였음을 알 수 있다.[46] 즉 대형 군선이 계류 및 수시 통항할 수 있을 정도의 충분한 수심을 가진 정박지가 그리 많지 않았다는 뜻이다. 더욱이 전선은 그 크기가 점점 커지는 방향으로 변화하였기 때문에, 전선을 운영하기에 서해안의 해양환경은 부적합하였다.

반면, 방선(방패선)은 중형 군선이었기 때문에 수심과 조수간만의 차에 따른 통항의 제약이 전선보다 덜하였다.[47] 이에 따라 대형 군선인 전선을 대신하여 중형 군선인 방패선을 위주로 배치하는 것이 서해안 지역의 전체적인 군선 운영 측면에 있어서 합리적이었던 것이다.[48]

남해안을 인접하고 있는 지역의 경우, 수심과 조수간만의 차가 비교적 양호하였기 때문에 방선(방패선) 운영의 필요성이 서해안보다 떨어질뿐더러, 외해의 해류 영향을 직접적으로 받는 탓에 전선이나 귀선 등의 대형 군선을 운영하는 것이 보다 적합하였다.

둘째, 대동법 시행은 서해안과 남해안 선박의 주요 임무 및 운영 목적 상의 차이를 초래하였다. 다시 말해, 전체적인 선박 운영 측면에 있어 남해안 지역은 일본을 방어하기 위한 해전海戰에 방점을 두고 있었다면, 서해안 지역은 해전보다 미곡 운반, 즉 조운漕運에 초점을 맞춰 선박을 운영하였다는 것이다. 당시 주요 조창漕倉의 위치와 세곡 운송량이 서해안 일대에 집중되어 있었던 것이 그 사실을 방증한다.

조선漕船의 주된 활동 무대는 바다, 그것도 주로 서해안이었다.[49] 유형원의 ≪반계수록磻溪隧錄≫에 따르면 평년 징수된 세곡稅穀의 물량은 미米·황두黃豆를 합하여 약 30만 석, 적을 때는 약 19만 5천 석 정도였다. 그리고 평년 기준 총 세액 약 30만 석 중 26만 석 정도가 조운되었다.[50] 즉 징수된 세곡의 80% 이상이 조운된 것이다. 그런데 그 세곡의 대부분이 바다를 오가는 해운선에 의해 운송되었다. 가흥창·흥원창·소양강창 등에서 강선江船인 수참선水站船으로 세곡이 운반되는 인근 지역은 구릉지대로 미곡의 생산량이 많지 않았고 세곡의 양도 적어 3만여 석이 운반된 반면, 연해안에서의 해운海運은 그 나머지를 차지하고 있을 만큼 조선 왕조는 해운에 역점을 두고 있었던 것이다.[51]

아울러 전술한 바와 같이 ≪호서대동사목≫에는 ≪호남대동사목≫에 언급되지 않은 잉박선仍朴船, 진상수운선進上輸運船과 함께, 진선津船 운용에 대한 자세한 규정 등이 명시되어 있다. 이는 도성과 맞닿아 있는 충청도의 지리적 위치, 즉 경창京倉과 인접한 지역이었기 때문에 선운을 통해 오는 미곡의 물류량이 많았던 사실에 기인한 것으로 생각된다. 대동법 이전 시기의 기록이긴 하나, 중종 12년(1517) 3월 28일, 호조판서 안당이 ≪호서대동사목≫에만 규정되어 있는 잉박선의 효용에 대해 다음과 같이 언급하였다.

> "이극균李克均이 경변사警邊使로 있을 때에 강가로 조운漕運하는 일을 다방면으로 강구하다가, 초마선에 가득 싣고 강물을 따라 올라갔었으나, 초마선 배 바닥이 넓지 못해 마침내 가지 못했었습니다. 신이 대동 찰방大同察訪으로 있을 때에 본도本道의 노련한 사람들에게 자세히 들어보니, 모두들 '잉박선에 싣고 의주義州로 해서 차차 끌고 올라가는 것이 편리할 듯하다.' 하였으니, 관찰사로 하여금 한두 척을 만들어 시험해 보도록 한다면 만세의 이익이 될 것입니다."
>
> (≪중종실록≫ 중종 12년 3월 28일)

호조판서 안당은 해운海運에 이어 강을 따라 조운할 때, 배 바닥이 넓은 잉박선이 초마선보다 적합하다고 언급하고 있다. 이는 얕은 수심과 큰 조수간만의 차를 가진 서해안의 해양환경에서 미곡 운송을 위해 잉박선이 요구되는 것으로써, 잉박선이 ≪호서대동사목≫에만 규정된[52] 필연적 이유를 잘 보여주고 있다. 또한 ≪호남대동사목≫과 달리 ≪호서대동사목≫에는 진선津船에 대한 세부적인 규정이 마련되어 있는데,[53] 이 역시 충청도가 조운漕運 중심의 선박 운영을 모색하였음을 간접적으로 드러내는 것이라 생각된다.

이러한 맥락에서 볼 때, 짐을 싣는 보조군선이었던 병선은 물론, 전투용 군선인 전선과 방선(방패선)도 조운에 활용되었을 가능성은 농후하다. 영조대 기록에 의하면, 전선과 병선에 곡물을 실어 나르게 했던 사실이 확인되며,54) 병선에 방패를 둘러 전투능력을 향상시킨 중형의 방선(방패선) 역시 조운에 동원되었을 것으로 보인다. 앞서 살펴본 ≪호서대동사목≫ 46조에서 추가로 건조한 해미海美의 병선 적재량을 전선 및 방선(방패선)의 적재량과 비교하는 대목은 이와 같은 시각에서 이해할 수 있다.

조선 정부는 대동법 시행에 따른 미곡 운반량의 증가를 해결하기 위해 민간의 선박을 국가 조운 시스템으로 편입하기도 하였지만, 그것은 한계가 있었다. 민간 선박[사선私船]은 일정한 통제 하에 있지 않았기에 여러 폐단을 야기하였으며, 선박의 규격도 일정하지 않아 미곡 운송량을 예측하기 힘들었다.55) 이러한 문제의식 속에서 대동법 시행에 따른 선운 소요의 충당 문제를 해결하기에, 국가 통제 하에서 운영되고 있던 군선의 조·전 변통은 충분히 합리적인 방안이었을 것이다.

요컨대, 17세기 대동법 시행은 서해안과 남해안 지역의 군선 운영 체제에 적지 않은 영향을 미쳤다. ≪호서대동사목≫과 ≪호남대동사목≫에 규정된 군선과 조선(조운선) 관련 조항의 비교·검토를 통해 그 운영의 실상을 알 수 있듯이, 충청도를 비롯한 서해안 지역의 경우 조운 중심의 선박 운영을 추구하였으며, 군선도 그 방향에 발맞춰 조운에 동원되고 있었다. ≪호서대동사목≫에서 방선(방패선), 병선 등 군선의 적재량을 다루고 있는 점, 서해안 해양환경을 고려하여 전선보다 해상 운항의 제약이 덜한 방선(방패선), 병선을 위주로 군선을 배치하여 운영하고 있는 점 등을 통해 그 사실을 알 수 있었다. 반면, 전라도를 위시한 남해안 지역의 경우 임진왜란 이후 구축된 대일對日 방어를 위한 해상전투 중심의 선박 운영을 유지하며, 전선을 주축으로 한 군선 편성과 배치를 보이고 있었다. 그렇다면 17세기 대동법 시행 과정에서 비롯된 일련의 군선 운영 체제의 변화가 18세기에는 어떠한 양상으로 전개되고 있었을까?

18세기 군선의 '조·전漕·戰 변통' 논의와 그 전망

조선전기의 조·전선漕·戰船 변통 논의와 그 결실에 해당하는 맹선 체제는 군선의 융통적 운영을 모색하는 과정과 그 결과에 다름 아니었다. 앞서 대동법 시행과 그에 따른 군선 운영의 실제를 살펴보았듯이, 조선후기에도 한정된 국가의 선박 자원 내에서 해방海防과 조운漕運의 소요를 모두 충당하기 위해 군선의 조·전漕·戰 변통을 염두에 두고 있었다.

더구나 17세기 이후 조운제는 조운선의 부족과 과도한 조졸역漕卒役으로 점차 붕괴되어 가고 있었고, 이러한 상황 속에서 민간의 사선私船을 활용한 '사선임운私船賃運'이 점차 확산되고 있었다.[56] 그러나 유형원이 '사선임운'은 백성에게 해를 끼칠 뿐 아니라, 국가의 사체를 손상시키는 해악이라 하며 국가 주도의 조운제 복구를 역설한 바 있듯이,[57] 조선 정부는 어떻게든 미곡의 선운량을 충당하기 위한 항구적인 방안을 강구하지 않을 수 없었다.[58]

18세기 후반 정조대 중앙정부 차원에서 공론화된 군선의 조·전 변통 논의는 이상의 시대적 요구와 그 궤를 같이 하고 있다. 정조는 '전선戰船[군선軍船]과 조선漕船을 서로 통용시킬 계책', 즉 군선을 조운에 활용하는 사안에 관심이 많았다. 종종 신하들에게 그 계책에 대한 생각을 묻곤 하였는데,[59] 정조 22년(1798) 1월 21일, 통제사 윤득규가 군선과 조선(조운선)을 변통하는 것에 관한 조례를 올린 것은 정조의 하문에 대한 응답이었다. 아울러 비슷한 시기에 ≪각선도본各船圖本≫이 작성되었는데, 이는 정조대 논의된 군선의 조·전 변통책을 도식圖式으로 구체화한 것이었다.[60]

우선 정조대 조·전선 변통 논의에 대해 살펴보도록 하자. 해당 논의가 처음 제기된 것은 정조 5년(1781)이었다. 호조판서 정민시가 ≪실록≫ 상의 전례를 근거로 "병선과 방선(방패선)으로 세곡稅穀을 실어 나르게 할 것"을 건의하였다.[61] 그러나 이 건의가 곧 군선의 조·전 변통으로 실현되지는 않았다. 반대의견이 적지 않았던 탓인데, 일례로 당시 어영대장 이주국은 "전선[군선]은 뜻밖의 변에 대비하기 위해 설치한 것인데, 신은 그것[조·전 변통]이 옳은 일인 줄 모르겠습니다"라고 하며 반대의 뜻을 밝혔다.62)

이후 한동안 잠잠하던 군선의 조·전 변통 논의는 정조 21년(1797) 1월 15일 호조에서 ≪조운절목漕運節目≫을 올린 것을 계기로 다시 불거졌다. 정조는 동왕 20년(1796) 겨울 빈대賓對에서 군선을 시험삼아 조운에 써보자는 말이 나왔음을 언급하며, 다음과 같이 하교하였다.

> 호조가 조운 절목漕運節目을 올리자, 하교하기를, "조운에 관한 정사는 군사적인 성격을 겸하는 것으로, 옛날 주관周官의 제도로부터 한漢·당唐·송宋·명明에 이르기까지 조선漕船을 전선戰船[군선軍船]으로 사용하였으니, 이 또한 군사와 농사가 서로 의지하는 일단이다. … 옛날에는 소나무에 관한 정사가 소홀하지 않아서 삼남三南에 순차로 조선漕船을 건조하였으나 지금은 저처럼 민둥산이 되었으니 조창이 결단코 배를 내지 못할 것이다. 비록 이보다 더 큰 일이라도 시폐를 바로잡는 정사는 따로 때에 적절한 사의事宜가 있을 터인데, 유독 조운의 일에만 융통성이 없고 고집스러워 감히 말을 꺼내거나 손을 쓰지 못하니, 어떻게 그런 사리가 있단 말인가? 지난 겨울의 빈대賓對에서도 시험삼아 전선戰船[군선軍船]을 써보자는 뜻으로 말이 나왔으니, 묘당이 자연히 별도로 요리料理했어야 할 것이다. 그런데 지금 이 사목事目을 하달함에 있어, 먼저 준비에 대한 명령을 내려 배를 건조하라고 엄히 주의시키지 않는다면 어떻게 감·곤·읍·진監閫邑鎭들이 앞으로 식량 공급의 길이 있겠는가. 경은 대신과 의논하여 먼저 배를 견고하고 정밀하게 만들어서 조곡漕穀을 운반할 방도에 대해 3도의 도수신道帥臣에게 공문을 보내라. 그리고 전선[군선]으로 시험해 보는 문제에 대해서는 특히 절목節目 중의 세부 항목이니, 그리 알라." 하였다.
>
> (≪정조실록≫ 정조 21년 1월 15일)

정조는 "조운에 관한 정사는 군사적인 성격을 겸하는 것"임을 강조하며, "유독 조운의 일에만 융통성이 없고 고집스러워 감히 말을 꺼내거나 손을 쓰지 못함"을 지적하였다. 이와 동시에 군선을 조운선으로 전용轉用하고자 하는 의지를 내비쳤다. 이틀 뒤 호조판서 이시수는 정조에게 군선을 조운에 활용하는 문제에 대해 대신들과 의논한 결과를 보고하였다. "영의정과 좌의정은 별다른 의견이 없고, 우의정은 배의 제도가 조선漕船과 다를 경우 가벼이 의논하기 어렵다"고 하였음을 보고하자, 이에 정조는 "다시 자세히 논의해 보겠다"고 답하였다.63)

곧이어 정조는 통제사 윤득규에게 군선의 조·전 변통책을 검토할 것을 명하였다. 정조 22년(1798) 1월 21일 통제사 윤득규가 올린 조례條例의 내용이 그에 대한 답이었다.64) 이 조례는 군선을 조운과 전투에 통용하기 위한 구체적인 방법들을 제시하고 있다. 세부적인 내용은 아래와 같은데, 다소 장황하지만 후술할 ≪각선도본≫과의 상관 관계를 살피기 위해 필요한 대목이라 생각되어 윤득규의 조례 내용을 간추려 열거하였다.

A. 영읍진營邑鎭의 전선戰船 중에는 대장·중군·파총·초관이 타는 것과 좌우 탐선探船과의 구별이 있으니, 각각 그 선체船體에 따라서 장광長廣의 차등이 있습니다. 본판本板의 길이는 15파把로부터 시작하여 9파에 그치고, 넓이는 4파에서 시작하여 2파 반에 그치며, 좌우의 삼판杉板은 각각 7립立씩인데, 그 위에는 층루層樓가 있고 귀장龜粧이 있습니다. 조운遭運할 때에는 부득불 그 상장上粧의 여러 가지 도구들을 철거해야 하는데, 그러고 나면 본체本體가 매우 낮아지므로, 본삼本杉 위에 동삼同杉 1립을 더 첨부하여 그 높이를 약간 증가시키고, 조운을 마친 뒤에는 그 동삼을 떼어서 상장으로 옮겨 얹으면 실로 서로 통용하는 계책에 합당합니다. 이른바 동삼이란 곧 세속에서 일컫는 바 '동도돈同道頓'이라는 것으로서 본삼의 삭槊을 비늘처럼 나란히 부착한 것과는 서로 다른데, 조운할 때는 시령으로 사용하고 조운을 마친 다음에는 철거하니, 일시적인 사역만이 있을 뿐 별로 논할 만한 폐단이 될 것은 없습니다.

B. 전선戰船의 적재량으로 말하자면, 본영本營의 일선一船과 부선副船은 2천 석을 적재할 만하고 중군선中軍船은 1천 7백 석을 적재할 만하며, 좌열선左列船·우열선

右列船 및 오사 파총五司把摠의 창원선昌原船, 거제巨濟의 일선一船, 가덕加德의 일선, 미조항선彌助項船, 귀산선龜山船 도합 7척의 배가 1천 4, 5백 석을 적재할 만합니다. 그 밖의 초관선哨官船 32척 및 좌우 정탐선左右偵探船 2척은 혹은 겨우 1천 석 혹은 겨우 8백 석이나 적재할 만합니다. 조운선은 1천 석 정도만 적재할 수 있는 것이 바로 정해진 규식인데, 전선 10척이 이 숫자를 초과한 데에 대해서는 선체의 크고 작은 것이 이미 정해진 제도가 있으므로, 지금 어떻게 억제할 수가 없습니다. 가령 조운법대로 따라서 1천 포包만 적재한다면 진실로 짐이 가벼워서 항해하기가 편리한 좋은 점이 있거니와, 또 조운선으로 말하자면 혹 별상납別上納의 때를 당해서는 2, 3백 석 정도를 더 적재하는 경우가 있으니, 전선의 경우도 여기에 의거하여 헤아려 적재하는 것도 불가할 것이 없겠습니다. 이는 특히 그때그때에 짐작하여 처리하는 것이 사의에 합당할 듯합니다. 그리고 겨우 1천 석이나 혹은 겨우 8백 석 정도만을 적재할 수 있는 배들에 대해서는, 지금 만일 조운의 제도를 일체 따라서 길이는 12파로 하고 넓이는 4파로 하며, 삼판을 높이고 적재의 용량을 확장하는 등 다시 제도를 고쳐 만든다면, 조운하기에는 비록 편리하겠으나 또한 전함戰艦으로 사용하기에는 불편할 것입니다.

C. 대체로 삼판을 첨부한 것이 너무 높고 배의 중심이 깊고 넓으면 많은 양을 적재할 수는 있으나, 조련操鍊할 때의 경우 누옥樓屋을 높이 올리고 장졸將卒의 기휘旗麾를 선상船上에 배열하여 세우고 보면, 사나운 파도가 반드시 장차 바람을 따라 심하게 배를 요동시킴으로써 건너기가 어려울 것입니다. 그러니 앞으로는 배를 건조할 때에 본판本板의 경우는 나무 하나를 더 붙여서 그 넓이를 약간 증가시키고, 삼판杉板의 경우는 소나무의 대소에 따라 혹은 7립立을 쓰기도 하고 혹은 8립을 쓰기도 하되, 장파長把의 대소는 예전 규정을 고치지 않고 다만 동삼同杉을 붙여 수시로 두었다 빼냈다 한다면, 1천 포包의 조곡漕穀도 싣지 못할 걱정이 없게 되고, 전선의 장졸들도 충분히 서로 수용할 수가 있어, 전쟁을 할 때나 조운을 할 때나 모두 적의할 것입니다.

D. 병선의 경우는, 지금의 제양制樣은 길이가 7파이고 넓이와 높이가 각각 1파 반씩입니다. 그런데 앞서 북관北關의 곡식을 포항浦項으로 운송할 적에는, 배 한 척의

적재량은 2백 석에 불과한 데다 조군漕軍은 10명씩을 써야 했으니, 이것으로 조운을 하자면 이미 통용하는 실제 효과는 없고 바다를 건너기 어려운 걱정까지 있습니다. 그러니 앞으로는 북조선北漕船의 제도를 약간 모방하여 재목을 더 지급해서, 길이는 8파, 넓이는 3파, 높이는 2파로 제도를 고쳐 만들도록 신칙하고, 또 목삭木槊을 쓰고 거기에 동삼同杉을 더 첨부하여 또한 전선의 제조와 같이 하도록 한다면 5백 석의 곡물을 적재할 수 있고 12명의 조졸漕卒을 쓸 수 있어 해운海運에 염려가 없게 될 것입니다. 지금 적재량이 적은 것 때문에 병선을 조운에 통용하도록 하지 않고 그대로 철정鐵釘을 쓰고 있습니다. 그렇다면 전선과 병선은 다같이 전쟁의 도구인데, 혹은 목삭을 쓰고 혹은 철정을 쓰는 것은 진실로 이미 일이 뒤섞인 것이거니와, 더구나 이 병선은 군졸을 싣거나 군량을 운반하는 도구이고 보면, 선체船體가 전보다 조금 더 큰 것은 실로 위급한 때의 수용에 타당할 것이요 변통하는 도리에도 합당할 것입니다.

E. 전선의 비하飛荷의 광장廣粧과 선미船尾의 허란虛欄은 오직 미관美觀만을 취한 것이요, 험한 바다를 건너는 데는 편리하지 못합니다. 그리고 또 영해嶺海는 물이 깊기 때문에 치목鴟木을 대단히 길게 하고 상장上粧이 높이 걸쳐 있기 때문에 범죽帆竹은 약간 짧게 하므로, 조선에 비유하면 모두가 서로 맞지 않습니다. 그러니 앞으로는 비하의 경우는 모두 굽은 나무를 쓰고, 선미에는 허란을 그대로 두며, 치목과 범죽은 또한 참작하여 별도로 준비해서 조운할 때의 수용으로 삼아야겠습니다.

첫째, A는 영營·읍진邑鎭의 전선 크기와 함께 전선을 조운에 활용하기 위해 필요한 조치를 설명하고 있다. 전선의 상장上粧과 여러 도구를 철거하고, 그로 인해 낮아진 본체의 높이를 보완하기 위해 현측에 동삼同杉 1립立을 추가하면 조운에 사용하는 데 전혀 문제가 없다고 보고하고 있다.

둘째, B는 전선의 적재량을 조선(조운선)과 함께 설명하는 대목이다. 전선의 경우, 크기에 따라 차등적으로 2천 석, 1천 7백 석, 1천 4~5백 석, 8백~1천 석을 실을 수 있는데, 조선(조운선)은 보통 1천~1천 3백 석을 싣는 것을 규례로 하니, 전선은 이에 준하여 곡식을 실으면 된다고 설명하고 있다.

셋째, C는 A와 연계하여, 전투와 조운을 겸하기에 적합한 선체 개조 방안으로써, 배 바닥에 본판本板[저판底板]을 하나 더 추가하여 너비를 조금 넓히고 현측의 삼판杉板[외판外板]을 7~8립 정도로 구성한 뒤, A와 같이 운용하면 전투와 조운에 모두 적합하다고 언급하고 있다.

넷째, D는 병선兵船에 대한 내용이다. 병선의 선체 크기와 함께 북관北關[함경도]-포항浦項을 조운하였던 병선의 적재량이 200석임을 알 수 있으며, 북조선北漕船의 제도를 모방하여 선체의 크기를 키우고 A의 방법을 취하면, 500석 가량을 적재할 수 있어 해운海運에 크게 염려가 없음을 말하고 있다.

다섯째, E는 전선의 해운 능력을 제고시킬 수 있는 개선 방안이다. 현재 전선의 선수·선미 형상이 미관을 위한 것일 뿐 바다를 항해하는 데에는 적합하지 못하다고 하며, 선수에 곡목曲木을 사용하여 파도나 바닷물의 유체 저항을 최소화하는 등의 방안을 취할 것을 건의하고 있다.

통제사 윤득규의 조례를 통해 알 수 있듯이, 18세기 말경에는 군선의 조·전 변통 논의가 점차 구체화 되고 있었다. 그러나 이 조례는 "事竟不施行" 즉 실제 행해지지 않았다고 기록되어 있다.[65] 다만 실제 군선을 조·전 통용에 적합한 선체로 개조하는 방법, 미곡 적재량 등을 상세히 설명하고 있다는 점을 주목할 필요가 있다. 뿐만 아니라, 무엇보다 위 A~E의 세부내용이 ≪각선도본≫에 그대로 반영되어 있는 바, 이는 비단 '논의'에만 그친 것이 아니라 '실행을 위한 준비' 단계까지 이르렀다는 것을 방증한다. ≪각선도본≫은[66] 18세기 군선의 융통적 운영 모색에 대한 결과물이었다.

지금껏 ≪각선도본≫은 "조선후기의 전선, 병선, 조선(조운선) 등 군용선과 비군용선의 구조적 특성과 선형을 구명究明하는 데 결정적 역할"을 한 사료로만 알려져 있었다.[67] 그러나 더욱 중요한 사실은 ≪각선도본≫이 군선의 조·전 변통을 위해 만들어진 사료라는 것이다. ≪각선도본≫은 다음 〈그림 1〉과 같이 총 6점의 그림으로 구성되어 있는데, 군선軍船인 전선戰

船 3점과 병선兵船 1점, 비군선非軍船인 조선漕船 1점과 북조선北漕船 1점을 다루고 있다.[68]

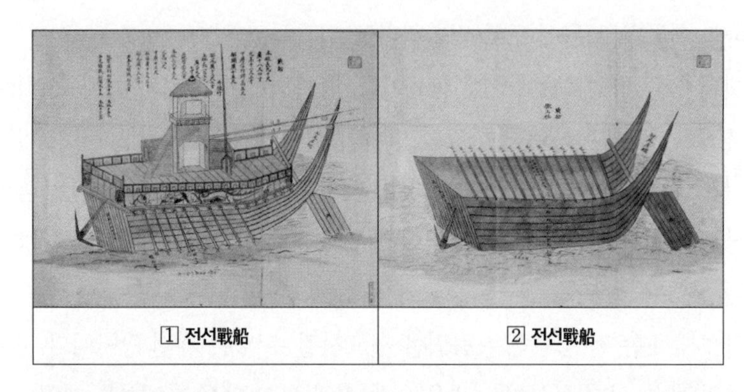

① 전선戰船 ② 전선戰船

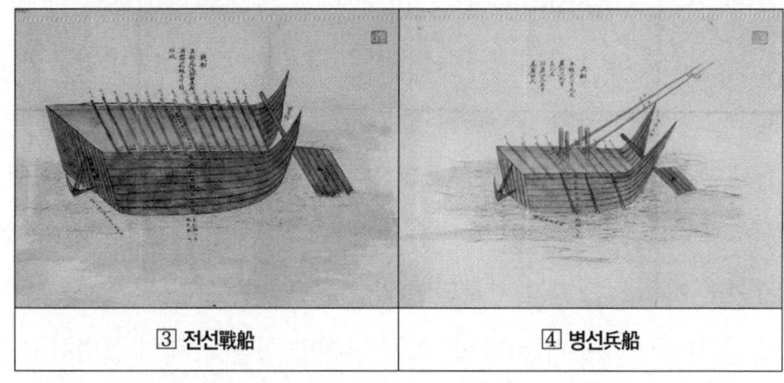

③ 전선戰船 ④ 병선兵船

⑤ 북조선北漕船 ⑥ 조선漕船

〈그림 1〉 ≪각선도본≫(奎 15752)

전선의 그림은 첫째, A에서 언급된 영營·읍진邑鎭 전선(1), 둘째, A의 설명과 같이 조운에 활용하기 위해 1에서 상장上粧을 제거한 전선(2), 셋째, C와 E의 설명과 같이 조운에 보다 용이하게 활용하기 위해 2의 선형을 조금 개량하여 만든 전선(3)이 있다.

A와 C에서 조운을 위해 상판을 제거한 뒤에는 선현船舷의 높이가 낮아짐을 고려하여 현측에 목재를 1립 더 설치할 것을 권유하고 있는데, 실제 ≪각선도본≫의 설명과 그림에 따르면 2는 7립, 3은 8립의 삼판[외판]으로 구성되어 있다.[69] 아울러, E에서 선수船首 비우[飛荷]의 광장廣粧과 선미船尾의 허란虛欄은 오직 미관美觀만을 위한 것으로써 해운에 아무런 이익이 없다고 지적하고 있는데, 그 모양새가 곧 2에 해당한다. 3은 2와 달리 선수에 곡목을 사용하여 파도의 저항을 줄였으며 선미의 허란도 짧게 하여 조운에 적합한 선체 구조를 만들었다. 이 역시 ≪각선도본≫에 구현되어 있다.[70]

그 외에 이전 시기부터 조운에 활용하였던 병선(4)이나 북조선(5), 조선(6)의 그림은 B와 D의 내용을 바탕으로 그려놓은 것이다. 즉 ≪각선도본≫은 다루고 있는 선박의 종류나 그에 대한 설명이 A~E와 일치한다는 점에서 당시 군선의 조·전 변통책을 설명하는 중요한 사료라 할 수 있다.

이를 기반으로 순조·헌종대 군선의 조·전 변통에 관한 추가 논의를 거쳐, 고종대에 이르러서는 조운선으로 통용할 수 있는 전선이 만들어지기도 하였다.[71] 이는 18세기 군선의 융통적 운영을 모색하였던 일련의 공적인 논의와 시도들이 결실을 맺게 된 것이었다.

물론 고종대에 건조된 조운 겸용 군선이 실제 이용되었는지는 확인할 수 없다. 하지만 반대로 그 가능성 또한 배제할 수 없다. 왜냐하면 18세기 후반 정조를 시작으로 국왕들이 직접 군선의 조·전 변통에 깊은 관심을 보이고 있었고, ≪각선도본≫ 등을 통해 그 구체적인 변통 방안이 마련되었기 때문이다. 아울러 앞서 ≪대동사목≫ 비교·분석을 통해, 이미 17세기부터 서해안 해역의 일부 군선이 조운에 통용되었던 사실을 충분히 유추 가능한 점도 유념해야 한다.

요컨대, 18세기 후반 정조대 군선의 조·전 변통 논의와 ≪각선도본≫의 완성은 17세기 대동법 시행의 영향으로 배태된 군선의 융통적 운영이 18세기에 이르러 중앙정부 차원에서 공론화되었음을 뜻한다. 이는 조선이라는 국가가 대내·외적 변화에 유기적으로 대응하며, 한정된 국가 선박 자원을 효율적으로 사용하고자 했던 노력과 지향을 보여주는 것이라 하겠다. 18세기 후반부터 대두된 군선의 조·전 변통 논의를 단순히 '국방력의 약화', '수군의 조락'으로 치부할 수 없는 이유와도 맞닿아 있다.

맺으며

이 글은 조선후기 대동법 시행이 군선 운영 체제에 미친 영향을 중심으로, 조선후기 군선 운영 양상의 변화와 그 지향점을 알아보는 데 중점을 두었다.

먼저 조선 전·후기의 군선 제도와 대략적인 운영 상의 변모를 파악하기 위해 각각 조선 전·후기를 대표하는 법전인 ≪경국대전≫, ≪속대전≫을 비교하였다. 조선전기에는 일정한 규격 없이 건조, 운영되던 각종 군선들이 ≪경국대전≫ 반포를 계기로 대·중·소맹선 체제로 정비되었다. 조선후기에는 임진왜란의 경험에 따라, 외세의 대규모 해양위협을 염두에 두고 다양한 군선을 개발 및 증강 배치하는데, 전투전용 군선으로서 대형선 전선, 귀선과 중형선 방패선을 운영하고, 그 외에 물자보급선인 병선, 정탐용인 사후선 등을 두어 전투전용 군선을 보조하도록 하였다. 이러한 군선 체제는 ≪속대전≫에 수록되며 제도화되었고, 그 틀에서 대외정세의 완급에 따라 조금씩 변형되어 운영되고 있었던 것이다.

그러나 군선 운영 체제의 변화에 영향을 준 것은 비단 대외정세나 해양위협 뿐만이 아니었다. 임진왜란 이후 국가재건 과정에서 전개된 대동법은 군선 운영 체제에 적지 않은 영향을 미쳤다. 다시 말해, 군사적 배경 외에 국가경제적 배경 속에서 ≪속대전≫에 수록된 조선후기 군선 체제를 갖추게 되었던 또 다른 요인의 규명이 요구된다. 이에 17세기 대동법의 시행규칙에 해당하는 ≪대동사목≫류를 비교·검토한 결과, 서해안과 남해안의 군선 운영 특징과 지향점이 다르다는 사실을 확인하였다. 각각 서해안 지역은 조운중심의 선박 운영을, 남해안 지역은 해전 중심의 선박 운영을 추구하고 있었다. 이에 서해안에서는 조선漕船은 물론, 서해안 해양환경에 적합한 중형군선인 방패선을 조운에 활용하기도 하였다.

서해안 일대에서 두드러지는 군선의 조운 통용은 대동법 시행에 따른 선운 소요의 증가에 그 단초가 있다. 대동법 시행으로 공납이 지세화됨에 따라 선운 소요의 증가가 수반되었고, 도성과 근접하여 미곡과 그것의 운송이 집중되었던 서해안, 특히 충청도 지역에서는 군선이 조운에 동원되는 것이 불가피하였던 것이다. 아울러, 18세기 균역법의 실시로 인해 일부 신역身役이 지세화地稅化되는 현상은 이러한 군선의 조·전漕·戰 변통을 가속화시켰을 것으로 생각된다.

이후 정조대 중앙정부 차원에서 진행되었던 조·전 통용 논의와 ≪각선도본≫의 완성은 17세기 대동법 시행의 영향으로 배태된 군선의 융통적 운영이 18세기에 이르러 중앙정부 차원에서 공론화되었음을 뜻한다. 고종대에는 조운 겸용의 군선을 건조한 사실이 확인되는데, 이는 18세기 군선의 융통적 운영을 모색하였던 일련의 공적인 논의와 시도들이 결실을 맺게 된 것이었다.

지금까지 살펴본 일련의 흐름은 조선후기 군선 운영의 특징과 방향을 잘 보여주는 것이라 할 수 있다. 대동법이라는 국가경제 변혁과 연계하여 군선 운영 체제의 변화를 살펴본 것은, 다름 아닌 조선후기 군선 운영에 대한 이해의 외연 확장을 위함이다. 임진왜란 이후 국가재건 과정에서 조선이 대외적 변인變因과 더불어, 대내적 변인에는 어떻게 대응해 나가며 군선을 운영하고자 하였는지, 그 대강과 방향을 파악할 수 있는 계기가 되기를 기대한다.

주석

* 이 글에 관한 연구사 정리는 민장원, 2020, 〈조선후기 군선(軍船) 운영에 대한 일고찰(一考察)〉, ≪이순신연구논총≫ 32 참조.

1) 조선후기 軍船에 관한 초기 연구는 崔永禧, 1958, 〈龜船考〉, ≪史叢≫ 3 ; 趙成都, 1963, 〈龜船考〉, ≪海軍士官學校 硏究報告≫ 2 ; 金在瑾, 1976, 〈板屋船考〉, ≪韓國史論≫ 3 ; 金在瑾, 1977, ≪朝鮮王朝軍船硏究≫, 一潮閣 등을 참고할 수 있는데, 귀선과 판옥선을 비중있게 다루고 있는 것이 공통된 특징이다.

2) 특히 귀선의 경우, 임진왜란 이후 약 200여 년이 지난 시점인 정조대 이순신 현창과 함께 성책된 ≪李忠武公全書≫(서울대 규장각, 奎 457) 卷首 〈圖說〉에 귀선의 형상 및 제도가 상세히 기록되면서, 그 기억이 후대로 지속 전승될 수 있었다. 이를 근거로 귀선의 형태와 구조, 전투 방식 등에 대한 다양한 학설들이 꾸준히 논의되기도 하였다.

3) 이 글에서는 군선軍船을 맹선猛船·전선戰船·귀선龜船·방패선防牌船·병선兵船·사후선伺候船 등 군사적 목적으로 사용한 제반 선박을 통칭하는 보통명사로 보았다. 군선에 포함되는 각종 선박의 종류와 크기, 명칭은 각 시대별로 조금씩 차이는 있으나, 군선은 조선시대 전반에 걸쳐 군사적 목적으로 운용된 선박을 가리키는 용어로 사용되었다(≪太祖實錄≫ 卷3, 太祖 2年 5月 8日(壬子) ; ≪太宗實錄≫ 卷29, 太宗 15年 6月 17日(壬午) ; ≪世宗實錄≫ 卷107, 世宗 27年 3月 2日(乙亥) ; ≪成宗實錄≫ 卷290, 成宗 25年 5月 11日(戊戌) ; ≪宣祖實錄≫ 卷127, 宣祖 33年 7月 9日(庚戌) ; ≪正祖實錄≫ 卷48, 正祖 22年 1月 21日(丙戌)). 다만, 군사용 선박을 모두 군선軍船이라 칭한 것은 아니었는데, 조선전기에 병선兵船 혹은 전선戰船이라는 용어를 군선軍船과 같은 뜻으로 혼용하고 있었던 것이 대표적인 예이다. 조선후기에는 병선兵船과 전선戰船이 일종의 선종船種을 가리키는 고유명사로 자리잡게 되는데, 본고에서는 혼란을 최소화하기 위해 군사적 목적으로 운영한 선박을 군선軍船이라 총칭함을 일러둔다.

4) 송기중, 2015a, 〈17~18세기 수군 軍船의 배치 변화와 개선 방안〉, ≪東方學志≫ 169, 148~163쪽.

5) 張學根, 1987, ≪朝鮮時代海洋防衛史≫, 創美社, 47~261쪽.

6) 사료의 한계를 극복하기 위해 대동법 시행규칙에 해당하는 대동사목(절목)류인 ≪湖西大同事目(湖西大同節目)≫(奎 1594)과 ≪湖南大同事目(全南道大同事目)≫(奎 1556)을 비교·검토하는 방법을 통해 17세기 대동법 시행에 따른 해역별 군선 운영의 변모를 추적할 수 있는 단초를 찾고자 하였다.

7) 정조대에 작성된 것으로 추정되는 ≪各船圖本≫(奎 12163 ; 奎 15752)은 눈여겨 볼만 하다.

≪각선도본≫은 지금껏 주로 조선후기의 군선軍船이나 조선漕船의 선체 고증·복원의 근거로써 사용되어 왔는데, ≪각선도본≫이 만들어진 배경이나 목적 등은 규명된 바가 없다. 후술하겠지만, ≪각선도본≫은 정조대 군선의 조·전漕·戰 변통 논의를 구체화시킨 도식으로 조선후기 군선 운영의 지향을 잘 보여주는 지표라 할 수 있다.

8) 김재근은 군선의 제도를 크게 세 단계로 구분하였다. 맹선猛船이 주력을 이룬 조선전기 체제, 귀선龜船과 판옥선板屋船[전선戰船]이 주력을 이룬 임진왜란 전후의 조선중기 체제, 그리고 전선戰船·방선防船(혹은 방패선防牌船)·병선兵船이 주력이 되어 보다 다원화된 체제를 이룬 조선후기 체제로 구분하였다(金在瑾, 1989, ≪우리 배의 歷史≫, 서울대 출판부, 137쪽). 그러나 귀선과 판옥선(전선) 역시 조선후기 체제에도 활용되었다는 점을 감안하여 조선 전기와 후기 체제 두 단계로 구분하여도 무방할 것으로 생각된다.

9) ≪世宗實錄≫ 〈地理志〉.

10) 金在瑾, 1977, 앞의 책, 52쪽.

11) ≪經國大典≫ 卷4, 〈兵典〉 諸道兵船條.

12) 方相鉉, 1991, ≪朝鮮初期 水軍制度≫, 民族文化社, 113쪽.

13) ≪明宗實錄≫ 卷10, 明宗 5年 10月 22日(壬午).

14) ≪世宗實錄≫ 〈地理志〉와 ≪經國大典≫의 군선軍船 및 선군船軍의 수를 비교해 보면, 군선은 각각 829척, 739척으로 90척이 줄었고, 선군은 50,177명에서 48,800명으로 약 1,400명이 감축되었다. 뿐만 아니라 ≪세종실록≫ 〈지리지〉 상의 군선 829척 중 무군선無軍船은 57척뿐인데, ≪경국대전≫ 상의 군선 737척 중 무군선은 249척으로 후자 상의 무군선 비율이 다소 높게 확인된다(≪世宗實錄≫ 〈地理志〉; ≪經國大典≫ 〈兵典〉).

15) ≪成宗實錄≫ 卷94, 成宗 9年 7月 16日(乙亥).

16) ≪宣祖實錄≫ 卷5, 宣祖 4年 11月 29日(丁亥).

17) ≪明宗實錄≫ 卷19, 明宗 10年 9月 16日(戊申).

18) ≪明宗實錄≫ 卷20, 明宗 11年 3月 19日(戊寅).

19) ≪宣祖實錄≫ 卷89, 宣祖 30年 6月 26日(乙酉).

20) 오붕근, 1998, ≪조선수군사≫, 한국문화사, 322~323쪽 ; 국사편찬위원회, 2002, 〈조선후기의 대외관계〉, ≪신편 한국사≫ 32, 494쪽.

21) 金在瑾, 1977, 앞의 책, 156~168쪽 ; 송기중, 2015a, 앞의 논문, 144~148쪽.

22) ≪續大典≫ 〈兵典〉 諸道兵船條.

23) ≪肅宗實錄≫ 卷14, 肅宗 9年 10月 17日(甲寅) ; ≪肅宗實錄≫ 卷49, 肅宗 36年 10月 7日(戊辰) ; ≪肅宗實錄≫ 卷55, 肅宗 40年 7月 16日(乙卯) ; ≪英祖實錄≫ 卷24, 英祖 5年 9月 25日(丙申).

24) 송기중, 2015a, 앞의 논문, 157쪽.

25) 국사편찬위원회, 2002, 앞의 책, 420~455쪽.

26) 金在瑾, 1989, 앞의 책, 247쪽.

27) 朴炳柱, 1982, 〈朝鮮王朝의 軍船定額變遷에 關한 硏究〉, ≪學位論叢≫ 8, 327쪽.

28) ≪萬機要覽≫ 〈軍政篇 4〉, 舟師.

29) 대동법에 관한 연구는 다음과 같은 논문를 참고할 수 있다. 韓榮國, 1960·1961, 〈湖西에 實施된 大同法(上), (下) - 大同法 硏究의 一齣 - 〉, ≪歷史學報≫ 13·14 ; 韓榮國, 1961·1963·1964a·1964b, 〈湖南에 實施된 大同法(一), (二), (三), (四) -湖西 大同法과의 比較 및 添補-〉, ≪歷史學報≫ 15·20·21·24 ; 韓榮國, 1976, 〈大同法의 實施〉, ≪한국사≫ 13 ; 金玉根, 1988, ≪朝鮮王朝財政史硏究(Ⅲ)≫, 一潮閣 ; 이정철, 2004, ≪17세기 朝鮮의 貢納制 改革論議와 大同法의 成立≫, 고려대 박사학위논문 ; 이정철, 2010, ≪대동법 : 조선최고의 개혁≫, 역사비평사 ; 문광균, 2012, 〈17세기 경상도지역 공물수취체제와 영남대동법의 실시〉, ≪韓國史學報≫ 46.

30) ≪仁祖實錄≫ 卷50, 仁祖 27年 3月 18日(丁丑).

31) 송기중, 2015b, 〈대동법 실시와 軍船役 규정의 정비〉, ≪朝鮮時代史學報≫ 72.

32) 인조 원년(1623)에 삼도대동법三道大同法이라는 이름으로 강원·충청·전라도에 대동법이 시행되었으나, 연읍-산군 지역민의 이해관계, 양전量田 등을 문제로 인조 3년(1625)에 강원도를 제외하고 혁파되었다. 그 이후 경기와 강원도에 실시되었던 선혜법·대동법이 긍정적인 평가를 받기 시작하면서 일부관료들은 점차 대동법의 확대실시를 요구하게 되었고, 그 결과 17세기 중엽 충청·전라·경상·황해도 지역에서 대동법이 점진적으로 시행되었다. 효종 2년(1651) 충청도, 동왕 9년(1658) 전라도 연읍지역, 현종 3년(1662) 전라도 산군지역, 숙종 4년(1678) 경상도, 동왕 34년(1708) 황해도에 각각 대동법이 시행되었다(문광균, 2012, 앞의 논문, 58~78쪽).

33) ≪湖西大同事目(湖西大同節目)≫(서울대 규장각, 奎 1594).

34) ≪湖南大同事目(全南道大同事目)≫(서울대 규장각, 奎 1556).

35) 충청도, 전라도의 대동사목(절목) 외에 경상도의 ≪大同追節目(嶺南大同事目)≫(국립중앙박물관, 古683-5)도 있다. 서두의 "嶺南大同一依湖南例"라는 문구를 통해 ≪湖南大同事目(全南道大同事目)≫을 근간으로 작성된 것임을 알 수 있다. 다만 ≪大同追節目(嶺南大同事目)≫는 필사본으로, 본고에서는 현전하는 충청도, 전라도의 대동사목(절목)을 비교·검토 대상으로 삼아 각 해역별 군선 운영의 실제를 밝힌다.

36) ≪湖西大同事目≫ 9條, "戰防兵船 新造與改槊 … 皆以本道留置米計減."

37) ≪湖西大同事目≫ 44條, "戰防兵船爲沿海難堪之役 而三年改槊五年改造乃是規例 且有什物措備之役 以其該邑收米每年除出儲置 待其三年五年之限 以爲改槊改造與什物之價爲白乎矣. 戰船價米逐年儲置白石則五年當爲五白石 以此五白石之數一白五十石則用於改槊時 三白石乙良用於改造時 其餘五十石則以爲什物之價. 防船價米每年儲置 四十二石六斗則五年當爲二百十二石 以此二百

十二石之數 六十二石則用於改槊時 一白二十五石乙良用於改造時 其餘二十五石 則以爲什物之價. 兵船亦每年儲置九石則五年當爲四十五石 以此四十五石之數三十石則用於改造時 十五石則用於改槊時 什物價 則以戰防船退件推移用之爲白乎旀, 戰防兵三船舊退者乙良自本官和賣儲置 以補各其船什物之價 而伺候船則乃是汲水小小船 以其戰船造作所餘 材力隨便造作 各邑通計 每年 儲置價米一千一百八石三斗 是白齊."

38) ≪湖西大同事目≫ 45條, "戰兵船改造改槊價米逐年儲置之數 雖如右磨鍊 而兵船則乃是戰船卜物所載之船 不曾掛置岸上常有行用之事. 故未易腐破取考本道成冊則或至六七年或至八九年後乃爲新造 未有一定之規. 儲置改造之米若過五年則必有所餘計出 其餘數載錄於餘米中爲白齊."

39) ≪湖西大同事目≫ 46條, "海美加設兵船一隻則所載者 乃是防牌船卜物而已, 比於戰船卜物輕重懸殊. 故改造價米二十石 改槊價米 十石 差等磨鍊爲白乎矣. 元價不多不必逐年儲置 當次之年以其本邑餘米題給爲白齊."

40) ≪湖西大同事目≫ 47條, "戰防船旗麾色帳幕 依營門大旗幟例 並十年一次改備 而折價則依成冊數以本邑大同米 計減爲白乎旀, 水操時格糧亦以大同米題給 而火箭所入火藥硫黃焰焇乙良 以其軍器會付者用下後 計減爲白乎矣 厚紙段厥數零星種種給價亦涉煩屑 自本官隨便備用爲白齊."

41) ≪湖西大同事目≫ 48條, "戰兵船改造改槊時 所給價米不爲不多. 各官以其逐年儲置之米 分糶改色則取耗之數 亦必不貲. 戰船守直及種種所備之物 自可以此推移補用. 各年儲置與糶糴之數使之一一開報 俾無虛疎之弊爲白齊."

42) ≪正祖實錄≫ 卷48, 正祖 22年 1月 21日(丙戌) 기사를 통해, 당시 통영統營 소속의 전선, 병선의 적재능력은 각각 미곡 2천~8백 석, 2백 석임을 알 수 있다. ≪호서대동사목≫ 46조의 "병선의 적재능력이 전선과 비교해 현저히 달랐다"라는 내용은 전선의 적재능력이 병선보다 뛰어났음을 설명하는 것으로 해석된다.

43) ≪湖南道大同事目≫(奎 1556) 38條, 39條, 40條, 41條, 42條, 43條 ; 韓榮國, 1964a, 앞의 논문, 88~89쪽 ; 金玉根, 1988, ≪朝鮮王朝財政史硏究(Ⅲ)≫, 一潮閣, 180~181쪽.

44) 송기중은 17세기 충청·전라·경상도의 각 군선별 개조·개삭 비용을 표로 정리하는 과정에서 전라도의 防船(防牌船)에 관한 개조·개삭 규정을 명시하였다(송기중, 2015b, 앞의 논문, 135쪽). 그러나 전거로 제시한 ≪湖南大同事目(全南道大同事目)≫에는 방선(방패선)에 관한 개조·개삭 규정을 찾을 수 없다.

45) ≪肅宗實錄≫ 卷62, 肅宗 44年 9月 4日(己卯), "我國戰船, 體樣重大, 潮水大至, 然後乃可運用, 萬一賊船猝至, 其不可敵必矣."

46) ≪孝宗實錄≫ 卷4, 孝宗 元年 7月 21日(壬申), "沔川自古無戰舡, 丁丑亂後, 始乃設立, 與唐津同力幷造. 旣造之後, 無泊舡之處, 初移海美, 後移洪州."

47) ≪正祖實錄≫ 卷7, 正祖 3年 3月 8日(壬辰), "若令沁都, 兼管統禦之職, 別置小鎭於喬桐, 領以兵船、防船等小船, 瞭防西寇, 羽翼沁營. 則船小而無膠水之患, 勢合而有專制之重."

48) ≪肅宗實錄≫ 卷40, 肅宗 30年 12月 28日(甲午), "防牌船, 蓋出於西海之用."

49) 조창漕倉은 내륙 조창과 연해 조창으로 나뉘고, 조운漕運에 사용되는 조선漕船도 강선江船과 해선海船으로 구별되었다. 조운에 사용되는 배를 통상 조선漕船이나 조운선漕運船이라 칭하지만, 강선을 참선站船, 해선을 조선漕船이라고 구별할 수 있다(金在瑾, 1989, 앞의 책, 158쪽).

50) ≪磻溪隧錄≫ 卷2, 〈田制〉, 打量·出軍·出稅式, "平時 平年總稅 米·黃豆合三十餘萬石. 除西北兩界留本道外 六道稅二十六萬餘石 漕至京. 今平年總稅 十九萬五千餘石. 除兩界二萬三千餘石留本道外 六道稅十七萬二千餘石 漕至京."

51) 최완기, 2006, ≪한국의 전통 선박 한선≫, 이화여대 출판부, 90쪽.

52) ≪湖西大同事目≫ 43條, "本道所定左水站仍朴船七隻 右水站哨亇船三隻 十年改造五年改槊 而改造價米仍朴船四十石 哨亇船六十石 改槊價米仍朴船十五石 哨馬船二十五石. 各其當次之年 所定官及幷定官 以大同米題給措備爲白乎矣. 該曹所納作紙役價 並爲減除爲白乎旀, 忠州所定進上輸運船二隻 改造時價 木二同 改槊時價木四十匹 皆以大同米計給, 舊船本板亦爲和賣補用 而沙工則京畿宣惠廳船 並計三名各給復二結 格軍則各給一結爲白齊."

53) ≪湖西大同事目≫ 42條, "道內津舡 六年改造 三年改槊 而公山四隻 扶餘一隻 石城一隻 恩津一隻忠州三隻 則用於江津過涉, 改造價米十三石 改槊價米四石. 文義一隻 燕歧一隻 沃川二隻 只是連江大川, 改造價米九石 改槊價米三石. 淸州一隻 禮山一隻 永春一隻 淸風一隻 舟陽一隻 沃川 又一隻不過大川水漲時 行用而已 改造時六石 改槊時二石, 磨鍊題給爲白齊."

54) ≪英祖實錄≫ 卷127, 英祖大王行狀, "北關饑, 命移關東, 嶺南穀三萬石, 載之戰兵船, 浮海輸北, 遣御史賑之."

55) ≪磻溪隧錄≫ 卷3, 〈田制後錄〉, 漕運, "沿海邑直上納 蓋出於丁酉亂後. 其弊也 賃載私船 沙格不齊官令勒定 民間多害 各自發船 護送難及 易致僨敗 再徵於民 如此之事 固非一端. 其苟且不成國家事體 甚矣."

56) 崔完基, 1989, ≪朝鮮後期 船運業史硏究≫, 일조각, 72~84쪽.

57) 문광균, 2016, 〈반계 유형원의 조운제도 개혁론〉, ≪朝鮮時代史學報≫ 79, 217~243쪽.

58) 아울러, 18세기에는 숙종대 양역변통논의 과정을 거쳐 영조대 균역법이 실시됨에 따라, 공납貢納에 이어 신역身役 또한 일부 지세화地稅化된다. 균역법은 군역軍役에 부과하는 군포軍布를 감필減匹하는 대신, 감필에 따른 재정 수입의 손실분을 결미結米, 선무군관포選武軍官布, 어염세漁鹽稅 등으로 충당하고자 하였다. 이때, 토지에 부과하는 결미가 상당 부분을 차지하고 있었던 만큼, 이를 운송하기 위한 선운船運 부담의 가중이 불가피하였을 것으로 생각된다. 조선 조정은 한정된 국가재원 속에서, 해방海防을 위한 군선과 조운漕運을 위한 조선(조운선)을 어떻게 운영하면 두 목표를 모두 성공적으로 달성할 수 있을까를 끊임없이 고민하였을 것이다.

59) ≪正祖實錄≫ 卷48, 正祖 22年 1月 21日(丙戌), "上, 以戰漕船通用之策, 屢問群臣."

60) ≪各船圖本≫(서울대 규장각, 奎 12163 ; 奎 15752).

61) ≪正祖實錄≫ 卷12, 正祖 5年 8月 27日(丁酉), "戶曹判書鄭民始啓言 : 兵防船之運載稅穀, 曾有仰陳. 而卽聞實錄考出時, 亦有運載已例云."

62) ≪正祖實錄≫ 卷12, 正祖 5年 8月 27日(丁酉), "御營大將李柱國曰 : 設置戰船, 以備不虞, 運載稅穀, 則風和六朔, 其將無船矣. 臣未知可也."

63) ≪正祖實錄≫ 卷46, 正祖 21年 1月 17日(戊午), "戶曹判書李時秀啓言 : 戰船運漕事, 就議於大臣, 則領左相別無異見, 右相則以爲, 船制若異漕船, 則有難輕議云矣. 上曰 : 戰船之制何如? 時秀曰 : 比漕船差小, 且用鐵釘. 上曰 : 更當爛商, 而先以新造船隻, 務極堅精之意, 申飭."

64) ≪正祖實錄≫ 卷48, 正祖 22年 1月 21日(丙戌).

65) 한편, 통제사 윤득규의 조례가 보고된 시점으로부터 약 10개월 뒤인 정조 22년(1798) 11월 29일, 좌의정 이병모는 송정松政에 대해 언급하며 소나무에 대한 폐단[목재 부족]을 구제할 수 있는 최선의 방법은 "전선과 조운선을 통용하는 것"이라고 강조하였다. 이에 덧붙여 "설령 전선에는 혹 곤란한 점이 있더라도 병선을 조운선으로 통용하고 조운선을 병선으로 통용하는 데는 장애되는 점이 없다"고 하였는데(≪正祖實錄≫ 卷50, 正祖 22年 11月 29日(戊子)), 군선 중 물자보급선으로 설계된 병선의 경우 큰 문제 없이 조·전 통용이 가능했던 것으로 보인다.

66) ≪各船圖本≫은 지금껏 조선후기 군선의 선체를 고증·복원하는 주요 자료로 활용되었음에도(이원식, 1990, ≪한국의 배≫, 대원사, 32~44쪽 ; 金在瑾, 1993, ≪續韓國船舶史硏究≫, 서울대 출판부, 201~213쪽), 이것이 만들어진 배경과 그 목적 자체는 자세히 규명되지 못하였다. 최근 한 연구서를 통해 ≪각선도본≫의 작성 배경과 용도가 밝혀진 바 있다(송기중, 2019, ≪조선 후기 수군 연구≫, 역사비평사, 300~311쪽).

67) 金在瑾, 1993, 앞의 책, 207쪽.

68) 현전하는 ≪각선도본≫은 두 개가 있다. 본고에서 활용한 奎 15752는 6점의 그림이 6첩 1책으로 제본되어 있는 모사본模寫本이며, 진본眞本은 奎 12163으로 6개의 배가 한 폭의 큰 장지壯紙에 그려져 있다. 두 ≪각선도본≫ 모두 군선의 조·전漕·戰 변통 논의가 구체화되는 과정을 설명하는 데 큰 지장이 없기에 6첩 1책으로 구성된 奎 15752를 활용하였다. 아울러, 설명의 편의를 위해 수록된 그림의 순서를 〈그림 1〉과 같이 조정하였다. ≪각선도본≫(奎 15752)에는 [1], [6], [4], [5], [3], [2] 순으로 수록되어 있다.

69) ≪各船圖本≫(奎 15752) [2]戰船 "杉板七立", [3]戰船 "加付一杉板 又付同杉板"

70) ≪各船圖本≫(奎 15752) [3]戰船 "去船尾改粧曲木飛荷"

71) ≪高宗實錄≫ 卷3, 高宗 3年 12月 28日(癸丑), "議政府啓 : 卽見公忠前水使任商準所報, 則'本營戰·龜·防·兵等船六隻, 一竝改造. 而戰船二隻具上裝, 以漕船樣通用造船'云矣." ; ≪高宗實錄≫ 卷15, 高宗 15年 7月 19日(丁卯), "戰·兵船少變其制, 戰·漕互用, 而待新造年限, 次第變通事也. 此亦行會, 以爲便宜施行."

참고문헌

1. 사료

≪朝鮮王朝實錄≫, ≪經國大典≫, ≪續大典≫, ≪萬機要覽≫, ≪李忠武公全書≫(서울대 규장각, 奎 457), ≪湖西大同事目(湖西大同節目)≫(서울대 규장각, 奎 1594), ≪湖南大同事目(全南道大同事目)≫(서울대 규장각, 奎 1556), ≪各船圖本≫(서울대 규장각, 奎 15752), ≪磻溪隧錄≫(서울대 규장각, 奎3975)

2. 저서

국사편찬위원회(2002), 〈조선 후기의 대외관계〉 ≪신편 한국사≫ 32.
金玉根(1988), ≪朝鮮王朝財政史研究(Ⅲ)≫, 一潮閣.
金在瑾(1977), ≪朝鮮王朝軍船研究≫, 一潮閣.
金在瑾(1984), ≪韓國船舶史研究≫, 서울대 출판부.
金在瑾(1989), ≪우리 배의 歷史≫, 서울대 출판부.
金在瑾(1993), ≪續韓國船舶史研究≫, 서울대 출판부.
方相鉉(1991), ≪朝鮮初期 水軍制度≫, 民族文化社.
송기중(2019), ≪조선 후기 수군 연구≫, 역사비평사.
오붕근(1998), ≪조선수군사≫, 한국문화사.
이원식(1990), ≪한국의 배≫, 대원사.
이정철(2010), ≪대동법 : 조선최고의 개혁≫, 역사비평사.
張學根(1987), ≪朝鮮時代海洋防衛史≫, 創美社.
崔碩南(1984), ≪韓國水軍史研究≫, 鳴洋社.
崔完基(1989), ≪朝鮮後期 船運業史研究≫, 일조각.
최완기(2006), ≪한국의 전통 선박 한선≫, 이화여대 출판부.

3. 논문

姜萬吉(1968), 〈李朝造船史〉, ≪韓國文化史大系Ⅲ≫, 고려대 민족문화연구소.
金在瑾(1976), 〈板屋船考〉, ≪韓國史論≫ 3.
金在瑾(1982), 〈旅庵의 兵船論에 대하여〉, ≪學術院論文集≫ 21.

南天祐(1976), 〈龜船構造에 대한 再檢討〉, ≪歷史學報≫ 71.
문광균(2012), 〈17세기 경상도지역 공물수취체제와 영남대동법의 실시〉, ≪韓國史學報≫ 46.
문광균(2016), 〈반계 유형원의 조운제도 개혁론〉, ≪朝鮮時代史學報≫ 79.
朴炳柱(1982), 〈朝鮮王朝의 軍船定額變遷에 關한 硏究〉, ≪學位論叢≫ 8.
송기중(2010), 〈17세기 수군방어체제의 개편〉, ≪朝鮮時代史學報≫ 53.
송기중(2015a), 〈17~18세기 수군 軍船의 배치 변화와 개선 방안〉, ≪東方學志≫ 169.
송기중(2015b), 〈대동법 실시와 軍船役 규정의 정비〉, ≪朝鮮時代史學報≫ 72.
李載龒(1970), 〈朝鮮前期의 水軍 -軍役關係를 中心으로-〉, ≪韓國史硏究≫ 5.
이정철(2004), ≪17세기 朝鮮의 貢納制 改革論議와 大同法의 成立≫, 고려대 박사학위논문.
정진술(2019), 〈임진왜란 시기 거북선의 복원을 위한 구조 탐색〉, ≪충무공 이순신과 한국 해양≫ 6.
趙成都(1963), 〈龜船考〉, ≪海軍士官學校 硏究報告≫ 2.
崔永禧(1958), 〈龜船考〉, ≪史叢≫ 3.
韓榮國(1960·1961), 〈湖西에 實施된 大同法(上), (下) - 大同法 硏究의 一齣 -〉, ≪歷史學報≫ 13·14.
韓榮國(1961·1963·1964a·1964b), 〈湖南에 實施된 大同法(一), (二), (三), (四) -湖西 大同法과의 比較 및 添補-〉, ≪歷史學報≫ 15·20·21·24.
韓榮國(1976), 〈大同法의 實施〉, ≪한국사≫ 13.

제3부 철학

해군사관학교 철학 교수 김재화

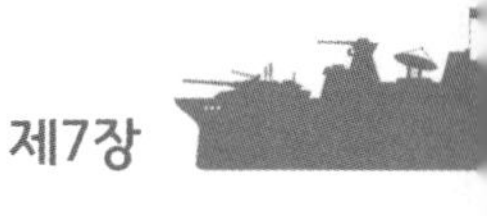

제7장

인공지능은 우리의 전우가 될 수 있을까?

오늘날 인공지능(AI) 기술의 선제적 개발과 활용은 각 국가의 미래를 결정할 핵심 사업으로 인식되고 있다. 미국은 2016년 「인공지능 국가연구 개발 전략 계획」과 「인공지능의 미래를 위한 준비」 및 「인공지능, 자동화, 그리고 경제」 보고서를 발간하며 국가 차원의 인공지능 연구개발 및 정책의 방향을 제시한 바 있으며, 2018년에는 국방부 차원에서의 「인공지능 전략(AI Strategy)」을 발표하였다. 중국 또한 2017년 국무원을 통해 오는 2030년까지 단계별로 AI 기술 개발과 상업화 육성을 추진하겠다는 「차세대 인공지능 발전 규획」을 발표한 바 있다.

이러한 가운데 인공지능(AI) 기술이 발전해나감에 따라 발생할 수 있는 문제들, 이를테면 자율성을 부여받은 무기체계의 등장이 불러올 법적·윤리적 혼란과 같은 문제들에 대한 우려 또한 커지고 있다. 국내에서도 이미 이 문제에 관한 선구적 연구 성과들이 학계에 제출된 바 있다. 그러나 아직까지 '인공지능(AI) 기술과 군대윤리'라는 두 개념의 상관관계에 주목하여 수행된 연구 사례는 찾기 힘든 상황이다. 군대라는 조직과 그 구성원인 군인이 국가방위라는 막중한 임무를 수행하는 것과 관련된 행위·가치·태도에 관한 규범을 군대윤리라고 할 때, 군대윤리와 인공지능 기술 간의 상관관계 여부는 신중히 검토되어야 할 필요가 있어 보인다.

이 글에서는 먼저 인공지능(AI)이란 무엇이며 많은 이들이 인공지능의 위험성을 지적하는 이유가 무엇인지 확인하고, 인공지능과 자율 무기체계의 도입이 미래의 전쟁양상에 어떤 영향을 미칠지에 대하여 검토한다. 다음으로 군대윤리의 개념적 정의를 확인하고 인공지능 무기체계가 기존의 군대윤리에 어떤 영향을 미칠지 검토한 뒤, 인공지능 시대의 군대윤리의 논의 영역이 새롭게 설정되어야 함을 주장해보고자 한다.

인공지능(AI)에 대한 이해

인공지능(AI)의 정의

인공지능(Artificial Intelligence) 개념에 선행하는 인간의 지능 개념부터 확인해보기로 하자. '지능(Intelligence)'의 사전적 정의는 다음과 같다.

> 새로운 대상이나 상황에 부딪혀 그 의미를 이해하고 합리적인 적응 방법을 알아내는 지적 활동의 능력

위 정의가 의미하는 바와 같이, '지능(Intelligence)'이란 인간이 어떤 새로운 사물이나 사태와 마주쳤을 때 그 의미를 이해하고, 문제 상황이 발생할 시에는 그 문제를 해결하기 위해 필요한 제반 사항을 분석하여 논리적이고 창의적인 결론에 도달하는 지적 능력이라 말할 수 있을 것이다.

그러나 아직까지도 인류는 인간의 뇌를 구성하는 각각의 부분들이 인간이 행하는 다양한 지적 활동을 위해 어떻게 독립적으로 혹은 상호적으로 작

용하는지 소상히 파악하지 못하고 있다. 따라서 현재로서는 소위 '기능주의(Functionalism)적 관점'에서, 인공지능의 작동 원리가 인간의 뇌의 그것과 정확히 동일하지는 않을지라도, 만약 인공지능과 인간의 뇌가 같은 입력 값에 대해서 동일한 행동패턴이나 의사결정이라는 결과 값을 보여준다면 인공지능이 인간의 지능을 구현한다고 판단하는 것이 가장 현실적인 선택지라 할 수 있을 것이다. 이러한 맥락에서, 우리는 인공지능을「인간의 지적 능력과 동일한 기능(function)을 구현하는 기계」라고 정의할 수 있을 것이다.

최신의 인공지능 알고리즘을 살펴보는 것은 인공지능에 대한 보다 구체적인 개념을 갖는데 도움을 줄 것이다. 최근 알고리즘 분야에서는 1) 사람의 시각 인지 과정을 모방한 인공 심층 신경망으로써 이미지를 인식하는데 최적화된 CNN(Convolutional Neural Network), 2) 과거에 입력된 데이터와 현재 입력한 데이터를 동시에 고려해야 하는 자연어 처리 분야에 폭넓게 활용되는 RNN(Recurrent Neural Network), 3) 생성자와 구별자가 서로 대립하면서 서로의 성능을 개선시켜 나가는 모델로서 이미지 복원 및 생성 분야에서 탁월한 성능을 보이는 GAN(Generative Adversarial Network) 딥러닝 기반의 강화학습 등이 주목을 받고 있다.

그 중에서도 알파고에 적용된 것으로도 유명한 강화학습(Reinforcement Learning)은 학습의 주체가 주위 환경을 관측하고 행동하면 그 결과에 따라 보상(Reward)과 손실(Penalty)이 주어지는 계속적인 상호작용의 반복을 통해 점차적으로 문제해결을 위한 최적의 행동 모델을 찾음으로써 복잡한 문제를 해결하는 방식의 알고리즘이다. 이러한 알고리즘은 가용 데이터의 양이 풍부해지고 데이터를 처리하는 컴퓨팅 기술이 발전할수록 그 효과가 증대되는 특징을 가졌기 때문에 앞으로 더욱 그 위력이 강력해질 것이라 예상할 수 있다.

약한/좁은 인공지능과 강한/범용 인공지능

약한/좁은 인공지능(weak/narrow AI)이란 특정 분야에서 인간의 지적 활동과 유사한 기능을 수행하는 인공지능을 말한다. 최근 화제가 된 알파고(AlphaGo)와 같이 특정 분야에서 주어진 알고리즘을 수행하여 문제를 해결하는 인공지능이 여기에 해당하며, 현재까지 수행된 인공지능 연구의 중심은 약한 인공지능 분야라 할 수 있다. 알파고가 보여주었듯이 인공지능(AI)은 우리가 생각하는 것보다 많은 분야에서 인간 이상의 능력을 보이고 있다.

2017년 미국 카네기멜론대학에서 개발한 인공지능(AI)이 텍사스 홀덤 포커 게임(Texas Hold'em Poker Game)에서 세계챔피언을 꺾는 일이 일어났다. 텍사스 홀덤 포커 게임은 다른 플레이어들에게 허풍(Bluffing)을 떠는 것까지 포함하여 한 게임의 승패보다 각기 배당이 다른 여러 번의 게임을 전체적으로 어떻게 운영할 것인지가 중요한 고도한 전략 게임이다. 이런 게임에서 인공지능이 세계 챔피언을 이겼다는 것은 AI가 전략적 의사결정에서도 높은 수준의 능력을 발휘한다는 것을 의미한다.

그러나 인간이 할 수 있는 모든 영역에서 인간과 같은 능력을 갖춘 인공지능, 즉 강한/범용 인공지능(strong/general AI)을 만드는 것은 현재로선 상당히 어려워 보이는 일이다. 그 이유는 앞에서도 언급하였듯이 인간은 아직까지 인간의 뇌를 구성하는 각 부분들이 인간의 다양한 지적 활동을 구현하기 어떻게 작동하는지 정확히 파악하지 못하고 있기 때문이다.

인공지능 개발의 세계적 선두 기업으로 평가되는 구글(Google) 딥마인드(DeepMind) 또한 다음 단계의 목표로 범용 알고리즘 개발을 내세운 바 있다. 예를 들어, 2018년 개발된 알파제로(AlphaZero)의 경우가 있다. 알파제로는 2016년에 이세돌 9단을 꺾은 알파고-리(AlphaGo-Lee)를 독학 36시간 만에 물리친 바 있는 알파고-제로(AlphaGo-Zero)의 '범용

버전'으로 개발된 인공지능으로서, 바둑뿐만 아니라 체스와 장기까지 두루 터득한 인공지능이었다. 알파제로는 셀프플레이 학습만으로도 기존의 AI 바둑챔피언 알파고-제로를 30시간 만에, AI 체스챔피언 스톡피쉬를 4시간 만에, AI 장기챔피언 엘모를 2시간 만에 꺾었다. 구글 딥마인드는 이 인공지능의 범용성을 강조하는 의미에서, 기존의 명칭 알파고-제로(AlphaGo-Zero)에서 고(Go:바둑)라는 표현을 빼고 알파제로라 명명하였다. 그러나 이 알파제로 또한 일정 분야에서의 제한된 범용성이기 때문에, 아직까지 강한/범용 인공지능 개발에 획기적 진전은 있다고까지는 말할 수 없는 상황이다.

인공지능의 블랙박스(black box)화에 대한 우려와 설명가능 인공지능(eXplainable AI, XAI)에 대한 요구

인공지능의 뛰어난 능력은 우리에게 감탄을 불러일으킴과 동시에 블랙박스(black box)화에 대한 우려를 불러일으켰다. 여기서 블랙박스란 그 기능은 알지만 작동 원리는 이해할 수 없는 기계장치를 의미한다. 만약 인공지능이 특정 분야에서 명백히 인간보다 훨씬 더 뛰어난 능력을 발휘할 경우, 해당 분야의 업무를 인공지능에게 맡기는 것은 일견 지극히 합리적인 의사결정으로 보인다. 그런데 만약 인간이 인공지능의 내부적 사고과정을 이해하지 못한다면 어떨까? 아래의 경우에 대해 생각해보자.

교통신호 통제와 관련하여, 인공지능이 도시 전체의 원활한 교통 흐름을 유지하는데 인간보다 훨씬 더 탁월한 능력을 발휘한다는 사실이 드러났다고 해보자. 그에 따라 서울시는 시 전반의 교통신호 통제 업무를 인공지능에게 위임하였다. 그러던 어느 날 갑자기 특정 지역의 교통신호가 기존과 전혀 다른 방식으로 작동하기 시작하였다. 그로 인해 그 날 다수의 사망자가 발생하였지만 어느 누구도 정확한 이유를 알지 못한다. 다만 도시 전체의 교통 흐름 개선을 위해 인공지능이 취한 조치였

을 것이라 짐작할 뿐이다.

위 사례는 사고실험이지만, 만약 실제 상황에서 인공지능이 도시의 교통 흐름 개선을 위해 어느 정도의 사상자가 발생하는 피해는 감수하는 것이 낫다는 판단을 내린다면, 그와 같이 인간에게 해를 끼치는 의사결정을 할 가능성이 있는 인공지능에게는 더 이상 업무를 맡기지 않는 것이 합리적이라 할 것이다.

이미 민간에서는 의료나 금융, 보험업과 같이 고객의 신뢰가 사업의 가장 큰 기반이 되는 사업의 경우 인공지능을 활용하되 스스로 자료를 해석하고서 인간에게는 판단 결과만 알려주는 수준의 인공지능을 넘어 반드시 '왜' 그 결과가 도출되었는지를 인간이 이해할 수 있는 방식으로 설명해주는 이른바 '설명가능 인공지능(Explainable AI, XAI)'을 요구하는 상황이다. 또 XAI를 활용함으로써 인간은 1) 인공지능 시스템의 성능 향상, 2) 통찰력 습득, 3) 법적 책임 및 준수 확인 등의 효과도 기대할 수 있다. 이러한 논의를 통해 우리는 무기체계를 통제하면서 인명 살상까지 포함된 고도로 위험한 임무를 수행하는 국방 분야에 도입될 인공지능에도 반드시 그 필수조건으로서 '설명가능성'이 요구되어야 함을 알 수 있다.

인공지능(AI) 시대의 전쟁 양상

자율무기체계의 고도화와 무인화·사이버전화

많은 군사 전문가들은 미래의 전쟁 패러다임을 바꿀 게임 체인저로 자율무기체계를 지목하고 있다. 여기서 '자율(Autonomy)' 개념은 '자동화(Automation)' 개념과 명확히 구분된다. 군함의 경우로 예를 들어 보겠다.

만약 어떤 무기체계가 '자동화' 되었다면, 이는 그 무기체계가 인간이 설정한 규칙 하에서 특정한 권한을 부여받았다는 것을 의미한다. 이를테면 군함에서 레이더가 특정 표적을 접촉할시 자동으로 추적을 시작하고 그러면 함포가 자동으로 그 표적을 겨냥하도록 설정하는 것과 같은 경우를 말한다. 이 경우 함포의 최종 발포여부는 인간이 결정하게 된다. 이와 달리 '자율' 무기체계는 자율 모드로 설정하는 그 순간부터 인간과 독립적으로 스스로 상황을 파악하고 임무달성을 위한 행동을 결심하여 수행하는 무기를 말한다. 예컨대 군함에서 사용하는 팰렁스(Phalanx)나 골키퍼(Goalkeeper)와 같은 근접방어무기체계(Close-In Weapon System)는 자율모드를 활성화한 순간부터 군함의 메인 레이더와 독립적으로 자체 레이더와 센서를 작동하여 군함에 접근하는 물체가 있을시 스스로 요격한다. 자율모드에서는 인간이 무기체계의 의사결정 과정에 개입 할 수 없다. 이처럼 자율 무기체계란 인간으로부터 독립적인 의사결정권을 가진 무기체계를 의미하며, 인공지능(AI) 기술의 발전과 비례하여 자율 무기체계 또한 계속해서 고도화 되고 있는 상황이다.

미래의 전쟁 양상은 인공지능 기술이 발전함에 따라 더욱더 무인화·사이버전화 될 것으로 예상된다. 인공지능(AI) 위성이 스스로 촬영한 이미지를 실시간으로 분석해 적군의 동향을 파악하고 이상 징후가 있을 시에는 즉각적으로 포착하여 보고하는 정찰업무를 수행하고, 인공지능 알고리즘이 알아서 적군에 대한 해킹과 바이러스 공격과 같은 사이버전을 수행하며, 전장에서는 인공지능을 탑재한 드론과 로봇이 인간 대신 전투를 수행할 시기가 다가오고 있다. 마이크로 군집(swarm) 드론을 포함한 다수의 수중·지상·항공 무인체계가 개발 되었거나 곧 개발될 예정이며, 인간을 거의 감쪽같이 속일만큼 정교한 가짜 뉴스와 가짜 동영상을 생산해내는 인공지능이 이미 개발되었고 계속 진화중이다. 이러한 각종 인공지능 기술은 전시에 심리전, 대중선동, 정치적 혼란 등을 통해 사회전반을 뒤흔들 위력을 가질 것으로 보인다.

사이버 보안의 중요성 증대

미래에는 실제 전장에서의 전투는 대부분 인공지능 무기체계가 담당하고 인간은 인공지능을 관리·조종하면서 중요 사항들만 최종 결심하는 역할을 맡게 될 것으로 예상되고 있다. 이럴 경우 지휘관은 인공지능 알고리즘에게 많은 권한을 위임함과 동시에 많은 것을 의존하게 된다. 이러한 의존 양상은 인공지능을 도입한 대부분의 국가에서 비슷하게 일어날 것이기 때문에, 미래에는 아마도 적의 인공지능을 무력화하는 것과 우리의 인공지능을 보호하는 것이 전쟁의 승패에 결정적인 요소 중 하나로 작용하게 될 것이다.

국내의 경우, 육군은 2019년 1월 교육사령부 산하에 군사혁신을 위하여 인공지능(AI) 연구발전처를 창설하였고, 3월에는 KAIST에 교육사령부와의 AI협업센터를 설치하고 서울대학교에 '미래전연구센터'를 설립했다. 육군은 이를 통해 미래전쟁에 적용하기 위한 AI 분야의 체계적인 준비 작업을 시작했다. 해군 또한 인공지능 도입 사업의 일환으로 인공지능을 면접 도구로 활용하기로 결정하는 등 미래에 대처하기 위해 활발히 움직이고 있다. 앞으로 우리 군의 인공지능 기술이 발전하면 할수록 인공지능에 의존하는 비중 또한 높아지고, 그에 따라 사이버 보안의 중요성 또한 증가할 것이다.

인공지능(AI) 시대의 군대윤리

지금까지 인공지능이 무엇이며 무엇이 문제가 되는지, 그리고 인공지능을 탑재한 무기체계가 미래 전쟁의 양상을 어떻게 변화시킬 것인지에 대하여 살펴보았다. 이어지는 논의에서는 인공지능 시대에 걸맞은 군대윤리란 무엇일지에 대해 검토해보기로 한다.

군대윤리의 정의와 세 가지 범주

우선 학문적 관점에서 보았을 때, 군대윤리란 일차적으로는 우리의 삶의 영역에서 발생하는 구체적인 도덕적 상황들에 대처하는 '응용윤리'이자, 군대라는 군사전문집단 안에서 발생하는 행위나 태도의 옳고 그름을 체계적으로 구분하기 위해 필요한 판단기준의 역할을 하는 '직업윤리'이라 할 수 있다. 이러한 군대윤리에 대해 대한민국 국방부는 "군 임무수행과 관련하여 군 또는 군인이 지녀야 할 가치, 태도, 행동의 규범 체계"로, 미국의 군대윤리위원회는 "군사 전문 직업과 관련한 군인들의 옳고 그른 행동과 도덕적 분별 및 선택에 관한 연구"라고 정의하고 있다.

군대윤리는 크게 다음 세 가지 범주로 나뉜다. 첫 번째 범주는 '전쟁윤리'이다. 이는 군대(군인)의 가장 핵심적이고 특징적 기능이랄 수 있는 전쟁 상황에서의 도덕적 문제를 다루는 범주로서, 다시 '전쟁의 도덕성'(합법적 권한, 정당한 명분, 명분의 선언, 올바른 의도, 비례성, 합리적 성공 가능성, 최후의 수단, 평화의 목적)과 '전쟁에서의 도덕성'(구별성, 비례성)으로 구분할 수 있다. 두 번째 범주는 '공적 도덕성'이다. 이는 전문군사직업인으로서 군인이 갖춰야 할 덕목들을 다루는 범주로서, 대표적 덕목들로는 명예, 충성, 용기, 필승의 신념, 임전무퇴, 애국애족, 비밀 엄수, 전쟁법 준수, 인간 존엄성 존중(사랑, 평화애호)의 덕목들이 있다. 마지막 세 번째 범주는 '사적 도덕성'이다. 이 범주의 존재는 이중적 의미를 지니는데, 하나는 군인이 공적 영역뿐만 아니라 사적인 영역에서도 높은 수준의 도덕성을 유지할 것을 요구한다는 점에서 군대윤리의 영역 자체의 확장을 의미한다는 것이고, 다른 하나는 군대윤리가 특정집단에 국한된 특수성을 넘어서는 인류 보편의 윤리에 기반을 두어야 함을 의미하는 것이다.

자율살상무기에 대한 우려와 인공지능(로봇) 윤리 헌장

자율무기체계(AWS: Autonomous Weapon System) 중에서도 소위 '킬러로봇'이라 불리는, 스스로 판단하여 인간의 생명을 앗아갈 수도 있는 자율살상무기(LAWS: Lethal Autonomous Weapon System)의 개발은 군대의 임무 수행과 관련하여 다음과 같은 중대한 윤리적, 법적 문제를 야기한다. 첫째, 인간이 아닌 기계가 독립적 판단 하에 인간을 죽일 수 있도록 허용하는 것은 인간의 존엄성이라는 전 인류가 공유하는 윤리적 토대를 파괴하는 중대한 위협이라는 문제제기가 있다. 둘째, 전쟁법과 국제인도주의 법에서의 기본 원칙인 민간인 살상금지에 관한 문제로서, 외양으로 전투원과 민간인의 분간이 쉽지 않은 수많은 복잡한 상황에서 자율살상무기가 양자를 제대로 구분할 수 없을 것이라는 문제제기가 있다. 셋째, 비례성의 원칙에 관한 것으로서, 킬러로봇은 전쟁을 수행함에 있어 군사적 목적 달성에 필요한 인명과 재산의 피해규모를 인간의 개입 없이는 적절히 판단하지 못할 것이라는 문제제기가 있다. 이러한 문제는 군대윤리 중 '전쟁윤리' 범주에 큰 영향을 끼치는 것이다.

인공지능(로봇)의 윤리에는 인공지능(로봇)과 인간과의 공존, 인공지능(로봇) 개발자와 사용자의 책임, 프라이버시 보호와 투명성, 인공지능(로봇) 기반 무기경쟁 금지, 전 인류 공동의 선을 위한 초지능 개발 등이 포함되어 있다. 인공지능의 사고를 인간이 이해하지 못할 경우의 위험성에 대한 우려가 커지면서, 인간이 인공지능에 대한 통제권을 언제나 유지하고 윤리적인 인공지능만을 개발할 필요성에 대해 목소리가 높아지고 있다. 2015

년에는 전 세계에서 천 명이 넘는 인공지능 전문가들이 인공지능자율무기 개발 금지를 촉구하는 결의안에 서명하였고 그 결의안은 제24회 인공지능 국제합동회의(IJCAI-15)에 제출되었다. 그러나 다른 한편으로는 인공지능 자율살상무기 개발에 찬성하는 논리도 제기된 바 있다. 찬성론자들은 현실적으로 전쟁이 피할 수 없는 것이라면 차라리 기계가 전쟁을 수행하는 것이 인명의 피해를 대신하는 방안이 될 수 있고, 전시 민간인 학살이나 성폭행과 같은 끔찍한 사고도 방지할 수 있으며, 누가 언제 어떤 명령을 내렸는지를 기록하기가 쉬어 책임자를 명확히 가려낼 수 있는 장점이 있다고 주장하기도 한다.

가장 최근에 발표된 2017년 「아실로마 AI 원칙」의 주요 내용을 꼽자면 다음과 같다. 1) 인공지능의 개발은 방향성 없는 지능이 아니라 인간에게 유용한 지능에 대한 개발이어야 하고, 2) 인공지능 시스템은 언제나 인간의 존엄성, 권리, 자유 및 문화적 다양성의 이상에 적합하도록 설계되고 운용되어야 하며, 3) 첨단 인공지능의 설계자와 구축자는 인공지능의 사용, 오용 및 행동의 도덕적 영향을 미치는 이해관계자이며 그에 따른 책임과 기회가 주어지고, 4) 치명적인 인공지능 무기의 군비 경쟁은 피하야 하며, 5) 초지능은 윤리적 이상을 널리 공유하는 방식으로 발전되어야 하고 한 국가나 조직보다 전 인류의 이익을 위하여 개발되어야 한다.

군대윤리의 새로운 도덕 행위주체(moral agent)로서 인공지능 자율무기체계 추가 필요

인공지능 자율무기체계를 보유한 군대는 그들의 군대윤리 안에 인공지능 자율무기체계를 새로운 도덕 행위주체(moral agent)로 추가 설정해야 할 것이다. 그 이유는 아래와 같이 크게 두 가지로 나눠 볼 수 있다.

첫 번째 이유는 인공지능을 탑재한 자율무기체계에게 독립적 의사결정

능력이 있기 때문이다. 가령 국내의 경우 2006년 삼성테크윈(現 한화에어로스페이스)이 개발한 지능형 지상 감시무기체계 SGR-A1이 존재한다. SGR-A1는 열감지 탐색과 다수의 자동 표적 추적이 가능하고, 동물과 사람을 구별하여 사람에게 암구호를 요구하고 목소리를 확인할 수도 있다. SGR-A1의 최종 발포권은 기본적으로는 인간이 갖고 있으나, 만약 '자율' 모드로 설정할 경우 언제든지 SGR-A1 독립적 판단에 의해 인명사살이 가능한 상황이다.

두 번째 이유는 인공지능 자율무기체계가 군대라는 사회적 관계망 내에서 자연스레 다른 행위주체인 인간(군인)의 윤리적 행위·가치·태도에 큰 영향을 끼칠 수 있기 때문이다. 가령 드론·로봇전투단의 교육센터에서 교육받는 병사들은 자신이 직접 전장에서 전차나 항공기를 타고 포를 발사하는 일은 결코 없을 것이라는 전제하에 원거리에서 드론과 로봇을 활용하여 목표를 타격하는 훈련을 받게 될 것이다. 이러한 상황이 그들로 하여금 전쟁을 마치 비디오게임 하는 것처럼 인식하는 일명 '플레이스테이션 멘탈리티'에 빠지게 하여 인명살상에 대한 죄책감을 결여시킴으로써 인간의 존엄성을 훼손하고 생명에 대한 경시 풍조로 이어질 수 있다는 우려는 꾸준히 제기되어 왔다. 또한 포연탄우 생사 간에 자신의 목숨을 걸고 임무를 수행하는 전쟁국면 자체가 아예 없거나 최소화 되면서, 전쟁 자체의 의미와 국가의 전쟁을 수행하는 군인의 명예, 희생과 같은 가치 인식에 근본적인 변화가 생길 가능성도 있다. 이러한 문제들은 군대윤리 중 '공적 도덕성'과 '사적 도덕성' 범주에 심각한 영향을 끼치는 것이다.

이처럼 인공지능 무기체계는 이미 우리 국군의 일상 속에 포함되어 있으므로, 우리 국군에게는 기존의 군대윤리의 논의 영역에 인공지능 무기체계라는 행위 주체를 새롭게 추가할 필요가 있다 할 것이다.

인공지능의 책임 문제에 대한 숙고 필요

만약 인공지능을 탑재한 자율무기체계가 도덕적 행위주체로서 군대윤리의 영역에 추가된다면, 인공지능이 어떤 행위를 하거나 하지 않기로 결정함으로써 생기는 사태의 결과에 대한 '책임' 문제 또한 반드시 숙고되어야 할 것이다. 현재까지 개발된 약한/좁은 인공지능은 기본적으로 책임을 질 수 없는 존재이기 때문이다.

현재처럼 모든 인공지능의 제작 및 활용이 인류문명의 공공선 달성이라는 목적을 위하는 것이어야만 한다는 전제하에 행해지는 상황에서는, 인공지능형 로봇의 문제는 결국 인간의 책임으로 귀결된다. 인간은 인공지능을 제작하고 활용하는 주체이며 인공지능형 로봇은 어디까지나 인간으로부터 인간의 도구로서의 존재 의미를 부여받는다.

또한, 어떤 인공지능형 로봇에게 탑재된 소프트웨어가 과연 얼마만큼의 자율성을 구현할 수 있는지의 문제를 떠나서, 애초에 그 소프트웨어가 인간의 목적을 달성하기 위해 코딩 된 것이고 인공지능형 로봇은 단지 그 프로그램을 수행하는 것일 뿐이라면, 이는 해당 로봇의 행위로부터 일어난 결과에 대한 책임이 결국 인간에게 있다는 것을 의미한다. 따라서 인공지능 자율무기체계에 탑재되는 소프트웨어의 성격은 언제나 군대윤리에 따르는 것이어야 할 것이다.

마치며

인간이 인공지능 내부의 사고과정을 이해하지 못하는 이른바 블랙박스(black box)화 현상은 무기를 통제하며 인명의 살상까지 포함된 각종 임무를 수행하는 국방 업무의 성격상 용납될 수 없을 것으로 보인다. 따라서 국방 분야에 도입되는 일체의 인공지능은 반드시 내부적 사고 과정을 인간이 이해할 수 있는 방식으로 설명해주는 이른바 '설명가능 인공지능(eXplainable AI, XAI)'이어야 할 것이다.

또한 오늘날 국방 업무에 도입되고 있는 인공지능은 인간으로부터 독립적인 의사결정권(자율성)을 부여받은 기계로서, 이러한 존재의 등장은 기존에 군대를 구성하는 유일한 도덕적 행위주체였던 인간(군인)에게 직접적인 영향을 끼칠 가능성이 높다. 특히 인공지능에 점점 더 의존하는 미래의 전쟁양상은 기존 군대윤리를 구성하는 세 범주인 군인의 '전쟁윤리', '공적 도덕성', '사적 도덕성' 모두에 큰 영향을 끼칠 것으로 예상된다. 따라서 군대윤리의 영역 속에 인공지능 자율무기체계를 새로운 도덕적 행위주체로 추가 설정하여야 하며, 그에 따라 대두되는 인공지능의 책임 문제에 관해서도 숙고해야만 할 것이다.

참고문헌

"AI weapons, in which the U.S. and China compete to possess them first. A nuclear weapons-grade change is approaching the war". The JoongAng Ilbo. (2017.08.20.), https://news.joins.com/article/21857186.

Back, M. J. (2017). The Study on the Criminal Subject and Liability of AI Robots. *International Journal of Justice & Law* 2(2), 15~21.

"China's Next Generation AI Development Plan and Action Plan". Financial Security Institute, security technology research team. (2018.5.3.). https://www.fsec.or.kr › common › proc › fsec › bbs › fileDownLoad.

Cheon, H. D. (2019). Beyond "Stop Killer Robots": The Ethical Issue of Autonomous Weapon System. *Trans-Humamities* 12(1), 5~31.

"Explainable AI (eXplainable AI, XAI)". Financial Security Institute, security technology research team. (2018.3.23.). https://www.fsec.or.kr › common › proc › fsec › bbs › fileDownLoad.

"From December, if you apply for a naval officer, you will be interviewed for artificial intelligence". The Korea Defense Daily. (2019.5.23.). http://kookbang.dema.mil.kr/newsWeb/20190524/4/BBSMSTR_000000010024/view.do.

Han, H. W. (2018). A Basic Study on the Legal and Moral Issues About Artificially Intelligenced Killer Robots Under the International Humanitarian Law And Human Rights Law. *CHUNG_ANG LAW REVIEW* 20(1), 325~365.

Henry A. Kissinger. (2018). How the Enlightenment Ends. The Atlatic [Online]. https://www.theatlantic.com/magazine/archive/2018/06/henry-kissinger-ai-could-mean-the-end-of-human-history/559124/.

Kakao AI report editor. (2018). *Kakao AI report*. Seoul : Book By Book.

Kim, M. H. (2018). Modeling a legal and Ethical Decision-Making Process for Autonomous Unmanned Combat Systems. *The Quarterly Journal of Defense Policy Studies* 34(3), 135~154.

Lee, I. G., & Kang, C. H. (2018). A Study on the Theory of Criminal Law of Artificial Intelligence Robots - Focusing on criminal ability and criminal liability -. *Law Review* 18(3), 21~54.

Lee, S. C. (2017). *Study of military ethics based on Kant's deontological theory*. Doctoral dissertation. Seoul National University, Seoul.

Masakazu Kobayashi. (2018). The day when artificial intelligence kills humans. Seoul : A new proposal.

National Institute of Korean Language. Standard Korean Language Dictionary. https://stdict.korean.go.kr. "Intelligence" entry.

Science and Technology Policy Institute. (2018). The Forecast of Artificial Intelligence Technology and the Direction of Innovation Policy-Focused on the Improvement of National AI R&D Policy. [Policy Research 18-13]. Sejong : STEPI.

Sheen, S. H. (2019). International Debate over Lethal Autonomous Weapon Systems and North East Asia. *RIAS* 28(1), 1~28.

"The idea of future war is coming from the private sector. The World War on 'AI Weapons Development'". The Korea Economic Daily. (2019.06.24.). https://www.hankyung.com/politics/article/2019062431151.

United States Department of Defense. (2019). SUMMARY OF THE 2018 DEPARTMENT OF DEFENSE ARTIFICIAL INTELLIGENCE STRATEGY, https://media.defense.gov/2019/Feb/12/2002088963/-1/-1/1/SUMMARY-OF-DOD-AI-STRATEGY.PDF.

Yun, Y. S. (2018). *A Study of the Criminal Law on Artificial Intelligence(AI)-Robot*. Doctoral dissertation, Seoul National University, Seoul.

제8장

기품있는 신사가 된 충무공의 후예들!

한 조직의 문화는 대개 그 조직이 처음 만들어질 당시의 구성원들에게 공유되던 가치관에 의해 형성되며, 이후에도 조직의 정체성과 문화에 지속적인 영향을 미치게 된다. 이러한 맥락에서 볼 때, 해군의 창군 정신은 해군의 정체성과 조직문화의 뿌리로서, 해군이 어떻게 운영되어야 하는가에 대한 방향성을 제시해준다고 할 수 있다.

이 글에서는 대한민국해군 창설의 주역이었던 손원일 제독이 주창한 '신사도 정신'의 역사적 유래와 그 가치 체계의 내용을 정확히 인식하고, 그가 주창한 신사도 정신을 바탕으로 대한민국해군이 앞으로 구축해 나가야 할 미래의 선진 해군상을 제안해 보고자 한다.

우리는 먼저 역사·문화적으로 공유되어 온 일반적 의미의 신사도 개념을 그 역사적 유래와 그 정신을 구성하는 가치 체계들로 구분하여 고찰해 볼 것이다.[1] 이를 통해 신사도 정신의 뿌리라고 할 수 있는 중세 기사도 정신의 형성과 확립 과정 그리고 이것이 근대의 신사도 정신으로 계승 발전되어 재탄생되는 모습을 살펴보게 될 것이다.

다음으로 해군의 창군 정신과 신사도 정신 사이의 위상적 상호관계를 살펴봄으로써 신사도 정신이 창군 과정에서 매우 중요한 정신적 위상과 가치를 지니고 있음을 확인할 것이다. 또 이러한 신사도 정신의 일반적 의미를 기반으로 하여 손 제독이 이른바 해군의 신사도로 매우 중요하게 제시한 '기품'의 가치와 의미를 손 제독이 남긴 문헌 자료를 통해 면밀하게 살펴볼 것이다. 그리고 이를 기반으로 하여 대한민국해군이 미래 선진 해군으로 도약하기 위해 지향해야 할 선진 해군상으로 「기품있는 신사 해군」을 제시해 보고자 한다.

신사도 정신의 유래와 그 가치 체계

근대 영국에서 확립된 신사도 정신은 중세 서유럽 귀족들의 가치관을 대표하는 기사도 정신에 뿌리를 두고 있다. 이 장에서는 먼저 중세 기사도 정신의 형성 과정을 살펴보고, 이것이 근대에 이르러 신사도 정신으로 계승 발전되었음을 언급할 것이다. 논의의 중점은 두 정신이 형성되었던 각각의 시대적 배경과 그 가치 체계의 주요 내용이 될 것이다.

중세 기사도 정신의 형성

시대적 배경

유럽의 중세는 서로마제국이 무너진 475년부터 16세기 봉건제가 절대왕정으로 전환되기 시작할 때까지의 대략 천 년의 시간을 의미한다. 도미노 현상과도 같았던 고대 말기 게르만족의 대이동은 과거 로마제국이 구축한 지중해 중심의 고대 세계를 와해시키고, 당시의 시대적 상황을 전혀 새로운 국면에 접어들게 만들었다(박윤덕 외 2016, 36-92) 게르만족의 대이동 이후 중세의 서유럽은 기독교적 가치가 사회 전반을 지배하게 되어 흔히 "중세의 역사는 기독교의 역사"라고 일컬어지기도 한다. 이 시기 서유럽은 지방 영주 단위의 중소 장원 농업경제를 중심으로 하는 봉건 사회로 완전히 변모하게 된다.

중세 봉건제도 하에서 각 지방의 영주는 지주이자 귀족인 동시에 전사였다. 영주는 자신의 영지에서 소작하는 농민들의 생명과 재산을 보호해야 했기 때문에 자신의 군대를 육성하고 지휘하는 데 많은 신경을 쏟았다. 그리하여 중세 서유럽 사회에는, 세상은 기독교 교회를 중심으로 하여 신의 뜻에 따라 기도하는 자(성직자), 싸우는 자(전사), 일하는 자(농민)로 구성되어 질서를 유지하고 있다는 이른바 직업적 직능에 기반한 삼신분(三身分) 이론이 자리 잡게 되었다(서양중세사학회 2003, 127-157).

기사도 정신의 가치 체계[2)]

기사(cavalry)란 기마전사(騎馬戰士), 즉 말을 타고 싸우는 전사를 지칭하며, 기사도(騎士道, chivalry)란 중세 서유럽의 기사들이 확립했던 기사 고유의 가치 체계를 말한다. 고대부터 중세 초기까지만 해도 당대 서유럽을 지배했던 로마제국이나 프랑크왕국과 같은 국가들은 보병을 핵심으로 하는 군대를 보유했다. 그러나 시간이 지남에 따라, 철제 갑옷을 입고 검과 창을 든 채 말을 타고 전력 질주하여 적 보병대의 전열을 단숨에 무너뜨리고 전의를 상실케 하는 기사들의 전술적 가치가 점점 더 높아지게 되었다. 이에 영주들은 훌륭한 기사를 확보하기 위해 노력하였는데, 고가의 장비와 말을 구입하고 유지하는 데에는 많은 비용이 필요했으므로 이들은 기사들에게 일정 규모의 영지를 부여하여 그 비용을 충당하도록 하는 방식을 취했다. 이는 비록 작은 규모이지만 기사들 또한 지주가 되었음을 의미한다.

이렇게 새롭게 부상한 기사 계층은 서서히 농민계급으로부터 떨어져나와 귀족계층과 융화되기 시작한다. 비록 기사 계층 내에서도 농노출신의 하급기사부터 대제후에 이르기까지의 커다란 세력 편차가 존재하였지만, 그럼에도 불구하고 그들은 모두 기사도라는 동일한 가치 체계를 공유하면서 자신들만의 정체성을 확립했으며, 기사도를 자신의 행위 규범이자 삶의 이상으로 삼았다. 기사도 정신의 가치 체계는 아래와 같은 네 가지 측면의 가치로 이루어져 있다.

첫째, 전사적 가치이다. 기사의 가장 중요한 본분은 기독교 신앙과 정의, 영주와 백성 등을 수호하기 위하여 죽음을 무릅쓰고 싸우는 것이다. 죽음을 무릅쓰고 용감하게 싸움으로써 상대방의 두려움을 절로 자아내게 되는 강력한 기사의 존재는 전쟁을 억제하고 전승에 기여하는 효용성을 창출한다. 일반인을 압도하는 이러한 기사의 전투력은 비단 신체적 강인함뿐만이 아니라 어떠한 악조건 속에서도 낙담하지 않는 불굴의 용기, 대담성, 투철한 충성심과 드높은 명예의식 같은 덕목의 전사적 가치를 요구한다.

둘째, 궁정적 가치이다. 12세기 서유럽 사회는 상품교환과 화폐유통의 발달 등으로 인해 경제적으로 한 단계 도약한다. 그로 인해 영주를 중심으로 기사들과 귀부인들로 이루어진 궁정문화가 형성되게 되는데, 그후로부터 이들은 이전의 다소 거친 전사적 풍속에서 벗어나 한결 세련된 이른바 궁정식 풍속을 지향하게 된다. 이때 규범화되기 시작한 행동방식은 기본적으로 물질적 유복함과 높은 수준의 교육이 전제되어 있으며, 대표적 덕목들로는 베풀어야 할 때 베풀 줄 아는 물질적 너그러움, 물질적 탐욕으로부터의 자유로움, 우아한 말씨, 세련된 의복, 예의 바름, 욕망의 중용, 춤과 노래 같은 예능에 대한 소양, 부지런함 등이 있다.

셋째, 기독교적 가치이다. 특히 기독교의 대표적 가치라 할 수 있는 '약자에 대한 보호' 의무가 교황에서 왕으로, 왕에서 영주로, 영주에서 기사로 이전되었다. 바로 이 약자에 대한 보호의 의무라는 기독교적 대의를 자신의 소명으로 삼음으로써, 그러한 희생적 복무의 대가로 기사에게는 전 사회적 감사와 존경이 주어지게 되었고, 결과적으로 기사는 기존의 여타 전사들과는 차원이 다른 사회적 신분 상승의 효과를 얻게 되었다.

서유럽의 기사도에 포함된 이러한 기독교적 가치는 여타 문명권에서는 찾아볼 수 없는 독특한 전사의 면모를 보여준다. 중세 서유럽의 기사는 교회의 명에 의해 전시에도 과도한 무력사용과 비전투원들에 대한 약탈, 강간이 금지되었으며, 항복 의사를 밝힌 포로를 마음대로 다루지 않고 인격적으로 대우하여야 했다. 만약 기사가 이를 어기면 교회로부터 파면을 당할 수 있고, 이는 그의 영혼이 신의 구원을 받지 못하게 됨을 의미했다. 물론 긴박한 전시에 이러한 규칙들이 모두 완벽하게 지켜지지 않았을 수도 있지만, 중요한 것은 이런 규칙들이 명문화되고 시달됨으로써 기사들의 의식에 분명한 영향을 끼쳤다는 점이다. 이러한 기사도 정신은 오늘날 국제인도법(과거의 전쟁법 law of war) 체제 내의 원칙 중 비례성의 원칙, 구별성의 원칙, 전쟁포로 등의 배경이 된다(오시진 2020, 225-253).

넷째, 공동체 의식이다. 앞에서 소개한 전사적, 궁정적, 그리고 기독교적 가치에서 공통적으로 발견되는 중요한 특징은 기사도의 정신이 수평적 공동체 의식을 내포하고 있다는 점이다. 물론 기사 간에도 봉건제 사회의 엄격한 군대식 위계질서는 존재하지만, 그럼에도 불구하고 모두가 스스로를 기사로 칭하는 동료적 연대의식을 보인다는 것이다. 상석이 따로 없는 원탁에 영주와 기사들이 함께 둘러앉은 이미지는 바로 이러한 기사도 정신에 내포된 동류의식, 평등의식이 표출된 것이라 할 수 있다. 이상 네 가지 측면에서 살펴본 기사도 정신의 주요 가치들은 근대에 이르러 신사도 정신으로 계승 발전되어 재탄생하게 된다.

근대 신사도 정신으로의 계승 · 발전

시대적 배경

신사(紳士)는 영국의 젠틀맨(Gentleman)을 번역한 어휘이다.[3] 젠틀맨은 영국의 지주계층으로서 신분상 귀족은 아니지만 일반 자영농 계층과는 다르게 별도 휘장을 사용할 정도의 가문과 재산을 가진 자들이었다. 근대에 접어들면서, 총포의 발달로 인해 소총(rifle)을 든 보병이 일반화되자 전투에서 기사의 효용성은 사라지게 되었지만 기사도 정신의 가치는 사라지지 않았다. 기사도는 근대가 열리면서 찾아온 시민사회에 적합한 신사도(紳士道, Gentlemanship)라는 근대의 이상적 가치관으로 재탄생하게 된다.

기사는 사라졌지만 영국의 지주계층들은 기사도를 바탕으로 한 신사도 정신을 그들의 준거 가치 체계로 삼았다. 지주계층인 젠틀맨들은 신분적으로는 평민이었지만 상류층의 가치 체계인 신사도를 중심으로 지역사회를 단위로 하는 확실한 사교계를 구축하고자 하였으며, 신사도의 계율을 심각히 어긴 구성원은 퇴출하였다. 이는 신사의 자격이란 것이 연간 상당한 수준의 일정 금액 이상을 수입으로 올리는 지주계층일 것을 전제한다는 점에서 물질적 풍요로움과 관련이 없다고 말할 수는 없지만, 그렇다고 해서 돈만 많다고 얻을 수 있는 자격 또한 결코 아니었음을 보여준다. 신사도 정신의 이러한 특징은 산업혁명 이후 급증하는 신흥 유산계층들로 하여금 신사의 자격을 얻고자 노력하게 만드는 효과가 있었고, 이는 국가 전체로 보았을 때 국민 수준의 향상과 국력 신장이라는 긍정적 효과를 가져왔다.

신사도 정신의 가치 체계[4]

그렇다면 신사의 자격인 신사도 정신의 가치 체계는 구체적으로 어떻게 이루어져 있을까? 서지문(2006)의 논의에 따르면, 신사도 정신은 다음과 같은 측면으로 나눠 살펴볼 수 있다.

첫째, 도덕적 명예(영honour, 미honor)와 정의로움이다. 18세기까지만 해도 신사들은 외출할 때 반드시 칼을 차고 다녔는데, 이는 그때까지만 해도 사법체계가 개인의 명예까지 보호해 줄 정도로 발달되지 못했기 때문이기도 하지만, 이는 중세의 기사와 마찬가지로 목숨을 걸고 자신의 명예를 지키려는 신사들의 강한 의지의 발현이었다. 만약 거짓말을 하거나 빚을 갚지 않거나 약속을 지키지 않는 등의 명예롭지 못한 일을 한다거나, 누군가가 자신의 명예를 손상시키는 것을 용인하는 자는 결코 신사의 자격을 얻지 못했다. 지역사회의 지도층으로서, 신사는 어려운 처지에 있는 자신의 소작인들과 같은 약자들을 보호하는 사회적 정의를 외면해서도 안 되었다. 신사는 언제나 정직하고 정의롭게 행동함으로써 도덕적으로 떳떳하고 명예로운 존재여야만 했다.

둘째, 품격 높은 의상과 언어이다. 신사는 품격을 도구 삼아 자신들을 그렇지 않은 존재들과 차별화했다. 신사는 어느 경우에도 격식에 맞는 의상을 갖추어 입어야 했고, 그 언어는 언제나 품격이 높고 격식을 갖춰야 했다. 아무리 화가 나더라도 침착성을 유지하여야 했고, 심지어 남을 비난할 때조차 격식을 갖춰 우회적이고 풍자적으로 비난함으로써 우둔한 자들은 자신이 비난을 받는지도 모르게 해야 했다. 만약 자제심을 잃고 고함을 치거나 천한 말을 내뱉거나 울먹이거나 한다는 것은 곧 신사의 자격이 없음을 의미했다.

셋째, 예절과 교양이다. 신사는 한 지역의 사교계를 이끄는 존재였는데, 여기에서 사교계라는 것은 가끔 무도회나 연주회를 하기도 하였지만, 기본적으로는 대화를 통해 서로 친교를 쌓아가는 장소였다. 이러한 대화 과정 중에 신사의 예절과 교양은 매우 중요했다. 마을에 새로운 이웃이 생겼을 때 처음 안면을 트는 절차, 급하지 않게 서로 가까워지는 절차, 누군가를 소개하는 절차 등은 언제나 격식과 분별이 요구되는 신중한 일이었다. 이상적인 신사는 모두가 동등하게 대화에 참여할 수 있는 평등한 분위기를 조성해야 했고[5], 동시에 모든 사람의 상태를 의식하여 수줍어하는 사람에게는 다정하게, 친숙하지 않은 사람에게는 부드럽게, 가소로운 인간에게도 자비롭게 대해야 했다. 대화 상대방이 불편할 수 있는 화제는 피하고, 대화에서 튀거나 지겹게 오래 말하지 않아야 했다.

또한 신사에게는 물론 대학 수학이나 인문학적 소양 등의 기본 학식이 요구되었지만, 신사에게 학식보다도 더 중시되던 것은 바로 '교양'이었다. 그것은 품격 높은 몸가짐과 언어, 남의 심경을 헤아려 일상에서 처하는 미묘한 상황에서도 남의 감정을 해치지 않고 적절한 처신을 할 줄 아는 체득화된 판단력 등에서 드러나는 것으로서, 곧 소양과 인격과 판단력의 종합적 개념이라 할 수 있다.

현대 사회와 신사도 정신

이상에서 살펴본 바와 같이, 중세 기사도의 전사적, 궁정적, 기독교적 가치는 근대의 신사도에 계승되어 도덕적 명예와 정의로움, 품격 높은 의상과 언어, 예절과 교양이라는 가치로 이어졌다. 여기에서 본고는 현대 사회와 신사도 정신의 관계에 관하여 두 가지를 언급하고 싶다.

첫째, 기사들과 마찬가지로 신사들 간에는 재산이나 나이, 가문의 유서 등에 따른 위계적 질서가 존재함에도 불구하고 그들에게는 뚜렷한 동류의식, 평등의식, 공동체 의식을 가지고 있었다는 점이다. 이는 기사도와 신사도 정신은 공통적으로 그것이 온 사회적 감사와 존경을 받을 만한 도덕적 명예와 정의로움을 바탕으로 하는 가치 체계이기 때문에, 그러한 고결한 가치 체계를 자신의 정체성이자 행위의 준거로 삼는 자들 간에는 비록 현실 사회에는 재산이나 가문의 유서의 격차 등에 따른 사회적 위계가 존재하였음에도 불구하고 뚜렷한 수평적 공동체 의식이 형성된 것이다. 이는 신사도 정신이 현대 사회의 성숙한 시민의식으로 발전하기에 적합한 가치 체계임을 보여준다.

둘째, 영국의 사례에서 보듯, 한 사회의 구성원 대다수가 그 사회에서 인정되는 이상적 인간형을 추구할 때 그 사회는 결과적으로 큰 발전을 이루게 된다는 것이다. 물론 신사를 자처하면서도 겉만 번드르르하고 신사도 정신을 실천하지 않는 위선적인 가짜 신사들이 없지는 않을 것이다. 그러나 전체적으로 보아 구성원 모두가 신사도 정신을 지향하고 스스로 신사가 되기 위해 노력하는 사회적 분위기는 분명 사회 전체의 의식 수준과 생활 문화를 향상시키는데 굉장히 긍정적인 효과를 가져왔다고 볼 수 있다.

손원일 제독의 '신사도 정신'

창군 정신과 신사도 정신

사람마다 성격이 다르듯 조직도 자기만의 특징적인 조직문화를 갖는다. 한 조직의 문화는 대부분 그 조직이 처음 만들어질 당시의 구성원들에게 공유되던 정신, 신념, 가치관에 의해 형성되며, 이것은 이후에도 조직의 정체성과 문화에 지속적으로 영향을 미치게 된다. 이러한 맥락에서 볼 때, 해군의 창군 정신은 해군의 정체성과 조직문화에 영속적으로 영향을 미치는 뿌리로서, 해군이 어떤 마음 자세를 지녀야 하고 어떤 목표를 추구해야 하며 어떤 방식으로 운영되어야 하는가에 대한 방향성을 제시해준다고 할 수 있다. 해군리더십센터에서 2013년에 발간한 책자 『해군 역사와 창군정신』에서는 대한민국해군의 창군 정신을 크게 보아 호국정신, 자주정신, 희생정신, 개척정신, 그리고 신사도 정신의 5대 핵심정신으로 설명하고 있다(해군리더십센터 2013, 119-133).

이러한 5대 핵심정신 중에서도 우리는 특히 신사도 정신을 주목할 필요가 있다. 신사도 정신은 비록 창군 정신의 한 구성 요소라 할 수 있지만, 그것은 나머지의 정신들과 사뭇 다른 위상을 가지고 있기 때문이다. 나머지의 네 가지 정신은 누가 보더라도 해군, 육군, 공군 할 것 없이 군대라면 반드시 지향해야 하는 것으로 기대되는 전형적인 가치들에 속하는 것들이다. 하지만 이와 달리, 신사도 정신은 언뜻 보면 말쑥한 신사들의 품위 유지법인가 싶기도 하고, 사선을 넘나들며 싸워야 하는 군인이 유념해야 할 가치와는 영 동떨어진 것처럼 보이기도 한다.6) 하지만 이는 신사도 정신에 대한 이해가 부족한 데서 비롯된 잘못된 생각이다. 해군의 창군 정신 중의 하나로 신사도 정신이 포함되어 있다는 것은 그만큼 해군의 창군 원로들이 타군과는 차별화되는 해군 고유의 선진화된 정신문화를 지향했던 것이고, 그러한 정신이 지금까지도 해군의 조직문화에 면면히 스며 내려오는 것이라 할 수 있다. 이와 관련하여 육군 중장으로 예편하고 지난 1990년 당시 국무총리를 지냈던 강영훈 전 국무총리가 손원일 제독에 대한 인상을 회고하면서 이야기한 다음의 내용을 참고해볼 필요가 있다.

> 당시만 해도 일본육군 제복을 입고 있던 나의 눈에 단정한 해군 제복을 입고 계신 손제독에 대한 인상은 어딘가 육군과 다른 신선미가 있어 보였고 솔직히 말해 [중략] 군인이라기보다는 영국 사람이 말하는 말쑥한 신사의 위풍이었다. [중략] 그러나 어떤 사고가 발생하던 간에 손제독께서는 철저한 애국심, 고결한 인격과 덕망으로 모든 사건을 순조로이 해결하고 계셨던 것이다. [중략]
> 3면이 바다인 대한민국의 해양권익의 중요성과 아울러 해군의 중요한 역할을 강조하시는 손제독의 주장은 확고부동한 것이었다. 손제독의 유창한 외국어 실력도 손제독의 해군통솔에 큰 힘이 된 것으로 생각되었다. [중략]
> 그와 같은 인상이 부하통솔에 있어서 경시할 수 없는 면의 하나였음은 두 말할 필요도 없는 일이었다. 손제독은 그 인상이 신사답고 언제나 미소를 잃지 않아 사령관으로서는 마음의 여유를 느끼게 하는 분이었다. 한 평생 거친 바다의 파도 속에서 단련되고 수양된 결과일 것이다(홍은혜 1990, 34-36).

위의 이야기는 강 전 국무총리가 과거 1946년 초여름 육군장교 시절 진해를 방문하여 손 제독을 처음 대면했을 때 느꼈던 첫인상에 대한 서술로 시작한다. 강 전 국무총리의 눈에 처음으로 비친 손 제독의 인상은 자신이 기존에 갖고 있었던 군인의 관념과는 상당히 이질적인 것이었다. 그는 단정한 해군 제복을 입은 손 제독의 세련된 모습이 군인이라기보다는 영국 신사의 위풍에 가깝게 느껴졌다고 고백하고 있다. 하지만 그는 이후에 손 제독의 해양경비대 총사령관, 해군참모총장 및 국방부장관 재임 시절에 이르기까지 긴 시간 동안을 곁에서 지켜보며 느꼈던 손 제독의 애국심, 고결한 인격과 덕망, 폭넓은 식견과 확고한 신념, 유창한 외국어 실력 등에 대해 기술하면서, 손 제독이 자신에게 주어진 임무를 누구보다도 멋지게 완수하는 훌륭한 군인이었음을 증언한다. 그리고 언제나 미소와 신사다움을 느끼게 해주었던 손 제독의 넉넉한 인품은 아마도 거친 바다와 싸우며 단련된 오랜 수양의 결과물일 것이라고 말하고 있다.

이러한 강 전 국무총리의 회고는 해군 창군 정신의 5대 핵심정신 중 하나인 신사도 정신의 본질을 이해하는 데 큰 도움이 되는 상징적 사례이다. 손 제독은 누구보다도 군인으로서의 소임을 완벽하게 수행하였다. 이는 그가 군인으로서 '호국, 자주, 희생, 개척' 등의 정신을 기본적으로 갖추고 있었기 때문이다. 그런데 손 제독은 이에 더하여 신사도 정신까지 겸비한 군인이었다. 손 제독의 풍모에서 신사의 위풍을 느낄 수 있었다거나, 사령관으로서 부하를 통솔할 때 그 인상이 신사답고 미소를 잃지 않아 마음의 여유를 느끼게 했다는 강 전 국무총리의 회고가 그것을 증명해준다. 손 제독은 싸우면 무조건 이겨야 하는 군인으로서 갖추어야 할 일반적 가치 이외에 명예와 정의, 품격 높은 의상과 언어, 예절과 교양 등을 포괄하는 신사도 정신을 기반으로 해군을 운용해야 한다고 생각하고, 자신부터 이를 적극 실천했다. 요컨대 이러한 창군 정신의 하나인 신사도 정신은 해군의 자랑스러운 전통이자 해군이 추구했던 선진적 성격의 품격 높은 정신문화로 자리매김해 오고 있다.

손원일 제독이 주창한 '신사도 정신'

그렇다면 손 제독이 주창한 신사도 정신의 진정한 의미는 무엇일까? 이를 정확히 밝히기 위해서는 손 제독이 생전에 신사도 정신과 관련하여 이야기했던 말을 담아 놓은 글이나 본인이 직접 글로 작성한 문헌 자료를 확인해 보아야 할 것이다.

이 대목에서 손 제독이 신사도 정신을 직접적으로 언급하였던 문헌 자료를 특별한 관심을 가지고 살펴보고자 한다. 그것은 바로 앞서 잠시 언급한 바 있는, 손 제독의 한국일보 연재글 '초대 해군참모총장 손원일-나의 이력서' 1976년 11월 21일자 원고이다. 다음은 그 연재글 중의 일부이다.

> 45년 11월11일 우리는 表勳殿에서 海防兵團을 창립했다. 우리 해군이 지금도 창설기념일로 지키고 있는 바로 그날이다. 창단일이 11월 11일로 결정된 데는 숨겨진 이유가 있다. 11월 11일은 한자로 쓰면 十一月十一日이어서 선비 「士」字가 겹쳐진 士月士日로 보인다.
> 나는 평소 해군은 신사여야 한다하는 해군관을 가져왔다. 기술과 학식이 없이는 배와 포를 움직이지 못하는 군인이 해군이다.
> 「기품있는 군인」 이것은 내가 과거 학생시절이나 원양항해사로 독일 배를 탔을 때 각국의 해군을 보고 부러워했던 해군像인 것이다.
> 아무튼 나 혼자만이 알고 정한 창립기념일이었는데 이것이 뜻하는 정신은 이후 軍에 있을 때는 물론 지금까지도 나 자신이 간직해 오고 있는 金科玉條라고 할 수 있다.
> 해군은 젠틀맨이다. 그렇기 때문에 신사도에 의해 운영돼야 한다. 이 같은 해군정신은 지금도 대한민국 해군의 정신으로 남아 있을 것이다.[7]

위 글에서 손 제독은 해군은 신사여야 한다는 자신의 평소 해군관을 말하고, 이어서 해군은 '기술과 학식'이 반드시 필요하다고 말한다. 그리고 자신이 과거 상해에서 유학하던 시절이나 독일 배를 타며 항해사로 근무했던 시절 각국의 해군을 보면서 부러워했던 해군상은 바로 「기품있는 군인」이라고 강조하여 말한다.

우선 손 제독이 신사도와 관련하여 자신의 해군관과 해군상을 설명하면서 그 사이에 기술과 학식이 필요하다는 해군의 특수성을 언급한 것은 큰 의미가 있다. 손 제독이 과학기술에 대해 특별한 관심을 가졌다는 사실은 1951년 8월 1일의 참모총장 훈시문에서도 확인된다 「과학에 대한 관심과 연찬에 주력하라.」라는 제목의 훈시문을 통해 손 제독은 "해군은 그 자체가 현대 최신 과학의 정예와 진수가 종합되어서 만들어지는 것이니만큼, 그 운영의 자체인 해군 장병들은 또한 최신 과학의 정수를 체득하고 많이 취하는 기술자이어야 할 것이다."(해군본부 2015, 159에서 재인용)라고 하면서 과학의 중요성을 강조하고 있다. 이를 통해 볼 때, 손 제독은 해군이 단지 신사이기만 해서는 안 되고 실제 근무 현장에서 배와 포를 운용할 수 있는 기술과 학식을 반드시 겸비해야 한다고 생각했다는 것을 알 수 있다.

다음으로 위 글에서 「기품있는 군인」에 문장부호 낫표(「 」)를 특별히 사용한 것도 나름의 의미가 있어 보인다. 일반적으로 글을 쓰는 이는 문장에서 중요하게 생각하는 부분을 두드러지게 나타내기 위해 작은따옴표(' ')나 낫표를 주로 사용한다. 그런데 「기품있는 군인」이라는 문구를 문장의 맨 앞에서 먼저 제시한 후, 이것이 나의 해군상이라고 언급한 것은 그 문장부호의 사용과 문장의 구조 측면에서 보았을 때, 손 제독이 「기품있는 군인」의 개념을 얼마나 중요하게 생각했는지를 충분히 짐작할 수 있게 해준다.

이처럼 위 인용글의 둘째와 셋째 문단에서 보이는 글의 전체적인 구조와 흐름 그리고 문장의 여러 형식적 측면을 고려해볼 때, 손 제독은 신사도 정신에 기술과 학식을 겸비한 군인이 곧 기품있는 군인이며 이것이 대한민국 해군의 바람직한 미래 해군상이라고 생각한 것으로 보인다. 이 내용을 간단히 표로 요약하여 제시하면 다음과 같다.

〈표 1〉 해군의 신사도

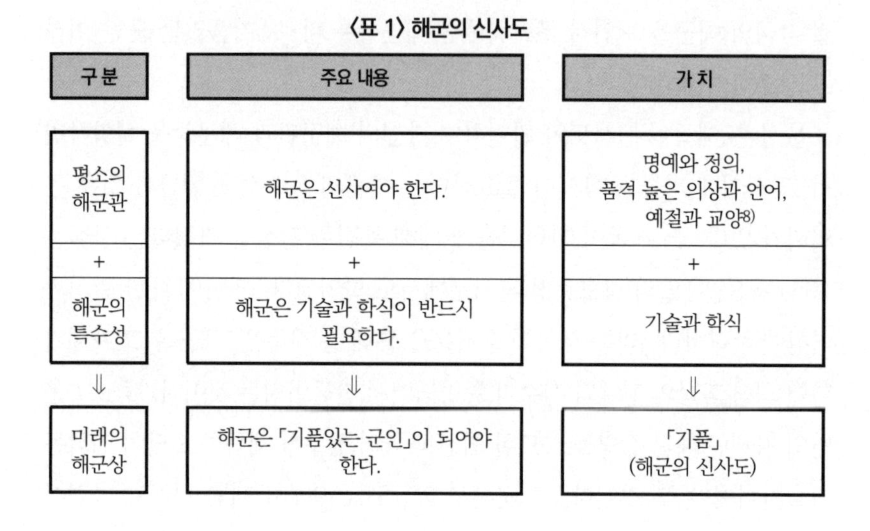

구분	주요 내용	가치
평소의 해군관	해군은 신사여야 한다.	명예와 정의, 품격 높은 의상과 언어, 예절과 교양[8]
+	+	+
해군의 특수성	해군은 기술과 학식이 반드시 필요하다.	기술과 학식
⇓	⇓	⇓
미래의 해군상	해군은 「기품있는 군인」이 되어야 한다.	「기품」 (해군의 신사도)

이 「기품있는 군인」이라는 표현에서 기품(氣品)의 사전적 정의는 '인격에서 드러나는 고상한 품격'이다(국립국어원 「표준국어대사전」 2020.5.18). 먼저 여기에서 손 제독이 '품격있는'이라 하지 않고 '기품있는'이라고 한 이유를 생각해 볼 필요가 있다. 품격(品格)의 사전적 정의는 '사람된 바탕과 타고난 성품'이어서 한 사람의 품격은 높다낮다를 말할 수가 있다. 하지만 기품은 높다낮다를 말할 여지가 없는 이미 고상한 품격을 뜻하는 것이므로, 특별히 '기품'이라는 어휘를 사용한 것으로 보인다. 그런데 이 표현에서 문장부호 낫표를 특별히 사용한 것은 그 어휘가 가지는 의미의 중요성을 명확히 드러내기 위한 것이라 할 수 있다.

이상의 내용을 통하여 볼 때, 손 제독은 일반적 의미의 신사도 정신에 해군의 특수성에 해당하는 기술과 학식을 더하여 겸비하게 되면 자신이 강조하는 해군의 신사도 즉 '기품'이 되는 것이며, 그러한 '기품'이 있는 군인이 자신이 원하는 해군상이라고 말하고 있다.

손 제독은 원양항해사로 근무하던 청년 시절 각국의 해군을 보고 그들의 내외적 풍모가 아주 세련되고 멋이 있는데, 그것은 바로 서양의 신사도 정신에서 비롯된 것임을 알고 있었다. 대한민국해군도 신사도 정신에 의해 운용되어야 한다고 말한 이유가 바로 여기에 있다. 손 제독은 이러한 신사도 정신을 넘어 해군의 신사도라고 할 수 있는 '기품'의 개념을 제시하는데, 결국 그것은 신사도 정신의 일반 가치 체계인 '명예와 정의, 품격 높은 의상과 언어, 예절과 교양' 그리고 해군에 필요한 '기술과 학식'을 두루 갖춘 고품격의 정신적 자질을 말하는 것으로 정의할 수 있다.

신사도 정신에 기반한 미래 선진 해군상 : 「기품있는 신사 해군」

해군의 창군 정신에는 신사도 정신이라는 해군만의 자랑스러운 정신문화가 뿌리 깊게 스며들어 있다. 적과 싸우면 반드시 승리해야 하는 군인에게 있어 '호국, 자주, 희생, 개척'과 같은 정신력은 당연히 매우 중요하다고 볼 수 있는데, 손 제독은 해군이 그러한 가치들 이외에 신사도 정신을 더 지녀야 한다고 본 것이다.[9]

그렇다면 당시의 어려운 상황에서 왜 손 제독은 굳이 신사도 정신을 주창했던 것일까? 1976년 11월 21일 한국일보에 연재된 손 제독의 글 중에는 창단기념식이 있었던 날의 현장 상황에 대한 다음과 같은 이야기가 있다.

> 그날의 창단기념식은 성대하고 화려한 것은 물론 아니었다. 식량도 귀한 판에 유니폼은 생각할 수도 없어 각양각색의 복장과 신발을 착용했고, 총도 몇 자루 없었다. 그러나 해군 건설의 첫발을 내딛는 감격은 대단했다.

위의 내용을 보면 해군 창군 당시의 상황은 매우 열악했다. 식량과 유니폼 문제도 제대로 해결할 수 없을 정도였으니, 고귀한 품격의 신사도 정신을 생각할 만큼 여유가 있는 상황이 아니었던 것이다. 이를 미루어 볼 때 당시에 손 제독이 주창한 신사도 정신은 당장에 모두 갖추려고 한 성격의 것이 아니었다. 이는 손 제독이 '기품있는 군인'을 본인이 과거 학생시절이나 원양항해사로 독일 배를 탔을 때 각국의 해군을 보고 부러워했던 해군상이라고 언급하고, 앞으로 해군이 신사도에 의해 운영되어야 한다고 말한 데에서 확인할 수 있다. 즉, 손 제독이 말하는 신사도 정신은 당장의 완성이 요구되는 것이 아니라, 당시의 상황에서 볼 때 미래의 한국 해군이 이루어나가야 하는 고차원의 정신문화였던 것이다. 이 내용은 홍 여사가 엮은 책『우리들은 이 바다 위해』에 잘 나와 있다. 다음은 그 책의 일부분이다.

> 1985년 부인 홍은혜 여사는 손제독이 간절히 바라던 기품 있는 신사해군의 정신을 계승하고자 원일상을 제정하려고 해군참모총장을 찾아가 동의를 얻었다. 매년 해군사관학교 졸업반 생도 중에서 전교생이 투표로 한명을 선출하여 아래 5개 항의 자격을 갖춘 생도에게 이 상을 수여하고 있다(홍은혜 1990, 227).

홍 여사는 손원일 제독의 이름을 딴 원일상 제정을 건의한 것은 손 제독이 가장 바라던「기품있는 신사 해군」의 정신을 계승하고자 함이었다고 회고하고 있다. 여기에서 "손 제독이 간절히 바라던 기품 있는 신사 해군의 정신"이라는 문구는 대단히 중요한 의미를 가진다. 손 제독이 신사도 정신을 주창하면서 해군이 '기품 있는 군인'이 되어야 함을 주장했고, 한 평생을 함께 했던 홍 여사가 손 제독이 '기품 있는 신사 해군'을 간절히 바랐었다고 회고한 것을 통해 볼 때, 창군 당시 손 제독은 당장은 어렵더라도 미래에 대한민국해군이 지향해야 할 해군상은 바로 '기품 있는 신사 해군'이라고 생각했음을 명확히 해주기 때문이다.

오늘날 대한민국해군은 창군 원로들의 창군 정신이라는 고귀한 뜻을 계승하여 미래의 선진 해군을 건설하기 위해 가일층 매진하고 있다. 이 상황에서 과거 손 제독이 주창한 신사도 정신에 기반하여 미래 선진 해군상을 재정립할 필요가 있다. 그것은 바로 「기품 있는 신사 해군」이 되어야 할 것이다. 중세의 기사나 근대의 신사와 마찬가지로, 대한민국해군의 구성원 모두가 신사 해군이 되겠다는 공동체 의식을 가지고 해군의 신사도 정신을 스스로의 조직문화로서 발전시키고 적극적으로 실천하고 구현해 나간다면 대한민국해군은 가까운 미래에 「기품 있는 신사 해군」을 건설할 수 있을 것으로 생각한다.

마치며

대한민국해군은 자랑스러운 창군 정신을 가지고 있으니, 호국정신, 자주정신, 희생정신, 개척정신, 그리고 신사도 정신이 바로 그 5대 핵심정신이다. 그 가운데 신사도 정신은 언뜻 보면 사선을 넘나드는 군인이 유념해야 할 가치와는 동떨어진 것처럼 보이기도 한다. 하지만 해군의 창군 정신 중의 하나로서 신사도 정신이 포함되어 있다는 사실은 오히려 그만큼 해군의 창군 원로들이 해군 고유의 선진화된 정신문화를 지향했다는 사실을 알 수 있게 해준다.

손원일 제독은 병사들의 제복은커녕 신발조차 제각각이었던 1945년 11월 11일 그 열악한 상황 속에서 해군을 창설하면서도 훗날 실현될 조국의 선진 해군의 모습을 꿈꾸며 해군은 「기품 있는 군인」이 되어야 하며, 해군은 신사도에 의해 운영돼야 한다고 생각하였다. 본 연구에서 살펴본 바에 따르면, 신사도는 중세 기사도 정신의 전사적, 궁정적, 기독교적, 공동체적 가치가 근대로 계승되어 도덕적 명예와 정의로움, 품격 높은 의상과 언어, 예절과 교양이라는 가치로 재탄생된 것이다. 그리고 이러한 신사도 정신은 현대에 이르러 손 제독을 통해 대한민국해군의 창군 정신 중 하나로서 정립되었다.

이 글에서는 미래의 선진 해군상을 창군 당시 손 제독이 주창했던 신사도 정신에서 다시금 찾아야 한다고 생각하며, 미래의 선진 해군상으로서 「기품 있는 신사 해군」을 제시하였다. '도덕적 명예와 정의로움, 품격 높은 의상과 언어, 예절과 교양'이라는 가치 체계로 이루어진 신사도를 내면화하고 해군에게 있어 필수적 요소인 '기술과 학식'을 갖춤으로써 손 제독이 강조한 '기품'을 지닌 신사 해군이 되자는 것이다. 이는 과거 손 제독이 제시했던 미래의 선진 정신문화를 재확인하고 이를 대한민국해군의 자랑스러운 정신적 가치로 재정립하는 매우 의미 있는 일이 될 것이다. 그리고 그것의 실제적 구현은 비단 신사도 정신의 가치 체계에 대한 내재화 교육에 그치는 것이 아니라, '문화적'인 차원에서 해군 고유의 조직문화로서 작동하고 구현될 수 있게 만드는 실질적인 정책들이 검토되고 시행되어야 할 것이다.

주석

1) 손 제독은 중국 상하이에서 대학을 졸업하였는바 당시로써는 높은 수준의 고등 교육을 받은 인재라고 할 수 있다. 또한 6개월간 공민학교에서 교사생활을 하고 유럽에 거주하며 3년간 항해사로 근무할 정도의 엘리트였으므로, 역사·문화적 측면에서 공유되어 온 신사도의 의미를 충분히 인식하고 있었을 것으로 판단된다. 손 제독의 성장 배경과 유년 및 청년 시절에 관해서는 오진근·임성채(2006) 참고.

2) 중세 기사도 정신의 가치 체계에 관해서는 2005년 발표된 김정희 교수(서울대학교 불어불문학과)의 논문 「기사도 정신의 형성과 변용: 중세에서 르네상스까지」를 주요 참고자료로 삼고 여타 자료를 추가로 활용하여 소개하는 방식으로 서술하였다. 김정희(2005)는 레이몽 륄(Raymond Lulle)의 『기사도 개설서 Le Livre de l'ordre de chevaleries』(1265) 분석을 중심으로 중세 기사도의 근간을 구성하는 가치들을 추출하여 소개하였다. 기사 출신의 기독교 선교자이자 문학가였던 륄이 쓴 이 책은 프랑스어를 교양어로 사용했던 당대 유럽 귀족들에게 널리 읽혔음은 물론, 15세기 영국 최초의 인쇄업자 윌리엄 캑스턴에 의해 영문으로 번역되어 근대까지 전 유럽 귀족의 애독서로 손꼽히며 큰 영향을 미쳤다.

3) 엄밀히 말하자면 우리가 흔히 젠틀맨(Gentleman)이라고 일컫는 영국의 지주계층을 통칭하는 정확한 용어는 젠트리(gentry)이며, 젠트리는 다시 소유한 영지의 규모에 따라 준남작(Baronet), 기사(Knight), 향사(Esquire), 그리고 젠틀맨으로 나뉜다. 하지만 젠트리의 절대다수가 젠틀맨이었기 때문에 젠트리를 젠틀맨과 같이 신사라고 번역해도 무방하다(백승종 2018, 78-82).

4) 신사도 정신의 주요 내용에 관하여는 2006년 발표된 서지문 교수(고려대학교 영문학과)의 논문 「조선의 양반과 영국 신사: 그 계보와 이데올로기, 유산에 대한 비교연구」를 주요 참고자료로 삼고 여타 자료를 추가로 활용하여 소개하는 방식으로 서술하였다.

5) 물론 영국의 신사들 사이에서도 재산의 크기라든지 가문의 유서, 사회적 성취, 나이 등으로 인한 위계적 질서가 존재했다. 신사는 그러한 눈에 보이지 않는 위계질서를 정확히 인식하면서도 서로 간에 동등한 분위기 속에서 자신보다 위의 사람에게 비굴하게 굴거나 아랫사람에게 오만하게 굴어서는 안 되었다.

6) 이와 관련하여 이승준(2020)은 육군, 해군, 공군의 문화적 특성을 설명하면서, 신사도 정신은 해군정신의 근간이 되고 있다고 하면서, "그러나 신사도 정신은 타군의 입장에서 보면, 무력을 관할하는 군의 이미지와는 다소 거리감이 있을 수 있고, 군이 열악한 환경을 극복하고 기꺼이 임무를 완수하는 강인함과 야전성을 갖추게 하는 데에 다소 부조화가 있다고 느낄 수도 있다."라고 언급하고 있다.

7) 이 자료는 손원일 제독이 1976년 총 55회에 걸쳐 『한국일보』에 연재한 「나의 이력서」 중 제37회차 원고(1976.11.21.)에 수록되어 있다. 본 연구에서는 원본자료 이미지를 확보하여 〈부록〉에 수록하였다. 출처: 한국일보 DB콘텐츠부, 원본자료 수신일('20.5.19.), 이미지 저작권 사용 승인 완료.

8) 여기에서 제시한 '명예와 정의, 품격 높은 의상과 언어, 예절과 교양'은 손 제독이 구체적으로 언급한 가치가 아니다. 앞의 주석 1)에서 언급한 바와 같이, 손 제독은 고등 교육을 받은 인재이자 사회적인 엘리트였으므로 역사·문화적 측면에서 공유되어 온 신사도의 의미를 충분히 인식하고 있었을 것으로 판단된다. 따라서 평소 '해군은 신사여야 한다.'라는 신념을 가지고 있었다는 것은 이와 같은 가치들을 중요시했던 것으로 볼 수 있겠다.

9) 손 제독의 이러한 생각과 그의 실천은 앞에서 잠시 언급한 강영훈 전 국무총리의 회고 내용을 통해 쉽게 확인할 수 있다. 그는 손 제독의 첫인상은 군인이라기보다는 '말쑥한 신사의 위풍'에 가까웠지만, 오랜 기간 지켜본 손 제독은 군인으로서 모든 업무를 순조로이 해결하고 사령관으로서 여유롭게 부하 통솔을 하였다고 회고하였다.

참고문헌

국립국어원 홈페이지, 「표준국어대사전」, https://stdict.korean.go.kr (검색일 : 2020. 5. 18.)

김정희(2005), 〈기사도 정신의 형성과 변용 : 중세에서 르네상스까지〉, ≪한국프랑스학논집≫49, 267-288.

박윤덕 외(2016), ≪서양사 강좌≫, 파주: 아카넷.

백승종(2018), ≪신사와 선비 : 오늘의 동양과 서양은 어떻게 만들어졌는가≫, 서울: 사우.

서양중세사학회(2003), ≪서양 중세사 강의≫, 서울: 느티나무.

서지문(2006), 〈조선의 양반과 영국 신사 : 그 계보와 이데올로기, 유산에 대한 비교 연구〉, ≪Comparative Korean Studies≫14(2), 243-294.

손원일(1976.11.21.), 〈나의 이력서(37)〉≪한국일보≫, 출처: 한국일보 DB콘텐츠부, 자료 수신일('20.5.19, 이미지 저작권 사용 승인)

오시진(2020), 〈국제인도법의 역사적 배경 : 기사도 정신을 중심으로〉, ≪동아법학≫86, 225-293.

오진근, 임성채(2006), ≪손원일 제독≫, 서울: 한국해양전략연구소.

이승준(2020), 〈육·해·공군의 문화적 특성 이해〉, ≪한국해양안보포럼≫42, E-저널 ISSN 2465-809X(Online)

임원빈(2003), 〈'해군정신' 연구〉, ≪해양연구논총≫31, 123-142.

조은영, 이지수(2020), 〈육군의 가치에 관한 연구 동향과 과제〉, ≪한국군사학논집≫76(2), 79-98.

한광수, 김혁수, 최재덕(2014), ≪해군과 가치≫, 서울: 한국해양전략연구소.

홍은혜 엮음(1990), ≪우리들은 이 바다 위해≫, 서울: 가인기획.

해군리더십센터(2013), ≪해군 역사와 창군정신≫, 해군본부.

해군본부(2015), ≪손원일 제독 어록≫, 해군역사기록관리.

부록

손원일 제독, 「나의 이력서」(한국일보, 1976.11.21.)

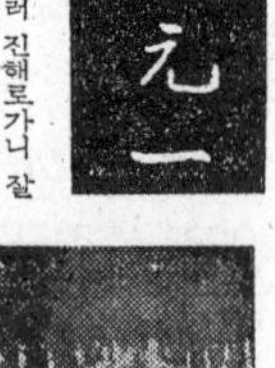

나의 履歷書 ㊲ (題字·孫元一)

孫元一

軍政廳의 好意

美군정청을 찾아간것은 李卯默씨를 만나기위해서였다. 영어가 아주 능통했던 李씨는 평양 光成학교에서 영어교사를 한일이있는데다 집안관계로도 잘아는 분이었는데 당시 군정사령관 하지 중장의통역으로 일하고 있었다.

별로 뚜렷한 목적없이 찾아간길이어서 이런저런 이야기를하던중 나는 해군을 창설하겠다는 내꿈을 털어놓았다. 또 그동안의 경과도 설명해주었다.

그런데 그며칠뒤였다. 미군정청 해사국장인 칼스틴 소령으로부터 만나자는 전갈이왔다. 육군장교인 칼스틴은 나를보자 반갑게 악수를 청하면서『이야기를잘들었다』고말했다. 李卯默씨가내뜻을 전했음이 분명했다.

칼스틴은 해안경비와 밀수를막을 해안경비대가 필요한데『당신들이 그걸 말을수있겠느냐』고물었다. 나는 즉석에서『우리는 한국의 해군을 건설하려는 것이지 경찰임무를띤 경비대를 조직해서 당신들 군정청의 심부름이나 하려는게아니란』고 거절의뜻을 분명히했다.

고개를 끄덕이던 칼스틴소령은 한참뒤『멀지않아 당신네정부가 독립하게되고 그때가되면 해안경비대가 해군으로 바뀔것이다. 적극적인 지원을 약속한다』고말했다. 독립후 해군으로 탈바꿈할수있다는 그의말은 매우고무적이었다. 나는 지원교섭을 구체적으로 벌였다.

우리는 우선 배가있는 항구로 가야되는데 군항인 鎭海를 사용할수있게 해달라고 제의했다. 칼스틴은 이를 쾌히 승낙하면서 종이를 찾지도않고 선박출항증 뒷면에다 편지를 썼다.

『鎭海군정관귀하. 군정청의필요에의해서한국인해안경비대가사관학교를설치하러 진해로가니 잘협조해주십시오.』겨식도갖추지않은 간단한 메모쪽지였으나 백만의 증원군을얻은것과다름없었다.

군정청을 나서기무섭게 흩어진 海事隊교관과 동지들을 불러 모았다. 모두 70여명이었다.

45년11월11일 우리는 表勳殿에서 海防兵團을 창립했다.

우리해군이 지금도 창설기념일로 지키고있는 바로 그날이다.

海警任務띤 海防兵團으로 出帆

마음안찼지만 海軍母體라는 約束얻고 鎭海로

창단일이 11월11일로 결정된데는 숨겨진 이유가있다. 11월11일은 한자로쓰면 十一月十一日이어서 선비「士」字가 겹친 士月士日로 보인다.

나는 평소 해군은 신사여야 한다하는 해군관을 가져왔다. 기술과 학식이없이는 배와 포를 움직이지못하는 군인이 해군이다.

「기품있는군인」 이것은 내가 과거 학생시절이나 원양항해사로 독일배를 탔을때 각국의 해군을 보고 부러워했던 해군像인 것이다.

아무튼 나혼자만이 알고 정한 창단기념일이었는데 이것이 뜻하는 정신은 이후軍에 있을때는 물론 지금까지도 나자신이 간직해오고있는 金科玉條라고할수있다.

해군은 젠틀맨이다. 그렇기 때문에 신사도에 의해 운영돼야 한다. 이같은 해군정신은 지금도 대한민국 해군의정신으로 남아있을것이다.

◇해방병단창립기념일 寬勳洞表勳殿에서 찍은 기념사진. 이날은 그후 해군창설기념일이 됐다.

그날의 창단기념식은 성대하고 화려한것은 물론아니었다. 식량도 귀한판에 유니폼은 생각할수도없어 각양각색의 복장과 신발을 착용했고, 총도 몇자루없었다. 그러나 해군건설의 첫발을 내딛는 감격은 대단했다. 우리는 그날로 군정청에서 마련해준 열차편으로 鎭海에도착했다.

鎭海에서는 마중을나와준 사람도, 당장갈곳도 없었다. 역에서 내린 일행을 우선 정거장 건너편에있던 태화여관으로 인솔, 여관주변에서 기다리게한뒤 혼자서 鎭海의 미군정관을 찾아갔다.

우리가 온 목적을 열심히 설명하고 칼스틴소령의 메모를 전달했으나 군정관인 에드워드대위는 『나는 모르는일』이라면서 釜山지휘부에 가서 알아보라고 말했다. 무관심·무성의·무책임한 태도였다.

화가난 나는 그의 책상을 치며 상관의 지시인데 모른체할수있느냐, 당장 서울에 전화해보라고소리쳤다. 나의태도에 기가질린 대위는 그제서야 서울로 전화를 걸어 확인하더니 다음날 구체적인 얘기를하자고 나오는 것이었다.

<계속>

제9장

'해사인'은 어떤 사람들일까?

우리는 일정 부류의 사람들을 통칭하여 '○○인'이라는 지칭어를 흔히 사용한다. 여기에서 '-인(人)'은 주로 한문 투에서 '사람'을 뜻하는 말로 사용되는데, 사전적 정의에 따르면 예를 들어 '정치인'은 '정치를 맡아서 하는 사람. 또는 정치에 관한 학식과 경험이 풍부한 사람'을 말하며, '한국인'은 '한국 국적을 가졌거나 한민족의 혈통과 정신을 가진 사람'을 말한다.

이러한 지칭어들은 대개 직업명이나 지역명 등에 '-인'이란 어휘가 합성되어 만들어지는데, 간혹 특정 학교 명칭에도 이런 구성의 어휘들이 사용되기도 한다. 예를 들어 연세대학교와 관련해서는 '연세인'이라는 어휘가 사용되고 있다. 연세대학교 재학생 및 동문과 관련된 각종 뉴스를 다루는 인터넷 커뮤니티 공간인 '연세인닷컴'(www.yonsein.com)에서는 아래와 같은 커뮤니티 소개 글을 확인할 수 있는데, 이 글을 통해 볼 때 지칭어 '연세인'의 의미 범주는 연세대학교의 재학생과 졸업생 그리고 더 나아가 동문 가족까지를 모두 포함하고 있다고 볼 수 있다.[1)]

> '연세인' 이름 아래 한 가족 패밀리즘 엔터테인먼트를 열어 갑니다. 이곳은 연세대학교 재학생과 졸업생, 동문 가족이 함께 만들어 내는 공간입니다.

이제는 우리의 목소리를 내고 연세인의 삶을 공유하고 연세인이 하나됨을 확인하는 가족으로 거듭나야 할 때입니다. 연세인 재학생, 졸업생 동문들, 또 동문 가족들과 함께 숨쉬며 우리들의 터전과 문화를 가꾸어나가고 싶습니다. 뭉칩시다. 연세인이여!!

위와 같은 조어법과 유사하게 해군사관학교와 관련하여 만들어진 지칭어가 바로 '해사인'이다. 지칭어 '해사인'은 기본적으로 해군사관학교에 재학 중인 사관생도를 지칭하는 것으로 사용되었지만, 더 나아가 해군사관학교 졸업생들을 포함하는 의미로도 사용되었고, 특별한 사용 맥락에서는 학교에 근무하는 교직원들까지를 아우르는 의미로 사용되기도 하였다. 그런데 '해사인'의 경우에는 해군사관학교의 특수한 조직적 성격으로 인하여 그 의미 범주가 일반대학교의 경우보다 좀 더 확장될 수 있는 여지가 존재한다. 예컨대 해사에서 특별 과정 양성 교육을 받는 해군사관후보생(OCS: Officer Candidate School)의 경우가 그러하다.

해군의 초급장교를 양성하기 위해 해사에서는 생도대와 교수부라는 두 부서가 협력하여 사관생도들의 교육 및 훈련을 담당하고 있다. 해사 생도들은 4년간의 정규 교과과정을 이수한 후 졸업과 동시에 초급장교로 임관을 하게 된다. 또한 해군사관학교는 정규 과정 외 해군사관후보생 양성 교육이라는 특별 과정을 운영하고 있다. 매년 일정 인원의 학사학위 이상 후보생들을 선발하여 11주간 군사 교육 및 훈련을 시킨 뒤 초급장교로 임관하게 하는 것이다.[2] 이러한 지칭어 '해사인'의 의미 범주 설정 문제와는 별도로, 해사인들이 정신적으로 공유하고 있는 정체성이란 무엇인가 하는 문제에 대해서도 지금껏 충분히 연구되지 못하고 있는 실정이다.[3]

이에 이 글에서는 먼저 '해사인'의 의미 범주를 어디까지 어떤 형태로 획정할 수 있는지, 그리고 그 '해사인'의 정체성은 과연 무엇인지를 심도 있게 체계적으로 살펴보고자 한다. 이를 위해 본 연구에서는 기존의 학자들이 제출한 연구 성과를 참고함은 물론, 해군사관학교의 대학 신문이라 할 수 있는 '해사학보'와 각종 행사에서의 학교장 연설문 등을 주요 문헌 자료로 활용할 것이다.

특히 '해사학보' 자료에는 과거부터 지금에 이르기까지 사관생도를 포함하여 수많은 졸업생과 외부 인사들이 기고한 다양한 글들에서 '해사인'의 용례가 확인된다. 따라서 그 어휘가 사용된 맥락을 검토해봄으로써 '해사인'이 그동안 어떤 의미로 사용되어 왔는지 확인할 수 있을 것으로 기대한다. 또한 해사학보에는 사관후보생의 양성과정에 관한 기사들과 사관후보생 출신의 장교 및 전역자들이 기고한 글들도 게재되어 있는데, 이 글들을 통해 사관후보생 출신자들을 '해사인'의 의미 범주에 포함할 수 있는지의 여부에 대해서도 면밀히 검토해 볼 수 있을 것으로 기대한다.

다음으로 이 글의 두 번째 주제인 해사인의 정체성에 대하여, 해사 교훈, 옥포훈, 충무공 5대 정신 등과 같이 해군사관학교에 존재하는 대표적 교육 표어들에 대한 분석을 중심으로 해사인의 정체성을 구성하는 핵심 가치들을 확인해 본다.

위의 문헌자료 고찰을 배경 지식으로 삼아, 이어지는 논의에서는 해군사관학교와 관련된 다양한 부류의 사람들에게 사회과학적 방법론에 근거한 실증 조사를 진행하여 과연 그들이 누구를 해사인으로 인식하고 있으며, 해사인의 정체성을 구성하는 구체적인 가치들은 무엇인지에 대하여 살펴보고자 한다.

'해사인'의 의미 범주

'해사인'의 용례를 통해 살펴본 의미 범주

본 연구에서 주요 문헌 연구자료로 활용하고 있는 해사학보의 수많은 기사들 중에서 '해사인'이라는 지칭어가 처음으로 사용된 것은 1980년으로 확인된다. 1980년 5월 5일에 발간된 해사학보 제3501호에서, 당해 연도에 수석으로 입학하게 된 여○○ 생도는 수석 소감을 밝히는 투고 글에서 다음과 같이 '해사인'이라는 어휘를 사용하고 있다.

〈용례 1〉 1980년 5월 5일(제3501호) / 1학년 여○○ 생도
"수석 소감"
海士人의 긍지로 自我의 定立에 매진할터

학교에 갓 입학한 신입생이 이 어휘를 스스로 만들어서 처음 사용했을 가능성은 거의 없다. 그보다는 이미 생도 생활 전반에서 사관생도들이 자신들을 일컬을 때 해사인이라는 어휘를 일상적으로 사용하고 있었다고 보는 것이 더 설득력이 있다. 이처럼 1980년을 시작으로 해서 이후에 2010년경까지 발간된 해사학보에서 '해사인'이라는 어휘는 아주 쉽게 찾아볼 수 있다. 음악회, 문학제, 각종 전시회 등으로 구성된 학교 축제인 옥포제, 3군사관학교 생도들 간의 친선체육 경기인 삼사체전, 일상적인 생도 생활 등에서 '해사인'이라는 어휘가 일상적으로 흔히 사용되었기 때문으로 보인다. 다음에서는 이런 어휘 사용의 예들을 상황별로 나누어 대표적인 용례를 하나씩 제시하고, 각각의 사용 맥락에서 '해사인'이 어떤 의미로 사용되었는지에 대해 살펴보도록 하겠다.

〈용례 2〉 1981년 12월 20일(제3603호) / 옥포제

"海士人의 銳智로"

10월의 따스한 볕이 옥포만을 내리쬐고...

爲國하는 知性人의 祝祭는 참으로 위대한 祭典이었다.

너와 나 구별없는 우리의 祭典

〈용례 3〉 1983년 12월 8일(제3803호) / 삼사체전

"3士體典서 2년연속 종합우승"

2번째의 4戰 4勝 대기록 남겨

축구, 럭비서 단독 우승

團合된 海士人의 힘 유감없이 발휘

〈용례 4〉 1986년 7월 21일(제4102호) / 1차 연대장 박○○ 생도

"근무를 마치고"

해사인이라는 공동체 의식 속에서 패기와 정을 실천하는 인생을 살아가길

위의 세 가지 용례들 모두에서 지칭어 '해사인'은 당시 해군사관학교에 재학 중인 사관생도를 지칭하는 의미로 사용되고 있다. 이는 학교의 이름에 '인(人)'이라는 어휘가 이어지는 합성어가 곧 그 학교에 재학하고 있는 학생들을 일컫게 되는 일반적인 어휘 사용과 동일한 것이다. 이러한 '해사인'은 〈용례 4〉의 기사 내용에서 볼 수 있는 바와 같이, 구성원들의 공동체 의식을 강조하고자 할 때, 특히 학교의 축제나 삼사체전 등의 상황에서 매우 빈번하게 사용되고 있다.4)

한편 해군사관학교에 재학 중인 사관생도뿐만 아니라 졸업을 한 현역 장교, 더 나아가 전역한 예비역 민간인까지를 아울러서 해사인이라 지칭하는 다음의 용례들도 있다.

〈용례 5〉 1989**년** 9**월** 22**일(제**4406**호) / 장○○(5중대 훈육관 부인)**

“해사인의 멋”

젊음과 패기! 바다를 제패하기 위해 젊음을 불사르는 젊은 사관생도들. 진리를 구하고 허위를 버리고 국가에 희생하는 삶을 배우는 사관생도들이 더욱 풋풋해 보임은 굳이 나의 남편이 해사인이어서만은 아닌 듯싶습니다. 생도들이여! 어디에 있건 간에 해사인의 멋을 풍길 수 있는 사람이 되십시오.

〈용례 6〉 1989**년** 3**월** 30**일(제**4402**호) / 해사학보사**

“동문 원고 모집”

한번 해사인은 영원한 해사인입니다. 살아 숨쉬는 해사인 문화에 생도는 물론 졸업하신 선배님들이 동참하는 게 바로 해사의 멋입니다. 그동안 잊고 있었던 선배님들의 연락과 소식을 전하고, 더불어 해사의 발전을 선배님들과 함께 호흡하고자 아래와 같이 원고를 모집합니다.

〈용례 7〉 1998**년** 7**월** 8**일(제**5303**호)**

“이○씨 ‘자랑스런 해사인’ 선정”

월남전 참전 다리부상 장애 딛고 재기 항공사 CPA이사로 성공 후배에 귀감

〈용례 5〉의 생도대에서 근무하는 어느 훈육관의 부인이 사관생도의 멋에 대해 기고한 글에서, 현역 소령인 자신의 남편을 해사인이라 지칭하는 용례를 확인할 수 있다. 사관생도가 아닌 장교의 신분에 있는 남편을 가리켜 해사인이라 하는 지칭하는 것은 사관생도를 지칭하는 의미로 사용된 앞의 〈용례 1~4〉와는 다른 용법이라 할 수 있다. 〈용례 6〉은 해사학보사에서 학보의 원고를 모집하는 광고문의 일부이다. 여기에서는 ‘해사인은 영원한 해사인’이라고 하면서, 해사인의 문화에는 생도뿐만 아니라 졸업한 선배들까지 동참하는 것이 해사 나름의 멋이라고 설명하고 있다. 이 기사 내용을 통해 볼 때 당시의 해사 생도들은 아직 현역에 있든 전역을 했든 간에, 해군

사관학교를 졸업한 동문들은 모두 해사인의 일원이라고 생각하였음을 알 수 있다. 이러한 인식은 1998년 7월 8일 해사학보 제5303호에 실린 〈용례 7〉을 통해 거듭 확인할 수 있다. 그 당시에는 동문 취재 탐방 시리즈로 '자랑스러운 해사인을 찾아서'라는 코너가 있었는데, 그해에는 해사를 22기생으로 졸업하고 예비역 해병 중위로 전역한 예비역 동문이 '자랑스러운 해사인'으로 선정되었다는 기사가 실렸다.5) 이상에서 살펴본 〈용례 5~7〉을 통해 볼 때 지칭어 '해사인'은 단지 해군사관생도에 그치는 것이 아니라, 학교를 졸업한 현역 장교는 물론 전역을 한 예비역 동문까지를 모두 포함하는 것으로 사용되었음을 확인할 수 있다.

다음으로 살펴볼 것은 해사인의 의미 범주 안에 교육 과정 중인 사관후보생과 사관후보생 출신 현역 장교 및 예비역 민간인이 포함될 수 있는가 하는 것이다. 앞에서 잠시 언급했듯이 해군사관학교에서는 1948년부터 1978년까지, 그리고 다시 1996년부터 현재에 이르기까지 단기 특별 과정의 사관후보생 양성 교육을 실시해오고 있다. 이 과정을 수료하는 이들은 이른바 OCS 장교라 하여 해군 및 해병대의 신임 소위로 임관하게 된다. 이들은 일반대학교의 교육과정을 졸업한 학사 자원들이므로 사관후보생 교육 과정에서는 주로 기초군사 훈련과 군사학 교육을 중심으로 군인화 단계(1단계) → 장교화 단계(2단계) → 해군화 단계(3단계)로 이루어진 11주 교육을 받고 있다. 이들은 엄밀하게 말하면 해군사관학교 정규 교육과정을 이수한 것은 아니지만, 특별 과정에 해당되는 사관후보생 교육 과정을 이수한 것으로서 해사인의 의미 범주 안에 포함될 가능성을 배제할 수 없다. 이런 인식에 기초하여 사관후보생 출신을 지칭어 '해사인'의 의미 범주에 포함하는 인식을 처음으로 보인 것은 1996년 해군사관학교 개교 50주년 행사 때이다. 다음의 〈용례 8〉은 개교 50주년 기념행사 안내문이며 〈용례 9〉는 당시 학교장의 환영사 그리고 해사총동창회 회장 및 해특회6) 부회장의 기고문 중 일부이다.

<용례 8> 1996년 5월 10일(제5102호)

"동문 여러분을 초대합니다."

해사의 빛나는 전통을 계승 발전시키고 미래의 웅비를 위하여 1996년 개교 50주년을 맞아 해사인의 친목 도모 및 결집력 창출의 기회를 갖고자 기념행사를 계획하였습니다. 동문 여러분의 많은 참여를 부탁드립니다.

* 행사 개요 *

- 일시 : 96. 5. 17 - 5. 19(2박 3일)

- 참석 대상 : 해사 1기-해사 32기, 해특회 1차-66차(부부 동반)

<용례 9> 1996년 7월 13일(제5103호) / 개교 50주년 행사 학교장 축사

(1) "世界一流를 지향하는 제2의 도약의 場"

... 자랑스런 만 6천여 동문 여러분! 이 뜻깊은 행사를 위해 저희 1,800여 명의 전 교직원, 생도, 후보생 총원이 머리를 맞대고 지혜를 짜고 정성을 다하여 준비를 했습니다만, ...

(2) "50년, 그리고 하나된 해사인"

'나는 자랑스러운 해사인'(해사 14기 최○○)

... 사관생도 여러분! 바다는 넓습니다. 더욱 가슴 넓은 생도로, 장교로 커나가길 바랍니다. 나와 나의 가족은 언제나 해사인의 일원이라는 것을 자랑스럽게 생각하고 있습니다. 이번 행사에서 모교의 훌륭한 발전상을 보여준 사관생도 여러분에게 감사의 박수를 보냅니다.

'해사! 충무공 후예의 요람'(해특회 부회장 김○○)

필자는 해특회 출신이다. 62년 고대 졸업 후 38차 사관후보생 훈련을 해사 교정에서 받았다. 고된 3개월 교육훈련은 3년을 농축한 만큼 잊을 수 없다. 이번 해사 방문은 무려 34년 만의 일이다. ... 이는 미래 우주시대의 해군항공과 해군해양제패의 초석이 될 것이다. 끝으로 최근 발족한 해사발전 장학재단의 발전을 기원하며 해특회의 일원으로서 해사 개교 50주년을 다시 한 번 축하한다.

〈용례 8〉에서는 개교 50주년을 맞이하여 해사인의 친목을 도모하고 결집력을 창출하기 위한 기념행사를 계획하고 있다며, 동문들의 참여를 부탁하고 있다. 그런데 여기에서 '참석 대상'으로 언급된 동문은 구체적으로 해사 출신 1기에서 32기까지의 현역 및 예비역을 포함하여 해특회 1차에서 66차까지의 사관후보생 출신 현역 및 예비역이다. 이러한 해사학보의 초대 기사를 통해 볼 때, 당시 학교의 개교기념행사 주관 부서에서는 단지 해사 출신뿐만이 아니라 해특회 출신까지를 해사인의 의미 범주에 포함하여 인식했었음을 확인할 수 있다.

이러한 인식은 〈용례 9〉의 (1)에서도 확인이 가능하다. 학교장은 개교기념행사의 축사에서 '자랑스런 만 6천여 동문 여러분!'이라고 말하고 있다. 여기에서 1만 6천여 명이라는 인원수는 단지 해군사관학교 사관생도과정을 졸업한 동문들만을 가리키는 것이 아니라 사관후보생 과정을 수료한 인원까지를 포함하는 것으로, 이 두 부류의 집단을 모두 포함하여 동문이라는 표현을 사용하고 있음을 알 수 있다.

또한 〈용례 9〉의 (2)를 보면 "50년, 그리고 하나된 해사인"이라는 제목이 있는데, 여기서 하나가 된 것은, 그 다음에 이어 게재된 해사총동문회장과 해특회 부회장의 글을 통해 볼 때, 해사 졸업생들과 사관후보생 교육과정 수료생이란 것을 추론할 수 있다. 이런 상황에서 해사 14기의 해사총동문회장은 '나와 나의 가족은 언제나 해사인의 일원이라는 것을 자랑스럽게 생각하고' 있다고 말하고 있다. 여기에서 특별히 주목할 필요가 있는 것은 해사를 졸업한 자신은 물론이고 자신의 '가족'까지도 해사인의 일원으로 생각하고 있다는 것이다. 그런데 이어서 게재된 해특회 부회장의 글은 해사인에 대한 의식에 있어서 어느 정도의 차이를 엿볼 수 있다. 자신은 고려대학교를 졸업하였다고 언급하면서, 모교라는 어휘 대신 '해사 방문은 무려 34년 만의 일이다.'라고만 언급하고 있다. 또한 '해특회의 일원으로서 해사 개교 50주년을' 축하한다고 말하고 있다. 이런 언급 내용을 통해 볼 때 당시의 해특회 부회장은 스스로를 '해사인'이라고 인식하고 있지는 않은 것으로 추론해볼 수 있다. 이러한 분위기는 개교 60주년 기념행사에서도 비슷하게 이어진다. 다음의 〈용례 10〉은 2006년 개교 60주년 기념행사 시에 실렸던 기사 내용인데 이를 통해서 그런 분위기를 명확하게 확인할 수 있다.

〈용례 10〉 2006년 2월 1일(제6007호) / 개교 60주년 기념

해사 개교 60주년
회갑 잔치에 여러분을 초대합니다.
... 지난 60년 동안 거북이 등을 타고 땀을 흘리며 동고동락 했던 해사 및 OCS의 2만여 동문 여러분을 모시고,
... 개교 60주년, 이 뜻깊은 회갑 잔치에서 해사 및 OCS 동문 및 가족 여러분들의 적극적인 성원과 참여를 바랍니다.

이처럼 10년 단위로 의미 있게 거행된 개교기념행사에서는 사관생도 출신과 사관후보생 출신 예비역이 모두 하나이며 모두가 해사인이라는 언급이 보인다.

하지만 이런 개교기념행사를 제외하고는 사관후보생 출신들을 해사인으로 인식하거나 지칭하는 경우가 거의 없다. 예를 들면 사관생도들과 관련해서는 입학식이나 졸업식 등에서 '해사인'이라는 어휘가 자주 사용되는데 반해, 사관후보생의 입교식이나 수료 및 임관식에서는 어느 때에도 '해사인'이라는 어휘가 거의 사용되지 않고 있다. 이런 상황을 통해 볼 때 해사에서 개교기념행사 시에 이 두 집단을 하나의 '해사인'으로 보는 것은 이 두 집단 출신의 많은 이들에게 일반적으로 받아들여지는 것이라기보다는 어떤 의도에 의해서 '해사인'이라는 어휘를 확대 사용한 결과라고 추론된다. 일반적으로 해사인의 의미 범주에서 그 중앙부는 해군사관생도가 자리 잡고 있으며, 그 외곽에는 현역과 예비역을 모두 아우르는 졸업생이 추가로 자리

하는 것으로 보인다. 하지만 사관후보생의 경우, 사관후보생 출신 예비역들은 해사인이라고 지칭하면서 실제로 교육훈련 과정 중에 있는 사관후보생들은 해사인이라는 지칭을 잘 사용하지 않았다는 것은 그러한 추론을 뒷받침해준다. 이에 대해서는 뒤에서 다시 보충 설명을 하도록 하겠다.

다음의 〈용례 11〉은 2009년의 12월 해사학보 제6406호에서 '국적은 달라도 우리는 대한민국 해사인'이라는 제목으로 외국에서 한국 해사로 유학을 온 외국 수탁생도를 인터뷰한 내용이다.

〈용례 11〉 2009년 12월 24일(제6406호) / 외국 수탁생도 인터뷰
"국적은 달라도 우리는 대한민국 해사인"

당시 해사에는 2008년 카자흐스탄에서 유학온 제1호 수탁생도와 다음해인 2009년 베트남에서 유학온 제2호 수탁생도를 교육하고 있었는데, 이 두 수탁생도를 '해사인'이라 지칭하는 내용이 담긴 것이다. 이를 통해 한국의 사관생도들은 비록 국적은 다르더라도 사관생도 교육과정에 재학 중인 외국군 수탁생도 또한 해사인으로 인식하고 있었음을 확인할 수 있다.

다음의 〈용례 12〉는 해사 생도와 졸업생들이 해사의 정신을 되새길 수 있도록 하기 위하여 조성한 해사내 특정 기념 공간의 명칭에 '해사인'이 사용된 것이다. 다음의 기사 내용을 보면 해사인의 쉼터이자 자긍심 고취를 위한 공간으로 해사의 전통과 문화를 한 자리에 모아 이른바 '해사인의 동산'을 조성하였다고 기록하고 있다. 여기에서는 해사인의 범주를 명확히 언급하고 있지는 않으나, 당시 준공식 행사가 해군참모총장 주관으로 이루어진 점을 통해 볼 때 사관생도는 물론이고 해사를 졸업한 장교 및 예비역들을 모두 포함하는 의미로 '해사인'이란 지칭어를 사용하고 있음을 알 수 있다.

〈용례 12〉 2012년 8월 13일(제6607호)
"해사(海士)의 전통과 문화를 한 자리에"
7월 19일(목), 최○○ 해군참모총장 주관으로 '해사인(海士人)의 동산' 준공식 거행

"경축 해사인의 동산 준공"
해사인의 동산은 아름다운 자연경관이 어우러진 해사인의 쉼터이자 자긍심 고취의 공간입니다.

위와 같은 용례는 다른 상황에서도 몇 차례 더 찾아볼 수 있다. 1990년 8월 31일에 발간된 해사학보 제4506호에는 교훈탑 제막에 대한 기사가 실려 있는데, 여기에서 해사 14기생 대표는 "저희 14기생 일동은 임관 30주년을 기념하여 (중략) 교훈에 담긴 해사인의 정신을 계승하는 데 도움이 되도록 모교 사랑의 뜻을 한데 모아 교훈탑을 새로이 건립하였습니다."라고 언급하고 있다. 또한 2004년 4월 17일에 발간된 해사학보 제5902호에는 해사반도를 새롭게 단장한 소식을 전하면서 "海士人의 마음의 고향인 '해사반도' 새롭게 단장 (중략) 소중한 추억을 담은 해사인들의 영원한 마음의 고향이 될 것이다."라고 언급하고 있다. 이처럼 해사의 전통이나 문화, 가치 등을 표현해놓은 석조물이나 기념 공간의 명칭 등에 '해사인'이라는 어휘가 사용된 것을 고려해볼 때, 이 해사인은 사관생도를 비롯하여 사관학교를 졸업한 현역과 예비역의 졸업생들까지를 모두 포함하는 의미로 사용되고 있음을 알 수 있다.

그런데 2010년대 초반 이후에 이 '해사인'이라는 어휘의 사용은 그 빈도가 현격하게 감소하게 된다.[7] 그 결과 이전에는 삼사체전, 옥포제, 각종 교육 및 군사 훈련 등에서 자주 사용되었던 '해사인'이라는 어휘 대신 '충무공의 후예', '해양수호의 주역', '바다 사나이', '해사 생도'와 같은 다양한 형태의 지칭어들이 그 자리를 대신하고 있음을 확인할 수 있다. 다음의 〈용례

13〉은 그러한 사례들을 대표적인 것만 모아 제시한 것이다.

〈용례 13〉 '해사인' 대신 다른 지칭어들이 사용된 사례들

① 2012년 12월 17일(제6609호)

충무공의 후예, 제70기 해군사관생도 159명 탄생

해양수호의 주역, 제66기 해군사관생도 졸업 및 임관

② 2013년 8월 19일(제6613호)

"군사실습 특집"

'바다사나이들의 뜨거운 여름나기'

해사 생도들, 7월 1일(월)부터 4주간 하계 군사실습 시행

③ 2014년 2월 28일(제6616호)

"조국해양수호 간성, 해사 68기 사관생도 졸업식"

'충무공의 후예들' 해군사관학교 제72기 사관생도 입교식

④ 2014년 6월 30일(제6618호)

"축 사관후보생 116기 임관"

'필승! 충무공의 후예, 대한민국의 미래를 책임지겠습니다.'

⑤ 2014년 8월 25일(제6619호)

"뜨거운 태양과 험난한 파도를 벗 삼으며 전기(戰技)를 갈고 닦는 바다 사나이들"

해사 생도들, 6월 30일부터 7월 25일까지 4주간 학년별 하계 군사실습 시행

⑥ 2016년 9월 28일(제285/6635호)

"해사의 뜨거웠던 여름"

해양성 강화훈련으로 '바다 사나이' 담금질

이와 같은 감소 현상은 2016년에 개최된 개교 70주년 기념행사에 관한 기사글에서도 확인할 수 있다. 이전의 50주년 및 60주년 기념행사에서는 '해사인'이라는 어휘가 자주 사용되고, 거기에 더해 사관후보생 출신 예비역들까지 아우르는 의미로 사용되었던 것에 반해, 〈용례 14〉에서 확인할 수 있는 바와 같이, 70주년 기념행사에서는 '해사인의 밤'이라는 표현이 간단하게만 사용되고 있을 뿐이며, 여기에서는 해사인의 의미도 '해사 재학생도들과 해사를 졸업한 예비역 선배들'만을 지칭하는 것으로 간략하게 사용되고 있다.

〈용례 14〉 2016년 5월 13일(제6633호) / 개교 70주년 기념
"70주년 기념 행사"
'해사인의 밤'
... 1일 차 본교 생도대 식당에서는 사관생도들이 예비역 선배님들과 함께 식사하며 개교 70주년 기념 영상 시청 등 축배 제의를 통해 뜻깊은 대화의 시간을 가졌다...

그런데 이처럼 2010년대 초반 이후 해사학보에서 지칭어 '해사인'의 사용이 급감한 것과는 반대로, 해사 학교장의 각종 연설문에서는 이 어휘가 계속적으로 사용되어 오고 있다. 특히 대부분의 사관생도 졸업 및 임관식에서는, 아래의 〈용례 15〉에서 보는 바와 같이, 졸업생을 대상으로 해사인이라는 자부심을 가지고 자랑스럽게 근무하라는 내용의 격려 메시지를 전달하는 경우를 쉽게 찾아볼 수 있다.

〈용례 15〉 학교장 연설문에서 '해사인'이 사용된 사례들
① 2017년 2월 24일 / 제71기 사관생도 졸업 및 임관식
"당당한 해군, 해병대 장교가 되어주기 바랍니다."
... 여러분을 떠나보내며 교장으로서 한 가지를 강조하고자 합니다. 해사인이라

는 자부심을 가지고 당당한 해군, 해병대 장교가 되어주기 바랍니다. 충무공의 후예라는 자부심이 없으면 해사인이 아닙니다. 국가보다 개인의 안위를 먼저 생각하면 해사인이 될 수가 없습니다. 거센 바람이 불더라도 육지를 뒤로하고 대양을 향해 나아가는 용기와 도전정신이 없으면 해사인이 아닙니다. 불의를 보고도 참는다면 해사인이 아닙니다. 선배들이 이룩한 훌륭한 전통을 계승하지 못한다면 해사인이 아닙니다. 여러분은 그동안 자랑스러운 해사인으로 거듭나기 위해 해군의 핵심가치인 명예, 헌신, 용기를 함양하였고 …

② 2018년 3월 13일 / 제72기 사관생도 졸업 및 임관식
자랑스러운 해사인으로 나아가 명예로운 해군으로 위풍당당하게 세계의 바다를 항해할 여러분의 모습을 기대합니다.

③ 2020년 3월 11일 / 제74기 사관생도 졸업 및 임관식
힘차게 첫 항해를 시작하는 74기 신임 장교 여러분!
변화무쌍한 바다를 품을 수 있는 해사인이 되십시오.
… 명예, 헌신, 용기를 실천하는 해사인이 되십시오.

④ 2021년 3월 25일 / 사관후보생 제130기 입교식
이곳 옥포만은 해군 사관후보생들이 민간인에서 군인으로 거듭나는 공간입니다. 다른 곳에서 훈련을 받은 기수가 일부 있기도 했지만, 그간 2만 3천여 명의 여러분의 선배들이 여러분이 서 있는 이곳 옥포만의 언덕과 바다에서 땀고 눈물을 흘렸습니다. 꿈을 키우고 꿈을 이루었습니다. 여러분은 '해사인' 입니다.

위 〈용례 15〉의 ④는 2021년 3월 25일 사관후보생 제130기 입교식에서의 학교장 연설 내용이다. 여기에서는 이전과는 달리 사관후보생 훈련과정을 시작하는 후보생들에게 "여러분은 '해사인' 입니다."라고 정확히 말하고 있다. 기존의 용례가 사관후보생 출신 예비역들만을 가리켜 해사인이라 했던 것과 달리, 〈용례 15〉는 교육 과정 중인 사관후보생까지도 해사인으로

지칭하는 첫 번째 용례라고 할 수 있는데, 이 사례를 통해 해사인의 의미 범주가 조금씩 확대되어 인식되고 있음을 확인할 수 있다.

이상에서는 지칭어 '해사인'이 가리키는 의미 범주에 대하여 해사학보와 학교장의 각종 연설문 등에서 사용된 용례를 중심으로 살펴보았다. 이상의 내용을 종합해 볼 때, 지칭어 '해사인'의 의미 범주는 다음의 〈그림 1〉과 같은 방사형의 형태를 띠고 있는 것으로 보인다. 쉽게 예상해볼 수 있듯이, 그 핵심부에는 해군사관생도가 자리를 잡고 있으며, 그 핵심부에서 주변부에 이르는 구간에는 여러 부류의 해사인들이 이른바 '해사인다움'의 측면에서 정도성(程度性)을 띠면서 각자의 자리에 위치하고 있는 것으로 보인다.

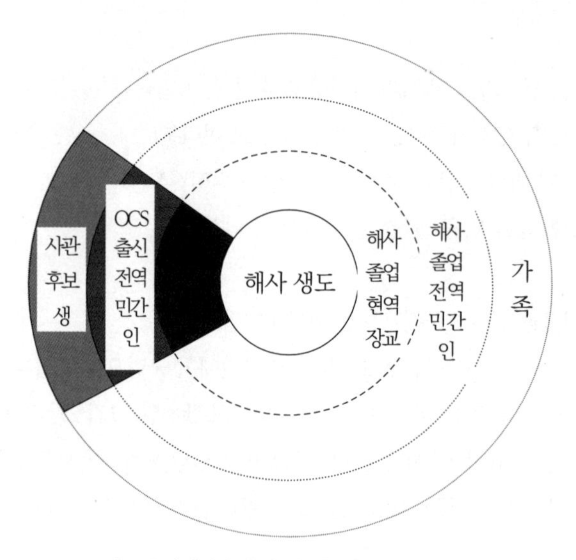

〈그림 1〉 '해사인'의 방사형 의미 범주 모형

위의 〈그림 1〉에서 제시한 방사형 의미 범주의 핵심부에는 현재 해군사관학교에 재학하면서 정규 교육과정을 이수하고 있는 사관생도가 자리를 잡고 있다. 이는 사관생도들 스스로는 물론이고 해사를 졸업한 졸업생과 그

가족들이 모두 한결같이 사관생도들을 '해사인'이라는 어휘를 사용하여 지칭하고 있는 데서 그 근거를 찾을 수 있다.

이 핵심부의 다음 구간에는 해사를 졸업한 현역 장교가 자리를 잡고 있다. 〈용례 6〉에서 살펴본 바와 같이, 전형적인 해사인인 사관생도들이 '한번 해사인은 영원한 해사인'이라고 하면서 졸업을 한 선배들을 해사인의 범주 안에 포함하여 인식하고 있는 모습이 반영된 것이다. 그리고 이 다음의 외곽 구간에는 해사를 졸업한 이후 전역을 한 민간인의 구성원이 자리를 잡고 있다. 〈용례 7〉에서 '자랑스러운 해사인'이란 표현이 사용되고 있는 것처럼, 졸업 후 장교 복무를 마치고 전역한 동문까지도 모두 해사인으로 인식하고 있음이 반영된 것이다. 그리고 이보다 더 외곽의 구간에 있는 주변부에는 '가족'이 자리잡고 있는 것으로 볼 수 있다. 해사를 졸업한 예비역 동문이 자신과 자신의 가족을 함께 해사인으로 인식하고 지칭하는 〈용례 9〉의 (2)가 그 근거가 될 수 있겠다. 전형적인 해사인인 해사 생도를 제외한 나머지 구성원들은 비록 정도성에 따라서 핵심부에서 좀더 멀리 위치한 주변부에 해당될 수 있지만, 넓은 의미에서 바라보는 해사인의 의미 범주 안에 드는 것으로 볼 수 있다.

위의 의미 범주 이외에도, 해사에는 4년간의 사관생도 정규 과정 교육뿐만 아니라 11주라는 단기간의 사관후보생 특별교육 과정이 실시되고 있는데, 이 특별 과정을 마치고 임관을 하여 장교 근무를 마치고 전역한 민간인들도 해사인의 의미 범주 안에 포함되는 용례가 있음을 확인하였다. 대부분의 경우 학교 개교기념행사 등에서 이들은 '하나된 해사인'이라는 표현 등을 통해 해사 출신들과 함께 하나의 동문으로 인식되고 해사인의 범주에 포함되어 왔다. 단, 이들은 해사인이라는 방사형의 의미 범주에서 상대적으로 비교적 외곽의 구간에 자리하게 된다.

그런데 여기에서 좀 더 언급할 필요가 있는 것은 사관후보생 출신 전역 민간인들을 해사인이라 하는 경우는 흔히 발견되는데 반해, 〈용례 15〉의

④를 제외하고는 교육과정 중인 사관후보생이나 사관후보생 출신으로 현역 근무 중인 장교를 해사인으로 지칭하는 경우는 거의 없다는 것이다.8) 이를 통해 볼 때 '해사인'의 주류를 이루는 정규 생도과정 출신 구성원들은, 그들과 달리 해사에서 단기 특별 과정 교육을 받고 임관 후 전역하여 사회로 진출한 사관후보생 출신 민간인들을 '하나의 같은 해사인'으로 포용하려는 의도에서, 지칭어 '해사인'가 갖는 의미 범주의 외연을 보다 넓게 확장하여 사용하려 한 것으로 보인다.

물론 이러한 전략은 오직 사관생도 교육과정 출신들만을 해사인이라 인식하는 것보다, 우리나라의 사회 전반에서 큰 영향력을 가지고 있는 사관후보생 출신 민간인들과 해사인으로서 하나가 되는 것이 해사와 해군의 운영에 긍정적 효과를 창출해낼 수 있다고 판단했기 때문일 것이다. 또한 사관후보생 출신 민간인들의 입장에서도, 이처럼 해사인으로서 사관학교 출신들과 하나가 되는 것은 국방 분야는 물론 사회 여러 분야에서 자신들에게도 도움이 될 수 있는 것이기에 서로가 서로에게 윈윈이 되는 결과가 발생하게 되는 것으로 보인다. 단, 사관생도 출신의 경우에는 그들 가족까지도 해사인으로 보는 용례가 있었던 것에 비해, 사관후보생 출신의 경우에는 그 가족을 해사인으로 언급하는 사례를 발견할 수 없었다. 이런 점은 자신을 해사인으로 인식하는 데 있어서의 '정도성'에 차이가 있음을 짐작하게 해준다.

이상에서 살펴본 바와 같이, 해사인의 의미 범주에는 해군사관생도, 해사 졸업 현역 장교 및 전역 민간인과 그 가족, 해군사관후보생 출신 전역 민간인과 해군사관후보생 등이 방사형의 형태를 띠는 공간에서 중심에서 외곽으로 갈수록 그 정도성이 옅어지는 방식으로 존재하고 있음을 확인할 수 있었다. 그런데 앞에서 잠시 언급한 바와 같이, 예를 들어 학교 구성원들의 단합된 모습을 꾀하고자 하는 등의 아주 특별한 맥락에서는 다양한 부류의 해군사관학교 교직원들 모두를 '해사인'이라는 이름으로 지칭하는 경우도 실제로 있다. 따라서 해사인의 범주를 설정하기 위해 실시한 이번 설문조사에서는 이러한 가능성까지 모두 고려하여, 해군사관학교와 관련되어 있는 이들이 일반적으로 누구까지를 해사인으로 인식하고 있는지를 열린 관점에서 살펴보았다. 이는 뒤에서 다시 다룰 것이다. 이어지는 논의에서는 해사인의 정체성은 어떠한 가치들로 구성되어 있는지 살펴보도록 한다.

해사인의 정체성

'해사인'이라는 어휘가 지칭하는 의미 범주가 어떻게 설정되더라도 그 가운데에는 언제나 해군사관생도들이 있을 것이다. 따라서 해사인의 정체성을 말하기 위해서는 무엇보다 먼저 해사 생도의 정체성을 논해야 할 것이다. 그렇다면 해사 생도들을 '해군사관생도' 이게끔 해주는 이른바 해사 생도의 정체성(가치관, 신념)이란 어떠한 가치들로 이루어져 있을까? 이 장에서는 해군사관학교에 존재하는 대표적 교육 표어들을 분석하고, 해사 생도들을 양성하는 준거들 속에 담긴 핵심가치들을 확인해 볼 것이다.

해군사관학교의 교육 표어들에 담긴 핵심가치

해사 생도들은 해사에 입학할 때부터 졸업할 때까지 4년의 교육 기간 내내 수시로 해사가 강조하는 다양한 교육 표어들을 외치고 다짐하고 실천하면서 그 속의 핵심가치들을 내면화, 신념화하게 된다. 그중 가장 대표적인 교육 표어들로는 「교훈」, 「사관생도 신조」, 「옥포훈」, 「충무공 5대 정신」, 「명예 선서」를 꼽을 수 있는데, 그 내용을 하나씩 살펴보면 그 속에 담긴 해사 생도의 정체성의 구성하는 핵심가치가 무엇인지 확인할 수 있다.

1) 교훈 : 진리를 구하자. 허위를 버리자. 희생하자.

1946년 1월 17일 해군병학교(초대 교장 소령 손원일)로 개교한 해군사관학교는 이듬해 제2대 교장 중위 김일병을 비롯한 교훈 제정 관계관들의 신중한 연구 및 검토 끝에 1947년 10월 21일 '진리를 구하자. 허위를 버리자. 희생하자.'라고 제정된 이래로 지금까지 변함없는 해사 생도 양성의 준거와 지향점이 되고 있다.[9)]

'진리를 구하자'라는 것은 스스로 진리에 다가가고자 하는 치열한 지적 탐구를 통해 학문적 소양을 확충하고 인격을 함양하는 인간이 되자는 것으로서, 이는 비단 사관학교뿐만 아니라 대학교라는 고등 교육기관에서 보편적으로 지향하는 교육 목표라 할 수 있다.

'허위를 버리자'라는 것은 자신이 진리 탐구를 통해 알게 된 것과 서로 모순되는 위선적 언행, 즉 허위를 행하는 것을 단호히 거부하고 물리치는 인간이 되자는 것으로서 곧 언제나 양심을 지키고 정의를 실현하는 떳떳한 인간이 되자는 의미이다.

'희생하자'라는 것은 국가를 지키는 군의 정예 장교를 양성하는 교육기관으로서의 성격을 확연히 드러내는 것으로서, 평시에는 국민과 국가를 나 자신과 같이 사랑하고 전시에는 국민과 국가를 위해 나 자신을 바칠 수 있는 인간이 되자는 것이다.

이상의 서술을 통해 교훈에 담긴 '진리, 정의(명예), 희생'이라는 핵심가치를 확인할 수 있다.

2) 사관생도 신조

사관생도 신조는 해군사관학교뿐만 아니라 육·공군사관학교에서도 공통으로 사용하는 교육 표어로서, 정확한 제정 시기는 기록으로 남아 있지 않지만 현재까지 생도들은 각종 의식에서 사관생도 신조를 외치며 다짐하고 있다. 아래의 〈표 1〉을 통해 사관생도 신조의 내용을 확인해보자.

〈표 1〉 사관생도 신조

사관생도 신조
우리는 국가와 민족을 위하여 생명을 바친다.
우리는 언제나 명예와 신의 속에 산다.
우리는 안일한 불의의 길보다 험난한 정의의 길을 택한다.

위 내용에서 보듯, 사관생도 신조에는 언제나 명예와 신의를 지키고 험난한 정의의 길을 걸어가며 국가와 국민을 위해 생명을 바치는 인간이 되기를 다짐하는 '헌신, 명예, 신의, 정의'의 핵심가치가 담겨 있음을 확인할 수 있다.

3) 옥포훈

해사 생도들은 해사의 앞바다를 옥포만이라 부르며, 옥포훈을 그들의 신조로 삼는다. 옥포훈은 임진왜란 최초의 해전지이자 육·해전을 통틀어서도 최초의 승전지인 '옥포'에서 따온 명칭에서도 드러나듯이 해사 생도만의 특성, 즉 해사 생도의 차별화된 정체성을 잘 드러내는 교육 표어라 할 수 있다. 아래의 〈표 2〉를 통해 옥포훈의 내용을 확인해보자.

〈표 2〉 옥포훈

옥포훈
귀관은 사관생도로서 최고도의 품위를 유지하고 있는가?
장차 포연탄우 생사 간에 부하를 지휘할 수 있는가?
정의를 행함으로써 오는 고난을 감수할 수 있는가?
충무공 이순신의 후예임을 자부할 수 있는가?

옥포훈은 사관생도가 스스로에게 질문을 던지며 그 내용을 다짐하는 형식을 취하고 있다. 첫 두 항목에서 사관생도들은 스스로에게 자신이 언제나 최고도의 품위를 유지하고 있는지, 함포의 연기가 사방에 자욱하고 적의 포탄이 비처럼 떨어지는 급박한 전투 상황 속에서도 부하들을 지휘하여 두려움을 용기로 바꾸고 승리할 수 있을지를 묻고 있다. 1996년을 기점으로 이전의 위 두 항목으로 이루어졌던 옥포훈에 아래 두 항목이 추가 되었는데, 언제나 정의를 행하고 충무공 이순신의 후예임을 자부할만한 정예 호국 간성이 될 것을 요구하고 있다.[10] 이처럼 옥포훈 속에는 '최고도의 품위(기품), 호국, 정의, 리더십'이라는 핵심가치를 확인할 수 있다.

4) 충무공 5대 정신

해사 생도들은 충무공 이순신의 후예로서 매주 금요일 거행되는 '충무 의식'을 통해 충무공 5대 정신을 크게 암송하고 그 의미를 내면화, 신념화하고 있다. 아래의 〈표 3〉을 통해 충무공 5대 정신의 내용을 확인해보자.

〈표 3〉 충무공 5대 정신

충무공 5대 정신
1. 나라를 사랑하는 정신
2. 정의를 앞세우는 정신
3. 책임을 완수하는 정신
4. 창의로 개척하는 정신
5. 희생을 감내하는 정신

충무 의식 도중 연대장 생도가 충무공 5대 정신을 선창하면 이어서 전 생도가 일제히 복창하는데, 해사 생도 전원이 모여 다섯 항목을 하나씩 경건

히 암송하는 과정을 통해서 해사 생도들은 자신의 정체성을 확인하고 내면화, 신념화하게 된다. 이와 같은 충무공 5대 정신 속에 담긴 핵심가치는 '애국, 정의, 책임, 창의, 개척, 희생'이라 할 수 있다.

5) 명예 선서, 명예 카드

가입학 훈련이 끝난 신입생들의 입학식 전날 밤, 해사의 신입생 및 재학생은 모두 모여 함께 명예 선서를 외치는 명예 선서식을 거행한다. 이렇게 해사 생도들은 해군사관학교에 정식으로 입학하는 그 순간부터 명예로운 존재가 될 것을 다짐하고, 해사 생도의 명예를 상징하는 '명예 카드'를 졸업할 때까지 항시 몸에 지니게 된다. 여기서 해사 생도들에게 그 무엇보다도 '명예'라는 핵심가치는 스스로의 정체성을 확립하는데 중심이 되는 것임을 알 수 있다. 아래의 〈표 4〉와 〈표 5〉를 통해 명예 선서와 명예 카드의 내용을 확인해보자.

〈표 4〉 명예 선서

명예 선서
나는 자랑스러운 해군사관생도로서 신념과 긍지를 가지고 교훈을 받들어 사관생도 생활예규를 준수하며, 양심과 지성에 따라 공명정대하게 행동할 것을 엄숙히 선서함.

〈표 5〉 명예카드[11]

명예카드
 해군사관생도 명예선서문 〈앞면〉 나는 명예로운 해군의 일원으로서 하나, 거짓말을 하지 않겠다. 둘, 다른 사람을 속이지 않겠다. 셋, 도둑질을 하지 않겠다. 넷, 또한 이러한 짓을 한 사람을 용서하지 않겠다. 사관생도 : 1-1학년 홍길동

명예카드

해군사관생도 핵심가치 〈뒷면〉

• 명 예 : 해군으로서의 삶을 자랑스럽게 여기고 군인답게 사고하고 행동하는 자세
• 헌 신 : 개인의 안위보다는 국가와 국민을 위해 희생하고 충성을 다하는 자세
• 용 기 : 어떠한 상황에도 두려움 없이 임무를 올바르게 완수하는 씩씩한 기상과 당당한 자세
• 진 리 : 인격을 도야하고 지식을 습득하며 체력을 연마하고 인생관을 정립하는 자세
• 정 의 : 긍지와 명예심, 정직과 정결을 추구하며 올바른 세계관을 정립하는 자세
• 희 생 : 국가에 대한 충성심, 인내와 극기의 자세를 견지하며 충무공 정신을 바탕으로 군인으로서의 사생관을 정립하는 자세

해사 생도들은 자신의 가슴에 항시 명예 카드를 지니고 다니면서 거짓말을 하거나, 남을 속이거나, 도둑질을 하지 않는다는 명예의 최저기준을 되새긴다. 또한 그러한 행동을 하는 사람을 좌시하지 않겠다는 다짐을 하는데, 해사 생도들은 해사의 전통인 무감독 시험을 치룰 때마다 명예 선서를 하고 명예 카드를 자신의 책상 앞에 올려둠으로써 부정행위의 유혹을 단호히 떨쳐내고 명예로운 존재가 된다. 또한 명예카드 뒷면에는 '명예, 헌신, 용기, 진리, 정의, 희생' 여섯 가지 해군사관생도 핵심가치가 기재되어 있는데, 앞의 세 가지는 현재 제정된 해군의 3대 핵심가치의 의미를 설명한 것이고, 뒤의 세 가지는 해사 교훈의 3대 핵심가치를 설명한 것이다.

해군사관생도 양성 준거와 그 핵심가치

해군사관학교의 바람직한 훈육의 지향점에 대한 선구적 연구를 진행한 바 있는 이승철·민동화(2020)에 따르면, 해군사관학교는 해군에 복무하는 정예 해군장교를 양성하기 위해 설립된 교육기관으로서 해사의 모체인 해군의 정체성은 해사 생도의 정체성에 영속적인 영향을 미치며, 해군과 해군사관학교의 역사 속에는 과거와 현재와 미래를 관통하는 대표적 가치 체계

들이 존재하고 이것이 곧 해사 생도의 양성 준거가 된다고 말할 수 있다. 이를 두 개의 표로 나타내면 다음과 같다.[12]

〈표 6〉 해군사관생도 양성 준거

구 분	해군	해군사관학교
과 거	창군정신	교훈
현 재	해군 핵심가치	해사 학칙(임무·목표)
미 래	해군비전 2045	

〈표 7〉 해군사관생도 양성 준거의 핵심가치

구 분	핵심가치
창군정신[13]	호국정신, 자주정신, 희생정신, 개척정신, 신사도 정신
교훈	진리를 구하자, 허위를 버리자(정의), 희생하자
해군 핵심가치	명예·헌신·용기
해사 학칙(임무·목표)[14]	충성심, 명예심, 희생정신, 전문지식, 체력, 민주시민의식
해군비전 2045	국가안보, 국익보호, 기품(신사도), 스마트화(진리, 혁신), 민주시민의식

⇩

호국(충성, 용기, 체력), 희생(헌신)
명예(신사도, 정의, 도덕), 진리(개척, 혁신), 민주시민의식(자주)

위의 두 가지 표에서 보이듯, 해사 생도들의 양성 준거에는 과거 현재 미래를 일관되게 관통하면서 해군과 해사의 정체성을 구성하는 가치들로 구성되어 있으며, 이는 다시 호국(충성, 용기, 체력), 희생(헌신) 명예(신사도, 정의, 도덕), 진리(개척, 혁신, 스마트화), 민주시민의식(자주)으로 분류해 볼 수 있다.

해군 사관후보생(OCS) 양성 교육 과정 속의 핵심가치

일반 대학에서 학사학위를 취득한 해군 사관후보생들은 해군사관학교 장교교육대대에서 11주에 걸친 양성 교육을 받은 후 해군 장교로 임관하게 된다.

사관후보생 양성 교육은 크게 보아 군인화 단계(1단계) → 장교화 단계(2단계) → 해군화 단계(3단계)로 이루어지는데, 해군 사관후보생은 교육 과정 중 충무공/장보고정신, 해군 역사와 창군 정신, 해군 관습 및 예절 교육 등을 통해 그 속에 담긴 핵심가치들을 이해하고 이를 해군 고유의 정체성으로 내면화, 신념화한 장교로 양성되게 된다.

사관후보생들이 양성 교육을 받는 장교교육대대 생활관에는 사관생도들의 생활관과 마찬가지로 중앙 계단에서 가장 잘 보이는 곳에 위치한 대형 현판에 옥포훈이 현시되어 있다. 두 곳의 옥포훈 현판의 형상은 아래 〈표 8〉과 같다.

〈표 8〉 옥포훈 현판

사관생도 생활관	사관후보생 생활관
옥 포 훈 귀관은 사관생도로서 최고도의 품위를 유지하고 있는가? 장차 포연탄우 생사 간에 부하를 지휘할 수 있는가? 정의를 행함으로써 오는 고난을 감수할 수 있는가? 충무공 이순신의 후예임을 자부할 수 있는가?	옥 포 훈 예비장교로서 최고도의 품위를 유지하고 있는가? 장차 포연탄우 생사 간에 부하를 지휘할 수 있는가? 정의를 행함으로써 오는 고난을 감수할 수 있는가? 충무공이순신의 후예임을 자부할 수 있는가?

사관생도 생활관에 현시된 옥포훈의 도입부 사용된 '귀관은 사관생도로서'라는 표현이 사관후보생 생활관에서는 '예비장교로서'라는 표현으로 대체되어 있을 뿐, 양자의 내용은 완전히 동일함을 확인할 수 있다. 교육 기간도 다르고 생활관도 다르지만, 사관생도와 사관후보생은 모두 옥포만의 해

군사관학교에서 교육을 받는 동안 옥포만을 바라보고 옥포훈을 되뇌며 스스로 최고도의 품위(기품), 호국, 정의, 리더십을 갖춘 충무공 이순신의 자랑스러운 후예가 될 것을 다짐하는 것이다.

실증연구

앞에서 우리는 문헌 고찰을 통해 해사인의 의미 범주와 정체성에 대해 살펴보았다. 지금부터는 해군 구성원들을 대상으로 한 실증연구를 통해 그들에게 내재되어 있는 해사인의 의미 범주와 정체성을 확인해 보고자 한다. 이번 연구에서는 단순히 수치로 나타내어지는 양적 자료뿐만 아니라 질적 자료를 함께 분석함으로써 해사인에 대한 경험적 의미를 도출하고자 하였으며, 임관유형, 근무 개월 수 등 다양한 집단 간 해사인에 대한 인식 차이가 존재하는지도 함께 살펴보았다. 질적 자료를 수집함에 있어서는 깊이 있는 정보보다는 좀 더 포괄적이고, 일반적인 정보를 얻기 위하여, 다수를 대상으로 개방형 질문을 통한 설문 조사를 선택하였다. 또한, 기존 연구자가 가지고 있는 정보에 함몰되는 것을 방지하기 위해 문헌 고찰을 통해 도출된 결과를 설문자료에 대입하기보다는 현상 그 자체를 새롭게 탐색하는 방식으로 연구를 진행하였다.

표본 및 자료 수집

해사인의 의미 범주와 정체성에 대해 확인하기 위해 해군에서 근무하는 장병(장교, 부사관, 수병) 및 군무원, 해군사관생도 등을 대상으로 2021년 7월 1일부터 9월 3일까지 약 9주간 인터넷 설문체계인 구글폼(google form)과 해군 내 설문체계를 활용하여 설문을 실시하였다. 이를 통해 총

991명이 설문에 참여하였으며, 개방형 질문에 응답하지 않거나 복수 선택이 가능한 폐쇄형 질문에서 모든 선택지에 응답하는 등 불성실하게 작성된 설문 49개를 제외하였다. 이에 따라 본 연구에 활용된 표본은 942명이다. 구체적인 표본 특성은 〈표 9〉와 같다. 군 특성상 성별의 비율이 남성에 치중된 점을 제외하고, 전체적으로 근무지, 계급, 임관유형, 근무 개월 수 등 모든 항목에서 균형 잡힌 표본 특성을 보였다.

〈표 9〉 연구 참여자의 일반적 특성(N=942)

<table>
<tr><th>항목</th><th colspan="2">구분</th><th>빈도(명)</th><th>백분율(%)</th></tr>
<tr><td rowspan="3">근무지</td><td colspan="2">해사 교직원</td><td>183</td><td>19.43</td></tr>
<tr><td colspan="2">해사 외 장병 및 군무원</td><td>366</td><td>38.85</td></tr>
<tr><td colspan="2">사관생도</td><td>393</td><td>41.72</td></tr>
<tr><td rowspan="2">성별</td><td colspan="2">남</td><td>755</td><td>80.15</td></tr>
<tr><td colspan="2">여</td><td>187</td><td>19.85</td></tr>
<tr><td rowspan="7">계급</td><td colspan="2">장성급</td><td>2</td><td>0.22</td></tr>
<tr><td colspan="2">영관급</td><td>89</td><td>9.45</td></tr>
<tr><td colspan="2">위관급</td><td>132</td><td>14.01</td></tr>
<tr><td colspan="2">부사관</td><td>145</td><td>15.39</td></tr>
<tr><td colspan="2">군무원</td><td>127</td><td>13.48</td></tr>
<tr><td colspan="2">병</td><td>54</td><td>5.73</td></tr>
<tr><td colspan="2">사관생도</td><td>393</td><td>41.72</td></tr>
<tr><td rowspan="7">임관유형</td><td rowspan="3">장교(223)</td><td>해사</td><td>90</td><td>9.55(40.36)</td></tr>
<tr><td>OCS</td><td>75</td><td>7.96(33.63)</td></tr>
<tr><td>학군</td><td>58</td><td>6.16(26.01)</td></tr>
<tr><td colspan="2">부사관</td><td>145</td><td>15.39</td></tr>
<tr><td colspan="2">군무원</td><td>127</td><td>13.48</td></tr>
<tr><td colspan="2">병</td><td>54</td><td>5.73</td></tr>
<tr><td colspan="2">사관생도</td><td>393</td><td>41.72</td></tr>
<tr><td rowspan="5">해군사관학교
근무 개월 수
* 사관학교 교직원 대상</td><td colspan="2">6개월 미만</td><td>56</td><td>30.60</td></tr>
<tr><td colspan="2">6개월 이상-1년 미만</td><td>25</td><td>13.66</td></tr>
<tr><td colspan="2">1년 이상-2년 미만</td><td>24</td><td>13.12</td></tr>
<tr><td colspan="2">2년 이상-3년 미만</td><td>22</td><td>12.02</td></tr>
<tr><td colspan="2">3년 이상</td><td>56</td><td>30.60</td></tr>
</table>

해군 근무 개월 수 * 해사 외 장병 및 군무원 대상	1년 미만	13	3.55
	1년 이상 5년 미만	126	34.43
	5년 이상 10년 미만	111	30.32
	10년 이상 20년 미만	64	17.49
	20년 이상	52	14.21

이번 연구를 진행하기에 앞서 설문지를 연구자가 직접 작성하였기 때문에 설문 내용과 순서 등에서 작성자의 오류와 편견 등이 내포되어 있을 수 있다. 이러한 문제점을 보완하기 위해 현역 장병 10명을 대상으로 설문지에 대한 예비조사를 실시하였으며, 이를 통해 내용 전달에 어려움을 주는 용어 및 불필요한 문항, 추가해야 할 문항. 질문의 순서에서 오는 오류 등을 식별하여 설문지를 수정·보완하였다.

이렇게 완성된 최종 설문지의 구성은 총 7문항으로 해사인의 의미 범주에 관련된 질문 4문항, 해사인의 정체성에 관련된 질문 3문항으로 구성되었다. 구체적인 설문 내용은 〈표 10〉과 같다. 특히 본 연구에서는 해군 구성원의 해사인에 대한 다양한 인식을 알기 위해 선택형 질문과 함께 자신들의 생각을 자유롭게 기술할 수 있는 개방형 질문을 병행하였다. 이는 양적 자료뿐만 아니라 질적 자료를 함께 분석함으로써 양적 자료의 한계점을 보완하고 해군 구성원들이 해사인에 갖는 풍부한 의미를 도출해 낼 수 있을 것이다.

〈표 10〉 해사인 설문지 내용[15]

1. 귀하는 '해사인' 하면 떠오르는 이미지가 무엇입니까? 자유롭게 기술해 주세요.
2. '해사인'이라고 했을 때, 위에 기술한 이미지가 떠오른 이유는 무엇입니까? 자유롭게 기술해 주세요.
3. 귀하는 '해사인' 하면 떠오르는 사람이 누구입니까? 아래의 보기에서 모두 골라주세요.

4. 위 문항에서 선택하신 사람들이 '해사인' 이라고 생각한 이유는
무엇입니까? 자유롭게 기술해 주세요.

5. 귀하는 '해사인' 하면 떠오르는 가치가 무엇입니까?
아래의 보기에서 모두 골라주세요.

6. 귀하는 빠르게 변화하는 환경 속에서 미래 '해사인'이 갖추어야 할
중요한 가치는 무엇이라고 생각하십니까?
그리고 그 이유는 무엇입니까? 자유롭게 기술해 주세요.

질적 자료 분석 방법

이번 연구에는 개방형 질문에 대한 질적 자료가 포함되어 있기 때문에 이에 대한 분석은 CQR-M(수정된 합의적 질적 연구 방법: Consensual Qualitative Research - Modified)을 사용하였다. CQR-M은 다수의 표본으로부터 나온 상대적으로 단순한 질적 자료들을 분석하기 위하여 활용되며, 자료로부터 의미 있는 개념은 평정자들 간의 합의를 통해 도출된다.[16] 특히, CQR-M은 새로운 분야나 거의 연구되지 않은 현상을 탐색할 때 효과적인 방법이기 때문에, 지금까지 한 번도 확인되지 않은 해사인의 의미 범주와 정체성을 탐색하고자 하는 본 연구에 적합한 방법이라 판단된다.

먼저, 평정자는 3인으로 구성되었으며, 모두 경영학 박사학위를 소지하고 있다. 이 중 1인은 해군사관학교 출신(연구자)이며, 2인은 해군사관학교/해군에 대한 편향을 배제하기 위하여 해군사관학교/해군과 전혀 관련 없는 사람으로 구성하였다. 3명의 평정자는 개별적으로 942개의 설문 응답을 읽고, 전체 내용에서 각 의미 단위별로 핵심 개념을 요약하고 공통적인 개념들을 묶어 범주화하였다. 이후 평정자들이 모여 각자의 의견을 제시하고 일치하지 않은 내용은 논의를 통해 합의해나갔다. 합의 과정

에서 연구자의 주관에 의한 판단을 자제하고, 가능한 원자료에 근거하여 요약하고자 하였으며, 상호 간에 다른 의견이 있으면 전원이 합의할 때까지 논의를 거치는 과정을 거쳤다. 최종적으로 만들어진 범주를 기초로 코딩 체계를 만든 후 평정자 간 합의를 통하여 직접 코딩하여 빈도를 결정하였다. 범주별 응답 빈도는 전체 응답에서 차지하는 비율로 제시하였으며, 예로 '해군사관학교'를 100명 중 40명이 '해사인'의 이미지에 응답하였다면, 이는 40%로 제시되며, 전체 응답자의 40%가 '해군사관학교'를 해사인의 의미 범주에서 중요한 구성 개념으로 인식한다는 것을 의미한다.

연구 결과

해사인의 의미 범주

해사인의 의미 범주에 대한 선택형 질문의 결과는 〈그래프 1〉, 〈그래프 2〉와 같다. 〈그래프 1〉은 전체 인원을 설문한 결과이며, 〈그래프 2〉는 사관생도를 제외한 설문 결과이다. 구체적으로 해사인의 의미 범주에 관한 질문에 전체 인원의 863명(91.61%)이 '해군사관생도'라고 응답하였다. 또한, '해군사관학교 졸업 현역장교'와 '해군사관학교 졸업 전역자'는 각각 731명(77.60%), 609명(64.65%)으로 높은 응답률을 보였다.

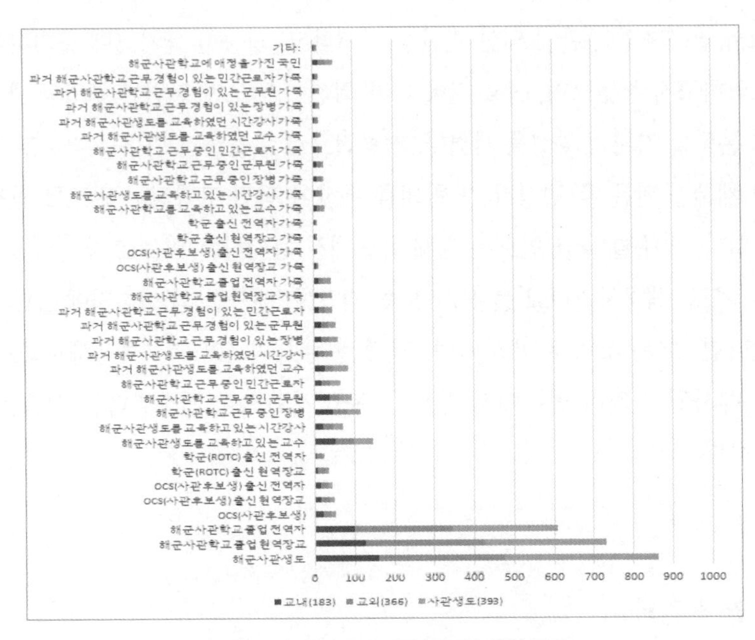

〈그래프 1〉 해사인의 의미 범주에 대한 응답

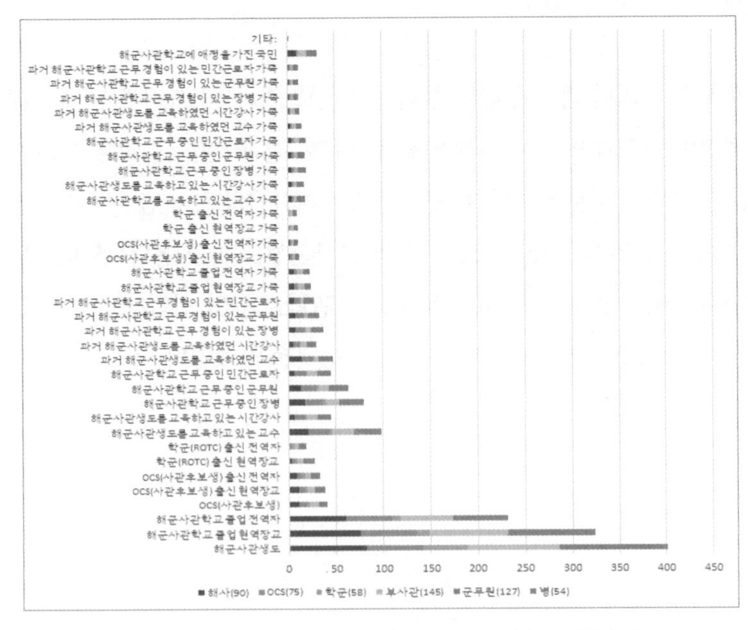

〈그래프 2〉 해군사관생도 제외 해사인의 의미 범주에 대한 응답

특히, 해군사관생도 393명을 제외하고 해군 장병 및 군무원의 응답만을 분석한 결과 역시 총 549명 중 475명(86.52%)이 '해군사관생도'를 '해사인'으로 인식하였으며, 426명(77.60%)이 '해군사관학교 졸업 현역장교'를, 345명(62.84%)이 '해군사관학교 졸업 전역자'를 '해사인'으로 인식하였다.

해군사관학교 출신을 제외한 '해사인'으로는 총인원 중 147명(15.61%)의 응답을 받은 '해군사관생도를 교육하고 있는 교수'와 117명(12.42%)의 응답을 받은 '해군사관학교에 근무 중인 장병'으로 나타났으며 해군사관생도를 제외한 응답에서 역시 '해군사관생도를 교육하고 있는 교수'와 '해군사관학교에 근무 중인 장병'은 각각 98명(17.85%), 83명(15.12%)으로 나타났다. 그 외에는 모두 전체 인원의 10% 미만의 응답률을 보였다.

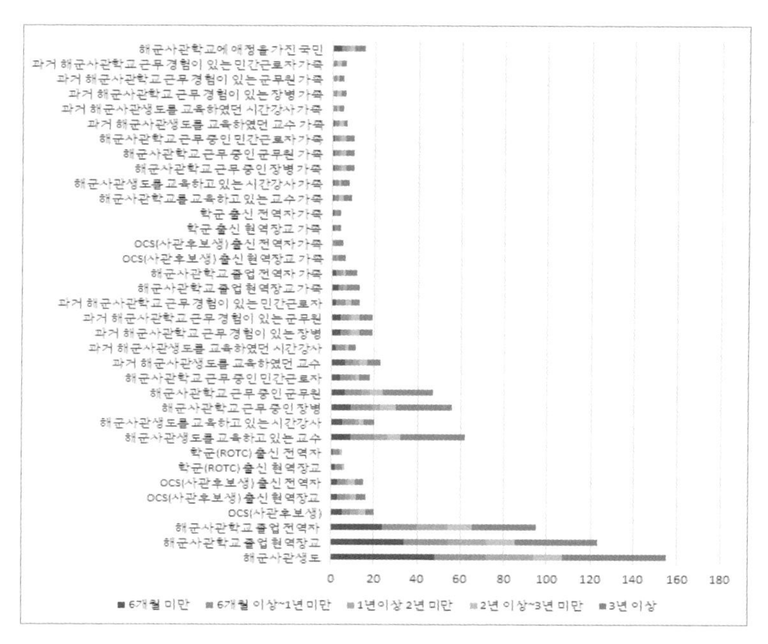

〈그래프 3〉 해사 교직원 근무 개월 수에 따른 응답

다음으로 근무 개월 수별로 분석해 본 결과 해사 외 장병 및 군무원은 941명 전체 인원의 설문 결과와 유사하였지만, 해군사관학교 근무자의 인식은 조금 다른 양상을 보였다. 해군사관학교 근무자의 근무 개월 수에 따른 결과는 〈그래프 3〉과 같다. 해군사관학교 근무자들 역시 근무 개월 수에 상관없이 '해군사관생도', '해군사관학교 졸업 현역장교', '해군사관학교 졸업 전역자'에 대해서는 해사인의 의미 범주에서 가장 높은 응답을 보였지만, 3년 이상 해군사관학교에 근무한 교직원들(56명)은 '해군사관학교에 근무하는 교수', '해군사관생도에 근무하는 장병', '해군사관학교에 근무하는 군무원'에 대해 해사인으로 인식하는 인원이 30명(53%), 26명(46%), 23명(41%)으로 3년 미만 근무한 교직원들에 비해 월등히 높아지는 것을 확인하였다. 즉, 해군사관학교에서 3년 이상 근무한 교직원의 경우 자신들을 '해사인'으로 인식하는 경향성을 보였다.

다음으로 해사인의 의미 범주에 대한 개방형 질문에서는 '해군사관생도', '실력', '명예', '강인함', '임관식', '생도사' 등의 순으로 높은 응답률을 보였으며, 이를 CQR-M에 의해 분석한 결과는 〈표 11〉과 같다. 높은 응답률을 보인 단어나 문장들을 유사한 것과 차별화되는 것끼리 분류하는 작업을 통해 정리하면 총 3개의 범주를 얻을 수 있었으며, 구체적으로 '공간적 공유', '경험적 공유', '가치적 공유'로 구분할 수 있었다.

항목	구분	빈도(명)	백분율(%)
공간적	해군사관학교	433	46%
	옥포만	113	12%
	망해봉	103	11%
	해사인의 동산	75	8%
	생도사	75	8%
경험적	전투수영	122	13%
	충무의식	94	10%

	임관식	75	8%
	제복을 입고 걸어가는 모습	57	6%
가치적	명예	330	35%
	강인함	273	29%
	실력(엘리트)	160	17%
	헌신	151	16%
	교훈	151	16%
	옥포훈	132	14%

〈표 11〉 해사인의 의미 범주에 대한 개방형 질문 응답 결과(N=942)

첫째, '공간적 공유'는 해군사관학교라는 공간에 대한 공유를 의미한다. 응답자들의 대부분이 해사인에 대해서 첫 번째로 떠올리는 것이 해군사관학교였으며, 해사인의 의미 범주에 포함되는 인원들은 '해군사관학교'에 대한 공간적 공감대를 형성하고 있어야 한다고 인식하였다.

"해사인이라는 단어 자체가 해군사관학교 사람이라는 의미가 아닌지"
"해군사관학교를 대표하는 인원이 사관생도임으로..."
"해군사관생도와 출신 장교가 아닌 경우 해사인에 대한 공감대 형성이 안됨"
"한국에서 태어난 사람을 한국인이라고 하듯이 해사인 역시 해사 출신을 의미하는 것으로 생각됨"

또한, 해군사관학교뿐만 아니라 '옥포만', '망해봉', '해사인의 동산', '생도사' 등의 응답 역시 해군사관학교라는 큰 범주에 포함되는 공간임으로 이 역시 해사인이라는 개념 안에 공간적 공감대가 존재해야 함을 의미한다. 구체적인 응답의 예는 다음과 같다.

"옥포만에서의 추억"
"옥포만의 바다 내음을 아는 사람"
"해사인의 동산"

두 번째로 나타난 범주는 '경험적 공유'로써 해군사관학교라는 공간에서 '특정한 경험'을 함께 공유하는 것을 의미한다. 이는 전체 응답자의 56%가 해사인의 이미지로 떠올린 개념으로 대표적인 응답 내용은 다음과 같다.

"4년 동안 땀 흘려 훈련한 곳이므로"
"사관생도, 사관학교에 교육을 받은 자"
"해사인 하면 전투수영? 빡센 훈련이 생각납니다."
"임관식에서 예식복을 입고 분열하는 모습"
"요트를 타고 항해하는 모습"

마지막으로 해사인의 이미지에서 드러난 요인은 '가치적 공유'였다. 많은 응답자가 해사인의 모습에서 강함, 엘리트, 명예 등의 '가치적 요소'를 떠올렸으며, 이는 해사인이라 하면, 해군사관학교가 추구하고자 하는 가치를 내재화하고 있어야 함을 의미한다. 구체적인 답은 아래와 같다.

"미래 조국 바다를 수호할 스마트하고 강한 사관생도"
"진리를 구하자, 허위를 버리자, 희생하자"
"명예, 헌신, 용기를 아는 사람"

이와 같이 해사인이라는 개념 안에서 대부분의 사람이 공간적, 경험적, 가치적 요인을 인식하였으며, 결국 이 세 가지 요인을 가지고 있는 사람을 '해사인'이라고 칭하는 것이라 할 수 있다. 이를 폐쇄형 질문과 대입하여 분석해 보면, 세 가지 요인을 가장 대표할 수 있는 사람이 바로 해군사관생도이자 해군사관학교에서 4년여의 교육을 받은 사람들이기 때문에 이러한 결과가 나온 것이라 할 수 있다. 또한, 〈그래프 3〉에서 살펴본 바와 같이 해군사관생도 및 해군사관학교 졸업자가 아니더라도 사관학교에서의 근무경험이 많은 군무원 또는 장병이 본인들을 해사인이라고 인식하는 것을 이 세

가지 요인을 통해 분석해 보면 이러한 결과는 해군사관학교에서의 오랜 근무경험이 해사의 가치와 전통을 내재화시키고, 반복적으로 사관생도들과 함께 경험을 공유하면서, 공간적, 경험적, 가치적인 측면이 내재화된 결과라고 할 수 있다.

해사인의 정체성

가치적 요인에서 구체적으로 어떠한 가치가 '해사인'의 정체성을 구성하는 핵심가치인가에 대한 설문 결과를 분석해 보면, 〈그래프 4〉와 같다.

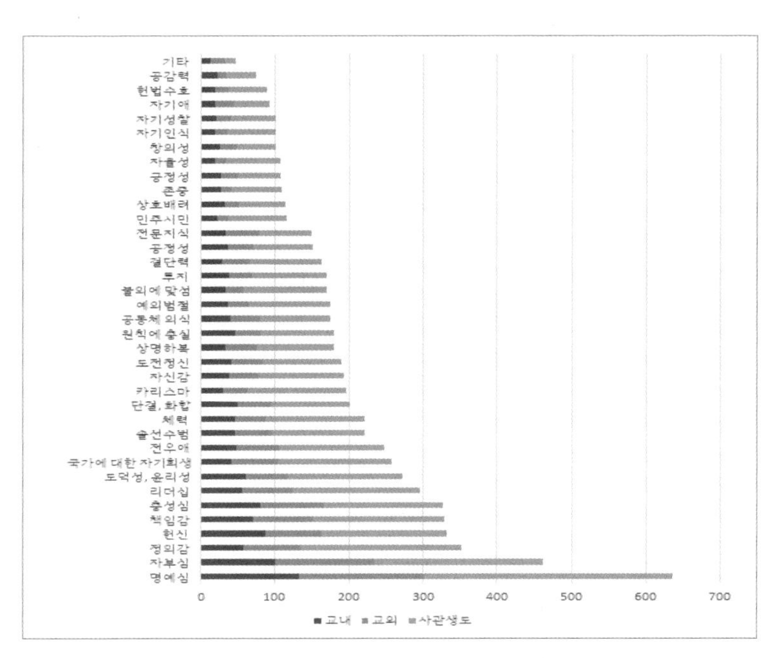

〈그래프 4〉 해사인의 가치에 대한 응답

해사인의 의미 범주와 달리 전반적으로 많은 가치가 높은 응답을 보였지만, 특히, '명예심'은 전체 응답자 942명 중 736명(78%)이 '해사인'에게 중요한 가치라고 인식하고 있었다. 다음으로 '해군으로서의 자부심'은 562명(60%)이 응답하였으며, '헌신' 432명(46%), '책임감' 429명(46%), '충성심' 427명(45%), '리더십' 396명(42%), '도덕성·윤리성' 372명(39%) 순으로 높은 응답을 보였다. 이는 개방형 질문에서도 유사한 양상을 보였다. 구체적인 개방형 질문의 응답을 살펴보면 아래와 같다.

"타 집단에 비해 해군에 소속된 것을 자랑스럽게 여기는 가치"
"해사인이 지녀야 할 가치는 명확하게 교훈에 나와 있다고 생각합니다. 허위를 버리고, 희생하는 삶을 실천하는 것."
"장교로서 다른 누구보다 부하를 잘 이끌어 나가는 모습이라고 생각합니다."
" 개인의 사익이 아닌 국가와 국민을 위해 헌신할 수 있는 마음"

미래 해사인이 갖추어야 할 가치에 대한 결과는 대체적으로 현재 해사인에게 중요한 가치들과 유사한 측면을 보였다.

"시대가 바뀌어도 불변하는 가치: 명예심과 충성심"
"명예와 헌신 그리고 탁월한 지휘 능력"
"해사인이라면 옳고 그름을 명확하게 판단하고 아니다 싶을 때는 과감히 불의에 맞설 수 있어야 합니다."
"새로운 세대들을 받아들이면서 지금까지 이어져 온 해사의 가치를 지켜 내는 것"

개방형 질문의 응답에서 도출된 바는 지금까지 이어져 온 해사인의 핵심 가치가 미래 세대에도 지속되어야 한다는 것을 의미한다. 여기서 흥미로운 점은 '창의성과 전문지식', '상호배려와 존중'이 높은 응답률을 보인 것이다. 먼저, '창의성과 전문지식'에 대한 구체적인 개방형 질문의 응답을 살펴보면 다음과 같다.

"변화하는 환경을 직시하고 거기에 발맞춰 갈 수 있는 전문지식"
"계속 발전하는 사회 변화를 따라가기 위해서는 창의성과 전문지식이 필요하다."
"시대에 뒤떨어진 구시대적인 모습이 아닌 시대를 앞서가는 선진화된 지식을 갖추어야 한다."
"새롭게 등장하는 다양한 기술 또는 제도들을 학습하고 해군에 적용할 수 있는 능력"
"군뿐만 아니라 다양한 분야에 대한 전문지식"

이와 같이 많은 응답자는 미래 해사인에게 빠르게 변화하는 지식을 학습하고 해군에 적용할 수 있는 능력을 요구하고 있다. 이는 빅데이터, AI 등 4차 산업혁명의 급변화하는 환경을 반영한 가치라고 할 수 있으며, 미래에 해사인은 기존의 가치와 더불어 엘리트 장교로서의 스마트함을 함께 겸비할 필요성을 의미한다.

다음으로 '상호존중과 배려'는 기존 해사인의 가치와 비교했을 때 가장 높은 수준의 변화율을 보였다. 특히, '상호존중과 배려'는 이전 가치 중 '리더십'과 유사한 측면이 있다. 하지만, 기존의 리더십이 포괄적인 의미에서 카리스마적이고 지휘의 개념을 더 많이 내포하고 있다면, 미래 해사인은 '상호존중과 배려'를 바탕으로 부하들을 이끌고 어떤 상황에서도 본받을 수 있는 모습을 보이길 바란다고 응답하였다.

"존중하면 존중받는다는 말이 있듯이 해사인은 상호존중이 뿌리 깊게 박혀있어야 한다고 생각합니다."
"이해와 배려: 다르다는 것에 대한 이해와 배려하는 것을 미래 해사인들은 갖추어 갈 수 있었으면 좋겠습니다."
"계급과 상명하복에 충실하지만, 부하들의 의견을 충분히 듣고 받아들일 수 있는 배려심"
"군인으로서 명령을 제외하고는 부하들을 대할 때에는 인격적으로 존중하면서 대하는 것이 필요하다고 생각합니다."

"따듯한 가슴으로 서로를 보담고 상호이해와 존중을 기반한 신뢰형성이 가장 필요하다고 봅니다."

위와 같은 응답 역시 사회적 변화를 포함하는 가치라고 할 수 있다. 세대의 변화, 특히 MZ세대에 들어오면서 단순히 계급, 권위에 의한 복종은 구시대적 발상이 되었으며, 개인주의의 보편화는 각각의 개인들을 조직, 집단보다 최우선으로 두기 때문에 자신들이 존중받지 못하는 것에 대해 매우 민감하게 반응한다. 이는 미래 해사인이 해군을 이끌어가는 리더로서 군 조직체계가 주는 지휘-복종 관계를 떠나 상호존중과 배려로서 부하들을 이끌어 가야함을 의미한다.

이상으로 해사인의 가치에 대해 최종 분석하면, 총 3개 영역, 11개 범주로 구분할 수 있었다. 내용은 〈표 12〉와 같다.

〈표 12〉 해사인의 가치에 대한 분석결과

영역	범주
개인적 차원	명예
	도덕성·윤리성
	창의성
	전문지식
	책임감
관계적 차원	상호존중
	배려
	리더십
조직/국가적 차원	헌신
	충성심
	자부심

해사인의 가치는 크게 개인적 차원, 관계적 차원, 조직/국가적 차원으로

구분될 수 있었으며, 첫째, 개인적 차원에서 해사인은 명예심, 도덕성·윤리성, 책임감, 창의성과 전문지식을 갖추고 있어야 한다. 둘째, 관계적 차원에서 해사인은 타인에 대한 존중, 배려심 그리고 이를 통한 리더십을 겸비하고 있어야 한다. 마지막으로 조직/국가적 차원에서 해사인은 해군사관학교에 대한 자부심과 국가에 대한 헌신, 충성심을 내재화하고 있어야 한다.

마치며

지금까지 문헌 및 실증연구를 통해 '해사인'의 범주와 정체성에 대해서 살펴보았다. 이번 연구를 통해 우리는 '해사인'의 범주가 해군사관생도를 중심으로 특정 요인들의 정도에 따라 방사형의 모형(그림 1)을 띠고 있다는 것을 확인할 수 있었다. 특히, 해군 구성원들을 대상으로 한 실증연구를 통해 그러한 특정 요인들은 해군사관학교라는 '공간적 공유', 교육·훈련 등의 '경험적 공유', 교훈, 옥포훈 등을 통한 '가치적 공유'라는 것을 확인하였으며, 이러한 요인의 인식 정도에 따라 '해사인'이라는 인식이 강해지거나 약해진다는 것을 알 수 있었다.

이처럼 '해사인'은 특정 '출신' 즉 해군사관학교 졸업 여부만으로 결정되기보다는 해군사관학교와 관련한 특정 요인들의 공유 정도를 통해 범주화된다고 할 수 있다. 이는 3년 이상 해군사관학교에서 근무한 장병 및 군무원들이 자신들을 '해사인'으로 인식한다는 것을 통해서도 확인할 수 있었다. 따라서 방사형의 모형에서 해사 생도들이 그 중심을 차지하고 있는 이유는 이들은 현재 해군사관학교에서 4년의 교육을 받고 있으며 그로 인해 해군사관학교에 대한 공간적, 경험적, 가치적 공유의 정도가 가장 높기 때문인 것으로 보인다.

또한, 해사 졸업자들의 경우 그들의 경험이 과거의 영역에 존재함으로 인해 현재 교육을 받고 있는 생도들에 비해 낮은 정도의 인식을 가지고 있으며, 그 인식이 약해질수록 '해사인'이라는 범주의 주변부에 위치하게 되는 경향을 보였다. 그러므로 전형적인 해사인인 해사 생도를 제외한 나머지 구성원들은 비록 공간적, 경험적, 가치적 요인의 공유 정도에 따라 핵심부에서 좀 더 멀리 위치할 수 있지만, 넓은 의미에서 바라볼 때에는 이들이 모두 해사인의 의미 범주 안에 들어 있는 것이라 말할 수 있다.

다음으로 가치적 요인에 대한 연구에서 해사인이 갖추어야 할 핵심가치가 무엇인지 확인하였으며, 이는 개인적 측면의 명예심, 도덕성·윤리성, 책임감, 창의성, 전문지식, 관계적 측면의 상호존중, 배려, 리더십, 조직/국가적 측면의 헌신, 충성심, 자부심이라는 것을 확인하였다. 이는 기존 해군사관학교 양성 교육과정 속에 내포되어 있는 가치뿐만 아니라 시대적 환경의 변화에 따른 가치를 모두 포함하는 것으로서 특히 창의성과 전문지식, 상호존중과 배려는 환경적 변화로 인해 해군사관학교가 확장해야 할 가치라고 할 수 있다.

우리는 '해사인'을 오직 해군사관학교에서 정규교육을 받거나 마친 사람만으로 생각할 가능성이 높다. 그러나 이번 연구를 통해 지칭어 '해사인'은 곧바로 '정규 교육과정의 출신'만을 의미하는 것이 아니라, 해사에 대한 공간적·경험적·가치적 공유를 기반으로 한 특정 요인들에 대한 인식 정도에 따라 결정되는 것이 확인되었다.

이러한 맥락에서 볼 때, 해사인은 좁은 의미의 개념이 아닌 매우 포괄적이고 넓은 의미의 개념으로 보아야 할 것으로 생각된다. 누구든지 1) 해군사관학교라는 공간에서의 삶을 공유하고 2) 그 안에서의 공동의 경험을 쌓고 3) 해사인이 갖추어야 할 가치를 인식하고 내재화한다면 그 사람은 바로 '해사인'이 되는 것이다. 이와 같은 방식으로 해사인의 의미 범주를 설정하는 것은 미래에 세계적으로 더욱 성장해나가게 될 대한민국 해군사관학교의 위상에 부합할 수 있도록, 해사인의 규모와 역량을 확대 및 강화하는 결과를 낳게 될 것이므로 아주 큰 의미가 있다고 생각한다. 이는 본문에서 잠시 언급한 바 있는 지칭어 '연세인'이 연세대학교 4년제 학부과정의 졸업자만을 의미하는 것이 아니라 행정 대학원과 같은 특수목적 대학원의 단기 최고위정책과정 이수자까지 모두 포함하는 의미로 사용되고 있는 것과 같은 이치라고 할 수 있다. 따라서 해사인의 범주에 드는 구성원들이 미래 사회에서 더욱 광범위하고 보다 영향력 있는 역할을 해나갈 수 있도록 하기 위해 앞으로 어떻게 하면 더 많은 사람들이 해사인의 공간적, 경험적, 가치적 요인을 공감하게 할 수 있을지, 미래 지향적 가치를 구현할지에 대한 고민이 필요해 보인다.

예컨대 해군 사관후보생의 경우, 이번 연구를 통해 사관후보생이 스스로를 해사인으로 인식하는 경우가 적다는 사실이 확인되었다. 이는 사관후보생 출신 장교들이 교육과 훈련의 장소로서 해군사관학교를 공간적으로는 공유하고 있지만, 단기 특별 양성 교육이라는 과정의 특성상 해사인의 가치를 내재화할 경험과 시간이 부족하기 때문인 것으로 보인다. 따라서 사관후보생들의 교육 훈련 컨텐츠에 대한 세부적인 보완이 필요하며, 같은 맥락에서 해군사관학교가 사관생도 정규과정 출신, 사관후보생 특별과정 출신 해사인들에게 그들이 해사를 떠난 후에도 지속적으로 제공할 수 있는 다양한 유무형의 서비스 등에 대해서 적극적인 검토가 이루어져야 할 것이다. 나아가 해사 출신은 아니더라도 해사의 공간적, 경험적, 가치적 요인들에 공감하는 해사인들을 위해 필요한 다양한 홍보 활동 등도 검토되어야 할 것이다. 이러한 활동들은 결국 해사인의 범주 안에 드는 구성원들이 미래 사회에서 더욱 광범위하고 보다 영향력 있는 역할을 해나갈 수 있도록 하는 데 큰 디딤돌이 되어줄 것이다.

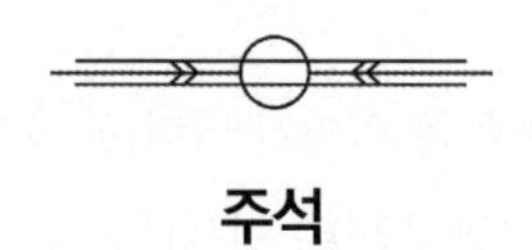

주석

1) '연세인'과 같은 조어법으로 어휘를 만들게 될 경우, 서울대학교는 '서울인', 고려대학교는 '고려인'의 지칭어가 사용 가능할 것이다. 하지만 먼저 '서울인'은 수도 이외의 지방에 사는 사람을 뜻하는 '지방인'과 대칭되는 의미로 오해를 받을 수 있어 실제로 사용되지 않고 있다. 또한 '고려인'은 러시아에 거주하면서 러시아어를 모국어로 사용하는 한민족 동포를 뜻하는 어휘와 혼동이 생길 가능성이 있어 실제로 사용되지 않고 있으며, 대신 '고대인'이라는 어휘가 주로 사용되고 있다.

2) 이른바 OCS 장교, 즉 사관후보생 출신 장교는 해군사관학교에서 일정한 기간의 단기 군사 교육을 받고 임관한 장교를 말한다. 해군사관학교에는 1948년 특별교육대가 설치되었고 1기로 74명이 입교하였으며 그 중 34명이 임관을 하였다. 이 특별교육대의 교육생들은 1967년에는 간부후보생, 1972년에는 사관후보생으로 그 명칭이 변경되었다. 이 사관후보생대는 1979년 2사관학교로 예속이 변경되었다가, 1996년 다시 해군사관학교 생도대로 이관이 되었고 2005년에는 장교교육대대로 명칭이 변경되어 오늘날에 이르고 있다.

3) 2019년 보훈교육연구원에서는 해군사관학교의 위탁을 받아 해사의 전통의식을 살펴보고 해사인의 정체성을 설문 분석하는 연구를 실시한 바 있다. 이 분야에 대한 선행 연구가 전무한 상황에서 이 연구는 해사인에 대한 최초의 연구 결과였다는 점에서 큰 의미가 있다. 다만 그 연구 결과는, 해당 연구보고서에서도 언급하고 있듯이, 외부 연구자에 의한 연구인 까닭에 관련 연구 자료를 충분히 확보하지 못하고 설문 분석과 해석 등에서도 자의적인 부분이 있다는 한계점을 가지고 있다.

4) 본고에서는 축제와 삼사체전에서 사용된 용례를 각 하나씩만을 제시하고 있으나, 실제로 해사학보에서 '해사인'의 어휘가 가장 많이 사용되는 국면은 학교의 축제인 옥포제와 삼사체전에 관한 기사를 실을 때이다. 이러한 모습은 삼사체전이 마지막으로 개최된 2002년까지 계속 이어져 왔다. 2002년 12월 11일에 발간된 해사학보 제5706호에서는 삼사체전에서 우승한 소식을 "동대문 운동장을 뒤흔든 海士人의 함성!! 海士, 2승 1무 1패로 럭비 우승 및 종합우승"이라는 제목으로 기사화하여 전하고 있다.

5) 이 코너는 해사를 졸업하고 전역한 이후 일반인의 신분으로 민간 사회에서 나름의 성공을 하고 학교 발전에도 많은 기여를 하여 '자랑스러운 해사인'으로 선발된 동문을 소개하고 있다.

6) 해군사관학교를 졸업한 동문들의 모임을 해사총동창회라고 하는 것과 같이, 지금은 장교교육대대로 불리는 과거 특별교육대의 교육을 수료하고 임관한 이들의 모임을 '해특회'라 지칭했었다. 현재는 이를 'OCS 중앙회'라 부르고 있다.

7) 이런 현상에 대해서는 2003년에 삼사체전이 폐지된 데에서 그 원인을 찾아볼 수 있다. 지칭어 '해사인'은 삼사체전과 같이 타 사관학교와 치열한 경쟁을 하게 되는 상황에서 해사 생도들의 공동체 의식과 단결력을 공고히 하기 위해 주로 사용되었다. 하지만 삼사체전이 폐지된 이후에는 그 사용 소요가 현격히 줄어 들었고 이후에는 옥포제와 같이 해사 생도들의 정체성을 표현하고자 하는 경우에만 제한적으로 사용되어 왔다.

8) 해사의 경우 재학생이 방사형의 핵심에 위치하고 졸업과 전역의 과정을 거친 구성원들이 조금씩 외곽으로 향하면서 주변부에 위치하게 된다. 이와는 달리 사관후보생의 경우는 전역을 한 민간인 동문의 경우가 사관후보생이나 사관후보생 출신 장교의 경우보다 상대적으로 더 중앙부 근처에 위치하게 되는 것으로 보인다.

9) 1947년 최초 제정된 교훈은 이후 1964년 개정안 제안이 있었으나 1967년과 1969년에 개최된 두 번의 교훈제정위원회 검토 끝에 최종 개정 불필요 판단이 내려졌다. 해군사관학교, 『해군사관학교 70년사』, 국군인쇄창, pp.37-38, 2016.

10) 보훈교육연구원, 「해군사관생도 전통 계승과 해사인상 정립에 관한 연구-사관생도 의식 및 행사를 중심으로-」, pp.273-274, 2019.

11) 해사 사관생도 생활예규(세칙) [일부개정 : 해사예규 제531호(2020.12.11.)]

12) 이승철·민동화, 「해군사관학교 훈육의 교육적 함의와 지향점 연구-해군사관생도의 인식을 중심으로-」, 해양연구논총(제53집), pp.209-215, 2020.

13) 사람마다 성격이 다르듯 조직도 자기만의 특징적인 조직문화를 갖는다. 한 조직의 문화는 대부분 그 조직이 처음 만들어질 당시의 구성원들에게 공유되던 정신, 신념, 가치관에 의해 형성되며, 이것은 이후에도 조직의 정체성과 문화에 지속적으로 영향을 미치게 된다. 해군리더십센터에서 2013년에 발간한 책자 『해군 역사와 창군정신』에서는 대한민국해군의 창군 정신이 크게 보아 충무공 정신, 장보고 정신, 손원일 정신의 전통을 계승하고 있으며 이는 다시 호국정신, 자주정신, 희생정신, 개척정신, 그리고 신사도 정신의 5대 핵심정신으로 요약할 수 있다고 설명하고 있다. 해군리더십센터, 『해군 역사와 창군정신』, 해군본부, 2013, pp.119~133. 참고.

14) 해군사관학교는 해군의 정규장교 양성을 위한 고등 교육기관으로서, 그 설치 및 운영은 관계 법령인 「고등교육법」과 「사관학교 설치법」에 근거하며, 내부적 규칙으로 「해군사관학교 학칙」을 제정하여 세부적인 사항을 정하고 있다. 「해군사관학교 학칙」(2020.2.3. 일부 개정)에서는 해사의 임무와 교육 목표를 다음과 같이 명시하고 있다. "제2조(임무) 군인으로서 필요한 품성과 능력을 갖춘 정예 해군장교를 양성하고, 국가와 사회발전에 공헌할 수 있는 지도자를 배출하는 데 있다.", "제3조(교육목표) 본교의 교육목표는 전조의 임무를 다하기 위하여 다음 각 호와 같이 정한다. 1. 충성심, 명예심, 희생정신이 충만한 군인정신과 리더십 함양, 2. 장교로서의 직무수행, 학사학위 취득을 위한 전문지식 습득, 3. 불굴의 투지 함양을 위한 강인한 체력 연마, 4. 자유민주주의 정신과 고도의 민주시민의식 고취"

15) 설문지 중 선택형 질문 3, 5번의 선택지는 〈그래프 1〉, 〈그래프 2〉 참조

16) Spangler, P. T., Liu, J., & Hill, C. E. (2012). Consensual Qualitative Research for simple qualitative data: An introduction to CQR-M. In C. E. Hill(Ed), Consensual Qualitative Research: A practical resource for integrating social science phenomenon(269-283). Washinton, D. C.: American Psychological Association.

참고문헌

1. 법령(규정) 및 사료

≪고등교육법≫

≪사관학교 설치법≫

≪해군사관학교 학칙≫

≪해사 사관생도 생활예규(세칙)≫

해사 학보사, ≪해사학보 축쇄판≫(제1권 : 1956-89), (제2권 : 1990-99), (3권 : 2000-08).

해군사관학교(2016), ≪해군사관학교 70년사≫, 국군인쇄창.

2. 저서 및 논문

이승철, 민동화(2020), 〈해군사관학교 훈육의 교육적 함의와 지향점 연구-해군사관생도의 인식을 중심으로〉, ≪해양연구논총≫ 53.

보훈교육연구원(2019), ≪해군사관생도 전통 계승과 해사인상 정립에 관한 연구-사관생도 의식 및 행사를 중심으로≫. 2019.

해군리더십센터(2013), ≪해군 역사와 창군정신≫, 해군본부.

Spangler, P. T., Liu, J., & Hill, C. E. (2012). *Consensual Qualitative Research for simple qualitative data: An introduction to CQR-M.* In C. E. Hill(ed.), Consensual Qualitative Research: A practical resource for integrating social science phenomenon(269–283). Washinton, D. C.: American Psychological Association.

제4부
윤리학

해군사관학교 윤리학 교수 이승철

제10장

'정해진 미래'로서의 다문화 군대

1988년 '한강의 기적'을 전 세계에 알린 서울 올림픽 이후 30년 만인 2018년, 평창에서 동계 올림픽이 개최되었다. 역사적인 개막식 행사에서 다양한 이벤트가 사람들의 시선을 사로잡았는데, 그 중 대한민국 사회의 다문화 현상을 단적으로 보여주는 장면이 바로 애국가 제창 순서였다. 짧은 개막식 행사를 통해 대한민국 사회의 진수(眞髓)를 전 세계인들에게 알려야 하는 상황적 맥락과 '애국가 제창'이라고 하는 대한민국 사회의 정체성을 핵심적으로 드러내는 의식(儀式) 사이에서 국내 최초의 다문화 어린이 합창단인 '레인보우 합창단'이 애국가를 불렀다는 사실[1)]은 곧 대한민국 사회가 다문화 사회로 진입했으며 대한민국 사회는 다문화적 가치를 존중한다는 점을 공표(公表)하는 것과 같은 효과를 나타냈다.

평창에서 레인보우 합창단의 애국가 제창은 대한민국 사회의 변화를 보여주는 중요한 시그널인 동시에 미래 군 구조와 그것의 운영에 변화와 대비가 필수적이라는 메시지를 던져 준다. 이것은 이미 1980년대 이후 저출산 국가로의 진입을 시작한 대한민국 사회의 모습과 더불어 다양한 부류의 외국인 유입이 합쳐진 결과로, 대한민국의 군대는 필연적으로 다문화 군대의 형태로 나아가고 있음을 의미한다. 이러한 상황 속에서 이 글은 크게 두 가지의 의미를 가진다. 하나는 대한민국 사회와 군대의 다문화 현상을 분석할 수 있는 핵심 지표가 무엇인지를 밝히고, 그에 따른 분석을 실시하는 것이다. 물론 다문화와 관련된 앞선 연구들에서도 대한민국 사회의 변화를 확인할 수 있는 다양한 지표들을 제시하고 있지만, 왜 그러한 지표들을 통해 다문화 현상을 분석하는 지에 대한 정당화 논의는 부족했던 것이 사실이다. 따라서 이 글에서는 대한민국 사회와 군대에 다문화 현상이 어느 정도로 진행되었는지를 객관적으로 확인할 수 있는 지표를 정당화하고, 그것을 통해 사회와 군의 다문화 현상을 논리적으로 해석하는 것을 1차 목표로 한다.

다른 하나는 미래 다문화 군대를 대비하여 군이 준비할 내용을 탐구하되, 교육적 방법에 집중하여 논의를 진행한다. 이때, 교육적 방법을 중심으로 다문화 군대를 대비하는 이유는 어떠한 제도나 정책의 구성 이전에 실제로 다문화된 군대 속에서 살아가는 개인으로서 군인이 변화하지 않으면 진정한 의미의 다문화 군대 성립은 요원하기 때문이다. 이는 곧 단순한 인적 구성의 변화가 아니라 구성원들 내면의 변화가 중요함을 의미한다. 또한 교육적 방법 중에서도 도덕적 민감성을 중심으로 연구를 하는 까닭은 마치 '해당 상황을 도덕적 맥락으로 인식하게 해주는 것'이 도덕적 민감성이며 이를 출발점으로 하여 도덕적 행동을 향해 나아갈 수 있듯, 군대 내 다문화 현상을 민감하게 인식하고 '이것이 다문화적 맥락에 놓여 있음을 아는 것', 그리고 '해당 상황에서 타인의 어려움을 깊이 있게 공감할 수 있는 능력'이 바로 다문화 군대에 대한 올바른 대응의 출발점이라 판단하기 때문이다.

용어의 정의 – 다문화 사회와 다문화 군대

본격적인 논의에 앞서, '다문화 사회'와 '다문화 군대'라는 용어의 의미를 명확히 할 필요가 있다. 왜냐하면 '구체적으로 어떤 기준으로 다문화 사회를 판단하며, 그 속에서 다문화 군대는 무엇을 지칭하는지'가 명확히 합의되지 못한다면 이후의 논의에서 유의미한 결론을 도출해 내기 어렵기 때문이다. 예를 들어, 다문화 사회가 뜻하는 바가 무엇이며, 다문화 사회나 군대를 판단하는 기준이 무엇인가 등의 문제가 해결되어야 한다.

우선, 다문화 사회(多文化 社會, multicultural society)라는 개념은 일상생활 속에서 흔하게 사용되는 용어임에도 아직 명확하게 합의된 개념은 아니다. 하지만 일반적으로 다문화 사회는 "서로 다른 문화 배경을 가진 사람들이 함께 어울려 사는 사회"[2], "다양한 인종 또는 민족이 공존하면서 문화적 다양성이 존재하는 공동체"[3] 또는 "한 국가 내지 사회 속 복수의 다른 인종, 민족, 계급 등 여러 집단이 지닌 문화가 함께 존재하는 복합문화사회"[4] 등으로 정의된다. 즉, ① 단일한 문화(또는 인종·민족 등)가 아닌 복수(複數)의 문화가 존재하며, ② 이들이 유기적으로 조화되어 하나의 사회를 구성하고 있는 것이 다문화 사회의 대표적인 특징이다. 이러한 다문화 사회의 개념을 현실에 적용하기 위해서는 두 가지의 물음이 선제적으로 해결되어야 한다. 하나는 다양한 문화(더욱 구체적으로는 다양한 문화를 가진 구성원)를 구분하는 기준이 무엇인지 여부이며, 다른 하나는 그렇게 구분된 대상의 크기가 어느 정도인가 하는 것이다. 다시 말해, '무엇을 기준으로, 어느 정도까지가 되어야 하는가?'의 문제이다.

둘 중 '무엇을 기준으로'의 문제는 비교적 명확하게 대답될 수 있다. 물론 그 수치를 조사하고 발표하는 행정기관의 유형에 따라 다양한 형태의 자료가 제공되고 있지만, 일반적으로 다문화 사회 여부를 판별하는데 사용되는 자료는 '총인구 대비 체류외국인 비율'이다. 우선, 대한민국 '총인구'는 매 5년 주기로 시행하는 『인구주택총조사』[5]와 이 자료를 바탕으로 통계청에서 작성하는 『장래인구추계』를 통해 확인할 수 있다. 이때, 총인구는 국적에 관계없이 국내에 거주하는 인구 전체의 크기를 말하는 것으로, 내·외국인을 포함한 대한민국 사회에 존재하는 인적 구성의 총합을 나타낸다. 다음으로 '체류외국인'은 법무부에서 작성하는 『출입국·외국인정책 통계』[6]을 통해 확인할 수 있는데, 이는 "출입국관리법 제31조의 규정과 재외동포의 출입국과 법적지위에 관한 법률 제6조의 규정에 따라 입국한 날부터 90일을 초과하여 체류할 목적으로 외국인등록이나 국내거소신고를 한 자 및 90일 미만 체류할 목적의 단기 체류자를 포함한 총 국내 체류외국인"[7]을 의미한다. 즉, 총인구 대비 체류외국인 비율은 국적이나 체류 목적·기간 등과 무관하게 해당 시기 대한민국 사회 구성원이 어느 정도로 다양하게 존재하는지를 보여주는 수치라 볼 수 있다.

다음으로 '어느 정도'의 문제는 다소 불분명한 한계를 가진다. 즉, 어느 정도의 체류 외국인이 존재했을 때 그 사회를 다문화 사회로 볼 것인가의 문제가 명확하지 않다는 것이다. 이에 대한 대답은 학자와 연구 기관들에 따라 약간씩 차이를 보이는데, 비록 이러한 수치들에 있어서 완벽한 합의가 이루어지지 않았고, 또 이를 명백하게 규정지을 수 있는 독립된 기관이 존재하는 것은 아니지만 일반적으로는 OECD의 기준을 근거로 5%의 체류외국인을 다문화 사회의 기준으로 삼는다. 다시 말해 특정 국가의 총인구 대비 체류 외국인의 비율이 5%를 넘었을 경우, 해당 사회를 다문화 사회로 보는 것이 일반적인 학계의 인식이다.

이상의 다문화 사회에 대한 논의를 바탕으로 '다문화 군대'에 대한 개념을 도출해 본다면, "다양한 문화적 배경을 가진 장병들의 인종적, 종교적, 문화적 다양성을 인정하고 존중하는 풍토"[8]를 가진 집단 또는 '다양한 문화적 배경을 가진 군인들이 서로 유기적으로 조화를 이루어 임무를 수행하는 조직'이라 볼 수 있을 것이다. 물론 한 국가의 다문화 정도를 판단하는 기준인 '체류 외국인'을 그대로 군대라는 집단에 적용하는 것은 불가능할 것이다. 왜냐하면 앞서 기술하였듯 체류 외국인은 단기 여행객을 포함한 국내 외국인의 총 인구를 말하는 데 반해 군대라는 집단은 기본적으로 '대한민국 국적'을 가진 사람만이 그 구성원이 될 수 있기 때문이다.[9] 따라서 다문화 군대를 구성하는 다문화 장병은 기본적으로 이주 배경을 가진 부모님을 통해 그 대상을 확인하며, 대표적인 형태는 국제결혼 가정 자녀, 외국인 근로자 가정 자녀, 북한이탈 주민 가정 자녀 등으로 구분된다.[10] 단, 다문화 군대를 구분하는 다문화 장병의 객관적 비율 등은 아직 연구가 진행된 바가 없어 앞으로 다양한 논의와 개념 정립이 필요할 것으로 보인다.

다문화 사회와 군대 문화의 구조적 특징

다문화 사회는 기본적으로 '복수(複數)의 문화와 그 문화들의 조화로움'을 개념적 특징으로 가진다. 그런데 어떠한 상태를 조화로운 상태로 볼 것인가의 문제, 즉 다양한 문화들을 어떠한 방식으로 어울리게 할 것인가의 문제는 다문화 사회를 바라보는 관점의 범위를 보여준다. 다문화 사회를 바라보는 관점의 차이는 그것을 바라보는 학자마다 '교육의 성향에 따른 분류'(보수적-개방적-다원적-좌본질적-비판적), '강조되는 교육 개념에 따른 분류'(다문화 교육-국제이해 교육-간문화 교육-문화 다양성 교육) 등으로 다양하게 구분된다.[11] 하지만 조금 더 포괄적인 시각에서 다문화 사회를 인식하고 그에 대한 움직임을 논의할 때에는 '동화주의'와 '다문화주의(또는 문화다원주의)'로 대표되는 다문화 사회 모형을 적용해 보는 것이 용이하다.

우선 동화주의(同化主義, assimilationism)는 "외국인(이민자)들이 언어·문화 등 모든 면에서 주류 사회와 똑같아져야 한다."[12]는 관점, 또는 "다양한 민족과 인종적 배경의 사람들이 제약에서 벗어나 더 큰 사회에서 상호작용하는 과정으로, 민족 집단의 구성원들이 고유의 문화를 포기하고 핵심 문화로 흡수되며 사회에서 주권을 장악하는 과정"[13]을 뜻한다. 즉, 문화를 받아들이고 승인하는 입장으로서의 주류(主流) 문화와 그 주류 문화에 포함되고 융화되어야 할 대상으로서의 비주류(非主流) 문화를 구분하여 후자를 전자에 맞추려는 움직임이다. 한국 사회의 초기 다문화주의 정책도 이러한 동화주의적 입장을 따른 것으로 "다문화가족의 고유한 문화와 정체성을 인정하고 존중하기보다는 한국 주류 사회의 문화에 일방적으로 동화시키는 방법"[14]을 선택하였다. 하지만 이러한 다문화 사회에 대한 동화주의적 접근은 1960년대 미국의 용광로(melting pot) 정책이 낳은 다양한 사회적 부작용들(작게는 학생들의 학교 교육 거부 운동부터 크게는 1968년 미국 LA 폭동을 포함한 다양한 인종적·문화적 갈등들)로 인해 한계에 봉착하게 되었고 단순히 융화나 봉합이 아닌 다양성을 인정하는 '다문화주의' 시각이 등장하게 된다.

다음으로 다문화주의(多文化主義, multiculturalism), 문화다원주의, 문화다양성 등으로 일컫는 시각은 "여러 주체들의 다양성이 인정되고, 다양한 문화가 어떠한 위협도 없이 존중받아야 한다는 인식"[15] 혹은 "공존하는 문화를 있는 그대로 인정하고 존중하는 것"[16] 등을 말한다. 문화적으로 다원화된 사회에서는 유입된 문화와 전통이 사회적 조화와 생존에 필요하며 전체 사회에 맞게 따르기만 한다면 이런 관습들을 유지할 수 있도록 허락한다. 이러한 다문화주의나 문화다원주의적 입장은 샐러드 볼(salad bowl)이나 스테인드글라스(stained glass), 모자이크(mosaic) 등으로 묘사되어 각각의 작은 부분들이 함께 어우러져 전체적인 아름다움을 유지할 수 있음[17]을 강조한다. 따라서 현대적 의미의 다문화 사회를 구성하는 것, 또는 다문화 사회에 맞는 정책을 펼치는 것은 단지 우리 문화의 우수성을 알리고 이를 습득하도록 강요하는 것이 아니라 서로의 문화를 존중하고 이해하며, 배려할 수 있는 자세를 전제하는 것이라 볼 수 있다.

한편, '군대 문화'는 종종 '군사 문화'라는 용어와 함께 사용되는데, 군사 문화가 군대에서 강조되는 권위적 방식을 강조하는 측면으로 많이 사용된다면, 군대 문화는 조금 더 중립적이고 포괄적인 개념이라 볼 수 있다.[18] 하지만 현대 사회에 '군사 문화'라는 용어가 일반적으로 많이 사용되지 않으며, 큰 틀에서 군사 문제가 군대의 핵심적 임무임을 감안한다면, 둘 사이의 경계는 그리 명확해 보이지 않는다. 이러한 의미에서 홍두승(1996)이 일반 사회의 문화와 비교하여 군사 문화(즉, 큰 틀에서 군대 문화)의 특징으로 제시한 '권위주의, 획일성, 집합주의, 형식주의, 완전무결주의(경직성), 공공조직주의'[19]는 군대 구조의 특징을 핵심적으로 보여주는 항목들이라 볼 수 있다. 이때, 군대 문화의 특징은 곧 군대라는 집단의 특징, 혹은 기능으로부터 연유하는 측면이 강한데, 이는 군대가 폭력을 관리하고 사용하며 국가의 사활이 걸린 이익 수호에 직접 관련된 일에 종사하는 까닭에 군대의 정당성과 합법성이 중요하게 요구됨과 동시에 엄격한 통제를 필요로 함[20]을 의미한다.

이상의 검토를 통해 확인한 다문화 사회의 핵심적 가치, 그리고 전통적인 군대 문화의 특징들은 외견상 서로 대립되거나 상충될 수 있음을 알 수 있다. 왜냐하면 다문화 사회가 추구할 관점으로 다문화주의, 혹은 문화다원주의를 인정한다면, 이는 다양성과 자유로움, 혹은 다름의 인정을 전제로 하는 것인데, 전통적인 군대 문화는 오히려 획일성과 경직성, 또는 권위주의적 성향이 강하게 나타나기 때문이다. 결국 서로 상이하게 보이는 둘 사이의 간극을 줄이는 것, 다시 말해 군대의 핵심적 기능을 유지하면서도 동시에 다문화 사회가 가진 구조적 특질들을 어떻게 조화롭게 접목시키며 군대의 구성원들이 그것을 이해하고 받아들일 수 있도록 만드느냐가 바로 다문화된 군대를 준비하는 핵심 과제인 셈이다.

한국 사회의 다문화 현상

앞선 검토를 통해 한국 사회의 다문화 현상은 '대한민국 총인구'와 '체류 외국인'의 규모를 통해 분석 가능함을 확인하였다. 이는 1차적으로는 대한민국에 체류하는 외국인의 규모를 확인함으로써 한국의 다문화 현상을 진단할 수 있게 하며, 부차적으로는 미래 대한민국 사회의 인구 구성이나 구조 등을 파악함으로써 사회 각 계층에서 대비할 내용을 알려준다는 의의가 있다. 2017년 기준, 8년간 체류외국인과 총인구, 그리고 총인구 대비 체류외국인 비율은 아래 표와 같다.

〈표 1〉 총인구대비 체류외국인 현황 : 2010-2017[21)]

단위 : 만명, %

구분	2010	2011	2012	2013	2014	2015	2016	2017
체류 외국인	126	139	144	157	179	189	204	218
총인구	4,955	4,993	5,019	5,042	5,074	5,101	5,124	5,144
비율	2.54	2.78	2.86	3.11	3.52	3.70	3.98	4.23

만약 OECD의 기준으로서 5%의 체류 외국인 비율을 적용한다면 아직 대한민국 사회를 명시적인 다문화 사회와 다문화 국가라 보기는 어렵다. 하지만 매년 총인구 대비 체류외국인의 비율이 0.2~0.3%p씩 증가하고 있는 추세를 볼 때 향후 2~3년 안에 대한민국 사회도 본격적인 다문화 사회로 접어들 것으로 예상되며 이에 대한 대비가 필요할 것으로 판단된다. 또한, 단순히 '대한민국 사회가 미래에 다문화 사회로 진입할 것이다.'는 사실에 더해 그 속도가 매우 빠르고 큰 비율로 진행될 것이라는 예측도 가능한데, 이는 과거부터 미래까지 대한민국 총인구 및 인구 성장률의 추이를 통해 살펴볼 수 있다. 2015년 기준 현재와 미래의 다양한 변인들을 고려한[22)] 대한민국 사회의 총인구와 인구성장률은 다음과 같다.

〈표 2〉 대한민국 총인구 및 인구성장률 : 1965-2065년[23)]

단위 : 만명, %

구분	1965	1985	1995	2005	2015	2025	2035	2045	2065
총인구	2,870	4,081	4,509	4,818	5,101	5,261	5,283	5,105	4,302
인구 성장률	2.54	0.99	1.01	0.21	0.53	0.20	-0.12	-0.52	-1.03

위의 표에서 눈여겨보아야 할 점은 크게 두 가지로, 하나는 1960년대 이후 2030년대 까지 대한민국의 인구 성장률은 지속적으로 하락하는 데 반해 총인구는 계속 늘어나고 있다는 것이고, 다른 하나는 2030년대 이후[24] 인구 성장률이 마이너스로 전환, 총인구가 줄어든다는 점이다. 여기서 전자는 대한민국의 사회가 전형적인 고령화 사회의 구조로 나아가고 있음을 보여주며 후자는 본격적인 인구 감소와 함께 노동력 부족, 사회 성장 동력 저하 등의 문제가 발생할 것임을 예측 가능하게 한다. 이때, 체류외국인의 59%가 40세 이하이며, 60세 이상 인구의 비율이 10%에 그친다는 사실[25]은 중요한 시사점을 제공한다. 즉, 단지 체류외국인의 수가 늘어나고 5%라는 상징적인 수치를 뛰어 넘을 뿐만 아니라 대한민국 사회 내에서 생산과 소비, 그리고 각 사회 집단에서 중심적 활동을 하는 구성원으로서 체류외국인이 활동하게 될 것이라는 점이다. 결론적으로, 대한민국 사회는 단지 다문화 사회를 향해 나아가고 있을 뿐만 아니라 다문화 구성원의 역할이 점점 커지고 중요하게 작용할 것임을 알 수 있다.

한국 군대의 다문화 현상

앞선 논의를 통해 대한민국 사회가 분명하고도 빠른 속도로 다문화 사회로 진입하고 있음을 확인하였다. 그렇다면 군대의 사정은 어떠한가? 즉, 대한민국 사회의 변화와 같은 맥락에서 군 조직도 다문화 현상이 일어나고 있는지, 만약 다문화 현상이 진행되고 있다면 얼마나 빠르게 변화할 것인지 등을 통계적 수치를 통해 검토하는 것이 본 절의 목적이다. 하지만 이를 위해 우선 해결해야 하는 문제는 '누구를 분석의 대상으로 삼을 것인가?'이다. 왜냐하면 사회의 다문화 현상은 국적이나 체류 목적과 무관하게 대한민국 사회의 총인구 대비 체류외국인의 비율로 판별하는 데 반해, 다문화 장병의 경우 기본적으로 ① 대한민국 국적을 가져야만 하며, ② 귀화자가 아닌 자(즉, 일반적으로 결혼 등으로 한국 국적을 취득한 당사자가 아닌 자녀)여야 하기 때문이다.

본 연구에서는 이러한 기준에 가장 근사한 대조군이자 다문화 군대를 분석하기에 적합한 지표로 「외국인주민 자녀」[26]를 선정하였다. 「외국인주민 자녀」는 "외국인 또는 귀화한 자의 자녀로서 국적법 제2조(출생에 의한 국적취득)에 따른 출생과 동시에 한국 국적을 취득한 자"를 뜻하여 다문화 배경을 가진 동시에 병역의 의무를 지는 대상이 된다. 2016년 기준 「외국인주민 자녀」중 남성의 연령대별 군 입대 가능 시기, 그리고 『장래인구추계』상 해당 연도의 남성 인원은 아래의 표와 같다.

〈표 3〉 연도별 만18세 남성 다문화 자녀 및 총인구 현황[27]

단위 : 백명, %

구분	2017	2019	2021	2023	2025	2027	2029	2031	2033
다문화 남성자녀	22	29	30	40	59	52	92	72	86
남성인구	3196	3094	2476	2277	2323	2298	2448	2349	2228
비율	0.68	0.93	1.21	1.75	2.53	2.26	3.75	3.06	3.85

위의 표를 통해 크게 세 가지 사항을 확인할 수 있다. 우선, 2017년 이후 입대 가능 연령의 남성 인구(만18세)는 지속적으로 줄어드는 데 반해 다문화 배경을 가진 남성의 수는 지속적으로 늘어난다는 점이다. "출생, 이동, 사망에 의해 변화되는 인구보다는 20년 동안 변하지 않는, 즉 죽지도 이동하지도 사망하지도 않고 그 나라에 그대로 있는 인구가 훨씬 많다"[28]는 점을 고려한다면, 각각 2016년과 2015년의 객관적 자료를 바탕으로 한 위의 수치, 그리고 군대 내 다문화 장병 비율의 상승은 큰 차이 없이 실현될 것으

로 보인다.

다음으로, 다문화 장병의 비율이 시간이 갈수록 큰 폭으로 높아진다는 것이다. 물론, 위의 수치는 단지 해당 연도에 만18세가 되는 외국인주민 자녀, 그리고 총인구를 나타낼 뿐이지만, 병역 대상자들이 매년 유사한 시기에 유사한 비율로 입대를 한다는 가정 하에, 위의 비율은 그 시기의 차이만 있을 뿐[29] 유사하게 나타날 것으로 보인다.

마지막으로 사회의 다문화 현상과 군대 내 다문화 현상에 대한 비교이다. 앞의 〈표 1〉과 비교해 보았을 때, 군대 내 다문화 인원의 비율은 사회에 비해 훨씬 더디게 진행되는 것으로 보일 수 있다. 왜냐하면 2016년 기준 총인구대비 체류외국인 비율이 군대 내에서는 약 20년 정도 후에 나타날 것으로 예상되기 때문이다. 하지만 두 지표의 대상이나 자격 등에서 많은 차이가 있으며, 군대 내 다문화 장병의 비율은 보수적 계산에 의한 추정치임[30]을 감안한다면 군대의 다문화 현상은 결코 간과될 수 없는 문제이다. 결론적으로 군대 역시도 사회와 마찬가지로 빠른 속도로 다문화 현상이 진행되고 있음을 알 수 있으며, 이에 대한 지속적이고 체계적인 대처가 필요함을 확인하였다.

다문화 군대를 위한 교육적 준비

다문화 사회와 군대 문화의 특징 비교, 그리고 한국 사회와 군대의 다문화 현상 분석을 통해 다음과 같은 소결을 내리고자 한다. ① 한국 사회와 군대는 다문화 현상이 빠른 속도로 진행 중이다. ② 다문화 사회를 위한 다문화주의, 혹은 문화다원주의가 취하는 입장과 전통적인 군대의 특징은 많은 면에서 상충되는 측면이 있다. ③ 이러한 간극을 메우기 위해 군은 다양한 측면에서 노력을 기울임으로써 다문화 군대를 대비해야만 한다.

지금도 서서히 다문화 현상이 진행 중이며 앞으로 더욱 빠른 속도로 다문화 군대의 모습을 갖출 대한민국 군은 다양한 측면에서 준비를 해야만 한다. 다문화 군대로의 흐름을 막고 있는 법규가 있다면 이를 고쳐야 할 것이고, 다문화 군대가 안정적으로 정착되기 위한 다양한 제도적 지원도 뒷받침되어야 할 것이다. 이를 위해 대한민국 군은 지난 2010년, 「병역법」을 개정하여 다문화 장병에 대한 입대의 길을 열고[31] 다문화 가정 출신 장병의 동반입대를 확대[32]하였으며, 2015년 12월 신규 제정된 「군인의 복무 및 지위에 관한 기본법」 상에 다문화 존중에 관한 내용을 명시[33]하는 등 다양한 사항들을 준비 및 시행하고 있다.

하지만 이러한 법규적·제도적 준비와 함께 관심을 가지고 노력해야 할 부분이 바로 '교육적 준비'이다. 왜냐하면 아무리 좋은 법과 규칙, 그리고 제도가 마련되어 있다고 할지라도 그 속의 구성원들이 다문화된 군대의 의미를 제대로 이해하지 못하고 '나와 다른 타인'을 어떻게 대해야 하는지를 모른다면 진정한 의미의 조화와 화합은 요원할 것이기 때문이다. 이러한 의미에서 다문화 군대를 위한 다양한 제도적·환경적 준비가 바깥의 기틀을 만드는 작업이라면 '장병들을 어떻게 교육할 것인가'의 문제는 내면을 충실하게 다지는 작업이라 볼 수 있다. 따라서 이어지는 글에서는 다문화 군대를 위한 교육적 방법을 중점으로 논하되, 구체적으로는 도덕적 민감성을 활용한 교육 방법을 탐구하고자 한다.

도덕적 민감성을 활용한 군내 다문화 교육 방안

도덕적 민감성의 의미와 필요성

아래에서는 군대 내 다문화 교육의 방안을 논의하되, 구체적으로는 도덕·윤리과 교육에서 활용하는 '도덕적 민감성' 교육을 접목한 다문화 교육

방안에 대해 탐구하고자 한다. 이를 위해서 우선 도덕적 민감성의 의미와 필요성, 즉 도덕적 민감성이란 무엇이며, 그것이 왜 다문화 교육에 필요한지를 밝히고자 한다. 이를 통해 다른 여러 다문화 교육의 방법들과 구별되는 '도덕적 민감성을 활용한 다문화 교육'의 특징과 장점들을 확인할 수 있을 것이다.

도덕적 민감성은 미국의 도덕 심리학자인 레스트(J. R. Rest)에 의해 주창된 개념으로, 도덕적 행동이 도출되기 위해 필요한 4구성 요소(the Four Component Model) 중 하나이다. 레스트는 이 4구성 요소로 도덕적 민감성(moral sensitivity), 도덕적 판단(moral judgement), 도덕적 동기화(moral motivation), 그리고 도덕적 품성(moral character)을 제시하였다.[34] 이때, 도덕적 민감성은 "어떤 상황에서 발생 가능한 행동의 방향을 상상하는 것과 그 행동으로 인한 결과가 사람들의 복지에 미치는 영향에 대해 생각해 볼 수 있는 것을 포함"[35]하는 개념으로, "특정 상황 속에 내포된 도덕적 이슈를 지각하고, 상황을 해석하여, 자신의 행동이 타인에게 어떠한 영향이나 결과를 미칠 수 있을지를 헤아릴 수 있는 능력"[36]을 의미한다. 다시 말해 도덕적 민감성은 "어떤 상황을 도덕적인 문제 상황으로 감지하고 그 상황에서 어떠한 행동을 할 수 있으며 그 행동들이 관련된 사람들에게 어떠한 영향을 미칠 수 있는가를 상상"[37]할 수 있게 만드는 능력이라 볼 수 있다.

이러한 도덕적 민감성의 요소를 군대 내 다문화 교육에 접목시키고자 하는 이유, 즉 '왜 도덕적 민감성인가?'의 질문은 도덕적 민감성이 가진 '타인에 대한 인식의 가능성'과 '행동 실천을 위한 출발점'으로서의 역할 때문이다. 도덕적 민감성의 기능에 대하여 톰킨스(P. S. Tompkins)는 "인지와 타인의 관심사에 대한 인식력 있는 반응의 과정"[38]이라 말했으며, 미리와 헬카마(L. Myyry & K. Helkama)는 "도덕적 민감성이 논리적으로든 순차적으로든 아마도 도덕적 판단에 앞서서 일어날 것이며, 이에 따라서 도덕적 결정을 만드는 데 결정적인 역할을 할 것"[39]이라 주장하였다. 종합하자면, 도덕적 민감성은 우리가 어떠한 상황을 도덕적 상황으로 인식하거나 도움이 필요한 타인의 요청에 민감하게 반응할 수 있는 것, 그리고 그러한 인식과 반응을 통해 올바른 판단을 내릴 수 있도록 도우며, 궁극적으로는 도덕적 행동을 실천할 수 있도록 돕는 데 중요한 역할을 한다는 것이다.

따라서 도덕적 민감성을 활용하여 다문화 교육을 실시한다는 것은 피교육자로 하여금 자신의 주변에 존재하는 다양한 다문화 관련 상황이나 도움을 요청하는 다문화 장병의 목소리에 민감하게 반응할 수 있도록 해주며, 궁극적으로는 옳은 판단을 거쳐 도덕적 행동을 실천할 수 있도록 돕는다는 의의를 가진다. 이는 마치 불의(不義)한 상황을 인식하지 못하여 의로운 행동을 시도조차 못하는 것처럼 도덕적이면서 다문화와 관련된 다양한 문제나 어려움을 인식하지 못함으로써 그들에게 도움을 줄 수 없는 상황이 발생하지 않도록 돕는 역할을 한다. 물론 군대 내 다문화 교육의 내용이나 방향이 항상 도덕적 민감성을 향해야 하는 것은 아니다. 하지만 도덕적 민감성을 활용한 다문화 교육은 상황에 대한 즉각적인 인식이나 이를 통한 행동의 실천 가능성 담보 등의 영역에서 분명한 의의를 가질 것이며 다문화 군대를 대비하는 데 도움을 줄 것이다.

도덕적 민감성 교육의 접목 가능성

지금의 논의는 앞서 살펴본 도덕적 민감성 교육을 다문화 교육에 접목시키는 것이 가능한지를 검토하는 것이 주 목적이다. 도덕적 민감성 교육의 다문화 교육에의 접목 가능성을 검토하기 위해 우선 다문화 교육의 핵심 요소로서 '다문화 감수성'과의 관계를 확인한 후, 실제 다문화 가정 구성원의 목소리를 통해 군대 내 도덕적 민감성 교육의 접목 가능성을 검토하겠다.

일반적으로 다문화 감수성(intercultural sensitivity)[40]은 다문화 교육

의 중요한 목표 지점 중 하나로서[41] "개인이 타문화의 문화적 차이를 인식하는 민감성"[42]을 의미한다. 베넷(C. I. Bennett)은 다문화 감수성 발달 모델(DMIS; the Developmental Model of Intercultural Sensitivity)을 통해 다문화 감수성이 문화적 차이를 수용하고, 타문화 맥락에서 사고하고 행동하는 능력을 가짐으로써 문화적 차이에 적응하며, 최종적인 단계에서는 문화적 맥락의 안과 밖을 유연하게 넘나들며 문화 차이를 통합할 수 있음을 주장하였다.[43] 이때, 도덕적 민감성과 다문화 감수성은 용어의 유사성(즉, 도덕적 민감성(moral sensitivity)과 다문화 감수성(intercultural sensitivity))을 통해서도 상호 접목 가능함을 알 수 있을 뿐만 아니라 그 내용에 있어서도 합치되는 부분을 발견할 수 있다. 왜냐하면 앞서 살펴보았듯 도덕적 민감성의 핵심 개념이 '특정 상황 속의 도덕적 이슈를 알고, 상황을 해석하며, 그 상황이 타인에게 미치는 영향력을 알 수 있는 것'처럼 다문화 감수성 역시도 '문화 간의 차이를 이해하고 타문화(또는 타인)의 맥락에서 사고할 수 있는 유연한 자세'를 의미하기 때문이다. 결국 도덕적 민감성과 다문화 감수성은 그것의 직접적인 대상이 도덕적 행동인가, 다양한 문화인가의 차이가 있을 뿐 상황 속의 관계와 맥락을 중시하고 문제를 타인(타문화)의 관점에서 바라볼 수 있는 자세를 강조하고 있다는 점에서는 공통점을 가진다.

또한 군대에서 도덕적 민감성을 활용한 다문화 교육의 가능성은 실제 다문화 가정 구성원의 목소리를 통해서도 확인할 수 있다. 대표적으로 정병삼·이월형(2013)은 다문화 가정 청소년들을 대상으로 군 복무에 관련된 인식을 분석하였는데, 다문화 가정 청소년들은 군 입대시 예상되는 문제점으로 '상급자 혹은 동료와의 관계형성'을 꼽았으며, 군 지휘관(간부) 및 동료 병사들에게 '친밀감'이나 '군 생활에 대한 자세한 설명' 등을 요구하는 것으로 밝혀졌다.[44] 또한 많은 다문화 가정 자녀들이 군 입대 전 집단 따돌림 등으로 인한 정서적 충격을 가지고 있으며[45] 이러한 경험으로 인해 군 입대

시 다른 장병들에 의해 배척당하는 것을 두려워하고 있음[46]을 알 수 있다. 이처럼 앞으로 입대할 다문화 장병들이 다양한 어려움을 가지고 있으며, 동료 장병들과 지휘관(간부)들에게 친밀감이나 배려적 관계, 혹은 군대 적응을 위한 도움을 필요로 한다는 것을 통해 다문화 교육이 단지 다양한 문화에 대한 이해 교육을 넘어서 다문화 장병의 상황에 관심을 기울이고 그들의 목소리에 귀 기울일 수 있는 도덕적 민감성 교육으로 연결될 수 있음을 확인할 수 있다.

도덕적 민감성을 활용한 교육 예시

아래에서는 구체적으로 도덕적 민감성을 활용한 군대 내 다문화 교육이 어떻게 진행될 수 있는지를 제시하고자 한다. 여기서 도덕적 민감성을 활용한 군대 내 다문화 교육을 시행한다는 것은 다문화 교육이 단지 '다양한 문화가 있음을 이해하는 것' 또는 '서로의 다름을 인정하는 것'에 대한 교육을 넘어 '내가 미처 알아차리지 못했던 다문화 장병들이 느끼는 어려움을 민감하게 알아차릴 수 있는 능력'을 기름과 동시에 '내가 다문화 장병의 입장이 되어보고, 그들의 맥락에서 생각할 수 있는 능력'을 배양하는 것이 목적이다. 따라서 본 절에서는 군대에서 병사 계층을 대상으로 시행할 수 있는 다문화 교육 방안을 탐구하되, 일상생활 속에 다양한 다문화 관련 문제가 있음을 확인할 수 있는, 'NIE 탐구공동체 활동 모형'과 다문화 장병의 상황이 되어 그들이 느끼는 어려움을 이해하고 공감할 수 있는 '역할놀이 모형'을 활용한 교육 방법을 제시하고자 한다.

두 수업 모형 모두 체험형·참여형 교육이므로 20-30명 내외의 소수를 대상으로 하면 효과가 있겠지만, 부대 특성상 다수의 장병을 대상으로 교육을 해야 한다면 사전에 교육 방법을 공유한 조력자를 통해 분반 운영을 하거나 차수를 구분한 교육이 가능할 것이다.

신문 속 다문화 이야기 교육

NIE(Newspaper In Education)는 우리말로 '신문 활용 교육'으로 풀이된다. 신문에는 매일 다양한 분야의 새로운 정보가 실리므로 이를 활용하면 유익하고 실용적인 학습이 가능할 뿐만 아니라 궁극적으로는 스스로 책임질 수 있는 교양 있는 민주시민을 양성하는 데 도움을 줄 수 있다.[47] 이러한 신문 활용 교육을 다문화 교육 현장에 활용하는 것은 우리가 무심코 지나치는 일상생활 가운데 다문화와 관련된 일들이 얼마나 많은지를 깨닫기 위한 것이다.

앞서 도덕적 민감성의 핵심 능력 중 하나가 '특정 상황 속에 내포된 도덕적 이슈를 지각하고, 상황을 해석해 내는 것'임을 확인하였는데, 이를 다문화 상황에 적용시켜 '삶 가운데 포함된 다문화 관련 이슈를 확인하고, 다문화 상황을 해석하는 힘을 기르는 것'이 바로 신문 속 다문화 이야기 교육의 목표이다. 신문 속 다문화 이야기 교육은 다음과 같은 흐름으로 진행된다.

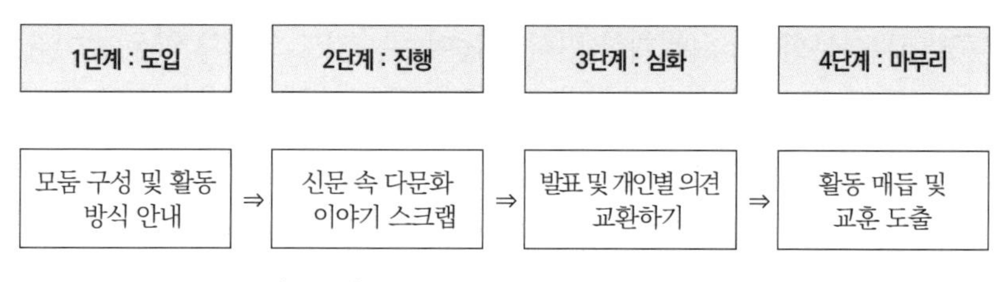

〈그림 1〉 신문 속 다문화 이야기 교육 진행도

1단계는 도입 단계로서 교수자와 장병들이 서로 자신을 소개하고 본격적인 활동을 위한 모둠을 구성하며, '신문 속 다문화 이야기 교육'의 구체적인 진행 방식을 안내하는 단계이다. 교수자는 해당 장병들과 익숙한 사람(예를 들어 소대장 또는 부대 담당 교관 등)이 될 수도 있고 다문화 교육을 전문으로 하는 강사가 될 수도 있는데, 이때 중요한 것은 교수자와 장병들

간에 친밀한 감정을 가질 수 있도록 라포(rapport)를 형성하는 것이다. 비록 익숙한 사이라도 교수자와 피교육생의 관계에서 만나보지 못했다면 교육의 효과를 높이기 위해 서로의 긴밀한 대화를 나눌 수도 있을 것이고, 처음 만나는 강사의 경우 자신의 군 생활 이야기 등을 통해 교감할 수 있을 것이다. 이후 실제로 활동을 하게 될 5-6명 단위의 모둠을 구성하도록 하고 '신문 속 다문화 이야기 교육'의 전반적인 의미와 활동 방식 등을 안내하도록 한다. 도입 단계에서는 장병들이 안정감과 편안함을 느낄 수 있도록 환경적 요소를 정비(예. 경쾌한 경음악 준비 등)하고 계급으로 구분된 상·하급자가 아닌 동등한 배움의 공동체에 속해 있음을 인식시킨다.

2단계는 진행 단계로서 장병들이 실제로 신문 속에서 다문화와 관련된 기사를 찾아 스크랩하고 그에 대한 모둠 내 의견을 개진하는 시간이다. 이때, 신문은 특정 일자·특정 신문사의 것을 동일하게 배포해 주는 것보다 모둠별로 서로 다른 무작위의 신문을 제공함으로써 '언제 어디서나 다문화와 관련된 상황이 존재한다.'는 인식을 가질 수 있도록 안내한다. 하지만 피교육생이 군인이라는 점을 감안하여 '국방일보'라는 특정 신문을 제공하여 '군대 내 다문화 현상'에 대한 인식을 높여주는 것도 의미가 있을 것이다. 신문을 제공받은 장병들은 신문 속에서 다문화와 관련된 기사를 오려서 스크랩하고, 이것이 우리 삶과 어떻게 연결되어 있으며, 군대 상황에 접목시켜 본다면 어떤 의미가 있는지를 모둠 내에서 논의한다. 교수자는 각 모둠을 돌아다니며 지나치게 지엽적인 내용에 집중하고 있는 모둠은 없는지, 활동을 하는 데 어려움을 겪고 있는 모둠은 없는지 등을 확인하며 의미 있는 활동이 될 수 있도록 독려하는 역할을 한다.

3단계는 심화 단계로서 모둠별로 스크랩한 자료를 발표하고 서로의 의견을 교환하는 시간이다. 모둠별 스크랩 내용을 발표할 때는 단지 '어떤 내용이 있었다.'는 것을 이야기 하는 것이 아니라 ① 어떤 내용이었으며, ② 이 문제가 다문화 현상과 어떠한 연관이 있었고, ③ 궁극적으로 이 문제를 군대(군인) 상황에 접목시켜 본다면 어떠한 의미가 있는지를 종합적으로 발표할 수 있도록 지도한다. 이때, 발표를 듣는 다른 모둠 구성원들은 '단지 다른 모둠의 발표를 듣는 것'을 넘어 주의 집중하여 발표 내용을 되짚어 보며, 그에 대한 자신의 의견을 개진하는 시간을 갖는다. 3단계에서는 교수자도 모둠의 발표 내용에 대하여 질문을 제기할 수 있으며 객관적으로 잘못된 정보, 혹은 추가 설명이 필요한 부분에 대해서는 부연 설명을 덧붙일 수 있다. 3단계에서는 자칫 모둠별로 경쟁적인 구도가 형성되어 소모적인 논쟁이 발생하지 않도록 주의하며 서로의 발표에 대하여 존중하고 배려하는 분위기가 형성될 수 있도록 지도하다.

4단계는 마무리 단계로서 활동을 매듭짓고 소감을 공유하며 교훈을 도출하는 시간이다. 이 단계에서는 피교육생들이 자유롭게 자신의 의견을 개진하며 스스로 교훈을 도출할 수 있도록 하되, 교수자는 신문을 활용한 교육을 시행한 근본 목적으로서 '우리 삶 주변에 어디든 존재하는 다문화 상황'을 장병들이 자연스럽게 받아들일 수 있도록 안내한다. 또한 앞으로도 신문이나 뉴스 등 사회에서 발생하는 다양한 소식 가운데서 다문화 관련 내용에 관심을 가지고 귀 기울일 수 있는 자세를 가지도록 지도하며 교육을 마무리한다.

다문화 역할극 교육

'수업모형으로서의 역할 놀이'는 연극, 또는 상황극 활동을 통해 자신이 가지고 있는 역할에서 벗어나거나 자신의 구체적인 상황을 제3자의 입장에서 관찰함으로써 문제를 바라보는 다양한 관점을 이해함과 동시에 실제 문제 상황이 발생하였을 때 이를 새로운 방식으로 극복할 수 있게 도와주는 활동이다. 이러한 역할놀이는 피교육자로 하여금 다른 사람의 감정, 태도, 욕구, 가치, 인식 등을 표현해 보게 함으로써 타인의 입장에서 그의 상황을 상상해 볼 수 있게 하고, 자신의 행동이 타인의 행동에 미치게 될 감정적 영향을 깨닫게 하는 데 유용한 교육 방법이다.[48] 이러한 역할극을 활용한 교육 모형을 다문화 교육 현장에 적용하는 것은 설명이나 피상적 자료로는 결코 알 수 없는, 다문화 장병이 느끼는 다양한 어려움과 고충을 현실과 가장 가까운 형태로 접할 수 있기 때문이다. 따라서 역할극을 활용한 교육은 도덕적 민감성에서 강조하는 '타인의 입장에서 생각하고 타인의 상황이 되어 볼 수 있는 능력'을 길러주기 위한 적절한 교육 프로그램이 될 것이다. 다문화 역할극 교육은 다음과 같은 흐름으로 진행된다.

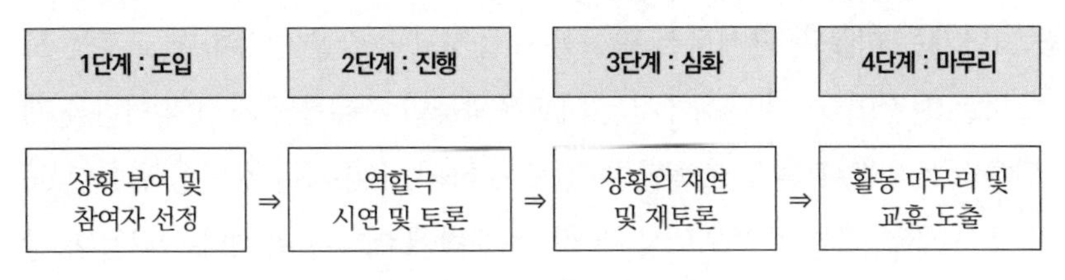

〈그림 2〉 다문화 역할극 교육 진행도

1단계는 도입 단계로서 본격적인 교육을 시작하기에 앞서서 교수자와 장병들 사이에 친밀한 관계를 형성하고[49] 진행할 역할극의 상황을 부여하며, 참여자를 선정하는 등 실제 교육을 진행하기 위한 준비를 한다. 이때 역할극의 상황은 다문화 장병들이 겪은 실제 어려움의 문제를 활용하는 것이 가장 현실감 있겠지만, 부대 내 다문화 장병의 부재로 사례를 구하기 어렵거나 당사자가 거부감을 느끼는 경우 등이 발생할 수 있기 때문에 교수자는 사전에 '실제로 존재할 수 있을 법한 예비 상황'[50]을 준비해야만 한다. 일반적인 경우에 역할극을 활용한 교육은 피교육생인 장병들에게 많이 생소할 수 있으므로 역할극 참여자는 자율적으로 정하되, 우선 선정된 참여자를 격려함으로써 다양한 장병들이 역할극 교육에 참여할 수 있도록 용기를 북돋운다.

2단계는 실질적인 역할극을 시연하는 단계이다. 앞선 1단계에서 설정한 상황을 적절한 대사와 몸짓, 그리고 역할극 내 구성원들 사이의 커뮤니케이션을 통해 진행하도록 하되, 교수자는 역할극이 지나치게 자극적인 내용으로 전개되거나 특정 인물이나 상황을 희화화하지 않도록 지도한다. 또한 역할극이 진행되는 동안 연극에 참여하지 않는 장병들은 "참여적 관찰자로서의 청중"이 될 수 있도록 역할극 참여자들의 행동을 주의 깊게 관찰하여 그 이유나 의도를 파악하도록 노력해야 한다.[51] 일반적으로 수업 모형으로서의 역할극 교육을 진행할 때에는 인물의 대사나 몸짓, 스토리 등이 확정적으로 정해진 것이 아니라 큰 상황만 주어지므로 역할극이 종료되면 등장인물들에게 왜 그러한 행동을 하였으며, 그 당시 어떠한 기분이 들었는지, 그리고 역할극을 본 장병들은 상황을 어떻게 해석하였는지를 토론한다. 이때 역할극 종료 후 토론 단계에서 장병들이 비판적 시각을 제시할 때에는 그에 대한 자신의 대안을 함께 이야기 할 수 있도록 지도한다.

3단계는 심화 단계로 논란의 대상이 되는 상황이나 언어 사용, 또는 행동에 대하여 상황을 재연해보고 새로운 역할극 내용에 대하여 다시 토론을 해보는 시간이다. 일반적으로 역할극을 활용한 교육을 처음 시행할 때에는 해당 역할극을 바라보는 장병들 사이에 많은 비판이 나올 수 있다. 예를 들어 어떠한 행동이나 표현이 바람직한지 아닌지, 본인이라면 어떻게 대응했을 것인지, 이상적인 행동은 어떠했을 것인지 등을 이야기 할 수 있다. 이러한 의견들을 단지 의견으로만 교환하고 끝나는 것이 아니라 실제로 앞에 나와서 해당 상황을 다시 한 번 재연해봄으로써 정말 그 방안이 적절했는지, 아니면 미처 생각지 못했던 문제가 다시 발생할 수 있는지를 검토해 볼 수 있다. 역할극을 활용한 다문화 교육에서 '재연'은 단지 나의 생각을 상대방에게 강요하는 것이 아니라 서로의 의견을 평등한 수준에서 재검토해 볼 수 있는 환경을 제공함으로써 더욱 민주적이고 반성적인 교육 환경을 구성하는 데 의의가 있다.

마지막 4단계는 활동의 마무리 단계로서, 당일 역할극을 통해 제기되었던 군대 내 다문화 현상의 이슈들, 그리고 그것에 대한 해결 과정 등을 이야기함으로써 교훈을 도출한다. 앞서 밝혔듯 역할극을 활용하여 다문화 교육을 시행하는 것은 도덕적 민감성 교육이 가진 힘으로서 '타인의 입장이 되어보고 그들의 관점에서 생각해 보는 능력'을 기르는 것이 목적이다. 따라서 수업을 매듭지으며 교수자는 역할극을 통해 느낀 다문화 장병의 입장을 잘 간직하고 그들이 유사한 상황에 놓여있을 때 도움의 손길을 내밀 수 있는 자세를 견지할 것을 안내하도록 한다.

맺으며

이 글은 21세기 대한민국 사회의 가장 중요한 변화요소 가운데 하나로 손꼽히는 '다문화 사회'로의 전환과 그 속에서 군대의 다문화 현상을 탐구하였으며, 이에 대한 대비책으로 '도덕적 민감성'을 중심으로 한 교육적 방법을 연구하였다. 이를 위해 우선, 대한민국 사회와 군대의 다문화 현상을 분석하기에 적합한 지표를 탐색하여 사회 전체에 대해서는 '총인구 대비 체류외국인의 비율'이, 군대에 대해서는 '연령별 남성 총인구 대비 다문화 남성 자녀의 비율'이 적합함을 확인하였다. 각각의 지표들을 분석한 결과 2017년 현재 대한민국 사회는 총인구 대비 체류 외국인의 비율이 4.23%로 다문화 사회를 구분 짓는 5%에 근접하였음을 확인하였으며, 군대는 만18세 남성 총인구 대비 다문화 남성 자녀의 비율이 0.68%로 아직 수치상으로는 미미하지만 대한민국 사회의 저출산·고령화 현상과 더불어 앞으로는 매우 빠른 속도로 그 수치가 올라갈 것임을 확인하였다. 이러한 대한민국 군대의 다문화 현상을 대비하기 위하여 본 연구에서는 제도적 방안을 대신하여 교육적 방안을 제안하였다. 인적 구성의 변화에 따라 집단의 많은 부분에서 제도적 정비가 필요함에도 교육적 대비 방안을 강조한 이유는 ① 구성원의 의식 변화 없는 제도의 정비·개혁이 효과가 없으며, ② 구성원의 의식 변화를 위한 가장 효과적이고 근본적인 대책이 교육이기 때문이다. 구체적인 교육의 방법은 '도덕적 민감성'을 활용하되, 삶 주변의 많은 상황을 도덕적·다문화적으로 민감하게 받아들이기 위한 '신문 속 다문화 이야기 교육'과 타인의 상황 속에서 심정적 공감을 하고, 행동의 방향을 설정할 수 있는 '다문화 역할극 교육'을 제시하였다.

물론 다문화된 군대를 대비하는 데 있어서 교육적 방법만이 중요한 것이 아니며, 교육적 방법 중에서도 도덕적 민감성을 활용하는 것만이 유일한 해결책은 아닐 것이다. 교육적 방법에 대한 모색과 더불어 제도적 정비도 지속적으로 이루어져야할 것이며, 도덕적 민감성 외에도 다양한 교육적 방법들이 탐구되어야 할 것이다. 그럼에도 불구하고 이 글은 군대의 다문화 현상에 대한 인적·내면적 대비 방안으로서의 의의를 가진다. 또한 주로 도덕·윤리 교과에서 활용되고 있는 도덕적 민감성 개념이 다문화 교육에 접목될 수 있는 가능성을 밝힘으로써 다문화된 군대에서 장병들의 도덕적 실천 가능성을 확인하였다. 다만, 이 글은 도덕적 민감성을 활용한 다문화 장병 교육 방법에 대한 개념적 고찰로, 실제 교육의 결과 및 효과를 제시하지 못했다는 한계를 갖는 바, 이를 보완하기 위한 실증 연구나 다문화 군대를 대비한 더욱 다양한 교육적 방법 및 효과성 검증 등이 이루어져야 할 것이다. 다문화 군대가 단지 '가능성'이 아니라 '정해진 미래'임이 밝혀진 이상, 우리는 그 미래를 대비할 의무와 책임을 가진다. 다문화 군대가 조화롭게 구성되어 그 능력을 발휘할 수 있도록 다양한 측면의 노력이 필요한 시점이다.

주석

1) 본 연구에서는 '레인보우 합창단'의 구조적·사회적 문제들에 대한 논의는 차치하고 국가적 이벤트로서 동계 올림픽의 위상과 그 속에서 애국가 제창이 갖는 의미에 초점을 맞춘다.

2) 유네스코 아시아·태평양 국제이해교육원, 『다문화 사회의 이해』(파주: 동녘, 2008), p.309.

3) 김영순 외, 『처음 만나는 다문화교육』(성남: 북코리아, 2016), p.45.

4) 신군재, 『글로벌 다문화 이해』(서울: 무역경영사, 2016), p.67.

5) 근대적 의미의 인구조사인 인구총조사는 1925년에 처음 실시된 후, 매 5년마다 18차례에 걸쳐 실시 되어왔으며, 주택에 관한 조사가 함께 시행된 것은 1960년대 제9회 조사부터이다. 가장 최근의 조사는 2015년에 실시되었다.
- 인구주택총조사 홈페이지(http://www.census.go.kr) 內 총조사 설명 참고.

6) 법무부에서 작성하는 출입국·외국인정책 통계는 크게 연보와 월보 두 가지로 나뉜다. 연보의 경우 매 차기년도 6월에 제공되며, 월보는 매 차기월 중순에 발표된다.

7) 법무부, 『출입국·외국인정책 통계월보 2017년 12월호』(과천: 법무부, 2017), p.2.

8) 정병삼·이월형, "다문화 가정 청소년들의 군 복무 관련 인식 분석", 『한국군사학논집』, 제69권 3호 (서울: 화랑대연구소, 2013), p.89.

9) 즉 체류 외국인 중, 단기 여행객, 유학생, 외국인 근로자, 또는 한국 국적을 취득하긴 했지만 병역의 의무를 가지지 않는 결혼이민자나 혼인귀화자 등은 다문화 군대의 대상자가 되지 않음을 의미한다.

10) 박안서, "다문화장병 입영에 따른 병영환경 조성방안", 『국방정책연구』, 제90권 (서울: 한국국방연구원, 2011), p.180.

11) 천정웅 외, 『현대사회와 문화다양성 이해』(파주: 양서원, 2015), pp.243-247.

12) 김은미·양옥경·이해영, 『다문화 사회, 한국』(파주: 나남, 2009), p.41.

13) D. L. Sills(ed.), Assimilation, in International Encyclopedia of the Social Sciences, vol. 1(New York: Macmillan/Free Press, 1968), p.438, Christine I. Bennett, 김옥순 외 공역, 『다문화교육 이론과 실제』 (서울: 학지사, 2009), p.96에서 재인용.

14) 최영은, 『다문화사회의 국가 정체성과 다문화정책』(성남: 북코리아, 2016), p.41.

15) 이동성·주재홍·김영천, "문화다양성교육의 개념적 특질 및 이론적 배경 고찰", 『다문화교육연구』, 제6권 1호(서울: 한국다문화교육학회, 2013), p.52.

16) 국방부, 『다문화 시대의 선진 강군』(계룡: 국방부, 2016), p.59.

17) Christine I. Bennett, 김옥순 외 공역(2009), p.97.

18) 온만금, 『군대사회학』(서울: 황금알, 2006), p.172.

19) 홍두승, 『한국군대의 사회학』 (파주: 나남, 1996), p.124, 온만금(2006), p.173에서 재인용.

20) 조승옥 외, 『군대윤리』(파주: 지문당, 2013), p.83.

21) 체류외국인 : 법무부, 『출입국·외국인정책 통계월보 2017년 12월호』(과천: 법무부, 2017), 총인구 : 통계청, 『장래인구추계: 2015-2065』(대전: 통계청, 2016).

22) 『장래인구추계』는 출산력, 사망력, 국제이동 추이 등을 분석하여 3개의 특별 시나리오(저위·중위·고위)로 제작되는데, 본 연구에서 사용하는 자료는 중위 시나리오를 기반으로 하고 있음을 밝힌다.

23) 통계청(2016), p.32.

24) 더욱 정확하게는 2032년부터 마이너스 인구 성장률을 기록할 것으로 예상된다. 통계청(2016), p.54 참고.

25) 2017년 12월 31일 기준. 법무부(2017), p.14 참고.

26) 「외국인주민 자녀」 현황은 행정안전부에서 매년 발행하는 『지방자치단체 외국인주민 현황』을 통해 확인할 수 있다. 『지방자치단체 외국인주민 현황』은 매년 11월 1일 인구를 기준으로 차기년도 11월에 발표된다. 따라서 2018년 1월 현재 가장 최신 자료는 2016년 기준 자료이다.

27) 만18세 다문화 남성자녀의 수는 행안부, 『지방자치단체 외국인주민 현황』(서울: 행안부, 2017) 자료 중, 「외국인주민 자녀」의 연령대별 인원을 연도별로 순차 적용해 산출하였다. 예를 들어, 2017년 만 18세 다문화 자녀의 인구는 2016년 기준 만 17세 다문화 남성자녀의 수이다. 연도별 만18세 남성 총인구는 『장래인구추계: 2015-2065』의 중위 시나리오 중 「1세별 추계인구」의 값을 추출하였다.

28) 조영태, 『정해진 미래』(서울: 북스톤, 2016), p.25.

29) 즉, 만18세 이상이 입대 가능 나이지만 일반적으로 만21세가 평균적인 입대 시기라 한다면 〈표-3〉의 다문화 장병 비율 실현 시기를 3년 뒤로 계산해 볼 수 있을 것이다.

30) 즉, 모집단을 대한민국 총인구 중 해당 연령대의 남성 인구로 선정하여 병역의 의무를 지지 않는 외국인이 포함된 비율임을 뜻한다. 여기서 모집단으로 총인구를 활용한 것은 장래인구 추계값을 확인할 수 있는 대상이 총인구밖에 없기 때문이다.

31) 병역법 시행령(대통령령 제22286호, 일부개정 2010. 7.21.) 제136조(수형자 등의 병역처분) 개정을 통해 기존에 "외관상 식별이 명백한 혼혈인"에 대한 병역 면제 조항을 삭제하였다.

32) 국방일보, "다문화 가정 출신 동반입대 추진"(2010, 1.15.)
http://kookbang.dema.mil.kr/kookbangWeb/view.do?ntt_writ_date=20100115&parent_no=7&bbs_id=BBSMSTR_000000000125

33) 군인의 복무에 관한 기본법(법률 제13631호, 신규제정 2015.12.29.) 제37조(다문화 존중)

① 군인은 다문화적 가치를 존중하여야 한다.

② 국방부장관은 군인에게 다문화적 가치의 존중과 이해를 위한 교육을 실시하여야 한다.

34) J. R. Rest, Moral Development (New York: Greenwood Press, 1986), p.3.

35) J. R. Rest, "The Major Component of Morality", In W. M. Kurtines and J. L. Gewirtz(Eds.), Morality, Moral Behavior, and Moral Development (New York: Wiley, 1984), p.29.

36) W. M. Kurtines & J. L. Gewirtz(Eds.), 문용린 역, 『도덕성의 발달과 심리』(서울: 학지사, 2004), p.489.

37) 정창우, 『도덕교육의 새로운 해법』(서울, 교육과학사: 2004), p.64.

38) P. S. Tompkins, "Rhetorical Listening and Moral Sensitivity", The Intl. Journal of Listening, 23-1(Feb., 2009), p.2.

39) L. Myyry & K. Helkama, "The Role of Value Priorities and Professional Ethics Training in Moral Sensitivity", The Journal of Moral Education, 31-1(Aug., 2010), p.35.

40) 'intercultural sensitivity'라는 용어는 '문화 간 감수성', '간문화 감수성', '다문화 감수성' 등의 용어로 번역되는데, 본 연구에서는 용어의 통일을 위해 다문화 감수성이라는 용어로 사용하겠다.

41) 박하나, "'다문화 감수성' 관련 연구 동향 분석", 『다문화교육연구』, 제8권 2호 (서울: 한국다문화교육학회, 2015), p.48.

42) 김옥순, "한·중 예비교사들의 문화간 감수성 비교연구", 『비교교육연구』, 제18권 1호 (청주: 한국비교교육학회, 2008), p.200.

43) 박하나(2015), pp.50-51.

44) 정병삼·이월형(2013), pp.99-103.

45) 박안서(2011), pp.186-187.

46) 문형진, "재한조선족 다문화가족 구성원의 한국 군 인식 실태와 효과적인 교육방안 연구", 『한국보훈논총』, 제16권 1호 (화성: 한국보훈학회, 2017), p.92

47) 정창우 외, 『도덕과 교수·학습방법 및 평가』(고양: 인간사랑, 2007), p.200.

48) 정창우 외(2007), pp.146-147.

49) 이 내용은 앞의 '신문 속 다문화 이야기 교육'의 1단계 내용과 같다.

50) 예를 들어 피부색이 다른 장병이 전입하였으나 피부색을 이유로 왕따를 시키거나 놀림을 하는 경우 등.

51) 정창우 외(2007), p.149.

참고문헌

저서/편저서

국방부, 『다문화 시대의 선진 강군』(계룡: 국방부, 2016).
김영순 외, 『처음 만나는 다문화교육』(성남: 북코리아, 2016).
김은미·양옥경·이해영, 『다문화 사회, 한국』(파주: 나남, 2009).
신군재, 『글로벌 다문화 이해』(서울: 무역경영사, 2016).
온만금, 『군대사회학』(서울: 황금알, 2006).
유네스코 아시아·태평양 국제이해교육원, 『다문화 사회의 이해』(파주: 동녘, 2008).
정창우, 『도덕교육의 새로운 해법』(서울, 교육과학사: 2004).
정창우 외, 『도덕과 교수·학습방법 및 평가』(고양: 인간사랑, 2007).
조승옥 외, 『군대윤리』(파주: 지문당, 2013).
조영태, 『정해진 미래』(서울: 북스톤, 2016).
천정웅 외, 『현대사회와 문화다양성 이해』(파주; 양서원, 2015).
최영은, 『다문화사회의 국가 정체성과 다문화정책』(성남: 북코리아, 2016).
홍두승, 『한국군대의 사회학』(파주: 나남, 1996).
Rest, J. R., *Moral Development* (New York: Greenwood Press, 1986).
______, "The Major Component of Morality", In W. M. Kurtines and J. L. Gewirtz(Eds.), *Morality, Moral Behavior, and Moral Development* (New York: Wiley, 1984).
Sills, D. L.(ed.), *International Encyclopedia of the Social Sciences*, vol. 1(New York: Macillan/Free Press, 1968).

역서

Bennett, Christine I.저, 김옥순 외 공역, 『다문화교육 이론과 실제』(서울: 학지사, 2009).
Kurtines, W. M. & Gewirtz, J. L.(Eds.), 문용린 역, 『도덕성의 발달과 심리』(서울: 학지사, 2004).

논문

김옥순, "한·중 예비교사들의 문화간 감수성 비교연구", 『비교교육연구』, 제18권 1호 (청주: 한국비교교육학회, 2008).

문형진, "재한조선족 다문화가족 구성원의 한국 군 인식 실태와 효과적인 교육방안 연구", 『한국보훈논총』, 제16권 1호 (화성: 한국보훈학회, 2017).

박안서, "다문화장병 입영에 따른 병영환경 조성방안", 『국방정책연구』, 제90권 (서울: 한국국방연구원, 2011).

박하나, "'다문화 감수성' 관련 연구 동향 분석", 『다문화교육연구』, 제8권 2호 (서울: 한국다문화교육학회, 2015).

이동성·주재홍·김영천, "문화다양성교육의 개념적 특질 및 이론적 배경 고찰", 『다문화교육연구』, 제6권 1호(서울: 한국다문화교육학회, 2013).

정병삼·이월형, "다문화 가정 청소년들의 군 복무 관련 인식 분석", 『한국군사학논집』, 제69권 3호 (서울: 화랑대연구소, 2013).

Myyry, L. & K. Helkama, "The Role of Value Priorities and Professional Ethics Training in Moral Sensitivity", *The Journal of Moral Education,* 31-1(Aug., 2010).

Tompkins, P. S., "Rhetorical Listening and Moral Sensitivity", *The Intl. Journal of Listening,* 23-1(Feb., 2009).

기타자료

국방일보, "다문화 가정 출신 동반입대 추진"(2010, 1.15.) http://kookbang.dema.mil.kr/kookbangWeb/view.do?ntt_writ_date=20100115&parent_no=7&bbs_id=BBSMSTR_000000000125 (검색일 : 2017.12.15.)

법무부, 『출입국·외국인정책 통계월보 2017년 12월호』(과천: 법무부, 2017).

통계청, 『장래인구추계: 2015-2065』(대전: 통계청, 2016).

행안부, 『지방자치단체 외국인주민 현황』(서울: 행안부, 2017).

「군인의 복무에 관한 기본법」(법률 제13631호, 신규제정 2015.12.29.)

「병역법 시행령」(대통령령 제22286호, 일부개정 2010. 7.21.)

제11장

사관생도 명예심의 실천 - 신독(愼獨)

프랑스의 사회학자인 에밀 뒤르껨(Émile Durkheim)은 직업 윤리와 도덕성의 관계에 대하여 논하며 "일반적으로 다른 모든 조건이 같다면, 집단 구조의 힘이 클수록 그 집단에 특유한 도덕적 규칙들의 수는 더 많아지고, 구성원들에 대해 갖는 권위도 더 커진다."[1]고 하였다. 이러한 관점에서 일반적인 사람들이 갖지 못하는 '무력의 관리와 사용'이라는 권한을 부여받은 군인과 그 속에서 정규 장교로 양성되기 위해 교육을 받고 있는 사관생도는 민간인이나 군대 내 다른 구성원들에 비해 더욱 높은 도덕적 기준을 요구받는다. 왜냐하면 누군가의 생명을 위협할 수도 있는 무력 사용의 권한을 위임받았다는 사실은 그 이면에 군인과 사관생도가 그 권한을 도덕적으로, 올바르게 사용할 것이라는 전제를 포함하기 때문이다. 따라서 군인과 사관생도는 집단의 존재 자체만으로도 도덕적이어야 할 필요성과 당위성을 가지며, 이를 거부하는 것은 곧 존재의 이유를 부정하는 것을 의미한다.

한편, 군인과 사관생도가 지향해야 할 도덕적 가치 기준이 무엇인지는 개인에 따라 의견을 달리하겠지만, 그 궁극적 지점에 명예(honor)의 가치가 존재함은 이견이 없어 보인다. 왜냐하면 군인에게 있어 명예란 "도덕적 의

무나 군대의 이상적 가치를 실천하거나 탁월한 군사적 업적을 이룸으로써 스스로 긍지와 자부심을 느끼며, 또한 타인들로부터 인정과 존중을 받는 것"[2]을 의미하기 때문이다. 즉, 군인에게 있어 명예의 가치는 이미 도덕·윤리적 가치를 내포하였을 뿐 아니라 그것의 실천을 통해 얻는 자랑스러운 이름을 포괄하는 개념인 것이다. 따라서 이 글은 '사관생도의 명예심'이라는 큰 주제 아래, 해군사관생도가 추구할 명예심의 방향을 탐색하는 데 그 목적이 있다. 더욱 구체적으로, 이론적 배경으로서 사관생도에게 명예심이 갖는 의미와 이를 구체화시켜 줄 준칙으로서 '사관생도 신조'와 '도덕률'의 의미를 검토하고, 사관생도의 명예심을 함양하기 위한 수양법으로서 신독(愼獨)이 갖는 참된 의미와 실천 방법을 탐구한다.

사관생도의 특성과 명예심

사관생도의 특성과 이에 따른 명예심의 근거를 고찰하기에 앞서 우선 사관학교가 어떠한 근거에 의해 설립되며 운영되고 있는지를 살펴볼 필요가 있어 보인다. 해군사관학교를 포함한 대한민국의 각 군 사관학교는 '사관학교 설치법'에 근거하여 운영되는데, 제1조(사관학교의 설치)에 따르면, 각 군 사관학교는 "육군·해군·공군의 정규 장교가 될 사람에게 필요한 교육을 하기 위하여"[3] 설치·운영되고 있다. 이때, '정규장교'가 무엇을 의미하는지는 명확히 기술되어 있지 않지만 유사어로서'정규군대'에 대한 표준정의[4]와 '군인사법' 제6조[5]의 내용을 종합적으로 고려해 보았을 때, 사관학교는 '대한민국 정부의 제도적인 조직으로서의 군대를 지휘할 장기 복무 장교를 체계적으로 양성하기 위한 조직'임을 확인할 수 있다. 이는 '사관학교 설치법 시행령' 제3조(학칙)에 따라 제정된 '해군사관학교 학칙' 제2조(임무)에서도 명시되어 있는 바, "군인으로서 필요한 품성과 능력을 갖춘 정예 해군장교를 양성하고, 국가와 사회발전에 공헌할 수 있는 지도자를 배출"[6]하는 것을 그 임무로 가진다.

그렇다면 '정예 해군장교'로의 성장을 위해 해군사관생도에게 요구되는 '군인으로서 필요한 품성'의 핵심은 무엇일까? 물론 전통적인 군인의 의무와 덕목으로서 '충성, 용기, 성실' 등의 가치도 중요하겠지만, 사관생도라는 집단에게 더욱 특별히 요구됨으로써 그들을 여타의 집단[7]과 구분 짓게 해 주는 해 주는 제1의 덕목은 단연코 '명예(名譽, honor)'이다. 왜냐하면, 사관생도 생활 예규에도 명시되어 있는 것처럼, 명예를 지킴으로써 얻는 자랑과 이름을 그 무엇과도 비교할 수 없는 "최고의 가치기준"으로 삼는 집단이 사관생도이기 때문이다. 사관생도가 추구하는 명예의 개념을 더욱 구체적으로 확인하기 위해 사회 일반의 개념으로부터 사관생도 생활 예규에 이르는 명예의 정의를 정리하면 아래의 표와 같다.

〈표 1〉 명예에 대한 정의

구분	정의
표준국어 대사전[8]	세상에서 훌륭하다고 인정되는 이름이나 자랑. 또는 그런 존엄이나 품위
해군 핵심가치 지침서[9]	해군으로서의 삶을 자랑스럽게 여기며 군인답게 사고하고 행동하는 자세
사관생도 생활 예규[10]	개인의 이해관계와 물질적 소유관념 뿐만 아니라 해군사관학교와 해군의 명예를 지키기 위해 임무와 책임 앞에 자신을 희생하고 그로써 얻는 자랑과 이름을 최고의 가치기준으로 삼는 사관생도의 품성

〈표 1〉에서도 확인할 수 있듯이, 해군사관학교에서 사용하는 명예의 개념은 사회 일반의 정의나 해군 핵심가치에서의 정의보다 구체적일 뿐만 아니라 그 스스로가 최상의 가치임을 밝히고 있다. 이는 미국 해군사관학교의 명예 개념(Honor Concept)과도 맞닿아 있는데, 미 해사의 명예 개념은 높은 기준의 명예(high standard of honor)를 보여줄 뿐만 아니라, '자신이 누구이며 성취하려고 하는 바가 무엇인지를 나타내어주는 것

(expressing who they are and what they are striving to achieve)' 을 뜻한다.11) 미 해사의 명예 개념은 아래와 같다.

<u>미국 해군사관학교 명예 개념(Honor Concept)</u>

사관생도는 진실된 사람이다. 그들은 올바름의 표상이다.
그들은 진실을 말하며 진실이 알려질 수 있도록 보장한다.
그들은 거짓말을 하지 않는다. (They do not lie)

그들은 모든 행동에 있어 공정함을 취한다.
그들은 자신이 한 것만을 자신의 업적으로 제출하고,
공인되고 정당히 문서화된 출처에 의해서만 도움을 받는다.
그들은 속이지 않는다. (They do not cheat)

그들은 타인의 소유물을 존중하고,
타인이 자신의 소유물을 사용함으로써 이익을 얻을 수 있도록 보장한다.
그들은 훔치지 않는다. (They do not steal)

미 육군사관학교는 위의 3가지 지침(허위행위, 부정행위, 부당이득 행위)에 더하여 명예위반 묵인(tolerate)에 대한 사항을 포함한 '생도명예규정(The Cadet Honor Code)'을 제정하였다. 이 규정의 목적은 장차 군과 나라를 위해 고결한 인격을 지닌 지휘통솔자로서 명예로운 삶에 헌신할 수 있도록 생도들을 양육하는 것이다.12) 이상의 내용을 종합해 보았을 때, 사관생도에게 명예란 단지 추구할 만한 다양한 가치들 중 하나가 아닌, 최고의 가치로서 사관생도를 타 집단과 구분되어 인정받을 수 있게끔 만들어 주는 핵심적 요소라 볼 수 있다. 그렇다면 해군사관생도들이 추구해야 하며, 추구할 수 있도록 북돋워줘야 하는 명예의 구체적인 모습은 무엇인가? 이는 사관생도 생활 예규 제65조(명예 기본예규)에서 찾을 수 있다고 판단되며, 이어지는 논의에서는 '사관생도 신조'와 '도덕률'에 입각한 명예의 실천적 모습에 대하여 검토하고자 한다.

'사관생도 신조'와 '도덕률' 속의 명예 개념

앞에서 필자는 해군사관생도가 갖는 특징적 가치 덕목으로서 명예심의 가능성을 확인하였다. 그렇다면 지금은 사관생도들이 추구해야 할 명예의 구체적이고 실천적인 모습이 무엇인지를 검토하고자 한다. 즉, 앞선 논의가 '무엇을 추구할 것인가'였다면, 지금의 논의는 '어떻게 추구할 것인가'이다. 구체적으로 검토하고자 하는 내용은 두 가지로, 사관생도 생활 예규 제65조(명예 기본규칙) ①항[13]에서 명시하고 있는 '사관생도 신조'와 '도덕률'이다.

사관생도 신조

제정 시기 미상의 사관생도 신조는 현재까지도 3군 사관학교가 함께 사용하는 '사관생도 공통의 생활 지침'이라 볼 수 있다. 사관생도 신조는 가입교생을 포함한 모든 사관생도들이 다양한 생도연대의 의식(儀式)을 통해 암송하고 그 의미를 되새긴다. 총 3개의 항으로 구성된 사관생도 신조의 내용은 다음과 같다.

사관생도 신조

1. 우리는 국가와 민족을 위하여 생명을 바친다.
2. 우리는 언제나 명예와 신의 속에 산다.
3. 우리는 안일한 불의의 길보다 험난한 정의의 길을 택한다.

사관생도 신조 1항과 2항은 각각 군인으로서 가질 '헌신'의 자세와 '명예'의 일반적인 자세를 기술하고 있는 반면, 3항은 사관생도로서 가질 명예로운 모습의 실천적인 자세를 기술하고 있다는 점에서 차이를 보인다. 다시 말해 사관생도로서, 그리고 장교로 임관한 후의 생활에 있어서도 마주하게 되는 매 순간순간의 선택의 기로에서 편하고 이익이 되는 부정의(不正義)한 방법을 택할 것인가, 비록 어렵고 손해가 될 지라도 정의로운 방법을 택할 것인가의 현실적인 문제를 다루고 있다는 것이다. 이러한 선택의 딜레마는 윤리학의 공리주의적 판단 방법과 의무론적 판단 방법 사이의 대립 구조와 닮아있다. 물론, 공리주의가 단지 개인의 이익이나 쾌락이 아닌 공공의 보편적 행복을 추구한다는 점에 있어서 배타적이거나 이기적인 쾌락주의와는 구별될 것이다. 하지만 근본적으로 쾌락을 추구하는 인간의 본성에서부터 논의를 시작하는 공리주의[14]가 나(또는 나와 관계된 소집단)에게 손해가 예상됨에도 불구하고 정의롭다고 판단되는 선택을 할 가능성은 그리 높아 보이지 않는다. 이러한 측면에서 사관생도 신조 3항에서 강조하는 정의로운 선택, 그리고 이를 통한 명예로운 행위의 성립은 다분히 공리주의적 판단 방법보다는 의무론적 판단방법을 지향하고 있음을 알 수 있다. 사관생도 신조 3항에서 강조하는 의무론적 특성으로서의 명예는 이어지는 도덕률에 대한 논의에서 더욱 구체화된다.

도덕률

사관생도 생활 예규 제65조(명예 기본규칙)와 제66조(명예 일반규칙)에서 강조하고 있는 '도덕률'은 크게 두 가지의 뜻을 가진다. 우선 협의의 '도덕률'은 제15대 육사 교장을 지낸 강영훈 전 국무총리가 육사 17기 졸업식을 기해 제정한 것으로 알려진 5가지의 실천 과제[15]이다. 이러한 협의의 사관생도 도덕률의 내용은 앞서 검토한 미 해군사관학교의 명예 개념(Honor Concept) 또는 미 육군사관학교의 '생도명예규정(The Cadet Honor

Code)'과 많은 부분 일맥상통한 면이 존재한다. 다음으로 광의의 '도덕률(The Moral Law)'은 흔히 황금률(The Golden Rule)이라고도 부르는 인류 보편의 도덕적 진리를 뜻하는데, 본 항에서는 전 항 논의와의 연계성을 위해 칸트(I. Kant)의 제 I 정식(보편 법칙의 정식 또는 보편화 가능성 정식)을 통해 그 내용을 확인하고자 한다.

이 세상에 있는 명령은 크게 두 가지로 나뉘는데, 하나는 어떤 조건이 붙는 명령으로서 가언적 명령(假言命令, hypothetical imperative)이고, 다른 하나는 '너는 이것을 해야만 한다.'와 같은 형식으로 조건이 붙지 않는 정언적 명령(定言命令, categorical imperative)이다. 칸트는 이러한 가언명령과 정언명령의 대립 사이에서 도덕의 원리는 가언적이어서는 안 되며, 명령 그 자체가 목적이 되는 정언적의 형태로 제시되어야 함을 강조하였다.[16] 물론 다양한 칸트의 저술 내용 가운데 몇 개가 정언명법의 기본정식들인지는 학자마다 의견이 다르지만[17] Paton의 연구에 따른 칸트 정언명법 정식의 분류[18]상 보편 법칙의 정식은 다음과 같다.

<u>정식 I (보편 법칙의 정식 또는 보편화 가능성 정식)</u>

"그 준칙이 보편적 법칙이 될 것을, 그 준칙을 통해 네가 동시에 의욕할 수 있는, 오직 그런 준칙에 따라서만 행위하라.[19]

칸트 정언명법의 정식 I 을 통해 확인할 수 있는 도덕률의 의미는 '나의 행동 방식의 보편화 가능성을 스스로 검증해 보는 것'이다. 다시 말해 내가 어떠한 도덕적 딜레마 상황에 놓였을 때, 내가 선택하려는 행동방식을 내가 아닌 다른 누군가가 취하더라도 동일하게 타당한 것으로 받아들일 수 있는지를 검증하는 것이다. 이러한 검증의 과정에서 YES의 대답이 나온다면 그 행동은 도덕적 행동이므로 장려되겠지만, NO의 대답이 나온다면 도덕적이지 않은 행위이기에 지양되어야 할 것이다. 만약 앞서 검토한 사관생도 신조의 내용을 대입시켜 본다면, '불의의 길'은 비록 육체적 안위를 제공하지만, 보편화 될 수 없으므로[20] 도덕적이지 않은 선택이 된다. 이러한 측면에서 결국 사관생도 신조 3항과 도덕률이 강조하는 명예로운 사관생도의 모습은 옳음의 가치와 이익·쾌락의 가치가 충돌하였을 때 옳음을 우선시하며 늘 스스로의 행동방식이 보편화 가능한지를 검토할 수 있는 자세를 뜻한다. 이상의 내용을 바탕으로 이어지는 글에서는 사관생도 신조와 도덕률에 대한 실천적 수양 방법으로서 신독(愼獨)의 의미를 살펴보고, 이에 부합하는 교육적 방법을 모색하겠다.

신독의 어원과 명예심 함양방안

본격적인 논의에 앞서 우선 사관생도의 명예심 함양방안으로 필자가 왜 신독의 자세를 강조하는지를 밝히고자 한다. 사관생도의 명예심 함양을 위한 실천적 수양법으로서 신독은 단지 필자의 선호 등에 따른 우연적 선택이 아니라 앞선 논의를 통해 논리적으로 도출된 것이다. 왜냐하면 ① 사관생도의 특징적 가치 덕목으로서 명예가 도출되었으며 ② 그 실천방법으로 사관생도 신조와 도덕률이 검토되었는데, ③ 둘 사이의 공통점으로서 보편화 가능성은 다시 '스스로 행동의 올바름을 검토하고 삼간다.'는 측면에서 신독의 자세와 연결되기 때문이다. 따라서 이어지는 글에서는 신독의 자세를 강조함에 따른 오해와 이에 대한 바른 해석을 바탕으로 사관생도가 신독의 자세를 갖기 위한 교육적 방법을 모색하는 순서로 논의를 진행한다.

신독에 대한 오해와 해석

'신독'이라는 용어가 사관생도 생활 예규 등에서 명시적으로 표현되지는 않지만 해군사관생도는 생도생활 중에 지속적으로 신독의 자세에 대하여 교육받고 그것을 실천하도록 요구받는다. 신독의 사전적 정의는 "홀로 있을 때에도 도리에 어그러짐이 없도록 몸가짐을 바로 하고 언행을 삼간다."[21]는 것으로, 많은 경우 홀로 있을 때에도 갖추어야 할 정돈된 자세나 외적 태도의 중요성을 강조하기 위한 용도로 사용된다. 이러한 신독에 대한 기본적 인식은 사관생도 교육에서도 유사한 형태로 드러난다. 즉, 사관생도들이 스스로를 다스린다는 의미에서 외적 자세나 차림새 등을 바르게 유지해야 함을 강조하기 위해 '신독' 개념이 사용된다는 것이다. 물론 이러한 교육 방법으로서 스스로를 다스리는 것에도 의의가 있겠지만, 그럼에도 불구하고 그것이 자연스러운가?[22]의 문제에 직면하게 되면 많은 경우 반론에 직면하고 말 것이다. 왜냐하면 진심으로 받아들여지지 못한 상황에서의 신독은 단지 무의미하고 거추장스러운 외적 자세에 대한 통제의 의미를 가질 뿐이기 때문이다.

이러한 측면에서 필자는 신독의 어원을 분석함으로써 신독의 진정한 의미를 확인하고, 사관생도 명예심 함양 교육의 가능성을 확인하고자 한다. 신독이란 용어가 수록된 대표적인 문헌은 사서(四書)에 포함되어 있는 『대학(大學)』과 『중용(中庸)』이다.[23] "큰 학문[大學]의 길은 밝았던 덕을 밝히는 데 있고, 백성과 하나가 되는 데 있으며, 지극히 좋은 상태에 머무는 데 있다."[24]는 문구로 시작하는 『대학』은 전육장(傳六章)에서 신독의 뜻을 밝히고 있다.

> 이른바 그 뜻을 정성[誠]스럽게 한다는 것은 자기를 속이지 아니하는 것이니, 나쁜 냄새를 싫어하는 것처럼 하며 좋은 빛을 좋아하는 것처럼 하는 것이다. 이것을 자족하는 것이라 일컫는 것이니, 그러므로 군자는 반드시 그 홀로 있음을 삼가는 것이다.
>
> 『大學』 傳六章 : 所謂誠其意者 毋自欺也 如惡惡臭 如好好色 此之謂自謙, 故君子 必愼其獨也.

일견 『대학』에서의 신독은 많은 사람들이 일반적으로 이해하고 사용하는 신독의 내용과 거리가 있어 보인다. 왜냐하면 홀로 있을 때에도 자신의 몸과 마음을 단정히 하고 스스로를 삼가는 것은 무언가 불편한 것, 혹은 스스로를 통제함을 통해서 달성 가능한 것으로 인식되는 데 반해 『대학』에서의 신독은 오히려 '자신을 속이지 아니하는 것', '나쁜 냄새를 싫어하고 좋은 빛을 좋아하는 것'처럼 자연스러움을 강조하고 있기 때문이다. 이에 더하여 '자연스러움의 회복, 또는 자신을 속이지 않음'으로의 신독을 인정하더라도 이를 통해 사회 일반의 공공선(公共善)을 달성할 수 있을 것인지의 의문[25]이 남을 수 있다. 하지만 『대학』은 바로 이어지는 논의의 "속에서 끊임없이 추구함을 통해 밖으로 드러남"[26]의 방식을 통해 올바름과 선함이 자연스럽게 드러날 수 있음을 밝힌다. 즉, 자연스러움의 유지 가운데서도 나아갈 방향을 계속적으로 직시하는 것을 뜻하는데, 마치 우물가에 기어가는 어린아이를 보고 안타까운 마음이 드는 것이 자연스러운 것처럼 인간의 자연스러운 동정심과 연민, 또는 사랑의 마음으로 돌아가도록 노력하는 것은 그 자체로 어려운 일이지만 자연스러운 일이라 볼 수 있는 것이다.

다음으로, 『중용(中庸)』은 제일장(第一章)의 내용을 통해 신독의 뜻을 밝힌다.

> 하늘이 명하는 것을 성(性)이라 하고 성(性)을 따르는 것을 도(道)라 하고 도(道)를 닦는 것을 교(敎)라 한다. 도(道)라는 것에서는 잠시도 벗어날 수 없는 것이니 떠날 수 있다면 도(道)가 아니다. 이 때문에 군자는 그 보이지 아니하는 곳에서 경계하고 삼가며 그 들리지 아니하는 곳에서 두려워한다. 숨은 것에서 잘 나타나며 미세한 것에서 가장 잘 드러난다. 그러므로 군자는 그 홀로 있을 때 조심한다.
>
> 『中庸』 第一章 : 天命之謂性, 率性之謂道, 脩道之謂教. 道也者, 不可須臾離也, 可離非道也. 是故君子戒愼乎其所不睹, 恐懼乎其所不聞. 莫見乎隱, 莫顯乎微, 故君子愼其獨也.

후한(後漢) 말기의 대표적 유학(儒學)자 정현(鄭玄)을 비롯한 후대의 많은 논자들은 『대학』과 『중용』에서의 신독이 서로 유사하여 거의 비슷한 뜻으로 보았다.[27] 왜냐하면 하늘[天]이 명하는 것[性]을 따르는 것이 도(道)인데, 이는 벗어나거나 떠날 수 있는 것이 아니며, 신독은 그 도를 떠나지 않기 위한 노력[28]이기 때문이다. 다시 말해, 天→性→道로 이어지는 자연스러운 이치를 실천하는 것으로서의 신독은 곧 '정성[誠]스럽게 하여 자기를 속이지 아니하는 것'과 상통한다는 것이다. 다만, 신독에서 독(獨)을 어떻게 해석할 것인지는 논자마다 의견이 갈리는데, 그 강조하는 바에 따라'혼자임, 독립, 고유함' 등의 의미로 해석될 수 있기 때문이다. 만일 '독'을 혼자 있을 때라고 이해한다면, 신독은 말 그대로 혼자 있는 상황에만 적용된다. 반면 '독'을 혼자만 아는 것으로 보아 속마음으로 이해할 경우에 '독'은 혼자 있는 상황뿐만 아니라 타인과 함께 있는 상황에도 적용이 가능하다.[29]

그렇다면 숨은 것에서 잘 나타나며 미세한 것에서 잘 드러나기에 군자가 경계하고 삼가며 두려워하는 것은 무엇인가? 이는 곧 도(道)를 따르지 못하는 것으로서 옳지 않은 행동을 하는 것, 혹은 도덕적이지 않은 행동을 하는 것을 뜻한다. 혼자 있는 상황, 혹은 남과 함께 있더라도 타인에게 드러나지 않는 나의 마음에는 언제나 인간으로서의 욕심이나 이기심[人心] 등이 발생할 수 있는데, 이를 경계하고 조심하는 것으로서의 도덕적 자세[道心] 또한 뒤이어 생겨 서로 버티고 다투는 상황이 발생한다. 이러한 홀로 존재하는 인간의 실존 상황에서 옳은 길로 가기 위해 조심하는 것이 신독인 셈이다.[30] 결국, 신독의 자세를 통해 달성하고자 하는 궁극적 지점은 개인의 도덕적 성찰과 그를 통한 옳은 행위의 실천이라고 볼 수 있다.

이상의 내용을 종합하여 사관생도 명예심 함양을 위해 신독이 갖는 3가지 의의를 도출할 수 있다. 우선, 신독은 단지 형식적이고 외부에서 억지로 주어지는 행동의 규제가 아니라 자연스러운 내적 힘을 뜻한다. 이는 마치 우리가 아름다운 것을 좋아하고 더러운 것을 싫어하는 것과 마찬가지로 인간 본성에 부합하는 것이다. 다만, 인간의 악한 본성보다 선한 본성이 더욱 잘 발현될 수 있도록 지속적인 노력이 병행되어야 할 것이다. 다음으로, 신독은 단지 혼자 있을 때에야 실천할 수 있는 것이 아니라 다른 사람과 함께 있을 때에도 취할 수 있는 자세이다. 왜냐하면 신독에서의 독(獨)은 '홀로 있음'의 의미와 함께 '개인의 독립되고 고유한 마음'의 의미 또한 내포하고 있기 때문이다. 마지막으로 신독은 단지 개인의 외적 자세나 행동거지에 대한 조심만을 의미하는 것이 아니라 내면의 도덕성에 대한 강조의 의미를 가진다. 물론 홀로 있을 때의 바른 몸가짐이나 자세가 신독과 무관하다고 할 수는 없지만, 신독이 의도하는 바로서 핵심은 홀로 있거나 함께 있더라도 아무도 알아채지 못하는 마음의 소리에 있어서 옳음의 방향을 찾아갈 수 있는 것을 의미한다.

신독을 통한 사관생도 명예심 함양방안

아래에서는 앞선 논의들을 종합하여 신독의 자세를 활용한 사관생도 명예심 함양을 위한 교육적 방법을 탐구하고자 한다. 앞서 밝힌 바와 같이 사관생도에게 명예심은 다양한 가치·덕목들 중 하나가 아니라 '사관생도가 사관생도이게끔 만들어주는 핵심적 요소'이다. 또한 그 실천적 형태는 '사관생도 신조'나 '도덕률'에서 공통적으로 강조하는 '보편적 옳음의 추구'이다. 즉, 나의 개인적 이익이나 행복과 무관하게 언제나'보편적인 옳음의 가치'를 우선하여 행동할 수 있는 것이 사관생도에게 요구되는 명예의 진정한 모습인 것이다. 이러한 측면에서 자기 스스로의 내면을 속이지 않고 돌아보며 확인할 수 있는 신독은 양심(良心)에 호소하는 자기 교육이자, 내 존재의 도덕적 확인이라고도 할 수 있다.[31]

궁극적으로 신독의 자세를 통한 사관생도 명예심 함양을 위한 방법으로 필자는 ① 명예심 일일 체크리스트(checklist) 작성, ② 생도연대 자치근무제 활성화를 제안하고자 한다. 우선, 첫 번째의 '명예심 일일 체크리스트 작성'은 주로 행동의 준칙이자 내면의 기준인 도덕성이 아직 확고하게 형성되지 않은 저학년 사관생도를 대상으로 혼자 있는 공간에서 차분히 체크리스트의 내용을 염두에 두고 자신의 언행을 성찰하도록 하는 수양 방법을 뜻한다.32) 사관생도 생활예규 세칙 제56조(수양록 기록 및 보관)에 명시되어 있듯 사관생도는 매일 개인 수양록을 기록해야 한다. 이때, 수양록의 일부를 할애하여 자신의 일과 중 '스스로의 양심에 거리꼈던 일', '욕심을 이겨내고 올바르게 판단한 일', '내가 아닌 다른 누군가가 하더라도 동일하게 올바른 행동이라 판단할 수 있는 일(또는 다른 사람이 했다면 질타했을 일)'을 등을 기록한다. 명예심 일일 체크리스트는 개인이 진솔한 마음으로 스스로의 삶을 돌이켜 볼 수 있도록 사적(私的) 비밀을 보장해 주도록 하되, '해당 글쓰기가 어떠한 의미가 있으며 어떤 마음가짐으로 작성할지' 등에 대하여는 지속적인 교육이 필요할 것이다. 아래는 수양록 내 '명예심 일일 체크리스트' 작성방법의 예시이다.

> **수 양 록**
>
> ∽∽∽∽∽∽
>
> 일일 명예심 check! 오늘 나의 하루 중,
>
> 생각 1. 욕심을 이겨내고 바르게 행동한 일
>
> 생각 2. 양심에 거리낌을 느꼈던 일
>
> 생각 3. 내가 아닌 누가 하더라도 훌륭하다고(비난받을 것이라) 생각할 일

〈그림 1〉 수양록 내 명예심 일일 체크리스트 예시

다음으로 생도연대 자치근무제를 활성화하여 '타율'로서 주어지는 규정이나 지침의 실천이 아닌, '자율'적 주체로서 판단하고 실천할 수 있는 문화를 형성할 필요가 있다. 앞선 중용(中庸) 속 신독의 의미에서도 살펴보았듯

유학의 수양론으로서 신독은 '개인의 도덕적 성찰과 그를 통한 자율적 주체로서 옳음[道]의 실천'이라는 의미를 갖는다. 즉, 군자가 '보이지 아니하는 곳에서 경계하고 삼가는' 이유가 곧 자신을 둘러싼 제약의 유무와 관계없이 언제나 옳음을 추구하기 위한 것처럼 사관생도 역시 자율적으로 스스로의 명예심을 확립할 수 있어야 함을 뜻한다. 왜냐하면 사관생도는 단지 피교육생의 신분만이 아니라 예비 지휘관의 신분 또한 지니고 있기 때문이다. 예비 지휘관으로서 사관생도가 자치근무제를 통해 자율적 의사결정 과정을 익히고, 이를 통한 성공의 경험을 학습하는 것은 곧 그들이 임관 후 자신의 부대(서)를 올바르게 지휘할 수 있음을 뜻한다, 반면, "단순한 규정의 암기나 준수 강요는 무의미하고, 조직 내 개인의 상황과 맥락이 규정준수에 대한 동기를 부여할 충분한 조건을 조성하지 못한다면 어떤 내용과 방식의 준법교육이라도 효과를 발휘할 수 없다."[33]는 사실을 인식해야만 한다. 나아가 좌절에 대한 경험, 혹은 통제 불가능한 부정적 사건들이 반복될 경우 학습된 무기력(learned helplessness)으로 인해 어려운 상황을 포기하거나 위축, 무활동의 반응이 나타날 수 있음[34]을 확인할 수 있다.

결국, 생도연대 자치근무제를 활성화 하는 것은 단기적으로 신독의 자세를 실천하기 위한 자율적 품성의 함양을 도울 것이며, 장기적으로는 실제 부대를 지휘하는 주체로서 임무를 수행하기 위한 기본적 역량을 기르는 것이라 볼 수 있다. 이를 위해 다양한 방법이 시도될 수 있겠지만 그 핵심으로 우선 사관생도에 대한, 또는 생도연대 자치근무제에 대한 시각을 바꾸어야 할 것이다. 즉, 관리하고 통제하는 집단으로서의 자치근무제가 아닌 존중하고 지원할 대상으로서 자치근무제를 바라보아야 한다는 것이다. 이에 더하여 사관생도들이 충무의식을 포함한 다양한 예식(禮式)들을 단지 주어진 과업으로 참여하는 것이 아니라 스스로 기획하고 집행함으로써 스스로의 명예심을 높일 수 있는 기회의 장으로 활용이 가능할 것이다.[35]

맺으며

군인의 존재 이유는 '전쟁의 수행'이다. 물론, 현대 사회에서는 군의 직접적인 무력 사용 못지않게 평화의 유지 또한 중요한 임무로 여겨지지만, 질병이 존재하지 않는 세상에서 의사라는 집단이 의미를 상실하듯 군인이 존재하는 가장 근본적이고 핵심적인 이유는 전쟁의 수행이다. 문제는, '전쟁을 어떻게 수행할 것인가?'인데, '명예'는 군인이 단지 훈련된 살인자(trained killer)[36]가 아닌 '도덕적 무력 관리 집단'으로 존재할 수 있게 만들어 주는 핵심 요소이다. 이러한 측면에서 정예 호국간성을 육성하는 사관학교에서 '명예로운 사관생도 상(像)'을 어떻게 그릴 것인지는 무엇보다 중요한 작업임을 알 수 있다.

이상의 문제인식을 바탕으로 이 글은 사관생도 생활예규에서 명예의 준칙으로 제시하는 '사관생도 신조'와 '도덕률'의 공통된 지향점을 검토하였다. 분석 결과 해군사관학교가 지향하는 명예로운 사관생도의 모습은 단지 규정의 준수나 성실한 임무의 수행만을 이야기 하는 것이 아니라 도덕적 옳음을 위해 개인적 이익과 쾌락에서 초연할 수 있는 상태, 또는 언제나 보편화 가능한 도덕적 판단능력을 갖춘 상태임을 확인할 수 있었다. 이러한 사관생도 명예심의 지향점은 유학의 대표적 수양법 중 하나인 '신독(愼獨)'의 자세와 맞닿아 있는데, 『대학(大學)』과 『중용(中庸)』은 공히 홀로 있을 때에도 그릇된 행동에 빠지지 않는, 보편화 가능한 도덕성을 추구했음을 확인할 수 있었다. 다만, 많은 경우 사관생도의 외적 태도에 대한 교훈의 의미로 사용되어 다소 부자연스러운 인식을 주었던 점은 개인의 외면보다는 내면의 도덕적 인식을 강조하였다는 점에서, 그리고 억지로 노력하는 부자연스러움이 아니라 자신을 속이지 않는 자연스러움을 추구한다는 점을 통해 해소할 수 있었다. 마지막으로 신독의 자세에 근거한 사관생도 명예심 함양 방안으로 '명예심 일일 체크리스트 작성'과 '생도연대 자치근무제 활성화'를 제언하였다.

이 글은 해군사관생도가 추구해야 할 명예심의 올바른 방향을 찾기 위해 사관생도 생활예규로부터 『대학』과 『중용』에 이르는 다양한 문헌 속의 공통된 생각을 도출하였다는 점에서 의의를 갖는다. 지금의 논의에 더하여 사관생도의 명예심을 향상시키기 위한 더욱 많은 교육 방법론적 연구와 더불어 이를 검증할 수 있는 실증 연구가 이어지기를 기대한다.

주석

1) Émile Durkheim, 권기돈 역, 직업 윤리와 시민 도덕, 새물결, p.57, 1998.
2) 조승옥 외, 군대윤리, 지문당, p.241, 2013.
3) “사관학교 설치법”[시행 2017. 6.22.] [법률 제14609호, 2017. 3.21., 타법개정]
4) 국립국어원 표준국어대사전 “정규군대” 검색 [검색일:2019. 10.14.]
   - 한 나라 정부에 제도적으로 소속되어 체계적인 군사 교육 훈련을 받아 이루어진 군대=정규군
5) “군인사법”[시행 2019. 7.16.] [법률 제16224호, 2019, 1.15., 일부개정]
   - 제6조(복무의 구분) ① 장교는 장기복무와 단기복무로 구분하여 복무한다. ② 장기복무 장교는 다음 각 호의 어느 하나에 해당하는 사람으로 한다. 1. 사관학교를 졸업한 사람 (이하 생략)
6) “해군사관학교 학칙”[2002. 7.18. 개정]
7) 예를 들어 동년배의 민간 대학생이나 의무복무를 위해 단기 복무하는 장교들과의 차이를 뜻한다.
8) 국립국어원 표준국어대사전 “명예” 검색 [검색일:2019. 10.14.]
9) 해군본부, 해군 핵심가치 지침서, 국군인쇄창, p.41, 2017.
10) “사관생도 생활 예규(본칙)”[해사예규 제6032호, 2022. 2. 9., 일부개정] 제64조(명예의 정의)
11) 미국 해군사관학교 홈페이지 검색 (https://www.usna.edu/About/honorconcept.php)
12) 조승옥 외, 앞의 책, pp.242-243, 2013 참고.
13) “사관생도 생활 예규(본칙)”[해사예규 제6032호, 2022. 2. 9., 일부개정] 제65조(명예 기본 규칙)
   - 사관생도는 사관생도 신조와 도덕률에 입각하여 명예를 생활화해야 한다.
14) Louis P. Pojman & James Fieser, 박찬구 외 공역, 윤리학:옳고 그름의 발견, 울력, pp.197-202, 2010.
15) 하나. 사관생도는 진실만을 말한다. 둘. 사관생도의 행동은 언제나 공명정대하다. 셋. 사관생도의 언행은 언제나 일치한다. 넷. 사관생도는 부당한 이득을 취하지 않는다. 다섯. 사관생도는 자신의 언행에 대하여 책임을 진다.
16) 박찬구, 개념과 주제로 본 우리들의 윤리학, 서광사, p.117, 2014.

17) 서양근대철학회, 서양근대 윤리학, 창비, p.273, 2010.

18) H. J. Paton, 김성호 역, 칸트의 도덕철학, 서광사, pp.185-186, 1988.

19) I. Kant, 백종현 역, 윤리형이상학 정초, 아카넷, p.132, 2005.

20) 즉, 모든 사람이 불의한 방법으로 행동한다면 사회가 존재할 수 없으며, 개인 또한 온전한 삶을 영위할 수 없음을 뜻한다.

21) 국립국어원 표준국어대사전 "신독" 검색 [검색일:2019. 10.16.]

22) 예를 들어 누군가가 "왜 집에서 혼자 있는데 옷을 갖춰 입는 것만이 바람직한 것인가? 오히려 집에서 조차도 편히 쉬지 못하는 것은 정신적으로 건강하지 못한 것 아닌가?"라고 반문이 가능할 것이다.

23) 『대학』과 『중용』 이외에도 『예기(禮記)』의 「예기(禮器)」편, 『순자(荀子)』의 「불구(不苟)」편, 『오행(五行)』, 『회남자(淮南子)』의 「무칭(繆稱)」편 등에서도 신독[愼其獨]을 찾을 수 있지만 문헌의 중요도와 논의의 범위를 한정하기 위해 본고에서는 『대학』과 『중용』의 내용만을 고찰한다.
김민재, "'신독(愼獨)' 중심의 교수학습이론 정립을 위한 시론적 고찰", 철학논총 제85집, 제3권, p.22, 2016 참고.

24) 『大學』經一章 : 大學之道, 在明明德, 在親民, 在止於至善
이하 『대학』과 『중용』의 국역 풀이는 모두 이기동, 대학·중용강설, 성균관대 출판부, 2010의 내용을 따름.

25) 왜냐하면 자연스럽게 놓아두었을 경우 선(善)한 본성을 발현시켜 긍정적인 의미의 '신독'을 이룰 수 있는 사람이 있는 반면, '폭력성이나 개인의 이익 추구' 등과 같은 이기주의적 욕망만을 극대화하려는 사람 또한 존재하기 때문이다. 만약 후자가 일반화된다면 사회가 무질서해지고 공동체가 무너질 것은 불을 보듯 당연한 이치일 것이다.

26) 『大學』傳六章 : 此謂誠於中 形於外 故君子 必愼其獨也.

27) 박석, "선진유가(先秦儒家)의 신독(愼獨)의 수양론적 의미", 중국문학 제78권, p.12, 2014.

28) 장원태, "신독에 관한 고찰", 범한철학 제60집, p.28, 2011.

29) 위의 글, pp.29-30.

30) 전병욱, "다산(茶山)의 미발설(未發說)과 신독(愼獨)의 수양론", 철학연구 제40권, p.208, 2010.

31) 신창호, 수기, 유가 교육철학의 핵심, 원미사, p.95, 2005, 김민재, 앞의 글 p.33에서 재인용.

32) 김민재, 앞의 글, p.39.

33) 송성민, "준법교육의 의의와 한계에 관한 고찰", 법교육연구 제7권 제1호, pp.81-108, 2012, 정병삼, "사관생도들의 규정준수에 영향을 미치는 요인", 국방정책연구 vol 30, no. 2, pp.241-242, 2014에서 재인용.

34) Susan Nolen-Hoeksema et al, 이진환 외 공역, 애트킨슨과 힐가드의 심리학 원론, 박학사, p.528, 2011.

35) 사관생도들이 학교의 전통적 의식에 대한 심리적 동조가 높을수록 인지적 부조화를 겪을 가능성이 낮아지며, 결과적으로 비행(非行)에 연루될 가능성 또한 적어질 수 있다. 정병삼, 앞의 글, pp.241-242 참고.

36) Sarkesian & Gannon, "Professionalism: Problems and Challenges", American Behavioral Scientist, vol 19, no 15, p.504, 1976.

참고문헌

1. 저서 및 번역서

박찬구, 개념과 주제로 본 우리들의 윤리학, 서광사, 2014.

서양근대철학회, 서양근대 윤리학, 창비, 2010.

신창호, 수기, 유가 교육철학의 핵심, 원미사, 2005.

이기동, 대학·중용강설, 성균관대 출판부, 2010.

조승옥 외, 군대윤리, 지문당, 2013.

해군본부, 해군 핵심가치 지침서, 국군인쇄창, 2017.

Durkheim, Émile.(1992), *Leçons de sociologie,* 권기돈 역, 직업 윤리와 시민 도덕, 새물결, 1998.

Kant, I.(1785), *Grundlegung zur Metaphysik der Sitten,* 백종현 역, 윤리형이상학 정초, 아카넷, 2005.

Nolen-Hoeksema, Susan. et al(2009), *Atkinson & Hilgard's Introduction to Psychology,* 이진환 외 공역, 애트킨슨과 힐가드의 심리학 원론, 박학사, 2011.

Paton, H. J.(1970), *The Categorical Imperative:A Study in Kant's Moral Philosophy,* 김성호 역, 칸트의 도덕철학, 서광사, 1988.

Pojman, Louis P. & Fieser, James.(2009), *Ethics:discovering right and wrong,* 박찬구 외 공역, 윤리학:옳고 그름의 발견, 울력, 2010.

2. 논문

김민재, "'신독(愼獨)'중심의 교수학습이론 정립을 위한 시론적 고찰", 철학논총 제85집, 제3권, 2016.

박석, "선진유가(先秦儒家)의 신독(愼獨)의 수양론적 의미", 중국문학 제78권, 2014.

송성민, "준법교육의 의의와 한계에 관한 고찰", 법교육연구 제7권 제1호, 2012.

장원태, "신독에 관한 고찰", 범한철학 제60집, 2011.

정병삼, "사관생도들의 규정준수에 영향을 미치는 요인", 국방정책연구 vol 30, no 2, 2014.

전병욱, “다산(茶山)의 미발설(未發說)과 신독(愼獨)의 수양론”, 철학연구 제40권, 2010.
Sarkesian, Sam C., Gannon, Thomas M., “Professionalism: Problems and Challenges”, American Behavioral Scientist, vol 19, no 15, 1976.

3. 법률 및 규정

군인사법[시행 2019. 7.16.] [법률 제16224호, 2019, 1.15., 일부개정]
사관생도 생활 예규(본칙)[해사예규 제564호, 2019. 4.11., 일부개정]
사관학교 설치법[시행 2017. 6.22.] [법률 제14609호, 2017. 3.21., 타법개정]
해군사관학교 학칙[2002. 7.18. 개정]

4. 인터넷 자료

국립국어원 표준국어대사전(https://stdict.korean.go.kr) 검색: 정규 군대(검색일: 2019.10.14.), 명예(검색일: 2019.10.14.), 신독(검색일: 2019.10.16.)
미국 해군사관학교 홈페이지(https://www.usna.edu) 검색: honor concept(검색일: 2019.10.16.)

제12장

전쟁범죄를 둘러싼 상급자의 지휘책임과 하급자의 행위책임 딜레마

> "군사들에게 주의사항을 미리 알리고 외국인들의 권리와 이익에 관해 알려주도록 하라. 어떠한 약탈행위도 해서는 안 된다. 보초를 배치하고 약탈을 하거나 불을 지른 군사는 혹독하게 처벌하라. 군대와 헌병 부대가 함께 진군해 난징 성내에서 어떤 불법적인 행위도 일어나지 않게 하라."(윤지환 역, 2014: 88)

> "유대인을 죽이는 일에 나는 아무런 관계도 없다. 나는 유대인이나 비유대인을 결코 죽인 적이 없다. 이 문제에 대해 말하자면 나는 어떠한 인간도 죽인 적이 없다. ... 그 일은 그냥 일어났던 일이다."(김선욱 역, 2006: 74-75)

위 두 글은 역사상 가장 끔찍한 전쟁범죄 중 하나로 언급되는 난징 대학살과 홀로코스트 당시의 지휘관과 참모의 증언 내용이다. 전자는 일본의 난징 진격 당시 중지나방면군 사령관 겸 상하이 파견군 사령관이었던 마쓰이 이와네(松井石根) 장군이며, 후자는 독일 나치 친위대 중령이자 유대인 대량 학살을 담당했던 유대인 이주국의 총 책임자 아돌프 아이히만(Adolf Eichmann)이다. 이 둘은 해당 부대의 최고 지휘관 또는 참모였다는 차이가 있을 뿐 모두 전후 대학살의 죄를 물어 사형되었다는 공통점이 있다. 서두에 제시된 둘의 주장만을 보자면 지극히 정상적인 지시를 내리고 묵묵히 참모 역할을 했던 둘은 왜 최고의 형벌을 받게 된 것일까? 이러한 의문에 대한 대답을 찾고 인지적 간극을 보완하는 것이 본고의 작성 배경이다.

위의 두 증언에는 전쟁 상황에서 지휘관과 참모가 겪을 수 있는 대표적인 책임의 딜레마를 엿볼 수 있는데, 전자는 상급자의 지휘책임 문제이며 후자는 하급자의 행위책임의 문제이다. 즉, 상급자로서 져야 하는 관리·감독 책임의 범위가 얼마만큼 커질 수 있느냐의 문제와 하급자로서 지시받은 명령을 수행함에 따른 책임의 범위가 얼마만큼 작아질 수 있느냐의 문제가 서로 충돌할 수 있다는 것이다. 만약 상급자나 지휘관의 지휘책임만을 강조한다면 우리는 아이히만과 같은 극악무도하며 무책임한 중간관리자를 비난할 수 없을 것이며, 하급사의 행위책임만을 중요시 여긴다면 단지 형식적이고 무성의한 지휘활동 만으로도 결과적으로 발생한 전쟁범죄에 대한 지휘관의 면책 권리를 보장하는 셈이 되고 말 것이다.

이처럼 전쟁 상황에서 발생하는 두 부류의 책임(즉, 상급자의 지휘책임과 하급자의 행위책임) 문제의 상충 상황에서 이 글은 도덕적 책임 개념을 접목하는 시도를 하고자 한다. 이를 통해 군인의 책임 개념이 가지는 딜레마적 문제를 해결함과 동시에 더욱 적극적으로는 군인이 전쟁 상황 중에서도 자발적이고 능동적으로 도덕적 행위를 할 수 있는 가능성을 확인하고자 한다.

상급자의 지휘책임 딜레마

지휘책임의 개념

지휘책임의 개념을 확인하기에 앞서 우선, 지휘관과 상관의 개념을 명확히 할 필요가 있어 보인다. 「군인의 지위 및 복무에 관한 기본법」(이하 「군인

복무 기본법」) 제2조(정의)에서 규정하는 지휘관은 "중대급 이상의 단위부대의 장, 함선부대의 장 또는 함정, 항공기를 지휘하는 자"를 뜻하고, 상관은 "명령복종관계에 있는 사람으로서 국군통수권자부터 당사자의 바로 위 상급자"를 말한다. 이렇게 보았을 때, 협의의 지휘책임은 위 법률에서 규정하고 있는 지휘관이 자신의 부대를 지휘함에 있어서 발생하는 법률적 책임을 뜻할 것이며, 광의의 지휘책임은 '당사자의 바로 위 상급자'를 포함한 인원이 명령을 내림으로써 갖게 되는 법적·도의적 책임을 의미한다고 볼 수 있다.

군 지휘관의 책임은 B.C. 500년 경 손무(孫武)가 쓴 손자병법-전쟁의 기술(the Art of War)에서 그 기원을 찾아볼 수 있는데, 그것에는 "지휘관들은 무력충돌에서 부하들이 일정한 정도의 정중함(a certain level of civility)을 지니고 행동해야 한다는 것을 확실히 해야 할 의무가 있다."는 점을 밝히고 있다. 그 후 1439년 프랑스의 Charles VII는 Orleans 칙령(ordinance)을 발하여 부하들의 모든 불법적인 행동에 대하여 지휘관은 어떠한 인식 기준의 요건 없이 포괄적인 지휘책임(blanket responsibility)을 지도록 하였다(박중섭, 2007: 76). 이러한 지휘책임의 개념과 범위는 「국제형사재판소에 관한 로마규정」(이하 「로마규정」) 제28조[1])에 의해 구체화 되는데, 아래는 해당 규정의 주요 내용이다.

> 군지휘관 또는 사실상 군지휘관으로서 행동하는 자는 자**신의 실효적인 지휘와 통제하**에 있거나 또는 경우에 따라서는 **실효적인 권위와 통제**하에 있는 군대가 범한 재판소 관할범죄에 대하여 그 군대를 적절하게 통제하지 못한 결과로서의 형사책임을 진다.
> (1) 군지휘관 또는 사실상 군지휘관으로서 행동하는 자가 군대가 그러한 **범죄를 범하고 있거나 또는 범하려 한다는 사실을 알았거나 또는 당시 정황상 알았어야 하고,**
> (2) 군지휘관 또는 사실상 군지휘관으로서 역할을 하는 자가 그들의 **범행을 방지하거나 억제하기 위하여** ... 자신의 **권한 내의 모든 필요하고 합리적인 조치를 취하지 아니한 경우**

「로마규정」에는 지휘책임에 관한 법적 요건 3가지가 제시되고 있는데, 제1요건으로 지휘관과 부하의 관계이다. 즉, 실효적인 지휘(권위)와 통제가 인정되어야 한다. 이를 관계적 요건(關係的 要件)이라 한다. 제2요건으로 지휘관과 부하의 범죄와의 관계이다. 즉, 부하의 범죄를 알았거나 또는 당시 정황상 알았어야 한다. 이를 인지적 요건(認知的 要件)이라 한다. 제3요건으로 지휘관의 미조치가 있어야 한다. 즉, 지휘관의 권한 내의 모든 필요하고 합리적인 조치를 취하지 아니한 경우이다. 이를 부작위 요건(不作爲 要件)이라 한다(김경호, 2012: 34).

한편, 지휘관의 태만이나 부작위(ommission)에 대한 책임을 근거로 형사책임을 부과한 첫 국제재판소의 판결이 야마시타 판례이다(박중섭, 2007: 77-78). 야마시타 도모유키(山下奉文) 대장은 1944년 10월 9일부터 1945년 9월 3일까시 약 1년에 걸쳐 마닐라 및 필리핀군도에서 일본군이 조직적으로 필리핀의 일반시민에게 살인·고문·약탈·파괴 등을 행하고, 특히 베이뷰 호텔(bay view hotel)에서 부녀자를 강간하는 등의 잔학행위를 자행한 사건에서 부하의 잔학행위를 방지하지 않았다고 하여 지휘관 책임이 제기되었다(多谷千香子, 김유성·이민효 역, 2010: 152). 물론 야마시타는 그의 부하들이 가혹행위를 하는 것을 알지 못하였고 이를 지시하지도 않았다고 항변했으나, 부하들의 전쟁범죄를 알았거나 알았어야 했을 때 그 범죄를 방지하거나 범죄인을 처벌하지 않았다는 이유로 사형판결을 받았다. 이 판결에서 동경재판소와 미국의 연방재판소는 군지휘관의 책임을 구성하는 정신적 요건(mens rea)으로서 "알았어야 했을 때(should have known)"라는 용어를 사용함으로써 지휘관의 "과실(negligence)"을 기준으로 사용하였다(김영석, 2005: 205).

위의 내용을 종합해 보았을 때, 전쟁 상황에서 상급자의 지휘책임은 단지 해당 지휘관이 전쟁범죄를 예방하기 위해 적절한 조치를 취하였는가, 그렇지 아니하였는가의 문제를 넘어 지휘관으로서 "마땅히 그러해야 함"[2]을 판단하는 포괄적 개념으로 분석된다. 이는 "일반적으로 모든 조건이 같다면, 집단 구조의 힘이 클수록 그 집단에 특유한 도덕적 규칙들의 수는 더 많아지고, 구성원들에 대해 갖는 권위도 더 커짐"(Durkheim, 권기돈 역, 1998: 57)을 강조한 뒤르껨(Émile Durkheim)의 주장과도 일맥상통하여 지휘관이 갖는 힘과 권위의 크기만큼 그 책임의 범위도 커진다는 일반적인 논리로 이해될 수 있다. 하지만 일각에서는 군의 지휘관이 신(神)이 아닌 이상, 예하의 발생 가능한 모든 전쟁범죄행위를 '알았어야 함'을 주장하는 것이 자칫 과한 책임을 요구하여 오히려 군인의 지휘권을 위축시킬 우려가 있음을 제기하고 있다. 이에 이어지는 절에서는 적극적 지휘책임의 딜레마, 즉 지휘관의 책임의 범위를 과도하게 확장시켰을 때 어떤 딜레마가 발생 가능한지에 대하여 더욱 자세하게 살펴보고자 한다.

적극적 지휘책임 딜레마 – 지휘관의 책임은 무한대인가?

상급자가 갖는 지휘책임이 지나치게 커질 경우, 혹은 과도하게 요구될 경우 발생할 수 있는 문제점을 살펴보자. 이때, 여기서 논의하는 핵심이 상급자의 지휘책임 자체의 정당성이 아니라 적극적 지휘책임의 모순, 즉 지휘관의 책임이 지나치게 확장될 때 발생할 수 있는 문제점임을 미리 밝힌다.

이를 위해 우선 지휘관에게 부여되는 책임을 구분해 볼 필요가 있는데, 부하들이 저지른 전쟁범죄에 대한 지휘관의 형사책임은 그 시기와 범위에 따라 각각 세 가지의 범주로 구분될 수 있다. 우선, 시기에 있어서는 전쟁범죄의 발생 전과 도중, 그리고 범죄 발생 후의 책임으로 구분된다. 군 지휘관들은 예방적인 범죄 방지조치 의무로서, 부하들이 반인도적 범죄나 전쟁범죄 행위를 저지르지 않도록 하기 위한 사전 법률교육을 실시할 의무가 있으며, 부하들이 대량살상 등의 비인도적 전쟁범죄를 저지르고 있는 경우, 이를 억제하고 중단시킬 조치의무가 있고, 이미 비인도적 전쟁범죄 행위가 발생한 경우 군 지휘관은 그 범죄행위에 대한 사후 조치로서 범죄자들을 수사하고 기소하여 처벌할 목적으로 당국에 회부하기 위한 조치를 하여야 한다(박중섭, 2007: 92). 이처럼 전쟁범죄 발생 전/중/후에 대한 상급자의 지휘책임은 국내법을 통해 구체화되는데,「군인 복무 기본법」제34조(전쟁법 준수의 의무)에 따라 전쟁범죄 발생 전 "국방부장관은 대통령령으로 정하는 바에 따라 군인에게 전쟁법에 대한 교육을 실시"해야 하고 무력충돌 과정에서는 "대한민국이 당사자로서 가입한 조약과 일반적으로 승인된 국제법규(즉, 전쟁법)을 준수"하여야 하며,「군형법」제13장(약탈의 죄)에 따라 "재물 약취, 민간인 살해, 강간 등을 행한 자를 처벌"하도록 규정하고 있다.

다음으로 그 범위에 있어서도 지휘책임은 크게 세 가지로 구분된다. 첫째는 근대 형법의 기본 원칙인 자기책임의 원칙에 충실한 견해로서, 지휘관은 자기가 명령한 행위에 대해서만 책임을 진다는 견해이다. 둘째는 절대적 지휘책임의 원칙으로서, 지휘관은 부하의 모든 전쟁법 위반행위에 대해 그 명령의 유무를 불문하고 책임을 진다는 견해이다. 마지막으로 제한적 지휘책임의 원칙은 지휘관이 자기가 허가, 명령한 행위와 묵인 또는 간과한 행위에 대해서만 책임을 진다는 원칙을 말한다(박중섭, 2007: 86). 이 중 앞의 두 지휘책임은 각각 '전쟁범죄를 예방하거나 중지하기 위해 적절한 조치를 취하지 않은 경우에도 지휘관에게 책임을 물을 수 없는가?' 또는 '지휘관에게 무제한의 책임을 묻는 것은 지나치게 가혹한 것 아닌가?' 라는 의문이 발생할 수밖에 없으며, 결국은 제한적 지휘책임으로서 허가/명령/묵인/간과한 행위에 대한 책임을 묻는 것이 일반적이다.

하지만 과연 그 '제한적' 행위책임의 범위를 어디까지 둘 것인가가 문제의 핵심인데, 앞에서 언급한 중일전쟁 당시 마쓰이 장군과 2차 세계대전 당시 야마시타 장군의 사례를 보았을 때, 지휘책임은 제한적 형태를 넘어 종종 더욱 적극적인 형태를 띠는 것으로 판단된다. 왜냐하면 마쓰이 장군의 경우 ① 난징으로의 진격시 약탈, 살인 등 전쟁범죄를 엄히 금지하고 난징의 시민들에게 자신들의 권리와 이익을 알려주는 등의 예방조치를 적극적으로 실시하였음에도 불구하고 ② 지병인 폐결핵이 재발하여 난징 함락 당시에 전장을 이탈한 상태였으며[3] ③ 병을 치료하고 돌아와 난징에서 발생한 참상을 목격하고는 이를 바로잡기 위해 수차례 노력을 기울인 것[4]으로 판단되기 때문이다 (Chang, 윤지환 역, 2014: 84-103). 또한 야마시타의 사례에서도 ① 퇴각하는 부하들과 통신이 두절되었고, ② 부하들 중 일부는 해군에서 파병된 군인으로, 그들에 대해서는 통제권이 제한되어[5] 실효적인 지휘와 통제가 불가능하였다고 주장(양철호·김원중, 2016: 116) 하였다.

만약 위의 마쓰이·야마시타 장군의 사례를 앞서 살펴보았던 「로마규정」 제28조의 3가지 요건에 적용시켜 본다면 의문이 남을 수밖에 없다. 왜냐하면 ① 관계적 요건으로서, 실효적인 지휘와 통제권이 있어야 했고 ② 인지적 요건으로 부하의 범죄를 알았거나 정황상 알았어야 했지만 마쓰이 장군은 치료를 위해 전장에서 벗어나 있었으며 야마시타 장군은 통신장비의 고장 등으로 연락이 두절되어 있어 두 요건을 충족한 것이라 보기 어렵기 때문이다. 또한 ③ 부작위 요건으로서 권한 내의 모든 필요하고 합리적인 조치를 취하는 것이 무엇인지는 일부 논쟁이 있겠지만 최소한 마쓰이 장군의 경우 발생 가능한 문제점을 미리 판단하여 예방 조치를 취하거나 이미 발생한 문제를 바로잡기 위한 노력이 인정될 수 있어 보이기 때문이다.[6] 그럼에도 불구하고 두 장군이 모두 전범 재판을 통해 사형을 선고받고 형장의 이슬로 사라졌음을 감안한다면, 전쟁범죄에 대한 지휘책임은 단순히 제한적 책임을 넘어 더욱 적극적인 형태를 보임을 알 수 있다. 하지만 지휘관의 책임을 이처럼 적극적이자 절대적인 형태만으로 강조한다면 전장에서 지휘관의 활동은 위축되고 소극적으로 수행될 우려가 있다. 왜냐하면 지휘관이 최선의 노력을 기울였음에도 불구하고 발생한 문제에 대하여 책임을 진다는 것은 곧 지휘관이 작전적으로 실패할 것임을 전제해 두고 임무를 수행하는 것이나 마찬가지이기 때문이다.[7] 따라서 적극적인 범위를 넘어 무제한적이고 절대적인 형태의 지휘책임이 가진 한계를 보완하는 동시에 지휘관들로 하여금 자신에게 주어진 책임을 능동적으로 수행하기 위한 방안에 대한 검토가 필요하다고 볼 수 있다.

하급자의 행위책임 딜레마

행위책임의 개념

일반적으로 국가들 사이에서의 문제를 다루는 국제법은 국가를 당사자로 책임지우고 개인에게는 직접적인 책임을 묻지 않는 것이 관례였다.[8] 하지만 베르사유조약 체결 전후 여러 학자들은 '국제법의 주체는 오직 국가이고 국제법은 국가 간의 관계만을 규율한다.'는 전통적 견해를 계속해서 공격하였고, 제2차 세계대전 종전 직후의 뉴렘베르그 국제군사재판(Nuremberg International Military Tribunal)을 통해 국제법상 개인 형사책임 개념이 본격적으로 '발전'하게 되었다. 뉴렘베르그 판결문은 "국제법상 범죄는 사람에 의해 저질러지며 추상적 단체에 의해 저질러지지 않고, 국제법은 그러한 범죄를 저지른 개인을 처벌함을 통해서만 강행되어질 수 있다."고 언명함으로써 이후 국제법상 개인 형사책임 개념 발전의 토대를 내놓았다(김상걸, 2019: 21). 따라서 실질적 의미에서 국제형법(international criminal law)이란 국제법을 통하여 "개인"의 형사책임을 "직접적으로" 근거지우는 일체의 규범(이진국, 2007: 106)을 말하며, 「로마규정」제25조(개인의 형사책임)를 통해 구체적으로 명시하고 있다.

1. 재판소는 이 규정에 따라 **자연인에 대하여 관할권**을 갖는다.
2. 재판소의 관할범죄를 범한 자는 이 규정에 따라 **개인적으로 처벌**을 받는다.
3. 다음의 경우 ... 형사책임을 지며 처벌을 받는다.
 가. 개인적으로, 또는 ... 공동으로 또는 다른 사람을 통하여 범죄를 범한 경우
 나. ... 명령·권유 또는 유인한 경우
 다. ... 범죄의 실행이나 실행의 착수를 방조, 교사 또는 달리 조력한 경우
4. 개인의 형사책임과 관련된 **이 규정의 어떠한 조항도 국제법상의 국가책임에 영향을 미치지 아니한다.**

한편, '범죄를 저지른 개인을 처벌한다.'는 국제법상 개인 형사책임의 원칙은 일견 너무나 자연스러워 이러한 원칙을 정립하였다는 설명이 오히려 비상식적이라 판단될 수 있다. 하지만 그 이면에는 '명령과 복종'이라는 군의 특징적 지휘체계가 얽혀 있음을 함께 보아야 한다. 왜냐하면 군인의 일반적 행위, 또는 더욱 구체적으로 전쟁 상황 속에서 군인의 행위는 자율적이거나 자발적인 선택에 따른 것이라기보다는 상관의 명령에 따랐을 개연성이 높은데, 그러한 명령에 대한 하급자의 복종에 대해서도 행위책임을 물을 수 있느냐의 문제가 남기 때문이다. 만약 하급자의 행위책임 개념을 인정하지 않는다면 군의 특징적 지휘체계로서 '명령과 복종'의 가치는 지켜질지언정 전쟁 상황 속에서 무자비하고 비도덕적인 행위는 더욱 쉽게 발생할 것이고, 개인의 행위책임만을 강조한다면 '명령과 복종' 체계의 구속력이 약화되는 결과가 발생[9]할 수 있음을 고려해야 한다.

이러한 현실적 여건 속에서도 전쟁범죄와 국제법상 개인 형사책임을 강조하는 추세로 나아간다는 것은 곧 명령에 대한 기계적인 복종 행위만을 강조하는 것이 아니라 명령의 합법성·도덕성에 대하여 능동적이고 적극적인 판단이 요구됨을 알 수 있다. 만약 상관으로부터 불법적인 명령이 내려졌을 경우, 이러한 명령은 처음부터 명령의 요건을 갖추지 않은 것으로 볼 수 있기 때문에[10] 복종의무를 인정하기 어려울 뿐만 아니라 최소한의 저항을 하

는 것이 오히려 법감정에 부합한다고 볼 수 있다(류지영, 2016: 72). 상급자의 명령과 「로마규정」과의 관계에 대하여는 해당 규정 33조를 통해 제시되어 있다.

1. 어떠한 자가 **정부의 명령이나 군대 또는 민간인 상급자의 명령에 따라** 재판소 관할 범죄를 범하였다는 사실은, **다음의 경우를 제외하고는 그 자의 형사책임을 면제시켜 주지 아니한다.**
   가. 그 자가 정부 또는 관련 상급자의 명령을 따라야 할 **법적 의무하**에 있었고,
   나. 그 자가 **명령이 불법임을 알지 못하였으며,**
   다. 명령이 **명백하게 불법적이지는 않았던 경우**
2. 이 조의 목적상, **집단살해죄 또는 인도에 반한 죄를 범하도록 하는 명령은 명백하게 불법**이다.

위의 규정을 역으로 해석해 보면 재판소 관할 범죄에 대하여 '① 집단살해죄 또는 인도에 반한 죄가 아닌 것 중, ② 명령이 불법임을 알지 못할 정도로 명백히 불법적이지 않은 경우'를 제외하고는 어떠한 경우에도 명령에 따른 행위였다는 이유로 개인의 형사책임을 면하게 해 주지 않음을 뜻한다. 이는 더 이상 '상부(또는 지휘관)의 명령을 이행했을 뿐이므로, 나에게는 죄가 없다.'는 식의 항변이 통하지 않음과 동시에 개인으로 하여금 더욱 적극적인 행위책임을 가지도록 요구함을 알 수 있다. 이어지는 절에서는 이러한 개인의 행위책임 개념과 군인의 명령-복종 체계 사이에서 발생 가능한 딜레마에 대하여 더욱 자세히 살펴본다.

소극적 행위책임의 딜레마 - 명령의 이행은 면책사유가 되는가?

주지하다시피, 군대는 엄격한 상명하복(上命下服)의 전형적인 피라미드 위계구조로 조직되어 있다. 계급질서로 대표되는 관료적 위계구조

(bureaucratic hierarchical)는 '조직화된 폭력의 관리와 사용'이라는 변하지 않는 임무를 신속 정확하고 효율적으로 수행하기 위해 정착시킨 제도라고 할 수 있다.(조승옥 외, 2013: 85-87) 또한, 군인의 행위 근거로서 명령을 수행하고자 하는 마음이 바로 군인정신이라고 보았을 때, 군인정신의 가장 핵심적인 가치 또한 명령에 대한 복종이라고 할 수 있다.(박균열, 2019: 84)

이러한 군 조직의 위계적 특성, 그리고 명령과 복종 체계의 중요성은 「군형법」 및 「군인 복무 기본법」의 법 조항들에서도 찾아볼 수 있는데, 그 대략은 다음과 같다. ① 「군형법」상 항명의 죄가 매우 엄중하게 다루어지는 반면[11], 잘못된 명령을 내린 상급자의 죄를 묻는 조항이 없다. ② 동법 상 상관에 대한 폭행/상해 시 처벌 기준이 동료 혹은 하급자에 대한 것 보다 엄중하다.[12] ③ 「군인 복무 기본법」상 명령 발령자의 의무에 불법적 명령을 내리지 못하게 되어 있음에도 불구하고, 명령 복종의 의무는 세부 조항이 없어 마치 절대적 복종을 요구하는 것으로 판단될 우려가 있다.[13]

이상에서 살펴본 군의 조직적 특성과 현행 국내법의 조항들을 앞서 살펴본 「로마규정」과 비교해 보았을 때, 다음의 세 가지 측면에서 문제가 예상된다. 우선 상관의 정당한 명령과 부당한 명령에 대한 구체적인 기준이 없어 직관적으로 그르다고 판단되는 명령을 거부할 법적·심리적 판단의 근거가 모호하다. 물론 「군인 복무 기본법」제24조(명령 발령자의 의무)에 "군인은 직무와 관계가 없거나 법규 및 상관의 직무상 명령에 반하는 사항 또는 자신의 권한 밖의 사항에 관하여 명령을 발하여는 아니 된다."라고 명시되어 있지만, 해당 조항에서 ① 직무와의 관계성은 어느 정도로 인정할 것이고 ② 권한 밖의 사항이 무엇이며 ③ 그럼에도 불구하고 지휘관계에 있는 상관에게서 내려진 명령(또는 지시)을 하급자가 어떻게 판단하고 처리할 것인지를 알 수 없다.

다음으로, 전항의 내용과 더불어 「군형법」상의 강력한 처벌 조항으로 인하여 상관이나 지휘관의 불법적·부당한 명령을 인지하더라도 이를 거부하기가 쉽지 않다. 물론 징역형이나 파면, 혹은 징계 처리 등은 후에 복권절차를 거쳐 개인의 명예를 회복할 수 있는 가능성이 남아있다고 볼 수 있으나(류지영, 2016: 72) 자신의 행위에 대한 최소한의 법적 타당성이 명시되지 않은 상태에서 불확실한 권리 회복을 기대하며 상관의 명령을 거부하는 것은 매우 어려운 일이다. 특히나 적전에서 상관의 명령[14]에 대한 반항 혹은 복종하지 않음은 최고 사형에 이를 수 있어 권리의 회복을 기대하는 것이 지극히 제한된다고 볼 수 있다. 이러한 현실적 여건 속에서는 상관의 불법·부당한 전쟁범죄행위 지시에 저항하기보다 동조하거나 어쩔 수 없이 순응하는 경우가 발생할 우려가 높다.

마지막으로 개인의 행위책임이 지나치게 축소될 경우 전쟁 상황에서 발생할 수 있는 무분별한 범죄행위를 방치하는 결과를 가져올 수 있으며, 그 역으로 지나치게 강조될 경우 군의 임무 수행을 위한 상명하복 시스템이 약화 될 우려가 발생하는 딜레마 사이에서의 적절한 균형을 찾는 것이 어려운 일이 될 것이다. 왜냐하면 「로마규정」에서 강조하는바, 개인의 행위책임을 더욱 명확하고 강력히 적용할 필요가 있는 동시에 자신에게 주어진 바, 지휘관의 명령에 복종하는 군인의 모습이 이상적임은 누구도 부정할 수 없기 때문이다. 다시 말해 「로마규정」에서 강조하는 개인 행위책임의 원칙과 상명하복 시스템의 유지는 그것을 운영하는 주체로서 국가에 의해 서로 상충될 수도 있지만 또한 서로 조화를 이룰 수도 있다는 뜻이다. “국가의 권위는 국가의 사실상의 존재 자체나 국가가 행사하는 사실상의 힘에서 연유하는 것이 아니라, 국가의 진실성, 즉 오로지 국가목적인 인간의 실존을 위한 수단, 인간의 윤리적인 자기보전과 윤리적인 자기발전에 봉사하는 유용한 수단이라는 신뢰에 기초하고 있음”(김일수, 1996: 963; 류지영, 2016: 73 재인용)을 인식하고 둘 사이의 적절한 조화를 도모하는 노력이 필요할 것이다.

도덕적 책임을 통한 딜레마 해결방안 모색

아래에서는 앞서 검토한 상급자의 지휘책임과 하급자의 행위책임에서 발생하는 딜레마를 해결하기 위한 절충점으로서 군인의 도덕적 책임 개념을 탐색한다. 전쟁 상황에서 군인에게 주어지는 책임을 도덕적 책임과 연결시켜 생각해 보는 것은 그동안 전쟁범죄를 막기 위해 어느 정도의 법적 제재가 필요한지를 검토해 보는 것을 넘어 상·하급자가 각자의 자리에서 자발적으로, 그리고 능동적으로 옳은 행위를 추구한다는 의미를 가진다. 이를 위해 본 장에서는 우선 전통적 의미의 책임과 구별되는 도덕적 책임 개념이 무엇인지를 살펴보고 이어지는 절에서는 구체적으로 도덕적 책임 개념에 근거한 지휘/행위 책임의 의미를 검토한 뒤, 마지막으로 도덕적 책임 형성을 위한 실천적인 교육 방법을 제안한다.

책임과 도덕적 책임의 개념

도덕적 책임의 개념을 검토하기에 앞서 우선 인간으로서 가지는 '책임'의 개념에 대해 살펴보자. 우리가 동물의 행동에 잘잘못을 따지거나 책임을 묻지 않는 것을 보아 책임은 분명 인간 존재에게 의미를 가지는 것이다. 역사적으로 책임이라는 말은 원래 정치영역과 법의 영역에서부터 사용되기 시작했으며, 특히 법의 영역에서 책임이라는 말은 죄(schuld)의 개념과 동의어로 사용되는 경우가 많았다(김양현·노영란·변순용·임채광, 2005: 295). 하지만 베버(M. Beber), 바이셰델(W. Weischedel), 요나스(H. Jonas), 레비나스(E. Lévinas), 렝크(H. Lenk)와 같은 현대의 윤리학적 담론들을 거치며 책임은 단순히 정치나 법적 영역에서의 처벌 기준이 아니라 자신의 역할이나 스스로에 대한 윤리적 의무로 포함하는 개념으로 발전하게 되었다.[15] 즉, 책임 개념은 "우리 시대의 윤리적인 논의의 중심에 놓여 있으며, 여기서 새로운 미래지향적인 윤리의 지도 개념으로 규정될 수 있음"(Rendtorff, 1982: 117; 변순용, 2014: 16 재인용)을 뜻한다. 이때, 전통적인 책임 개념에 더해 현대 인간의 윤리적 의무 개념에 집중한 책임이 본고에서 말하고자 하는 '도덕적 책임'이다. 다시 말해, 도덕적 책임은 단지 특정 직책이나 역할을 수행 함으로써 갖는 법적·타율적 행위규칙으로서의 책임 개념을 넘어 인간 존재로서 자신을 둘러싼 주변 환경에 대하여 스스로가 의지적·자율적으로 책임감을 갖는 것을 말한다. 또한 단순히 자유에 근거한 상호적 책임의 범위를 넘어서 비상호적인 책임의 존재를 주장하며 과거지향적인 책임으로부터 미래지향적인 책임으로 확장되고 있다는 것, 그리고 절대적인 책임의 존재를 강조한다는 공통된 특징을 갖는다.(변순용, 2007:91) 따라서 도덕적 책임을 인식하는 존재로서 인간은 자신을 둘러싼 주변 환경에 내하여 스스로가 책임감을 가지고 행동하며 특정 행위에 대한 외부의 처벌, 혹은 제재와 무관하게 우리에게 도움을 요청하는 주위 사람들의 목소리에 귀 기울이고 그들을 위해 도덕적으로 판단하는 특징을 가진다(김혜진, 2016: 5).

도덕적 행동을 위한 자발적이고 능동적인 선택을 도와준다는 측면에서 도덕적 책임은 도덕적 정체성의 개념과 연결된다. 일반적인 의미에서의 정체성이 '나는 어떠한 사람이야. 나는 어떤 가치를 우선에 두는 사람이야.'라는 식으로 자신을 정의내리는 방식이라고 한다면, 도덕적 정체성은 '나는 도덕적으로 행동하는 사람이야. 나는 도덕적 판단을 우선하는 사람이야.'라는 형태로 도덕적 가치를 앞세우는 자세를 뜻한다. 이러한 도덕적 책임과 도덕적 정체성 간의 관계에 대하여 블라지(A. Blasi)는 도덕적 책임이 자신의 정체성 혹은 자아감(sense of self)과 도덕성의 통합의 결과라고 설명하며 자신의 이상(ideals)과 일관된 행동을 하기 위한 심리학적 필요성은 도덕적 정체성으로부터 나온다고 주장하였다(정창우, 2004: 295). 이때, 도덕적 책임은 어떠한 외부의 압력이나 기대로 인해 만들어지는 것이 아니라 자신이 스스로에게 요구하는 엄격한 의무에서 비롯된다는 점에서 도덕적 자아를 굳건히 세우는 역할을 수행한다.(김혜진, 2018: 66-67)

이상의 내용을 종합해 보았을 때, 도덕적 책임은 단지 한 개인이 어떠한 직책을 가졌기 때문에, 혹은 그 행동에 따르는 처벌로 인해 특정 행동을 하거나 하지 않도록 강요하는 것이 아니라 도덕적 가치에 대한 존중과 인정의 자세를 통해 올바른 선택이 무엇인지를 자발적으로 고민하고 이를 기꺼이 선택한다는 특징을 가진다. 이는 곧 타율적이고 수동적인 제재 수단으로서 책임의 한계를 넘어 자율적이고 능동적인 도덕적 주체로서 책임의 실천 가능성을 의미한다.

도덕적 책임 개념에 근거한 군인의 지휘/행위 책임

앞선 검토를 통해 전통적/법적 의미에서의 책임 개념은 상급자의 지휘책임 문제와 하급자의 행위책임 문제에 있어서 일정한 한계가 있음을 확인하였다. 상급자의 지휘책임은 지휘관이 갖는 권한의 크기만큼 함께 커지는 것이 직관적으로 타당함에도 불구하고 '전장에서 벌어진 모든 사항에 대하여 지휘관이 책임을 진다.'는 식의 무한 책임은 자칫 정당한 지휘마저도 위축되게 만들거나 때로는 지휘를 포기하여 부대를 방치하는 경우가 발생할 수도 있다. 또한 하급자의 행위책임은 군의 상명하복의 가치를 강조하기 위해 일정 부분 소극적으로 적용되는 측면이 존재하지만, 지나치게 소극적으로 인식될 경우 자칫 '책임 없는 행위'를 양산하고 무차별적인 전쟁범죄를 불러일으킬 우려가 존재한다. 결국, 법적 측면에서 상급자와 하급자에게 요구되는 책임의 크기를 정하는 것은 모두 지나침과 모자람의 한계가 발생할 수밖에 없으며, 이를 보완하기 위한 방법으로 자발성에 근거한 도덕적 책임 개념이 필요하다고 볼 수 있다. 이때, 도덕적 책임 개념에 근거한 상급자의 지휘책임과 하급자의 행위책임은 각각의 책임이 최소화되거나 극대화되었을 때 발생하는 현실적 문제들에 대하여 '무엇이 도덕적으로 옳은 선택인가?'의 질문을 던져봄으로써 그 간극을 메워주는 역할을 수행할 것이다. 아래는 도덕적 책임에 근거한 군인의 지휘/행위 책임의 세 가지 특징이다.

도덕적 책임 개념에 근거한 군인의 지휘/행위책임개념은 우선, 자신에게 주어지는 책임의 크기를 회피하지 않는 자세를 의미한다. 다시 말해, 국제법적 요소들을 통해 지휘관은 '실효적인 권위와 통제하에 있지 않았다.'는 이유로 책임을 회피하거나 하급자는 '불법임을 알지 못했다.'는 이유로 자신의 행동을 정당화 하는 것이 아니라 그 상황 속에서 자신의 도덕적 민감성(moral sensitivity)[16]을 발휘하지 못함에 대한 책임의식을 가지는 것을 뜻한다. 예를 들어 적군과 양민(良民)을 구분하기 어렵다는 이유로 '적군일 가능성이 있는 모든 이를 적으로 간주해 대응한다.'는 명령[17]은 아군의 안전을 보호한다는 명목 하에 전쟁법상 책임을 면할 수 있을지라도 더욱 적극적으로 '인간의 존엄성을 보호하기 위해 노력하였는가?', '불필요한 피해를 최소화 하기 위해 노력을 하였는가?', '지금 상황에서 아군이 고려해야 할 도덕적 고려사항은 없었는가?' 등의 도덕적 책임 요건에 부합하지 못하므로 정당하지 못한 것으로 이해될 수 있다. 이처럼 도덕적 민감성으로부터 시작된 군인의 도덕적 책임 개념은 상급자의 지휘책임을 강조한「로마규정」제28조의 '정황상 알았어야 하고'의 표현이나 하급자의 행위책임을 강조한 동규정 33조의 '명백하게 불법적이지 않았던 경우'의 내용과 그 맥락을 같이한다고 볼 수 있는 한편, 법적 제재보다 자발적이고 능동적인 인식을 우선에 둔다는 측면에서 차이가 있음을 알 수 있다. 이를 종합해 볼 때, 도덕적 책임 개념을 인식하는 군인은 외부적 규정/제재와 무관하게 해당 상황에 대하여 자신이 능동적으로 행동해야 하는 주체임을 자각하고 올바른 선택이 무엇인지를 고민하는 특징을 보인다.

두 번째로 도덕적 책임은 군인이 전쟁을 수행하는 과정에서 자신의 행위에 대한 종합적이고 포괄적인 의미를 제공하는 특징이 있다. 행위의 관점에서 책임은 크게 '동기(부여)', '의지', '실행', '결과'라는 네 가지 단계에서 의미를 가진다.[18] 이때, 전쟁 상황에서 군인의 책임 개념은 많은 경우 결과에 대한 책임에만 집중하며 그 범위를 넓혀도 실행 단계로밖에 확장되지 못하는 한계를 가진다. 이처럼 결과, 또는 행위에 따른 결과에만 집중하여 책임 개념을 탐색할 경우 자칫 행위 자체의 도덕적 옳음과는 무관한 결과적 좋음[19]에 집중하여 궁극적으로는 부도덕한 행위에 이르게 될 우려가 있다. 물론, 주지하다시피 군대는 국가의 사활(死活)이 걸린 전쟁을 수행하는 주체로서 그 행위의 결과를 무시한 채 행동방침을 수립할 수 없다. 그럼에도 불구하고 오로지 '결과(또는 행위에 따른 결과)만을 고려'하여 의사결정을 내리는 것과 행위의 '동기나 의지와 연계하여 결과를 고려'하는 것은 행위의 내적 도덕성 측면에서 큰 차이를 가진다. 왜냐하면 전자의 의사결정 방식은 '승리를 위해서라면 어떠한 수단도 정당화 될 수 있다.'는 논리의 연장에 있는데, 여기서 사용 가능한 모든 수단에는 법적으로도, 윤리적으로도 정당화될 수 없는 전쟁범죄도 포함되기 때문이다. 하지만 전쟁 중에도 보편적으로 지켜져야 할 규칙들이 엄연히 존재한다는 사실에서 군대나 군인에게 도덕성이나 도덕적 가치관은 그 어느 직종이나 직업에 종사하는 사람들보다 더 절실히 요구됨을 알 수 있다.(김진만·박균열, 2013: 219) 이러한 관점에서 도덕적 책임은 인간의 행위에 대한 동기부터 결과까지의 전 과정에 대한 책임 개념을 포괄함으로써 인간 행위의 복잡한 특성을 이해할 수 있는 동시에 일관되게 도덕적으로 옳은 행위를 선택할 수 있는 계기를 제공할 것으로 기대된다.

마지막으로 도덕적 책임은 전쟁 상황 중 적대감과 폭력성에 빠져 이성적 판단을 할 수 없게 되어버린 군인으로 하여금 타인을 바라보고, 그들에 대해 염려하며 근심할 수 있는 마음의 자세를 갖게 해줄 수 있다. 여러 전쟁의 비극 상황 속에서 군인들은 자신이 왜 그렇게 하는지도 모르는 채 부지불식간에 비인간적이고 잔인한 범죄 행위 속으로 빠져들고 만다.[20] 이런 상황 속에서 자신의 행위를 멈추고 타인의 존재를 바라보며, 그들에 대하여 염려할 수 있으며, '그에게 무슨 일이 일어날까를 생각하게 하는 것'이 바로 도덕적 책임의 힘이다(Jonas, 이진우 역, 1994: 372). 한편, 이처럼 도덕적 책임으로부터 근거한 염려나 관심, 혹은 근심이 전쟁을 수행하는 주체로서 군인에게 적합한 자세인가에 대한 의문이 발생할 수 있을 것이다. 즉, 적군에 대한 염려와 관심, 혹은 근심이 자칫 '제대로 싸울 수 없는 군인의 모습을 의미하는 것이 아닌가?' 하는 우려이다. 하지만 군대가 도덕적 규칙에 부합하도록 무력을 사용하는 것이 오히려 구성원들의 신뢰를 이끌어 내어 더욱 강한 힘을 발휘할 수 있도록 해줄 뿐[21]만 아니라 법적으로 위임받은 권한을 합법적이고 정당하게 사용하는 자세[22]임을 알 수 있다. 궁극적으로 도덕적 책임을 바탕으로 한 상급자의 부대 지휘 활동이나 하급자의 명령 이행은 전쟁이라는 급박한 상황 속에서도 단지 나의 이익이나 생존만을 염려하는 것이 아니라 보편 타당하게 지켜져야 하는 규칙(전쟁법)을 상기하고 이를 지켜나갈 수 있도록 해 주는 내적 힘으로 작용함을 알 수 있다. 또한 이를 통해 단지 전쟁범죄를 예방하기 위한 사전 교육과 관리·감독, 그리고 결과에 대한 처벌의 의미가 아닌 도덕적 주체자로서 스스로 옳은 행위를 선택하고 실천할 수 있는 의미로서 군인의 책임 개념을 확립할 수 있다.

도덕적 책임 형성을 위한 교육 방법

여기서는 앞선 논의들을 종합하여 군인의 도덕적 책임 형성을 위한 교육 방법을 간략히 제안하고자 한다. 앞에서 상급자와 하급자의 책임을 각각 지휘책임과 행위책임으로 구분해 살펴보았음에도 지금 이 둘을 구분하지 않는 것은 상급자와 하급자가 지휘권을 기준으로 구분될 수 있지만 상대적인 관점에서 절대다수의 군인들은 상급자이면서 동시에 하급자의 지위를 가지기 때문이다. 즉, 성장하는 단계의 관점에서 상급자와 하급자를 물리적으로 구분지을 수 없으며 이에 따라 '도덕적 책임 형성 교육'이 구분되어야 할 이유가 없기 때문이다. 본고에서 제안하는 도덕적 책임 형성을 위한 교육 방법은 크게 (1) 도덕적 책임 개념에 대한 이해 (2) 역사적 사례를 통한 도덕적 책임 개념 내재화 교육 (3) 프로젝트 학습 모형을 활용한 신념화 교육의 순으로 진행된다. 이 중 첫 단계는 앞선 절들에 대한 이론 교육으로 본 절에서는 생략하고 (2), (3) 단계의 교육 방법에 대해 개략적으로 살펴본다.

우선, '역사적 사례를 활용한 도덕적 책임 개념 내재화 교육'은 기본적으로 '딜레마 토론 모형'과 '이야기 수업 모형'을 활용한 교육 방법으로, 역사적인 전쟁범죄 사례, 혹은 전쟁범죄를 예방할 수 있었던 모범사례를 활용하여 군인으로서 갖추어야 할 도덕적 책임이 무엇인지를 학습하고 이를 내재화 하는 과정이다. 물론 역사에 '만약'이란 없지만 가정(假定)을 통해 도덕적 책임이 발현되었을 때 부대의 작전수행 방식과 발현되지 못했을 때 부대의 모습을 비교해 봄으로써 도덕적 책임의 중요성, 필요성, 역할 등에 대한 인식을 넓혀가는 것이다. 이때, 교육의 방향이 단지 해당 역사적 사례의 법적/제도적 위반사항이나 처벌 결과, 혹은 면책 요건 등에 집중되지 않도록 주의하고 상황 속에서 도덕적 책임의 노력이 무엇이었는지, 그러한 노력이 존재했다면/없었다면 어떠한 결과가 벌어졌을지, 이를 통해 본 전쟁 상황 속에서 도덕적 책임의 역할과 의의가 무엇인지를 탐구하는 데 집중한다. 다음은 수업 예시로 난징 대학살의 사례와 그를 활용한 주요 토론 가능 질문거리이다.

난징 대학살의 지휘관 마쓰이 vs 아사코

1. 역사적 사례

> 1937년 12월, 일본군의 난징 진격을 앞두고 마쓰이 장군의 폐결핵이 재발한다. 치료를 위해 자리를 비워야했던 마쓰이 대신 왕족 출신의 군인인 아사코가 새로운 지휘관으로 부임하기로 결정되었다. 왕족 출신의 새로운 지휘관의 무력 남용을 두려워한 마쓰이는 최소 병력 진군, 질서유지, 약탈 금지 등 난징 공략에 대한 도덕적 규칙을 지시하였다. 하지만 새롭게 부임한 아사코는 부대의 현황을 보고받은 후 난징 진격 중 발생하는 '모든 포로를 처형하라.'는 비밀 명령을 하달한다. 이로 인해 일본군의 난징 함락 이후 6주간 최소 15만에서 최대 35만 명이 학살당했으며, 8만이 넘는 노소를 불문한 여성들이 강간당하고 처참하게 살해당했다.

2. 위 사례에서 일본군의 무력 사용은 정당했는가, 부당했는가? 그 이유는?

3. 만약 위의 사례에서 마쓰이 장군의 병이 악화되지 않았다면/아시카가 지휘 중 마쓰이 장군이 새로운 지휘관으로 부임해 왔다면 어떤 역사가 펼쳐졌을까?

4. 전쟁 상황에서 지휘관이 도덕적 책임을 다하는 것은 어떤 모습일까?
(명령을 받은 하급자로서 도덕적 책임을 발휘하는 모습은 무엇일까?)

5. 나는 저 상황에서 어떻게 행동했을까? 이는 도덕적으로 책임 있는 모습이었을까?

도덕적 책임 교육의 마지막 단계는 '프로젝트 학습 모형'을 활용하여 학습자가 스스로 도덕적 책임에 대한 사례를 탐구하고 의미를 찾는 과정을 통해 구체적인 상황 속에서 도덕적 책임을 실제로 실천할 수 있는 자세를 갖는 것을 목적으로 한다. 여기서 프로젝트 학습이란 학습자들이 스스로 문제의식을 가지고 탐구할 문제를 선정한 뒤, 다른 사람들과 함께 협력적으로 조사해 과제를 해결하고 그것의 결과를 발표하는 과정에서 배움과 성장이 일어나는 교육 방법을 뜻한다.(정창우 외, 2020: 149) 군인의 도덕적 책임

교육에 프로젝트 학습 모형을 활용하는 이유는 ① 학습자들이 스스로 문제 상황을 찾아보고, 그 속에서 발생하고 있는 도덕적 책임의 문제를 검토해 봄으로써 도덕적 탐구에 대한 자발적 동기를 높여주고 ② 실제 사례가 갖는 의미를 강조함으로써 자발적 참여를 이끌고 도덕적 실천 의지 및 행동을 강화하는 효과가 있으며 ③ '성찰' 및 '비평과 개선' 과정을 통해 반성적 사고를 이끌어 내는 동시에 윤리적 성찰 능력을 함양하는 데 도움을 주기 때문이다.(정창우 외, 2020: 149, 152-153) 프로젝트 학습 모형을 활용한 도덕적 책임의 신념화 교육은 기본적으로 ① 수업의 준비 ② 주제 탐색 및 선택 ③ 세부 내용 토의 및 정리, 결과물 산출 ④ 발표 및 상호 토론 ⑤ 피드백 및 의미 도출의 순으로 진행되며 수업 차시 및 프로젝트 진행 단위 등은 군의 교육 환경에 맞도록 조정 가능하다. 아래는 각 교육 단계의 대략적 내용이다.

〈표 1〉 프로젝트 학습 모형을 활용한 도덕적 책임 신념화 교육 단계

단계	내용
① 수업의 준비	· 전시 군인의 도덕적 책임 개념 및 필요성 이해 · 프로젝트 학습 모형 및 군인에 대한 교육 필요성 이해 · 과제 수행방법 안내 및 유의점 교육
⬇	
② 주제 탐색 및 선택	· 팀별 자유롭게 주제 탐색 및 선택 · 팀별 주제(사례)가 중복되지 않도록 조정 · 주제(사례)에 대한 토론 방향/내용 고려하여 선택
⬇	
③ 세부 내용 토의 및 정리, 결과물 산출	· 역사적/현실 사례에 대한 탐구 및 재구조화 · 사례의 법적/도덕적 책임 범위와 그 차이 논의 · 사례 속 도덕적 책임의 의미와 역할 탐구 및 정리
⬇	
④ 발표 및 상호 토론	· 팀별 연구 주제에 대한 발표 및 상호 토론 · 토론을 통해 도덕적 책임 개념에 대한 인식 풍부화 노력 · 지엽적 주제/개념에 대한 찬/반 토론으로 흐르지 않도록 주의
⬇	
⑤ 피드백 및 의미 도출	· 상호 토론 내용에 대한 정리 및 의미 도출 · 도덕적 책임 형성을 위한 긍정적 피드백 부여

앞서 살펴보았듯 프로젝트 학습모형을 활용한 교육 방법은 도덕적 책임 형성을 위한 다양한 강점을 가지는 한편, '군대'라는 특수한 환경에서 그 효과를 발휘하기 위해서는 아래의 사항들에 주의를 기울여야 한다. 우선, 기본적으로 프로젝트 수업 모형이 1회성의 교육이 아니라 비교적 장시간(최소 2주 이상)에 걸친 팀별 과제 수행방법이므로 이러한 교육적 환경의 적합성을 사전에 검토해 보아야 할 것이다. 만약 충분한 수업 시수가 확보되지 않거나 교육 인원이 지나치게 많을 경우 교육의 효과를 담보할 수 없기 때문에 다른 수업 모형을 활용하거나 수업 단위를 나누어 구성할 필요가 있다. 다음으로, 교육의 중점이 단지 팀을 구성하고 탐구를 한 뒤 발표를 하는 과정에 집중되는 것이 아니라 그 안에서 무엇이 도덕적 책임의 관점으로 해석될 수 있으며 그러한 도덕적 책임이 어떤 의미가 있는지를 탐구하는 것에 집중되어야 한다. 이를 위해서 교수자는 교육의 전 과정에 있어서 학습자들과 긴밀하게 소통해야 하며 수시로 교육/학습의 방향을 점검해 나가야 할 것이다. 마지막으로 교육의 현장이 민주적이고 상호 존중할 수 있는 환경을 형성할 수 있도록 노력해야 한다. 군대의 교육환경 특성상 다양한 계급과 직책을 가진 구성원이 함께 팀을 구성하고 과제를 수행해야 하는 경우가 발생할 수 있는데, 이러한 상황에서 특정 구성원에게 과중한 부담을 주거나 상호 존중의 자세가 무너질 경우 교육의 효과가 반감될 것이다. 따라서 교수자는 학습자들이 교육의 내용뿐 아니라 환경적 요소에서도 도덕적 책임의 자세를 배울 수 있도록 더욱 세밀한 관심을 기울일 필요가 있다.

맺으며

대표적인 전쟁비극으로 손꼽히는 나치의 유태인 학살과 난징 대학살, 그리고 베트남전에서 발생한 미라이(My Lai) 양민 학살까지, 서로 다른 시기의 다른 지역에서 벌어진 사건이었지만 공통점 두 가지를 꼽자면 셋 모두 ① 전쟁 범죄를 대수롭지 않게 여기는(또는 인간 존엄성을 중요시 하지 않는) 지휘부의 의지가 있었으며, ② 이를 실행으로 옮길 수 있도록 뒷받침 해 준 강력한 상명하복 시스템이 있었다.[23] 이를 뒤집어 생각해 보면 언젠가 우리도, 그리고 전 세계의 어느 군대라도 그와 유사한 상황(즉, 극단적인 사상을 가진 지휘관과 그의 명령을 충실히 이행할 수 있는 부대원이나 상명하복의 시스템)이 충족되었을 때 역사적 비극이 되풀이 될 수 있음을 의미한다. 아렌트가 기술했듯 아이히만을 검사했던 여섯 명의 정신과 의사들이 그를 '정상'으로 판정했고 그들 중 최소 두 명은 아이히만이 "자신의 상태보다 더 정상이다."거나 "정상일 뿐만 아니라 바람직하다."고 밝혔던 것(H. Arendt, 김선욱 역, 2006: 74-75)을 고려한다면, 이들은 단지 특정인의 일탈이라거나 우연에 의해 발생한 사건이 아님을 알 수 있다.

이 글은 이러한 맥락 속에서 전쟁범죄를 예방하기 위한 군인의 책임 개념을 탐구하였다. 이를 위해 우선 전쟁을 수행하는 주체로서 상급자가 가지는 지휘책임의 딜레마와 하급자가 가지는 행위책임의 딜레마를 분석하여 둘이 모두 과하거나 부족할 경우 발생할 수 있는 한계가 뚜렷함을 확인하였다. 이는 그동안 전쟁범죄를 예방하기 위한 책임 개념이 법적측면에 치우쳤으며, 발생한 행위 결과에 대한 처벌에 집중하여 생긴 부작용때문이었다. 따라서 필자는 이를 해결하기 위해 도덕적 책임 개념을 주장하였다. 도덕적 책임은 특정 직책이나 역할 수행에 대한 법적·타율적 행위규칙으로서의 책임 개념을 넘어 각 행위의 주체자가 자신의 주변 환경에 대하여 의지적·자율적으로 책임감을 갖는 것을 말한다. 또한 이러한 도덕적 책임 개념을 군인에 적용하였을 때 세 가지의 의미를 도출할 수 있었는데, 첫째로 전쟁 속 행위에 대한 지휘관/하급자의 책임을 더욱 적극적이고 능동적으로 승화시켜 준다는 것이고 둘째로 한 가지 행위에 대한 종합적이고 포괄적인 책임의 의미를 부여하며, 마지막으로 전쟁 상황 중에서 보편적인 옳음의 가치를 인식할 수 있는 기회를 제공한다는 것이다.

이 글은 전통적 책임 개념에 비하여 도덕적 책임 개념이 갖는 강점으로서 전시 군인이 도덕적 행위를 실천할 수 있는 자발적이고 능동적이며 포괄적인 근거를 모색하였다는 점에서 의의를 갖는다. 또한, 도덕적 책임 형성을 위한 구체적인 교육의 단계와 적용 가능한 수업 모형의 예시를 제시하였다는 점에서 의미를 가질 것이다. 향후 이를 바탕으로 한 실제 교육 현장의 사례 분석 등 더욱 구체적이고 실천적인 연구들이 이어지기를 기대한다.

주석

1) 대한민국은 2000년 3월 8일 「로마규정」에 서명하고 2002년 10월 8일 제41회 국무회의에서 심의하여 2003년 2월 1일 발효되었다.(조약 제1619호) 따라서 헌법 제6조 1항에 따라 국내법과 같은 효력을 가진다.

2) 이는 앞의 「로마규정」에 따르면 "범죄를 범하려 한다는 사실을 정황상 알았어야 하고"라는 표현으로 제시되어 있다.

3) 마쓰이 장군 대신 왕족인 아사카 야스히코(朝香彦王)가 대신 부대를 지휘하였다.

4) 이러한 노력은 대리로 부대를 지휘했던 왕족 아사코의 부동의로 효과가 없었던 것으로 판단된다.

5) 1944년 12월 19일, 전세 악화로 작전중지 및 철수 명령을 내릴 당시, 야마시타는 마닐라에 2개 대대만을 남기려 했으나 해군의 반대로 육전대 약 1만 명을 마닐라 사수에 임하게 했다. 이 마닐라 잔류병은 식량, 총기, 탄약도 없이 자포자기에 빠져 학살·고문·파괴·약탈을 일삼은 것으로 판단된다.(多谷千香子, 이민효·김유성 역, 2010: 154 참고.)

6) 물론 역사적 사료나 당사자의 진술을 얼마나 신뢰할 수 있느냐에 따라 판단은 달라지겠지만, 마쓰이 장군에 대한 자료는 피해자인 중국인(Iris Chang)의 입장에서 쓰인 것이라 최소한의 신뢰성은 확보한 것이라 판단된다.

7) 지휘범위가 커지는 만큼 늘어나는 부대원의 수를 감안했을 때, 그들이 어떠한 전쟁범죄도 저지르지 않을 것이라 '기대'하고 전쟁을 수행하는 것은 곧 지휘관의 의지/노력과 무관하게 언제, 어디서나 부하들의 전쟁범죄행위가 발생하여 책임을 추궁당할 수밖에 없는, 지휘 업무의 실패를 전제한 것이라 볼 수 있다.

8) 이는 네 가지 핵심국제범죄로 거론되는 제노사이드(집단 살해죄), 인도(人道)에 반한 죄, 전쟁범죄, 침략범죄의 주체로 한 개인을 상정하기 어렵다는 공통된 인식 때문이었을 것이다. 하지만 다양한 조약과 규정을 통하여도 전쟁에서의 중대한 범죄가 끊이지 않았고, 범죄를 저지른 개인을 처벌하지 않는 것이 일반적인 세계 시민들의 법 감정과도 상충되는 등의 논리에 의해 점차 국제법에 있어서 개인의 형사책임 원칙이 확립되었다.

9) 왜냐하면 명령에 따르는 어떠한 행위도 결국은 자신이 책임을 져야 한다면 당사자는 법적·도덕적 책임을 면하기 위해 늘 명령을 의심하고 판단해야 하기 때문이다.

10) 「군인 복무 기본법」제24조(명령 발령자의 의무) ①항을 통해 "군인은 직무와 관계가 없거나 법규 및 상관의 직무상 명령에 반하는 사항 또는 자신의 권한 밖의 사항에 관하여 명령을 발하여서는 아니 된다."라고 규정하고 있다. 또한, 일반적으로 승인된 국제법규는 국내법과

동일한 효력을 지닌다는 헌법 제6조의 내용에 의거하여 전쟁범죄를 유발하거나 교사하는 명령은 '법규에 반하는 사항'으로 판명되어 명령으로서의 그 법적 효력을 잃는다고 볼 수 있다.

11) 「군형법」제44조(항명) 상관의 정당한 명령에 반항하거나 복종하지 아니한 사람은 다음 각 호의 구분에 따라 처벌한다.

1. 적전의 경우 : 사형, 무기 또는 10년 이상의 징역
2. 전시, 사변시 또는 계엄지역인 경우 : 1년 이상 7년 이하의 징역
3. 그 밖의 경우 : 3년 이상의 징역

12) 예를 들어 흉기나 위험한 물건으로 상대방을 특수 폭행한 사람은 그 대상에 따라 아래와 같이 처벌받는다.

구분	적전인 경우	그 밖의 경우
상관	사형, 무기 또는 5년 이상의 징역	무기 또는 2년 이상의 징역
초병	사형, 무기 또는 3년 이상의 징역	1년 이상의 유기징역
기타	3년 이상의 유기징역	1년 이상의 유기징역

13) 「군인 복무 기본법」제25조(명령 복종의 의무) 군인은 직무를 수행할 때 상관의 직무상 명령에 복종하여야 한다.

14) 명령이 내려진 순간에는 그 명령이 정당한지 아닌지를 판명할 수 없으니 「군형법」상의 "정당한"이라는 용어를 삭제하였다.

15) 위 학자들의 책임 개념 비교와 이를 통한 책임 개념의 확장은 김혜진, 「도덕적 동기화의 원천으로서 도덕적 책임의 역할과 형성 방안 연구」(김혜진, 2016: Ⅱ-2-2장 참고)

16) 도덕적 민감성이란 레스트(J. Rest)의 도덕적 행동을 위한 4구성요소 모형(The Four Component Model) 중 첫 번째 요소로서, "특정 상황 속에 내포된 도덕적 이슈를 지각하고 상황을 해석하며, 자신의 행동이 타인에게 어떤 영향이나 결과를 미칠 수 있을지를 미리 헤아릴 수 있는 능력"을 뜻한다. (정창우, 2004: 249-151 참고)

17) 베트남전 당시 101 공중강습사단의 보병이었던 마이클 클라드 펠터의 다음 진술을 떠올려 보자.

"우리는 제복을 갖춰 입은 공산당 떼거리를 만나기를 기대하면서 베트남에 도착했다. 그러나 공산당 부대는 코빼기도 볼 수 없었고 농민 행색에 수수께끼 같은 미소를 지어보이는 뜻밖의 키 작은 사람들만 눈에 띄었다. 이 왜소하고 영양실조에 걸린 것처럼 보이는 농민들이 우리처럼 크고 억세며 중무장한 군인들에게 실질적인 위협과 위험을 가할 수 있다는 것이 믿기 어려웠다. ... 베트남인들을 대하는 우리의 자세가 짐짓 겸손한 태도에서 냉담함으로 바뀌었다. 우리의 비전은 흐려졌고 어두워졌으며 초점을 다시 맞춰야 했다. 전에는 어딜 가도 적을 발견하기 어려웠지만 이제는 도처에 적이 깔렸다는 것을 알게 됐다. 사태는 아주 간단했다. 베트남 사람들이 베트콩이었고, 베트콩은 베트남 사람들이었다. 그래서 살육전은 이제 훨

씬 더 쉬워졌다."(J. Neale, 정병선 역, 2004: 122)

18) 행위의 관점에서 책임의 네 단계는 아래와 같다.(변순용, 2007: pp. 33-34)

동기(부여) 책임	의지결정의 가장 중요한 요인으로서, 그 행위를 위해 어디에서 유래한 어떠한 동기를 가졌는가에 대한 책임
의지 책임	하나 내지 다양한 동기로부터 생기는 다양한 행위들 중에서 한 행위를 선택하고 또 그 행위를 하도록 하는 것으로서의 의지에 대한 책임
실행 책임	한 행위에 대한 의지와 그 의지를 실현시킬 수 있는 힘의 합으로서 행위에 대한 실행 책임
결과 책임	의도적이고 예측 가능한 결과와 비의도적이고 예측 불가능한 결과에 따른 책임

19) 이는 많은 경우 이익과 손해의 관점으로 해석되기도 한다.

20) 이는 전후 참전 군인들에 대한 인터뷰를 통해 확인할 수 있는데, 예를 들어 베트남전에 참전했던 버나도 심슨(Varnado Simpson)은 자신의 양민 살인 행위에 대하여 "나는 제 정신이 아니었다. 훈련받은 지침이 떠올랐고 나는 마구 살인을 저지르기 시작했다. ... 이제 내가 무엇을 해야 할까? ... 죽여야 할 사람들을 찾을 필요도 없었다. 그냥 거기 다 있었으니까."(J. Neale, 정병선 역, 2004: 160-161.)라고 회상하였고, 난징에서 수많은 시민들을 죽인 나가토미 하쿠토는 "내가 목을 베거나 불태워 죽이거나 산 채로 파묻은 사람이 200명이 넘는다. 나 자신이 그런 짐승 같은 짓을 저질렀다니 정말 끔찍하다. 나는 인간이 아닌 악마였다."(I. Chang, 윤지환 역, 2014: 113)라고 스스로를 평가하였다.

21) 군대가 인간 존엄성을 고려하고 도덕적 원칙을 지키는 것이 약한 군대로 귀결되지 않고 오히려 강한 군대를 형성하는 데 도움이 되는 것은 다음과 같은 두 가지 논거를 가진다. 하나는 경험적이고 심리학적인 근거로 인간은 스스로가 옳다고 생각하는 바에 부합하도록 행동할 때 가장 강력한 동인(動因)이 발생한다. 다른 하나는 당위적 근거로 인간 존엄성을 지킨다는 목적과 전쟁에서 승리한다는 목적을 동시에 달성하기 위해서는 이를 뒷받침할 수 있는 능력과 힘이 필요하기 때문이다.(이승철, 2017: 66-71)

22) 대한민국 헌법 제6조에 의거 "헌법에 의하여 체결·공포된 조약과 일반적으로 승인된 국제법규는 국내법과 같은 효력"을 가지며, 군인의 지위 및 복무에 관한 기본법 제34조에 의거하여 "군인은 무력충돌 행위에 관련된 모든 국제법 중에서 대한민국이 가입한 조약과 일반적으로 승인된 국제법규(전쟁법)을 준수"하여야 한다.

23) 세 비극은 각각 히틀러와 아사카 장군, 그리고 켈리(Calley) 중위라는 부도덕·비인간적 명령을 내린 지휘관이 있었으며, 이들의 명령을 즉각적이고 빈틈없이 수행한 (충성스러운) 부대원들이 있었다.

참고문헌

1. 저서 및 번역서

김경호(2012), 『지휘책임법의 이해』, 대전: 합동군사대학교.
김일수(1996), 『한국형법 V』, 서울: 박영사.
김진만·박균열(2013), 『군대와 윤리』, 서울: 양서각.
박균열(2019), 『한국 군대의 윤리학』, 서울: 솔과학.
변순용(2014), 『삶의 실천윤리적 물음들』, 서울: 울력.
(2007), 『책임의 윤리학』, 서울: 철학과 현실사.
정창우(2004),『도덕교육의 새로운 해법』, 파주: 교육과학사.
정창우 외(2020). 『도덕과 교재 연구 및 지도법』, 파주: 교육과학사.
조승옥 외(2013),『군대윤리』, 파주: 지문당.
多谷千香子, 김유성·이민효 역(2010), 『전쟁범죄와 법』, 서울: 연경문화사.
Arendt, H., 김선욱 역(2006), 『예루살렘의 아이히만』, 파주: 한길사.
Chang, I., 윤지환 역(2014), 『역사는 누구의 편에 서는가-난징대학살, 그 야만적 진실의 기록』, 서울: 미다스북스.
Durkheim, Émile, 권기돈 역(1998), 『직업 윤리와 시민 도덕』, 서울: 새물결.
Jonas, H., 이진우 역(1994), 『책임의 원칙: 기술 시대의 생태학적 윤리』, 파주: 서광사.
Neale, J., 정병선 역(2004), 『미국의 베트남 전쟁』, 서울: 책갈피.

2. 논문

김상걸(2019), "국제법상 '범죄의 집단성'과 '처벌의 개인성'의 포섭과 통합",『국제법학회논총』, 64(1), 9-40.
김양현·노영란·변순용·임채광(2005), "책임개념에 대한 실천윤리적 해명", 『범한철학』, 39, 291-328.
김영석(2005), "전쟁범죄에 있어서 군지휘관 및 기타상급자의 책임에 관한 고찰", 『인도법논총』, 25, 197-215.
김혜진(2016), "도덕적 동기화의 원천으로서 도덕적 책임의 역할과 형성 방안 연구",

서울: 서울대학교 대학원 박사학위 논문.
(2018), "'도덕적 책임' 형성을 위한 교육방안 연구", 『윤리연구』, 121, 57-85.
류지영(2016), "군형법상 항명죄와 죄형법정주의", 『법학연구』, 16(3), 57-77.
박중섭(2007), "부하의 전쟁범죄에 대한 지휘관의 형사책임", 『인도법논총』, 27, 73-110.
변순용(2007), "현대사회의 도덕적 책임에 대한 연구", 『윤리연구』, 65, 75-97.
양철호·김원중(2016), "군지휘관의 지휘책임에 관한 법적 근거에 관한 고찰", 『한국군사학논집』, 72(3), 107-135.
이진국(2007), "국제형사재판소에 관한 로마규정 제28조의 상급자 책임", 『아주법학』, 1(3), 106-120.
이승철(2017), "칸트 의무론에 근거한 군대윤리 연구", 서울: 서울대학교 대학원 박사학위 논문.
Rendtorff, T.(1982), "Vom ethischen Sinn der Verantwortung", in: Hertz, A.(Hrsg.): Handbuch der Christlichen Ethik, Bd. 3, Freiburg i. Br.

3. 법률

국제형사재판소 관할 범죄의 처벌 등에 관한 범죄, 법률 제10577호, 2011. 4.12., 일부개정.
국제형사재판소에 관한 로마규정, 조약 제1619호, 2003. 2. 1., 발효.
군형법, 법률 제14183호, 2016. 5.29., 타법개정.
군인의 지위 및 복무에 관한 기본법, 법률 제16034호, 2018.12.24., 일부개정.
대한민국 헌법, 헌법 제10호, 1987.10.29., 전부개정.

제5부
리더십

해군사관학교 리더십 교수 유민준

제13장

해군의 활력과 발전을 위한, 긍정 정서로서의 번영감

업무 현장에서 활기찬 기분이 드는 동시에 나날이 무언가를 배우고, 발전하고 있다는 긍정적인 느낌을 경험하고 싶지 않은가? 이러한 긍정적인 인간의 모습에 대한 이해와 함께 조직을 발전시키기 위한 시도로서 조직 구성원이 지각하는 긍정 정서인 번영감(thriving at work)에 대한 논의가 활발하게 이루어지고 있다.

긍정 정서로서 번영감은 일을 하면서 활기차고(vitality), 배운다는(learning) 느낌을 동시에 경험하는 상태로 이해할 수 있다. 일반적으로 번영감을 경험하는 사람은 주도적으로 업무를 처리하고, 조직에 도움이 되는 방향으로 행동하며, 비단 직장 내에서만 아닌, 직장 외에서도 만족감이 높은 것으로 알려져 있다. 무엇보다도 해군으로서 번영감과 같은 긍정 정서는 조직과 사회에 대한 헌신적인 태도를 높인다는 점에서 번영감에 대해 면밀히 살펴보는 것은 해군 조직의 번영과 지속 가능한 발전을 위해 매우 중요하다고 할 수 있다.

이번 장에서는 '조직·관계·개인' 구분을 통해 조직 구성원이 번영감을 경험하기 위해 필요한 세 가지 요인을 제안하고자 한다. 미시간 대학교 경영학 교수이자 긍정 조직학 분야 전문가인 스프레이쳐(Spreitzer) 교수는 '번영감 모델'을 기반으로 번영감이 형성되는 메커니즘을 설명한 바 있다. 이 모델에 따르면, 조직이라는 사회 시스템 내에서 구성원 간 상호작용이 선행되어야 이를 바탕으로 개인의 긍정 정서인 번영감이 발생할 수 있다고 본다.

이러한 번영감 형성 메커니즘을 바탕으로 20여 년간 조직 차원의 리더십 요인, 조직 내 관계 요인과 함께 개인 수준의 인지적 요인을 토대로 번영감을 촉진하기 위한 선행요인을 밝히려는 다양한 연구들이 수행되고 있다. 예를 들면, 번영감은 리더십, 상사 및 동료와의 원만한 관계, 상사의 지원 등 관계적 자원, 목표 지향성, 주도적 성격, 핵심강점인식, 일의 의미와 같은 개인의 인지적 자원으로부터 발생하여 주관적 안녕감과 같은 긍정 정서는 물론 직무 만족, 조직 성과까지 높아지는 것으로 나타났다.

이를 종합해보면, 스프레이쳐 교수는 번영감 경험의 핵심으로서 조직원 간 상호작용을 제시하고 있고, 조직·관계·개인 세 가지 요인의 통합적인 상호작용의 결과 번영감을 경험할 수 있는 것으로 주장하고 있다. 나아가 아래 〈그림 1〉과 같이 이러한 세 가지 요인은 순차적인 관계를 통해서 번영감에 영향을 미치는 것으로 설명한다.

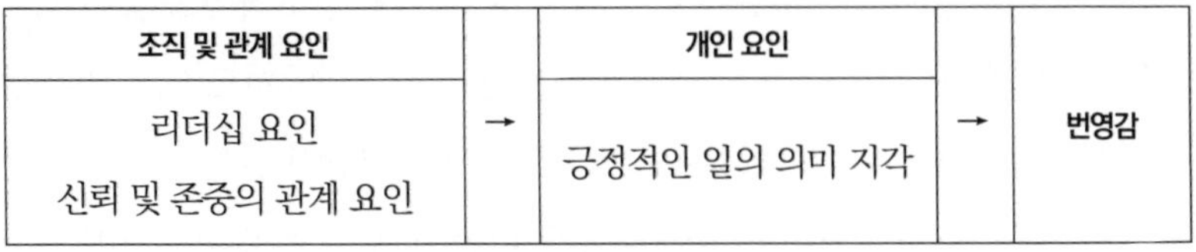

조직 및 관계 요인		개인 요인		
리더십 요인 신뢰 및 존중의 관계 요인	→	긍정적인 일의 의미 지각	→	번영감

〈그림 1〉 번영감 형성 모델

조직적 요인, 윤리적 리더십 발휘

윤리적 리더십(ethical leadership)이란, 리더가 본인의 행동은 물론 조직원과의 관계에서 법과 규정에 입각한 행동을 보여주고, 양방향 의사소통·원칙중심의 공정한 의사결정을 통해 조직원의 윤리적 행동을 촉진하는 과정을 말한다. 아마도 독자들은 '변혁적 리더십·카리스마 리더십·팔로어십'은 자주 접해 익숙하겠지만, 윤리적 리더십은 다소 생소하게 들릴 것이다. 그도 그럴 것이 '윤리'라는 단어 자체에서 느낄 수 있듯 지금까지 윤리라고 하면 쉽게 접하기 어려운 철학적 측면을 강조하고, 개인 스스로의 수양을 연상하는 것이 일반적이었기 때문이다. 그러나 최근에는 보다 실용적인 관점에서 윤리를 해석하려는 시도들이 다양한 조직에서 나타나면서 리더가 윤리적인 관리자가 되어야 함을 강조하고 있다. 다시 말해 윤리적 리더십은 리더가 이타심·정직성·신뢰성과 같은 윤리적인 특성을 가지고, 조직원이 윤리적인 행동을 할 수 있도록 도덕적·윤리적 롤 모델이 되어야 한다는 사실을 강조하는 리더십의 한 종류로 이해할 수 있을 것이다.

그렇다면 실용적 관점에서 논의되고 있는 윤리적 리더십이 구성원의 긍정적인 정서에 효과를 가지고 있을까? 윤리적 리더십을 연구한 많은 학자들은 윤리적 리더십이 구성원의 긍정적 태도 및 정서 형성에 도움을 주는 것으로 한결같은 목소리를 내고 있다. 예를 들면, 윤리적 리더는 구성원의 발전을 위해 진심으로 자신의 시간과 에너지를 투자하는데, 구성원은 윤리적 리더의 지원적 면모를 보고 자신을 위해 힘써주는 리더에게 보답해야 한다는 생각으로 조직을 위해 더욱 노력하고 헌신하는 모습을 보여주게 되는 것이다.

마찬가지로 구성원이 지각하는 긍정 정서인 번영감의 선행요인으로서 윤리적 리더십의 영향력은 번영감 모델을 시작으로 꾸준히 논의되어 오고 있는데, 이찬, 류지은과 정지용(2018)의 연구에서는 직업계 고등학교장의 윤리적 리더십이 교사의 심리적 임파워먼트를 높여 최종적으로 번영감을 높일 수 있음을 주장하였다. 자이브(Zaib, 2018)는 윤리적 리더십의 결과로서 구성원의 번영감 증진을 실증적으로 검증 한 바 있다.

또한 '번영감 모델'에 따르면 사회적 관계 속에서 발생할 수 있는 번영감은 윤리적 분위기, 자율적 의사소통의 보장, 신뢰 및 존중의 분위기를 조성하는 조직에 속한 구성원일수록 경험할 가능성이 높은 것으로 알려져 있는데, 윤리적 리더십은 이러한 번영감이 형성될 수 있는 분위기를 조성할 수 있다는 점에서 윤리적 리더에 대한 관심이 부각되고 있다. 예를 들면, 윤리적 리더는 권한위임을 통해 구성원들에게 자율적인 직무환경을 제공할 수 있고, 양방향 의사소통을 실시하여 구성원의 정보공유를 도울 수 있다. 특히 윤리적 리더의 대표적 특성으로 알려져 있는 신뢰성·법과 규정에 대한 준수, 언행일치 모습은 조직 내 신뢰 및 존중의 분위기를 높일 수 있고, 결과적으로 구성원이 번영감을 경험할 수 있게 되는 조직적 요인이 될 수 있는 것이다.

관계적 요인, 신뢰 관계 형성

신뢰(trust)는 원활한 대인관계를 만들고, 협력을 증진하며 주어진 지위·직무에 따른 역할기대를 넘어 조직에 이익이 되는 자발적인 행동을 촉진한다는 사실이 밝혀지면서 현대 조직은 구성원의 긍정 정서의 촉진과 조직의 발전을 위해 신뢰의 중요성을 강조하고 있다.

이러한 관점에서 윤리적 리더십과 함께 번영감을 형성하는 중요한 관계 요인으로 신뢰에 대한 관심이 꾸준히 이어지고 있으며, 활기찬 기분의 경험과 직무 지식에 대한 학습으로 구성된 번영감과의 관련성이 계속 밝혀지고 있다. 예를 들면, 조직 내 신뢰 관계가 형성되면 구성원은 개방적이고 건설적인 대화를 통해 본인이 조직의 의사결정에 참여하고 있다는 소속감을 경험하게 되고, 신뢰 관계에 있는 구성원끼리는 서로 예의 바른 행동을 보여주기 때문에 조직의 활력을 높일 수 있는 요인이 될 수 있다.

나아가 신뢰 관계에 있는 구성원은 자신이 수행한 직무에 대해 비난보다는 칭찬이나 건설적인 피드백을 받을 것이라는 강한 믿음을 바탕으로 적극적인 발언행동을 실시하게 된다. 이러한 신뢰 분위기 속에서 구성원은 실수를 두려워하기보다는 실패로부터 배우게 되며, 활발한 정보공유를 통해 학습할 수 있는 것이다.

이처럼 구성원 간 신뢰 관계가 형성되면 조직원은 심리적으로 안전하다고 지각하며, 이를 바탕으로 지식과 의견을 자유롭게 표현하고 공유할 수 있는 긍정적인 분위기가 형성되게 된다. 다얀, 베네데토와 촐락(Dayan, Benedetto, & Colak, 2009)에 따르면 팀원이 팀장을 신뢰하게 되면 팀장은 상호 호혜적인 행동의 일환으로서 팀원에게 의사결정의 자율성과 권한을 위임하였고, 팀원은 이를 바탕으로 새롭게 도전하는 태도를 보여주었다. 알브레히트와 트라바글리오네(Albrecht & Travaglione, 2003)의 연구에서는 리더에 대한 신뢰가 조직원의 자발적이고 적극적 행동을 유도하는 중요한 요인으로 작용하는 것으로 나타났는데, 그 결과 조직원은 할당된 직무 이외의 추가적인 역할을 수행하기도 하였다.

종합해보면, 일을 하며 활기찬 기분이 드는 것뿐만 아니라, 무언가를 배운다는 느낌은 조직원이 심리적으로 안전하다고 지각하는 것으로부터 출발한다는 것을 알 수 있고, 이와 같은 안전하다는 믿음의 원천은 구성원 간 신뢰 관계 형성에 있다. 따라서 조직원은 서로 신뢰하는 조직 분위기 속에서 심리적 안전감을 지각하고, 상사로부터 권한을 위임 받아 조직에서 인정받고 환영받는 느낌은 물론, 적극적인 발언과 자발적인 행동을 통해 직무 관련 지식과 기술을 배우고 있다는 느낌을 함께 경험할 수 있을 것이다.

개인적 요인, 일의 의미 지각

번영감은 윤리적 리더십, 신뢰와 함께 조직 내 구성원 간 상호작용의 결과로 발생하는 개인적 자원에도 영향을 받는다. 번영감을 높일 수 있는 다양한 개인적 자원이 존재하지만 최근 긍정 조직학 분야가 각광을 받으며 '일의 의미(meaningful work)' 개념에 학계의 관심이 집중되고 있다. 이러한 관심의 가운데, 구성원이 지각하는 일의 의미는 직장에서 구성원의 긍정적인 정서와 관련이 있다는 사실이 밝혀지면서 본 장의 핵심인 번영감을 증진시킬 수 있는 개인 자원으로 보고되고 있다.

그렇다면 수행하고 있는 일에 의미가 있다고 지각하는 것은 개인이 느끼는 긍정적인 정서와 어떠한 관련이 있는가? 이를 설명하기에 앞서 일의 의미를 지각하는 조직원이 직무를 수행하는 과정에서 어떠한 태도나 정서적 변화를 경험하는지 살펴볼 필요가 있다. 먼저 일의 의미를 깨닫고, 자신의 일에 의미를 부여하는 사람은 결근율과 이직 가능성은 낮은 반면 높은 만족감과 업무성과를 보이며 긍정적인 태도와 발전을 위해 부단히 학습하는 것으로 나타났다.

또한 자신이 수행하고 있는 일에 의미가 있다고 생각하는 것이 구성원의 정서적인 변화에도 영향을 미치는 것으로 보고되고 있다. 예를 들면, 일의 의미는 구성원의 직무에 대한 열의와 동기부여를 제고하는데 긍정적인 영향을 미칠 수 있다. 특히 일의 의미를 지각하는 조직원은 단순히 정서적인 만족감을 넘어서 현재의 직무를 보다 적극적으로 변화시키는 모습을 보이는데, 구체적으로 자신이 처해 있는 직장 환경이 비록 어렵지만 이를 극복하기 위해 주변 환경을 긍정적으로 인식하려고 노력한다. 이처럼 조직원이 지각하는 일의 의미는 긍정적인 정서를 경험할 수 있도록 도와 직무 수행 과정에서 열정과 몰입의 느낌을 들게 할 수 있는 동시에 조직원의 상위욕구를 자극하여 더 나은 직무 수행을 위한 자기계발과 학습동기 수준을 높인다는 점에서 무엇인가 배우고 있다는 느낌을 받을 수 있다. 이를 종합해보면, 일의 의미를 지각한 조직원일수록 활기찬 기분과 배운다는 느낌 두 차원으로 구성된 번영감을 경험할 가능성이 높다.

해군의 번영을 위한 실무적 제언

본 장을 마무리하며 해군 조직의 번영감 증진을 위한 인사·조직 실무자를 위한 유용한 지침도 제공하고자 한다. 첫째, 본 장은 윤리적 리더십이 번영감 인식을 높일 수 있고, 이러한 과정에서 대인 간의 신뢰는 물론 구성원의 일의 의미 지각에도 효과가 있다는 사실을 통해 윤리적 리더십의 효과성을 설명하였다. 따라서 조직 관리자는 조직 내 신뢰 분위기 조성과 구성원의 발전 및 긍정 정서 함양을 위해 윤리적 리더십 발휘를 고려해야 할 것이다.

이런 취지에서 윤리적 리더십의 확산을 위해 개인 및 조직 측면에서 다음과 같은 구체적 방안을 모색해볼 수 있을 것이다. 먼저, 리더 측면으로 법과 규정의 준수, 상사-부하 간 양방향 의사소통, 원칙 중심의 의사결정과 같은 윤리적 리더십 행동 개념에 대한 교육이 이루어져 실제 윤리적 리더는 어떠한 행동을 하는가에 대한 지침이 바로 서 있어야 하며, 조직 측면에서는 윤리적 리더십의 핵심 판단 기준이 되는 규정 및 지침의 합의가 선행되어야 한다.

즉, 하나의 규정을 두고서도 사람마다 다양한 해석이 가능하기 때문에 윤리강령 공청회, 양방향 의사소통 과정을 통해 조직 내 통용되는 규정 및 지침을 명확히 하는 한편, 지속 가능한 윤리풍토를 조성하기 위해 노력해야 할 것이다.

둘째, 윤리적 리더십은 조직 내 신뢰 분위기를 조성하는데 도움이 되고,

신뢰가 형성된 결과 구성원은 자신이 하는 일에 보다 의미가 있다고 생각한다는 사실에 기초하여 본 장에서는 일의 의미 지각에 있어 신뢰 기반 메커니즘의 중요성을 강조하고 있다. 즉, 조직원의 일의 의미 지각 수준을 높이기 위해서는 사회적 자원으로서 윤리적 리더십과 신뢰 분위기 형성이 중요한데, 특히 주목할만한 점은 윤리적 리더십이 구성원의 일의 의미 지각에 영향을 미치는 경로는 신뢰를 통해 이루어진다는 사실이다.

따라서 상사는 부하의 일의 의미 지각 수준을 높이기 위한 선행조건으로서 신뢰 관계 형성을 염두에 두고 구성원 전반에 대한 신뢰를 높여야 한다. 또한 본 장에서는 이러한 신뢰를 높이기 위한 수단으로서 윤리적 리더십의 효과성을 설명한 바, 상사는 공정성, 진실성, 배려에 기반한 윤리적 리더십을 발휘해야 하며 조직은 신뢰 환경을 조성할 수 있는 윤리적인 상사를 육성하기 위해 상사의 신발・배치, 교육・훈련, 평가 등 제반 인사과정에서 윤리 요소를 반영할 필요가 있을 것이다.

참고문헌

김학수, 박상언(2018), 〈일-가정/가정-일 갈등 및 충실의 상대적인 효과와 정서적 메커니즘으로서의 번영감〉, ≪인사조직연구≫ 26(1), 115~149, 한국인사조직학회.

김호정(2013), 〈공공조직의 윤리적 리더십〉, ≪한국조직학회보≫ 10(2), 29~58, 한국조직학회.

박상언, 김학수, 임영재(2016), 〈번영감(Thriving at Work): 개념, 선행 영향요인, 그리고 효과성〉, ≪인사조직연구≫ 24(2), 155~184, 한국인사조직학회.

설정훈, 유민준(2019), 〈조직 예의가 삶의 만족에 미치는 영향〉, ≪조직과 인사관리연구≫ 43(4), 27~57, 한국인사관리학회.

이찬, 류지은, 정지용(2018), 〈직업계 고등학교 학교장의 윤리적 리더십과 교사의 번영감의 관계에서 심리적 임파워먼트의 매개효과〉, ≪농업교육과 인적자원개발≫ 50(4), 83~102, 한국농산업교육학회.

최도림, 권향원, 박정민(2016), 〈공무원이 지각하는 상사의 윤리적 리더십이 구성원의 직무만족과 조직몰입에 미치는 영향: 윤리풍토의 매개효과〉, ≪한국인사행정학회보≫ 15(2), 173~202, 한국인사행정학회.

Albrecht, S., & Travaglione, A. (2003). Trust in public-sector senior management. *International Journal of Human Resource Management* 14(1), 76~92.

Bedi, A., Alpaslan, C. M., & Green, S. (2016). A meta-analytic review of ethical leadership outcomes and moderators. *Journal of Business Ethics* 139(3), 517~536.

Brown, M. E., & Treviño, L. K. (2006). Ethical leadership: A review and future directions. *The Leadership Quarterly* 17(6), 595~616.

Brown, M. E., Treviño, L. K., & Harrison, D. A. 2005. Ethical leadership: A social learning perspective for construct development and testing. *Organizational Behavior and Human Decision Processes* 97(2), 117~134.

Carmeli, A., & Spreitzer, G. M. (2009). Trust, connectivity, and thriving: Implications for innovative behaviors at work. *The Journal of Creative Behavior* 43(3), 169~191.

Cha, S. E., & Edmondson, A. C. (2006). When values backfire: Leadership, attribution, and disenchantment in a values-driven organization. *The Leadership Quarterly* 17(1), 57~78.

Ciulla, J. B. (2004). *Ethics, the heart of leadership* (2nd ed.). Westport, CT: Praeger.

Dayan, M., Di Benedetto, C. A., & Colak, M. (2009). Managerial trust in new product development projects: Its antecedents and consequences. *R&D Management* 39(1), 21~37.

De Hoogh, A. H., & Den Hartog, D. N. (2008). Ethical and despotic leadership, relationships with leader's social responsibility, top management team effectiveness and subordinates' optimism: A multi-method study. *The Leadership Quarterly* 19(3), 297~311.

Eisenbeiss, S. A. 2012. Re-thinking ethical leadership: An interdisciplinary integrative approach. *The Leadership Quarterly* 23(5), 791~808.

Frazier, M. L., Tupper, C., & Fainshmidt, S. (2016). The path(s) to employee trust in direct supervisor in nascent and established relationships: A fuzzy set analysis. *Journal of Organizational Behavior* 37(7), 1023~1043.

Gerbasi, A., Porath, C. L., Parker, A., Spreitzer, G., & Cross, R. (2015). Destructive de-energizing relationships: How thriving buffers their effect on performance. *Journal of Applied Psychology* 100(5), 1423~1433.

Hackman, J. R., & Oldham, G. R. (1976). Motivation through the design of work: Test of a theory. *Organizational Behavior and Human Performance* 16, 250~279.

Kacmar, K. M., Bachrach, D. G., Harris, K. J., & Zivnuska, S. (2011). Fostering good citizenship through ethical leadership: Exploring the moderating role of gender and organizational politics. *Journal of Applied Psychology* 96(3), 633~642.

Kahn, W. A. (1990). Psychological conditions of personal engagement and disengagement at work. *Academy of Management Journal* 33(4), 692~724.

Khazanchi, S., & Masterson, S. S. (2011). Who and what is fair matters: A multi-foci social exchange model of creativity. *Journal of Organizational Behavior* 32(1), 86~106.

Kleine, A. K., Rudolph, C. W., & Zacher, H. (2019). Thriving at work: A meta-analysis. *Journal of Organizational Behavior* 40(9-10), 973~999.

Kocak, O. E. (2016). How to enable thriving at work through organizational trust. *International Journal of Research in Business and Social Science* 5(4), 40~52.

Konovsky, M. A., & Pugh, S. D. (1994). Citizenship behavior and social exchange. *Academy of Management Journal* 37(3), 656~669.

Kreiner, G. E., Hollensbe, E. C., & Sheep, M. L. (2006). Where is the "me" among the "we"?: Identity work and the search for optimal balance. *Academy of Management Journal* 49(5), 1031~1057.

Leunissen, J. M., Sedikides, C., Wildschut, T., & Cohen, T. R. (2018). Organizational nostalgia lowers turnover intentions by increasing work meaning: The moderating role of burnout. *Journal of Occupational Health Psychology* 23(1), 44~57.

Lysova, E. I., Allan, B. A., Dik, B. J., Duffy, R. D., & Steger, M. F. (2019). Fostering meaningful work in organizations: A multi-level review and integration. *Journal of Vocational Behavior* 110, 374~389.

McAllister, D. J. (1995). Affect-and cognition-based trust as foundations for interpersonal cooperation in organizations. *Academy of Management Journal* 38(1), 24~59.

Paterson, T. A., Luthans, F., & Jeung, W. (2014). Thriving at work: Impact of psychological capital and supervisor support. *Journal of Organizational Behavior* 35(3), 434~446.

Piccolo, R. F., & Colquitt, J. A. (2006). Transformational leadership and job behaviors: The mediating role of core job characteristics. *Academy of Management Journal* 49(2), 327~340.

Rich, B. L., Lepine, J. A., & Crawford, E. R. (2010). Job engagement:

Antecedents and effects on job performance. *Academy of Management Journal* 53(3), 617~635.

Shellhouse, J., Carter, H., & Benge, M. (2019). Enhancing Motivation through Work Meaningfulness. *EDIS* 2019(1).

Sparks, J. R., & Schenk, J. A. (2001). Explaining the effects of transformational leadership: An investigation of the effects of higher-order motives in multilevel marketing organizations. *Journal of Organizational Behavior: The International Journal of Industrial, Occupational and Organizational Psychology and Behavior* 22(8), 849~869.

Spreitzer, G., Porath, C. L., & Gibson, C. B. (2012). Toward human sustainability: How to enable more thriving at work. *Organizational Dynamics* 41(2), 155~162.

Spreitzer, G., Sutcliffe, K., Dutton, J., Sonenshein, S., & Grant, A. M. (2005). A socially embedded model of thriving at work. *Organization Science* 16(5), 537~549.

Srivastava, A., Bartol, K. M., & Locke, E. A. (2006). Empowering leadership in management teams: Effects on knowledge sharing, efficacy, and performance. *Academy of Management Journal* 49(6), 1239~1251.

Steger, M. F., Dik, B. J., & Duffy, R. D. (2012). Measuring meaningful work: The work and meaning inventory(WAMI). *Journal of Career Assessment* 20(3), 322~337.

Szulanski, G., Cappetta, R., & Jensen, R. J. (2004). When and how trustworthiness matters: Knowledge transfer and the moderating effect of causal ambiguity. *Organization Science* 15(5), 600~613.

Thompson, J. D. (1967). *Organisations in action.* New York, NY: McGraw-Hill.

Treviño, L. K., Brown, M., & Hartman, L. P. (2003). A qualitative investigation of perceived executive ethical leadership: Perceptions from inside and outside the executive suite. *Human Relations* 56(1), 5~37.

Van Zyl, L. E., Deacon, E., & Rothmann, S. (2010). Towards happiness:

Experiences of work-role fit, meaningfulness and work engagement of industrial/organisational psychologists in South Africa. *SA Journal of Industrial Psychology* 36(1), 1~10.

Walumbwa, F. O., Muchiri, M. K., Misati, E., Wu, C., & Meiliani, M. (2018). Inspired to perform: A multilevel investigation of antecedents and consequences of thriving at work. *Journal of Organizational Behavior* 39(3), 249~261.

Wrzesniewski, A., Dutton, J. E., & Debebe, G. (2003). Interpersonal sensemaking and the meaning of work. *Research in Organizational Behavior* 25, 93~135.

Wrzesniewski, A., McCauley, C., Rozin, P., & Schwartz, B. (1997). Jobs, careers, and callings: People's relations to their work. *Journal of Research in Personality* 31(1), 21~33.

Yang, J., Mossholder, K. W., & Peng, T. K. (2009). Supervisory procedural justice effects: The mediating roles of cognitive and affective trust. *The Leadership Quarterly* 20(2), 143~154.

Zaib, M. J. (2018). *Impact of ethical leadership on innovative work behavior with mediating role of thriving at work and moderating role of openness to experience.* Doctoral dissertation, Capital University, Bexley.

Zhu, W., Newman, A., Miao, Q., & Hooke, A. (2013). Revisiting the mediating role of trust in transformational leadership effects: Do different types of trust make a difference?. *The Leadership Quarterly* 24(1), 94~105.

제14장

소명이 있는 해군 건설을 위한 제언: 윤리적 리더십의 학습효과

소명의식(calling)이란 자신의 일을 물질적 수단이나 경력의 기회로 바라보는 것이 아닌 일을 하는 과정에서 발견하는 성취감을 중요하게 여기며, 궁극적으로는 사회적으로 의미 있는 헌신을 하도록 이끄는 목적의식이라 볼 수 있다. 자신의 직업을 소명으로 여기는 사람은 스스로의 성찰을 통해 일과 관련된 자신의 정체성을 명확히 하고, 일을 통해 삶의 목적을 이루며, 공공선을 실천하고자 한다.

최근 10년간 조직 행동학 및 조직 심리학, 직업 심리학, 상담 심리학 분야에서 소명의식이 일에 대한 의미감 및 만족감을 증진시키고, 이직의도, 직무 스트레스와 같은 심리적 부적응을 최소화할 수 있는 핵심적인 기제로서 작용한다는 사실이 다양한 문화와 직업군을 대상으로 나타나고 있다. 또한 소명의식이 높은 구성원일수록 조직의 경영성과를 높이고, 조직 운영의 안정성을 도모할 수 있다는 실무적 함의를 바탕으로 소명의식과 관련한 다양한 연구들이 꾸준히 진행되고 있다.

하지만 지금까지 소명의식은 변하지 않는 안정적인 속성을 지닌 개념으로 간주하였으며(stable construct), 직업을 소명으로 느끼는 사람들이 일과 삶에서 경험하는 긍정적인 정서, 태도 및 행동적 결과에 대해서만 주로 다루어 왔다는 한계점이 있어 왔다. 따라서 발달 가능한(developmental construct), 후천적 형성이 가능한(posteriori calling) 관점에서 소명의식을 증진시킬 수 있는 심리적 요인들에 대한 추가적인 확인이 필요한 상황이 되었다. 이러한 관점은 조직 구성원이 소명의식을 어떻게 발달시키고, 획득하는가에 관한 해답을 찾을 수 있다는 이론적 함의뿐만 아니라, 조직의 안정적인 관리와 구성원의 만족에 도움을 줄 수 있는 실무적 함의를 제공할 수 있을 것이다.

본 장에서는 위와 같은 소명의식 증진 필요성을 바탕으로 구성원의 소명의식을 높일 수 있는 심리·사회적 요인에 대해 살펴보고자 한다. 그렇다면 소명의식의 형성 및 증진을 예측할 수 있는 요인은 무엇인가? 소명을 예측하는 요인은 개인적 요인과 사회적 요인으로 구분된다. 먼저, 개인적 요인으로서 자신의 직업에 대해 높은 열정과 몰입, 만족 등 긍정적 태도를 지닐 경우 소명의식을 더 많이 경험하는 것으로 나타났으며, 직무의 명확성과 일의 의미를 높게 지각할수록 소명의식을 촉진할 수 있다.

이러한 의미 있는 결과들은 소명의식을 안정적이고 선천적인 속성(priori calling)으로서 규명했던 기존의 접근을 넘어, 소명의식이 다양한 개인적 직무 경험을 통해 변화할 수 있다는 사실을 지지하고 있는 것이고, 이를 가리켜 소명의식의 역동모형(dynamics of calling)이라 한다.

한편, 사회적 요인으로서 긍정적인 조직 환경 또한 조직원의 소명의식을 유의미하게 예측하는 것으로 알려져 있는데 예를 들면, 개인이 속한 조직의 리더가 보여주는 긍정적인 리더십 요인은 개인의 소명의식 향상과 밀접한 관련이 있다. 대표적으로 윤리적 리더십과 같이 정직한 리더들이 나타내는 긍정적 모습은 구성원이 일의 가치를 더 크게 지각할 수 있는 환경을 조성하고, 긍정적인 직무 동기에 영향을 줄 수 있으며, 조직원의 소명의식 증진을 가능하게 한다.

앞선 논의들은 긍정적인 조직 환경과 리더로부터 조직원이 소명의식을 함양할 수 있는 사회적 요인을 규명했다는 의의를 지니고, 본 장에서는 후천적 관점을 기반으로 소명의식의 예측요인을 규명한 초기 단계의 선행연구를 이론적으로 뒷받침하는 동시에, 조직원의 소명의식에 영향을 줄 수 있는 개인의 내적 요인과 리더 요인을 제시하고자 한다.

구체적으로 소명의식을 지닌 개인이 공통적으로 도덕적 의무감(moral duty)과 도덕적 동기(moral motivation)를 나타낸다는 점에 착안하였다. 이처럼 도덕성과 소명의식의 관련성에 근거하여, 소명의식을 지닌 사람들이 나타내는 도덕적 의무감과 친사회적 동기(prosocial motivation)의 핵심적인 선행요인으로 밝혀진 도덕적 정체성(moral identity)을 소명의식을 증진시킬 수 있는 개인적 요인으로 선정하였다. 또한 도덕적 정체성을 촉진할 수 있는 사회적 요인으로서 윤리적 리더십의 영향력에 주목하였다. 장과 장(Zhang & Jiang, 2020)은 소명의식을 강화할 수 있는 환경요인으로 윤리적 리더십을 강조한 바 있는데, 윤리적 리더는 조직원이 도덕적 신념을 갖추도록 돕고, 규범을 준수하며, 사회적으로 책임감을 갖게 하는 중요한 사회적 학습 역할 모델로서 작용한다는 점을 근거로 제시하고 있다. 특히 주목할 점은 윤리적 리더십이 표면적으로 조직원의 윤리적 행동을 촉진하는 것을 넘어서 조직원이 지닌 도덕적 정체성과 근본적인 가치관에도 영향을 주어 스스로 도덕적 주체가 될 수 있도록 도덕성을 내재화시킬 수 있다는 것이다.

종합하면, 본 장은 아래 〈그림 2〉와 같이 조직원의 소명의식을 증진시킬 수 있는 심리적 요인으로서 도덕적 정체성을 선정하였고, 윤리적 리더십이 조직원의 도덕적 정체성을 내재화하는 동시에 소명의식을 촉진할 수 있는 사회적 요인으로서 작용하는지 확인하였다. 이러한 시도를 통해 조직 관리자들이 조직원의 소명의식을 형성하고 발전시킬 수 있는 심리적 기제를 이해하여 구성원의 소명의식을 증진시킴으로써 조직의 성과 창출 및 안정적 관리에 실무적 도움을 줄 수 있을 것으로 기대한다.

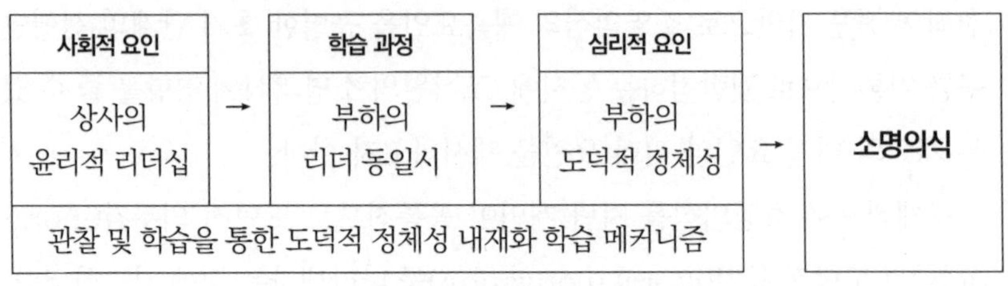

〈그림 2〉 소명의식 증진 모델

소명이 있는 해군을 향한 첫 걸음, 윤리적 리더십

도덕적 정체성은 개인의 신념체계를 구성하는데 있어 도덕적 특성(e.g., 배려, 관심, 공정, 친근, 관대, 도움, 정직, 친절)이 중요하다고 인식하고, 이를 지향하는 정도를 의미한다. 도덕적 정체성이 안정적으로 형성된 개인은 자신을 도덕적 인간으로 인식하고, 윤리적으로 자신을 규제하고, 도덕적 행동을 촉진하는 동시에 도덕적 이탈 및 비윤리적 의사결정을 예방하면서 개인과 조직 모두에 긍정적인 영향을 주는 것으로 연구되고 있다.

그동안 안정적인 성격 특질로서 도덕적 정체성을 바라보았으나, 최근에는 리더와의 상호작용을 통해 부하에게 학습될 수 있는 특성으로 새롭게 논의되고 있다. 학습이 가능하다는 관점에서 윤리적 리더십이 부하의 도덕적 정체성 인식 수준을 높일 수 있는 핵심 기제로 주목받고 있는 가운데, 상사의 윤리적 리더십이 부하의 도덕적 정체성 수준을 높일 수 있다는 사실을 사회학습 이론(social learning theory)에 근거하여 설명이 이루어지고 있다.

사회학습 이론에 따르면, 조직원은 리더의 윤리적 행동을 관찰하는 간접학습(e.g., observable learning)을 통해 리더를 정당하고 신뢰할만한 학습모델로 인식하게 된다. 이를 통해 구성원은 조직에서 바람직한 것으로 여겨지는 도덕적 가치에 대한 정보를 습득할 수 있고, 윤리적 리더가 강조하는 도덕적 정체성과 유사해지는 특성을 보인다.

주, 트레비노와 정(Zhu, Treviño, & Zheng, 2016)은 중국 기업 상사-부하 89쌍을 대상으로 실시한 연구에서 상사의 윤리적 리더십 인식이 부하의 도덕적 정체성 수준을 직접적으로 증진시킬 수 있음을 사회학습 이론을 기반으로 설명하였으며, 주(2008)는 윤리적 리더가 솔선수범(i.e., leading by example)을 보여줌으로써 부하의 도덕적 정체성 발달에 영향을 줄 수 있는 것으로 보고하였다. 또한 캐나다 국방부 군인 및 군무원 3,363명을 대상으로 윤리적 리더십, 도덕적 정체성의 관계를 살펴본 오키프, 피치와 메서비(O'Keefe, Peach, & Messervey, 2019)의 연구에서는 부하가 평가한 상사의 윤리적 리더십과 부하의 내재화된 도덕적 정체성이 유의미한 관계를 보였다.

이처럼 윤리적 리더는 도덕적 관리자(moral manager)로서 적극적으로 윤리 관련 메시지를 부하들과 의사소통하면서 조직 내 수용 가능한 도덕적 기준을 정립하고 학습시킨다. 이렇게 정립된 윤리적 기준을 통해 부하들이 윤리적으로 행동할 수 있도록 리더 스스로는 '언행일치(walk the talk)' 행동을 보여주는 한편 부하에게 코칭과 멘토링 등 학습 수단을 제공하는 바, 부하는 윤리적 리더를 정당하고 신뢰할만한 모델로 인식하게 되어 결과적으로 상사의 윤리적 리더십이 부하의 도덕적 정체성에 유의미한 영향을 줄 수 있는 것이다.

소명이 있는 해군을 향한 두 걸음, 리더 동일시

브라운과 미첼(Brown & Mitchell, 2010)은 윤리적 리더십 인식이 부하의 도덕적 정체성을 내재화하는 과정에서 심리적 메커니즘을 규명해야 할 필요성을 제언했는데, 이러한 관점에서 수행된 다수의 연구 결과를 살펴보면 윤리적 리더십과 도덕적 정체성의 관계를 리더에 대한 부하의 인지적인 동일시 과정으로 설명하고 있다.

리더 동일시(personal identification with the leader)란 리더와 인지적, 정서적 일체감을 경험하여 리더의 가치, 목표, 비전을 수용하는 상태를 말하고, 리더십은 리더 동일시의 중요한 사회적 요인으로 주목받고 있다. 특히 윤리적 리더십을 리더 동일시의 핵심 요인으로 바라보는 관점이 활발히 논의되고 있는 가운데, 브라운, 트레비노와 해리슨(Brown, Treviño, & Harrison, 2005)이 제시한 윤리적 리더의 대표적 특성인 신뢰성, 공정성, 배려 및 존중을 바탕으로 리더 동일시가 발생하는 것으로 보고되고 있다.

예를 들면, 윤리적 리더가 말과 행동이 일치하는 윤리적 행동을 보여주고, 구성원의 만족과 복지에 진정으로 관심을 가지는 동시에 구성원을 공정하게 대우하는 바, 윤리적 리더십이 리더 동일시 수준을 높이는 요인으로 작용할 수 있다. 또한 해군 부사관을 대상으로 실시된 이기현(Lee, 2016)의 연구에서는 부하가 측정한 상사의 윤리적 리더십이 리더 동일시를 유의미하게 예측하였다. 이처럼 윤리적 리더에 대한 동일시 과정을 통해 부하는 리더와 도덕적 일체감을 가지게 되므로, 윤리적 리더에 대한 동일시를 도덕적 정체성 형성의 핵심 매개단계이자 선행요인으로 볼 수 있다. 마찬가지로 후흐탈라, 파주코프와 크로거(Huhtala, Fadjukoff, & Kroger, 2020)는 윤리적 리더십이 구성원에게 긍정적인 동일시 모델로 작용하며, 이는 조직과 리더, 구성원 모두의 도덕적 정체성을 강화할 수 있는 중요한 조직적 요인임을 강조하고 있다.

이상의 논의를 종합하면, 양방향 의사소통, 언행일치, 원칙 중심의 의사결정, 배려 및 존중의 모습을 보이는 윤리적 리더는 구성원으로부터 신뢰할 만하며, 정당한 윤리적 역할 모델로서 학습의 대상이 될 수 있다. 이러한 학습 과정을 통해 구성원은 윤리적 리더에 대한 신뢰, 존경의 긍정적 인식을 형성하여 리더를 동일시하고, 그 결과 리더와 일체감을 경험하게 되어 윤리적 리더가 추구하는 도덕적 정체성을 내재화할 수 있다. 따라서 상사의 윤리적 리더십은 리더 동일시를 매개로 사회학습 이론에서 주장하는 역할 모델에 대한 관찰학습을 통해 부하의 도덕적 정체성을 내재화시킬 수 있는 것이다.

소명이 있는 해군을 향한 끝 걸음, 도덕적 정체성

최근에는 조직원의 도덕적 정체성을 내재화시킬 수 있는 사회적 요인에 대한 연구를 포함하여 다양한 조직 장면에서 구성원이 도덕적 정체성을 내재화함에 따라 창출하는 친사회적 동기 및 행동과의 관계를 알아보고 있다.

친사회적 동기는 다른 사람에게 도움을 주거나 긍정적인 영향을 주기 위한 개인적 동기로서 정의되며, 친사회적 동기가 강한 사람은 타인에게 도움이 되었다는 긍정적 정서와 의미에 초점을 두고, 친사회적 행동을 실천하기 위해 노력한다. 친사회적 동기의 중요한 첫 번째 심리적 자원은 도덕적 정체성이며, 이는 친사회적 동기 및 행동을 예측하는 핵심적인 변인으로 소개되고 있다. 도덕적 정체성이 내재화된 사람은 친사회적 동기를 실천하는 자신을 도덕적인 사람(moral person)으로 평가하여, 친사회적 행동을 지속하는 경향이 있다.

예를 들면, 도덕적 정체성이 높은 사람은 자원봉사 활동에 참여하고자 하는 친사회적 의도를 유의미하게 예측하였고, 도덕적 정체성이 높은 사람은 공공선에 기여하고자 하는 의도가 높게 나타났다. 또한 도덕적 정체성이 친사회적 행동에 대한 동기를 강화시키는 요인으로 작용한다는 사실을 밝혀졌다.

이러한 선행연구들을 통해 살펴보면, 소명의식이 개인의 도덕적 정체성과 상당히 밀접한 관련이 있으며, 특히 사회에 헌신하고 의미 있는 기여를 하고자 하는 친사회적 의도와 같은 맥락이라 할 수 있을 것이다. 따라서 도덕적 정체성이 개인의 소명의식 형성에 유의미한 영향을 줄 수 있는 것이다.

해군의 소명을 위한 실무적 제언

본 장에서는 부하가 지각한 상사의 윤리적 리더십이 부하의 상사에 대한 동일시와 도덕적 정체성 내재화를 통해 소명의식 인식에 이르는 순차적 경로를 설명하였다. 그동안 소명의식과 관련된 대부분의 논의들은 소명의식을 지닌 사람들의 긍정적인 정서와 태도, 행동에 대한 담론에 한정되어 왔으나, 최근 들어 구성원이 소명의식을 함양할 수 있는 발달적 속성, 후천적 관점으로서 소명의식을 다루어야 할 필요성이 제기되고 있다. 이러한 필요성에 대한 응답으로서 구성원의 소명의식 형성에 긍정적 영향을 줄 수 있는 윤리적 리더십(사회적 요인), 리더 동일시(학습 과정), 도덕적 정체성(심리적 요인)의 순차적 효과를 논의하였다. 이러한 논의를 바탕으로 조직 관리에 유용한 실제적 도움을 제공하고자 조직 실무자를 위한 실무적 지침을 다음과 같이 제언하고자 한다.

첫째, 윤리적 리더는 도덕적 가치를 대표하는 바람직한 역할 모델로서 기능하여 조직원의 소명의식에 영향을 줄 수 있다는 사실을 통해 소명의식의 선행요인으로서 윤리적 리더십의 효과성을 확인하였다. 이를 바탕으로 조직 관리 실무자는 조직원의 친조직적 소명의식을 증진시키기 위해 윤리적 리더십의 효과를 고려해야 할 것이다. 이런 취지에서 윤리적 리더십 확대를 위해 다음과 같은 리더, 조직 측면의 구체적 방안을 모색해볼 수 있을 것이다. 예를 들면, 각 조직의 리더는 자신이 조직원으로부터 도덕적 역할 모델로 인식된다는 점을 깨닫고, 솔선수범, 양방향 의사소통, 언행일치를 위한 노력에 집중하여야 한다. 또한 윤리적 리더십 확대는 리더 개인의 노력과 더불어 조직의 노력도 병행되어야 한다. 무엇보다도 윤리적 리더십 발휘의 주체가 되는 윤리적 리더 양성을 위해 관리자 계층을 대상으로 윤리 특화 연수교육 기회를 제공하고, 해당 교육을 수료한 윤리적 리더를 다시금 조직의 윤리의식 함양을 위한 내부교육에 활용하는 등 교육과 활용이 연계된 인력관리모델을 정립하고 발전시켜 윤리적 리더십 효과성을 창출하기 위해 노력해야 할 것이다.

둘째, 사회학습 이론을 기반으로 윤리적 리더십이 도덕적 정체성을 내재화시키는 도덕적 학습 과정에서 부하가 상사에 대한 동일시 과정을 거치기 때문에 본 장은 조직원의 도덕적 정체성을 내재화시키기 위해서는 사회적 자원으로서 윤리적 리더십의 영향을 받아 형성되는 리더에 대한 동일시 지각이 상당히 중요하다는 사실을 시사하고 있다. 따라서 조직 관리 실무자는 성공적인 윤리적 리더십 확산을 위해 본 장에서 강조하고 있는 학습 과정에 초점을 맞추어 윤리적 리더십의 효과성이 나타나고 있는가를 점검하고, 리더 동일시 메커니즘이 제대로 작동하고 있는지 살펴보아야 할 것이다. 더불어 도덕적 정체성 내재화에 영향을 미치는 것으로 나타난 조직원의 리더 동일시 인식을 촉진하기 위해 윤리적 리더의 원형(prototype)에 대한 공감대 형성 또한 필요하다. 예를 들면, 조직원마다 바람직한 도덕성에 대한 기준이 상이할 수 있다는 왕 외(Wang et al. 2019)의 제언을 참고하여 '우리 조직의 리더가 공정하다고 느꼈던 순간' 등을 묻는 '윤리의식 공모전'을 개최해본다면, 각 조직에 특화된 바람직한 윤리적 특성 및 행동에 대한 공감대 형성이 가능할 것이고, 이를 통해 조직원의 리더 동일시 및 도덕적 정체성 내재화를 가능케 할 수 있는 환경적 기회가 될 것이라 제언한다. 이와 달리 윤리적 리더는 조직원의 비윤리적 행동에 대해 제재(e.g., sanction, punishment)의 수단도 활용하는 바, 조직에서 비윤리적인 사건이 발생할 경우 이를 공정하게 처리할 수 있는 윤리 전문 상담사 또는 윤리 감찰관 등의 제도적 장치를 마련할 필요가 있다. 이를 통해 조직원으로 하여금 윤리적 리더를 정당한 존재로 인식하게 만들고, 조직 내 윤리적 제재 시스템이 정상적으로 작동하는 것을 간접적으로 학습하여 윤리적 리더가 보여주는 도덕적 정체성에 대한 확신감을 느낄 수 있을 것이다. 끝으로 윤리적 리더나 조직의 사회적 선행(e.g., corporate social responsibility; CSR)을 조직원들이 인식하고, 이를 내재화 할 수 있는 교육 및 홍보환경 또한 마련될 필요가 있을 것이다.

참고문헌

Ahn, J., Lee, S., & Yun, S. (2018). Leaders' core self-evaluation, ethical leadership, and employees' job performance: The moderating role of employees' exchange ideology. *Journal of Business Ethics* 148(2), 457-470.

Aquino, K., Freeman, D., Reed A. II., Lim, V. K., & Felps, W. (2009). Testing a social-cognitive model of moral behavior: The interactive influence of situations and moral identity centrality. *Journal of Personality and Social Psychology* 97(1), 123-141.

Aquino, K., & Reed A. II. (2002). The self-importance of moral identity. *Journal of Personality and Social Psychology*, 83(6), 1423-1440.

Ashforth, B. E., Harrison, S. H., & Corley, K. G. (2008). Identification in organizations: An examination of four fundamental questions. *Journal of Management* 34(3), 325-374.

Ashforth, B. E., Schinoff, B. S., & Rogers, K. M. (2016). "I identify with her," "I identify with him": Unpacking the dynamics of personal identification in organizations. *Academy of Management Review* 41(1), 28-60.

Bandura, A. (1969). *Social-learning theory of identificatory processes.* In D. A. Goslin(ed.), Handbook of Socialization Theory and Research, 213-262.

Batson, C. D. (1987). Prosocial motivation: Is it ever truly altruistic?. *Advances in Experimental Social Psychology* 20, 65-122.

Brown, M. E., & Mitchell, M. S. (2010). Ethical and unethical leadership: Exploring new avenues for future research. *Business Ethics Quarterly* 20(4), 583-616.

Brown, M. E., Treviño, L. K., & Harrison, D. A. (2005). Ethical leadership: A social learning perspective for construct development and testing. *Organizational Behavior and Human Decision Processes*

97(2), 117-134.

Bunderson, J. S., & Thompson, J. A. (2009). The call of the wild: Zookeepers, callings, and the double-edged sword of deeply meaningful work. *Administrative Science Quarterly* 54(1), 32-57.

Carlo, G., Eisenberg, N., & Knight, G. P. (1992). An object0ive measure of adolescents' prosocial moral reasoning. *Journal of Research on Adolescence* 2(4), 331-349.

Carmeli, A., Atwater, L., & Levi, A. (2011). How leadership enhances employees' knowledge sharing: The intervening roles of relational and organizational identification. *The Journal of Technology Transfer* 36(3), 257-274.

Demirtas, O., Hannah, S. T., Gok, K., Arslan, A., & Capar, N. (2017). The moderated influence of ethical leadership, via meaningful work, on followers' engagement, organizational identification, and envy. *Journal of Business Ethics* 145(1), 183-199.

Detert, J. R., Treviño, L. K., & Sweitzer, V. L. (2008). Moral disengagement in ethical decision making: A study of antecedents and outcomes. *Journal of Applied Psychology* 93(2), 374-391.

Dik, B. J., & Duffy, R. D. (2009). *Calling and vocation at work: Definitions and prospects for research and practice.* The Counseling Psychologist 37(3), 424-450.

Dik, B. J., Eldridge, B. M., Steger, M. F., & Duffy, R. D. (2012). Development and validation of the Calling and Vocation Questionnaire (CVQ) and Brief Calling Scale (BCS). *Journal of Career Assessment* 20(3), 242-263.

Ding, W., Shao, Y., Sun, B., Xie, R., Li, W., & Wang, X. (2018). How can prosocial behavior be motivated?. The different roles of moral judgment, moral elevation, and moral identity among the young Chinese. *Frontiers in Psychology* 9, 1-10.

Duffy, R. D., Allan, B. A., Autin, K. L., & Douglass, R. P. (2014). Living a calling and work well-being: A longitudinal study. *Journal of Counseling Psychology* 61(4), 605-615.

Duffy, R. D., Allan, B. A., & Bott, E. M. (2012). Calling and life satisfaction among undergraduate students: Investigating mediators and moderators. *Journal of Happiness Studies* 13(3), 469-479.

Duffy, R. D., Dik, B. J., Douglass, R. P., England, J. W., & Velez, B. L. (2018). Work as a calling: A theoretical model. *Journal of Counseling Psychology* 65(4), 423-439.

Duffy, R. D., Douglass, R. P., Autin, K. L., & Allan, B. A. (2014). Examining predictors and outcomes of a career calling among undergraduate students. *Journal of Vocational Behavior* 85(3), 309-318.

Elangovan, A. R., Pinder, C. C., & McLean, M. (2010). Callings and organizational behavior. *Journal of Vocational Behavior* 76(3), 428-440.

Epitropaki, O., Kark, R., Mainemelis, C., & Lord, R. G. (2017). Leadership and followership identity processes: A multilevel review. *The Leadership Quarterly* 28(1), 104-129.

Esteves, T., Lopes, M. P., Geremias, R. L., & Palma, P. J. (2018). Calling for leadership: Leadership relation with worker's sense of calling. *Leadership and Organisation Development Journal* 39(2), 248-260.

Gerpott, F. H., Van Quaquebeke, N., Schlamp, S., & Voelpel, S. C. (2019). An identity perspective on ethical leadership to explain organizational citizenship behavior: The interplay of follower moral identity and leader group prototypicality. *Journal of Business Ethics* 156(4), 1063-1078.

Gong, T., Zimmerli, L., & Hoffer, H. E. (2013). The effects of transformational leadership and the sense of calling on job burnout among special education teachers. *Journal of School Leadership* 23(6), 969-993.

Grant, A. M. (2008). Does intrinsic motivation fuel the prosocial fire?. Motivational synergy in predicting persistence, performance, and productivity. *Journal of Applied Psychology* 93(1), 48-58.

Ha, Y., Choi, Y., Eun, H., & Sohn, Y. (2014). Validation of the Korean version of Multidimensional Calling Measure (MCM-K). *Korean*

Journal of Industrial and Organizational Psychology 27(1), 191-220.

Hagmaier, T., & Abele, A. E. (2012). The multidimensionality of calling: Conceptualization, measurement and a bicultural perspective. *Journal of Vocational Behavior* 81(1), 39-51.

Han, J. H. (2021). Effect of leader behavioral integrity on the voice behavior and change-oriented OCB of members: The mediating effect of relational identification and moderating effect of psychological safety. *Korean Journal of Management* 29(1), 87-111.

Hardy, S. A. (2006). Identity, reasoning, and emotion: An empirical comparison of three sources of moral motivation. *Motivation and Emotion* 30(3), 205-213.

Hirschi, A. (2012). Callings and work engagement: Moderated mediation model of work meaningfulness, occupational identity, and occupational self-efficacy. *Journal of Counseling Psychology* 59(3), 479-485.

Hobman, E. V., Jackson, C. J., Jimmieson, N. L., & Martin, R. (2011). The effects of transformational leadership behaviours on follower outcomes: An identity-based analysis. *European Journal of Work and Organizational Psychology* 20(4), 553-580.

Huhtala, M., Fadjukoff, P., & Kroger, J. (2020). Managers as moral leaders: Moral identity processes in the context of work. *Journal of Business Ethics,* 1-14.

Jennings, P. L., Mitchell, M. S., & Hannah, S. T. (2015). The moral self: A review and integration of the literature. *Journal of Organizational Behavior* 36(1), 104-168.

Kark, R., Shamir, B., & Chen, G. (2003). The two faces of transformational leadership: Empowerment and dependency. *Journal of Applied Psychology* 88(2), 246-255.

Kim, Y., Seo, M., & Kwon, I. (2016). The antecedents of sense of calling. *Logos Management Review* 14(4), 75-98.

Krettenauer, T., & Hertz, S. (2015). What develops in moral identities?. A critical review. *Human Development* 58(3), 137-153.

Kwon, I., & Kim, S. (2017). On an ex-post calling: An exploratory study on the sense of a calling driven by rank in organization. *Yonsei Business Review* 54(1), 83-123.

Lee, A. Y. P., Chen, I. H., & Chang, P. C. (2016). Sense of calling in the workplace: The moderating effect of supportive organizational climate in Taiwanese organizations. *Journal of Management & Organization* 24(1), 129-144.

Lee, K. (2016). Ethical leadership and followers' taking charge: Trust in, and identification with, leader as mediators. *Social Behavior and Personality: An International Journal* 44(11), 1793-1802.

Li, F., Jiao, R., Yin, H., & Liu, D. (2021). A moderated mediation model of trait gratitude and career calling in Chinese undergraduates: Life meaning as mediator and moral elevation as moderator. *Current Psychology*. Published online.

Lord, R. G., & Brown, D. J. (2004). *Leadership processes and follower identity*. Mahwah, New Jersey: Lawrence Erlbaum Associates.

O'Keefe, D. F., Peach, J. M., & Messervey, D. L. (2019). The combined effect of ethical leadership, moral identity, and organizational identification on workplace behavior. *Journal of Leadership Studies* 13(1), 20-35.

Park, J., Lee, K., Lim, J. I., & Sohn, Y. W. (2018). Leading with callings: Effects of leader's calling on followers' team commitment, voice behavior, and job performance. *Frontiers in Psychology* 9, 1-12.

Park, J., Sohn, Y. W., & Ha, Y. J. (2016). South Korean salespersons' calling, job performance, and organizational citizenship behavior the mediating role of occupational self-efficacy. *Journal of Career Assessment* 24(3), 415-428.

Reynolds, S. J., & Ceranic, T. L. (2007). The effects of moral judgment and moral identity on moral behavior: An empirical examination of the moral individual. *Journal of Applied Psychology* 92(6), 1610-1624.

Rosso, B. D., Dekas, K. H., & Wrzesniewski, A. (2010). On the meaning of work: A theoretical integration and review. *Research in Organizational Behavior* 30, 91-127.

Schabram, K., & Maitlis, S. (2016). Negotiating the challenges of a calling: Emotion and enacted sensemaking in animal shelter work. *Academy of Management Journal* 60(2), 584-609.

Shao, R., Aquino, K., & Freeman, D. (2008). Beyond moral reasoning: A review of moral identity research and its implications for business ethics. *Business Ethics Quarterly* 18(4), 513-540.

Shin, Y. (2012). CEO ethical leadership, ethical climate, climate strength, and collective organizational citizenship behavior. *Journal of Business Ethics* 108(3), 299-312.

Skubinn, R., & Herzog, L. (2016). Internalized moral identity in ethical leadership. *Journal of Business Ethics* 133(2), 249-260.

Sluss, D. M., & Ashforth, B. E. (2007). Relational identity and identification: Defining ourselves through work relationships. *Academy of Management Review* 32(1), 9-32.

Steger, M. F., Pickering, N. K., Shin, J. Y., & Dik, B. J. (2010). Calling in work: Secular or sacred?. *Journal of Career Assessment* 18(1), 82-96.

Stets, J. E., & Carter, M. J. (2012). A theory of the self for the sociology of morality. *American Sociological Review* 77(1), 120-140.

Sturges, J., Clinton, M., Conway, N., & Budjanovcanin, A. (2019). I know where I'm going: Sensemaking and the emergence of calling. *Journal of Vocational Behavior* 114, 57-68.

Svendsen, M., Seljeseth, I., & Ernes, K. O. (2020). Ethical leadership and prohibitive voice: The role of leadership and organisational identification. *The Journal of Values-Based Leadership* 13(1), 1-16.

Thompson, J. A., & Bunderson, J. S. (2019). Research on work as a calling… and how to make it matter. *Annual Review of Organizational Psychology and Organizational Behavior* 6(1), 421-443.

Thomson, A. L., & Siegel, J. T. (2017). Elevation: A review of scholarship on a moral and other-praising emotion. *The Journal of Positive*

Psychology 12(6), 628-638.
Treviño, L. K., Den Nieuwenboer, N. A., & Kish-Gephart, J. J. (2014). (Un) ethical behavior in organizations. *Annual Review of Psychology* 65(1), 635-660.
Van Knippenberg, D., Van Knippenberg, B., De Cremer, D., & Hogg, M. A. (2004). Leadership, self, and identity: A review and research agenda. *The Leadership Quarterly* 15(6), 825-856.
Vianello, M., Galliani, E. M., Dalla Rosa, A., & Anselmi, P. (2019). The developmental trajectories of calling: Predictors and outcomes. *Journal of Career Assessment* 28(1), 128-146.
Walumbwa, F. O., & Hartnell, C. A. (2011). Understanding transformational leadership- employee performance links: The role of relational identification and self-efficacy. *Journal of Occupational and Organizational Psychology* 84(1), 153-172.
Walumbwa, F. O., Mayer, D. M., Wang, P., Wang, H., Workman, K., & Christensen, A. L. (2011). Linking ethical leadership to employee performance: The roles of leader-member exchange, self-efficacy, and organizational identification. *Organizational Behavior and Human Decision Processes* 115(2), 204-213.
Wang, Z., Xing, L., Xu, H., & Hannah, S. T. (2019). Not all followers socially learn from ethical leaders: The roles of followers' moral identity and leader identification in the ethical leadership process. Journal of Business Ethics, 170, 1-21.
Welbourne, T. M., & Paterson, T. A. (2017). Advancing a richer view of identity at work: The role-based identity scale. *Personnel Psychology* 70(2), 315-356.
Winterich, K. P., Aquino, K., Mittal, V., & Swartz, R. (2013). When moral identity symbolization motivates prosocial behavior: The role of recognition and moral identity internalization. *Journal of Applied Psychology* 98(5), 759-770.
Wrzesniewski, A., McCauley, C., Rozin, P., & Schwartz, B. (1997). Jobs, careers, and callings: People's relations to their work. *Journal of Research in Personality* 31(1), 21-33.

Yeon, H., & Cho, Y. (2020). The relationship between job calling, abusive supervision and organization-based self-esteem. *The Korean Leadership Review* 11(5), 195-219.

Yoo, M. J., Sohn, Y. W., & Seol, J. H. (2020). The impacts of ethical leadership on thriving at work: The meso-mediating effects of team trust and meaningful work. *Korean Journal of Management* 28(3), 97-129.

Yoon, S. C., Lee, J. H., Sohn, Y. W., & Ha, Y. J. (2020). The effect of calling on organizational commitment and turnover intention: The mediated effect of psychological capital and organizational identification and the moderating effect of transformational leadership and perceived supervisor support. *Korean Journal of Human Resource Management Research* 20(4), 61-86.

Zhang, C., Hirschi, A., Herrmann, A., Wei, J., & Zhang, J. (2017a). The future work self and calling: The mediational role of life meaning. *Journal of Happiness Studies* 18(4), 977-991.

Zhang, H., Chen, S., Wang, R., Jiang, J., Xu, Y., & Zhao, H. (2017b). How upward moral comparison influences prosocial behavioral intention: Examining the mediating role of guilt and the moderating role of moral identity. *Frontiers in Psychology* 8, 1-10.

Zhang, L., & Jiang, H. (2020). Exploring the process of ethical leadership on organisational commitment: The mediating role of career calling. *Journal of Psychology in Africa* 30(3), 231-235.

Zhang, L., & Jin, T. (2019). Linking empowering leadership and career calling: The mediating role of psychological need fulfilment. *Journal of Psychology in Africa* 29(5), 429-434.

Zhang, S., Chen, G., Chen, X. P., Liu, D., & Johnson, M. D. (2014). Relational versus collective identification within workgroups: Conceptualization, measurement development, and nomological network building. *Journal of Management* 40(6), 1700-1731.

Zhu, W. (2008). The effect of ethical leadership on follower moral identity:

The mediating role of psychological empowerment. *Leadership Review* 8(3), 62-73.

Zhu, W., He, H., Treviño, L. K., Chao, M. M., & Wang, W. (2015). Ethical leadership and follower voice and performance: The role of follower identifications and entity morality beliefs. *The Leadership Quarterly* 26(5), 702-718.

Zhu, W., Treviño, L. K., & Zheng, X. (2016). Ethical leaders and their followers: The transmission of moral identity and moral attentiveness. *Business Ethics Quarterly* 26(1), 95-115.

제6부
심리학

해군사관학교 심리학 교수 설정훈

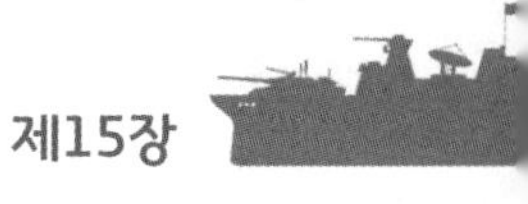

"함장님, 저는 파병가기 두렵습니다." 파병에 대한 해군 장병의 불안(anxiety) 어떻게 해소할 것인가?

군인의 정신건강

대한민국은 대만, 이스라엘 등과 함께 전 세계에서 몇 안 되는 징병제 국가로, 특별한 예외가 아니라면 20대 청년들은 일반사회와 다른 낯설고 이질적인 군 복무 환경에 처하게 된다. 군 장병은 징집에 의한 비자발적인 입대, 사회로부터의 단절, 가족이나 친구와 같은 친밀한 관계와의 단절 등으로 인해 심리적인 변화를 경험할 수 있다. 또한 군은 일반 사회와 비교하여 물리적 또는 심리적으로 충격적이고 위협적인 사건을 경험할 수 있는 특성을 지니고 있다. 임무수행 중 홍수나 지진, 산사태와 같은 자연재해를 경험하거나 총기, 탄약 등의 위험물을 다루는 과정에서 나타나는 인명사고 등의 경험을 하게 되는 등 극심한 스트레스를 경험할 수 있다.

국내 뿐 아니라 파병을 통해 해외에서의 군 생활을 경험한 군인들은 파병 지역에서 직간접적으로 적과 대치하며 근무하는 환경으로 인해 극심한 스트레스를 경험할 가능성이 더욱 높다. 파병 지역은 전투원이 직면하고 있는 생활환경이자 활동공간으로 생존을 위한 무력행사가 존재하고 있는 특수한 심리적 환경이기 때문이다. 대한민국은 6.25 전쟁의 당사국이자 베트남전 파병국가였으며, 현재에도 우리나라의 안보외교상 UN 다국적군이나 PKO 평화유지군 활동을 위해 교전이 일어나는 불안정한 지역에 해외 파병을 지속적으로 증가시킬 수밖에 없는 상황이다. 이를 통해 앞으로 파병을 경험하게 될 군인은 증가할 것이라고 예상할 수 있으며, 군인이 파병 지역에서 경험하는 스트레스를 관리하는 것이 향후 한국군의 전투력 문제와도 직결되는 매우 중요한 과제라 할 수 있다. 특히 한국 해군의 경우 2009년부터 총 25차례 이상에 걸쳐 소말리아 아덴만 지역에 약 10,000명 이상의 파병전단(이하 "청해부대")을 파견하고 있다는 점에서, 해군 파병 군인들의 심리적 건강에 대한 고찰이 필요하다고 할 수 있다. 하지만 현재까지 파병 군인에 대한 연구는 이라크 및 아프가니스탄 전쟁을 겪은 미국을 중심으로 진행되어왔으며 국내의 파병 군인에 대한 연구는 매우 부족한 실정이다.

파병 군인의 심리적 건강과 관련된 이전 연구를 살펴보면, 파병 후 시점에서 보고하는 증상위주의 심리적 어려움에 대한 연구가 대부분이고 사후관리와 관련된 연구만이 한정적으로 진행되었다. 따라서 본 장의 목적은 파병 군인들이 겪을 수 있는 심리적 어려움으로부터 보호할 수 있는 심리적 요인을 파악함으로써 파병 군인들의 심리적 건강을 도모하는 것에 있다. 특히 파병 중에 경험하는 스트레스를 적응적인 방식으로 대처하는 개인 내·외적 심리적 환경을 조성하고 스트레스에 취약한 개인의 심적 상태를 호전시킬 수 있다면 그들이 파병 중이나 파병 후에 호소하는 부적응 증상 또한 완화시킬 수 있을 것이다.

파병 경험에 대한 군인의 심리적 불안

개인의 불안(anxiety)은 스트레스-취약성 이론에서 보고하는 대표적인 스트레스의 취약점으로, 직무수행 과정에서 경험하는 스트레스에 대한 지각과 대처, 그 결과에 영향을 미칠 수 있는 핵심 취약요인으로 보고되며, 개인의 심리적 건강과 밀접한 관련이 있다. 또한 불안은 개인이 지각하는 위험자극에 대한 인지특성과 밀접한 관련이 있는 개념이다. 매튜스와 매클라우드(Mathews & MacLeod, 1985)의 연구에 따르면 불안한 사람이 그렇지 않은 사람에 비해 동일 자극에 대한 위험성을 과도하게 평가하는 경향이 있으며, 엔겔(Engel, 1978)은 불안상태에 놓인 사람이 갑자기 발생하는 공포 자극에 대해 편파적인 정보처리를 하게 되고, 이로 인해 부적절한 스트레스 대처로 심리적 및 신체적 부적응을 경험하게 된다고 보고한다. 이처럼 개인이 불안한 상태에 놓여있을 경우 그 불안을 보상하기 위해 심리적·인지적 반응을 하게 되는데, 불안수준이 높아지면 신체적으로 긴장을 하고, 주의 집중에 실패하며, 매우 사소한 자극에도 걱정과 공포심을 갖게 된다. 이러한 반응은 개인의 대처방식에 부정적인 영향을 주어 직무영역에서 수행능력의 감소, 극심한 스트레스 호소, 자살사고 및 행동 등 심리적 부적응을 야기하는 것으로 나타났다. 특히 이러한 결과들을 통해서 불안수준이 높은 군인은 전투 수행 중 과도한 신체적 각성을 느끼고, 전투상황을 회피하는 모습을 보이는 등 전투의 패배와 직결될 수 있는 부적응적 행동을 보일 수 있을 것으로 예상할 수 있다. 위와 같은 부적응적 행동은 군인 개인의 전투력을 포함하여 파병 부대의 생존과도 직결되는 문제이기 때문에 파병에 대해 느끼는 불안 수준을 줄일 수 있는 방안을 모색하는 것은 매우 중요하다고 할 수 있다. 따라서 본 장에서는 위와 같은 선행 연구를 토대로 해군 청해부대 장병이 파병 지역에서 경험하는 스트레스와 심리적 부적응의 취약요인으로서 파병에 대한 불안을 선정하고, 불안 수준을 완화시킬 수 있는 효과적인 보호요인을 살펴보고자 한다.

홀라한과 무스(Holahan & Moos, 1991)에 따르면 개인은 직업적 영역에서 지각되는 스트레스나 불안, 우울 등 심리적 부적응을 경험할 수 있지만 자아존중감, 자아탄력성 등의 개인 내적 심리적 자원과 관계적 자원이나 사회·환경적 자원과 같은 개인 외적 자원을 기반으로 스트레스원의 부정적 영향으로부터 자신의 심리적 건강을 보호하기 위해 노력한다. 본 장에서는 위와 같은 이론적 배경을 바탕으로 파병이 예정된 장병들이 지각하는 불안을 보호할 수 있는 개인적·환경적 보호요인을 선정하기 위해 국내·외 정신건강 선행연구를 살펴보았으며, 군대를 포함한 직업적 영역에서 심리적 부적응을 효과적으로 완충할 수 있는 변인으로 보고되어 온 개인 내적 요인인 직업소명의식과 환경적 요인인 사회적 지지를 선정하여 보호요인으로써의 주 효과를 살펴보고자 하였다. 또한 개인의 심리적 상태는 개인적 기질 특성과 개인이 처한 환경적 특성의 상호작용의 결과이며, 직업적 영역에서 경험하는 심리적 부적응 또한 개인적 요인이나 환경적 요인의 중 하나의 변인에 의해 영향을 받는 것이 아닌 두 변인의 상호작용을 통해 동시적·복합적으로 영향을 받는다. 군 정신건강과 관련된 연구 영역에서도 개인 내·외적 보호요인 독립적 효과도 중요하지만 두 요인이 효과적으로 상호작용하는 경우 그 보호요인으로서의 효과성이 극대화 될 수 있음을 보고하였다.

개인 내적 보호요인으로서 소명의식(occupational calling)

소명의식(calling)은 역사적으로 종교적인 어원에서 비롯된 개념이다. 하지만 긍정 심리학을 바탕으로 심리학과 경영학 등 다양한 분야의 학자들을 중심으로 연구가 진행되면서 현재는 종교와는 독립적인 개념으로 사용되고 있다. 소명의식이란 개인이 자신이 하고 있는 일을 통해서 개인적인 충만감을 느끼거나 사회적으로 의미 있는 헌신을 하도록 이끄는 목적의식으로, 자신의 일을 소명으로 바라보는 사람은 경제적 수입이나 직무 성과와 같은 물질적 만족보다 일을 하는 과정에서 느끼는 성취감과 의미를 중요하게 여기며, 일을 통해 자신의 정체성을 확립해 나가는 것을 중요시 한다. 또한 딕, 엘드리지와 더피(Dik, Eldridge, & Duffy, 2012)는 소명이란 한 사람의 인생에서 일이 가지는 의미를 총체적으로 이해할 수 있게 하는 핵심요소로, 초월적 부름이나 스스로의 성찰을 통해 일과 관련한 자신의 의무와 역할을 깨닫고, 자신의 일을 통해 삶의 목적을 이루어나가는 동시에 사회에 기여하고자 하는 공공선을 인식하고 실천하는 것을 의미한다고 보고한다.

직업적 상황에서 살펴보면, 소명의식은 직무만족, 직업 정체성과 같은 직무관련 변인을 포함하여, 삶의 의미, 삶의 만족과 같은 삶 관련 변인과 긍정적인 관계를 맺고 있다. 개인이 자신의 직업에 높은 소명의식을 가질수록 자신의 일을 긍정적으로 바라보고 일을 수행하며, 직업과 삶에 있어서 높은 만족도를 나타냈다.

한편, 소명의식은 자신의 업무에서 느끼는 부정적 영향을 감소시킬 수 있는 보호요인의 역할도 보고된다. 하그마이어와 아벨레(Hagmaier & Abele, 2012)는 소명의식이 직무에서 느끼는 소진(burnout)과 유의미한 부적 상관관계가 있다고 보고하였다. 또한 브제스니에브스키 외(Wrzesniewski et al. 1997)의 연구에서는 소명의식이 높은 사람일수록 우울 및 직무환경 스트레스를 낮게 보고하였으며, 직무환경 스트레스에서도 자신의 상황 및 문제해결방안을 더 명료하게 지각할 뿐 만 아니라, 회피적인 대처보다는 문제 중심적인 대처 경향을 보이는 것으로 나타났다.

일반적인 조직과는 다른 군을 대상으로 실시된 연구들을 통해서도 소명의식의 긍정적 영향력이 있음을 알 수 있다. 군 간부들을 대상으로 심리적 부적응과 관련된 변인과 소명의식의 관계를 살펴본 연구를 통해 학습된 무력감, 우울과 같은 부정적 요인으로부터 소명의식이 보호요인으로 작용하는 것을 확인 할 수 있다. 또한 임정인과 손영우(2016)의 연구에서는 조직 내에서 발생할 수 있는 관계적 갈등이 이직의도에 미치는 영향에서도 소명 의식이 조절효과를 가짐으로써, 갈등상황으로 인한 부정적 영향으로부터 개인의 심리적 건강을 보호할 수 있는 보호요인으로 작용하는 것을 확인할 수 있다. 이는 심리적 건강에 부정적 영향을 줄 수 있는 높은 갈등상황에 처할지라도 높은 소명의식을 가진 개인은 심리적 안정감을 유지할 수 있는 것으로 해석할 수 있다. 이처럼 소명의식은 자신의 직업에서 느끼는 스트레스와 밀접한 관련이 있는 개념으로, 스트레스의 부정적 영향으로부터 개인의 심리적 건강을 보호할 수 있는 요인으로 작용함을 알 수 있다.

환경적 보호요인으로서 사회적 지지(social support)

사회적 지지(social support)란 개인이 가족이나 동료, 친구 및 자신이 생각하는 중요한 타인으로부터 받는다고 지각하는 긍정적 심리자원을 의미한다. 특히 사회적 지지는 심리적 디스트레스에 대한 대처과정에서 개인의 외적 자원으로 작용하는 핵심변인으로, 개인의 전반적인 심리적 적응과 안녕감에 직·간접적으로 영향을 줄 수 있다고 보고된다. 개인이 지각하는 사회적 지지는 일상생활에서의 스트레스, 직무영역에서의 스트레스, 우울증이나 불안장애, PTSD 등의 정신병리 등으로부터 개인의 심리적 건강을 다방면적으로 보호하며, 특히 불안장애 증상의 발병과 치료, 그 예후에 효과적인 영향을 주는 중요한 역할이 보고되고 있다.

사회적 지지는 군인의 심리적 건강과도 매우 밀접한 관련이 있는 것으로 보고된다. 특히, 해군 장병들을 대상으로 진행한 설정훈과 박수현(2015)의 연구에 따르면 높은 사회적 지지를 받고 있다고 지각하는 경우 군 생활에서 경험할 수 있는 스트레스를 낮은 수준으로 경험하는 것으로 나타났으며, 이로 인한 심리적 결과라 할 수 있는 우울과 불안 역시도 낮은 수준으로 나타나는 것을 확인할 수 있다. 뿐만 아니라 충분한 사회적 지지를 받는 군인들은 정서조절 전략에서도 긍정적인 정서조절을 많이 하며, 부정적인 정서조절전략을 적게 하는 것으로 나타났다. 이러한 결과를 통해서 사회적 지지는 군 생활에서 경험할 수 있는 여러 종류의 스트레스로부터 군 장병의 심리적 건강을 효과적으로 보호할 수 있는 요인이라고 할 수 있다. 또한 복무 중 자살이나 타살목격과 같은 인명사고 혹은 자연재해나 파병 등과 같은 특수한 외상 경험을 극복하는 과정에서 군인이 지각하는 사회적 지지가 중요한 회복요인으로 나타났다. 본 장에서는 해군 청해부대 장병이 파병 전 경험하는 불안에 대한 보호요인으로서 사회적 지지를 선정하고 그 역할을 확인하는 실증연구의 결과를 소개하고자 한다.

설문 연구의 방법과 결과

연구의 대상

본 실증연구에서는 해군 소말리아 파병부대(청해부대) 21진에 소속된 해군장병 138명을 대상으로 파병 1개월 전 시점에서 설문조사를 실시하였다. 참가자들의 평균 연령은 27.30세이며, 대부분 남성 (n = 130, 94.2%)이었다. 또한 간부는 97명(70.3%)이었으며, 파병 경험이 존재한 참가자는 98명(71%)이었다.

측정도구

설문지를 통해서 성별, 나이, 계급, 결혼 유무, 파병 경험 등의 인구통계학적 정보를 조사하였으며, 이와 동시에 주요 변인들의 측정을 위하여 직업 소명의식 척도, 사회적 지지 척도, 상태불안 척도를 사용하였다. 분석을 위해 사용된 측정도구들은 기존의 여러 연구들을 통해서 신뢰도와 타당도가 검증된 것을 확인하였으며, 국방부장관 및 해군참모총장, 청해부대 부대장의 승인을 받은 뒤 설문을 실시하였다.

직업소명의식 : 직업소명의식은 딕, 엘드리지와 스테거(Dik, Eldridge, & Steger, 2008)가 개발한 CVQ(Calling and Vocation Questionnaire)을 바탕으로 심예린과 유성경(2011)에 의해 타당도가 검증된 한국판 소명척도(CVQ-K)를 사용하였다. 한국판 소명척도는 초월적 부름, 목적/의미, 친사회적 지향 등 3개의 하위요인으로 구성되어 있으며, 각 하위요인은 4문항씩으로 총 12문항으로 구성되어 있다. 원척도를 개발한 연구에서 제안한 것과 같이 1점(전혀 해당되지 않는다)에서 4점(전적으로 해당된다)의 Likert 4점 척도로 직업소명의식을 측정하였다. 한국판 소명척도에서는 점수가 높을수록 소명의식을 높게 지각하고 있다는 것을 의미한다. 심예린과 유성경(2011)의 연구에서 보고된 본 척도의 내적 신뢰도는 .85 였으며, 본 연구에서는 .82로 나타났다.

지각된 사회적 지지 : 청해부대 장병들이 사회적 지지를 측정하기 위하여 다차원적 지각된 사회적 지지 척도(Multidimensional Scale of Perceived Social Support Scale: MSPSS)를 사용하였다. 다차원적 지각된 사회적 지지 척도는 지멧 외(Zimet et al. 1988)가 개발한 척도를 통해 측정을 실시하였다. 가족과 친구, 타인 등으로부터 받은 사회적 지지를 측정하는 12개의 문항으로 구성되어 있으며, 가족, 친구, 그 외의 타인을 지지원으로 설정하고 있으며 각 4문항으로 구성되어 있다. 본 연구에서는 1점(아주 강한 부정)에서 7점(아주 강한 긍정)의 Likert 7점 척도로 측정하였으며, 점수가 높을수록 장병이 지각하는 사회적 지지 수준이 높음을 의미한다. 설정훈과 박수현(2015)의 연구에서 보고된 본 척도의 내적 신뢰도는 .94, 본 연구에서는 .94로 나타났다.

파병에 대한 불안 : 대한민국 파병 대상자들의 파병에 대한 불안을 측정하기 위하여 스필버거, 고서치와 루셴(Spielberger, Gorsuch, & Lushene, 1970)이 개발하고 한덕웅, 전겸구와 이장호(1997)가 표준화한 상태-특성 불안검사(State-Trait Anxiety Inventory) 척도를 사용하였다. 기존 상태-특성 불안척도(STAI)는 개인의 기질적 특성이 반영된 불안과 현재 상태로 인한 불안을 측정하는 두 범주로 나뉘어 구성되어 있다. 두 가지의 범주 중 본 연구에서는 파병에 대한 직접적인 불안의 영향을 측정하는 것에 그 목적이 있으므로 상태불안 척도만을 측정에 활용하였다. 상태불안 척도는 설문에 응답하는 시점의 응답자의 불안 정도를 측정하는 것이다. 따라서 본 연구에서는 "곧 경험하게 될 파병에 대한 느낌을 떠올리며 각 문항에 응답해주시기 바랍니다."로 질문을 변경하여 연구대상자들의 파병에 대한 불안을 측정하였다. 본 연구에서는 1점(전혀 해당되지 않는다)에서 4점(전적으로 해당된다)의 Likert 4점 척도, 총 20문항으로 상태불안을 측정하였으며, 점수가 높을수록 개인의 불안 수준이 높음을 의미한다. 타당화 연구를 진행한 한덕웅 외(1997)의 연구에서 내적 신뢰도는 .88로 나타났으며, 본 연구에서는 .71로 나타났다.

설문 자료의 분석절차

수집된 자료의 분석에는 SPSS 23.0 프로그램을 활용하였다. 먼저 본 연구에서 사용한 측정도구들의 신뢰도를 검증하기 위하여 내적 신뢰도 계수인 Cronbach's alpha의 내적 신뢰도 계수를 산출하였으며, 본 연구에서 중점적으로 확인하고자 하였던 변인들의 평균, 표준편차 등을 기술통계로 산출하였다. 다음으로 측정 변인들 간의 상관관계를 살펴보기 위해 Pearson 상관계수를 구하였다. 다음으로 위계적 회귀분석을 실시하여 통제변인들의 영향력을 통제한 상태에서 직업소명의식과 지각된 사회적 지지가 파병불안에 미치는 영향을 확인하였다. 마지막으로 중다회귀분석을 실시하여 직업소명의식과 지각된 사회적 지지의 상호작용효과를 검증하였다.

직업소명의식과 사회적 지지의 상호작용효과 분석

직업소명의식과 지각된 사회적 지지 두 변인의 상호작용이 파병 불안에 미치는 효과를 확인하기 위하여 에이켄과 웨스트(Aiken & West, 1991)가 제안한 방법을 바탕으로 중다회귀분석을 실시하였다. 분석에서 발생할 수 있는 다중 공선성의 문제를 해결하기 위한 방법으로 두 독립변수인 직업소명의식과 지각된 사회적 지지에 대하여 평균 중심화를 실시 한 뒤 두 변인의 곱셈 항을 산출하였다. 〈표 1〉과 같이 먼저 1단계에는 성별, 계급, 결혼 유무, 파병 경험여부 등을 투입하여 통계적 통제를 실시하였다. 2단계로 본 연구에서 연구하고자 한 두 예측변인인 직업소명의식과 지각된 사회적 지지를 동시에 투입하였으며, 3단계에서 평균 중심화를 실시한 뒤 산출한 두 예측변인의 곱셈항을 투입하여 파병 불안에 대한 R^2 변화량의 유의성을 살펴보았다. 분석결과, 3 단계에 투입한 평균중심화를 실시한 두 변인의 곱셈항이 통계적으로 유의미한 것을 통해서 직업소명의식과 지각된 사회적 지지의 상호작용효과가 있음을 확인하였다($\Delta R^2 = .030$, $p < .05$).

〈표 1〉 파병 불안에 대한 직업소명의식과 지각된 사회적 지지의 상호작용효과 검증

	비표준화 계수		β	t	R^2	ΔR^2
	B	SE				
1단계						
계 급	1.035	2.445	.043	.423		
성 별	-7.734	4.090	-.166	-1.891		
결혼 유무	-4.059	3.036	-.160	-1.337	.067	-
나 이	-.274	.196	-.192	-1.401		
파병경험	2.584	2.259	.107	1.144		
2단계						
직업소명의식	-3.497	.939	-.300	-3.722***	.310***	.242***
지각된 사회적 지지	-3.931	.947	-.330	-4.152***		
3단계						
직업소명의식 × 지각된 사회적 지지	2.234	.924	.183	2.418*	.340***	.030*

*$p < .05$, ***$p < .001$

통계적으로 유의미한 상호작용효과의 형태를 확인하기 위해 에이켄과 웨스트(1991)가 제안한 분석방법에 따라 조절변인의 특정 값(-1SD, Mean, +1SD)에서 예측변인이 결과변인에 미치는 영향을 확인하고, 이를 시각적으로 나타내기 위해 도출한 회귀선을 바탕으로 〈그림 1〉과 같이 나타내었다. 〈그림 1〉의 그래프를 살펴보면, 직업소명의식이 높은 경우 파병에 대한 불안을 전반적으로 낮게 지각하는 것으로 나타났다. 이와 더불어 직업소명의식이 낮은 경우에는 사회적 지지가 높아짐에 따라 파병 불안을 유의미한 정도로 낮게 지각하는 것으로 나타났다. 이러한 결과를 바탕으로 서론에서 설정한 가설과 동일하게 직업소명의식과 사회적 지지가 모두 높은 경우에 파병에 대한 불안을 가장 낮게, 두 변인 모두가 낮은 경우에 가장

높은 불안수준을 경험하는 것으로 해석할 수 있다.

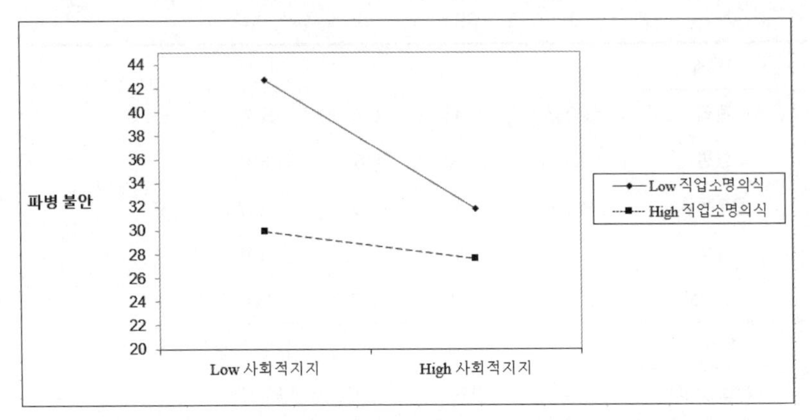

〈그림 1〉 파병 불안에 대한 직업소명의식과 지각된 사회적 지지의 상호작용효과

시사점과 앞으로의 과제

본 연구의 목적은 해외파병 군인들의 파병에 대한 스트레스 취약요소인 파병 불안을 완화시키는 보호요인으로 직업소명의식과 사회적 지지의 효과를 확인하는 것에 있다. 파병과 관련하여 이루어진 이전 연구들에서 관심을 가졌던 파병 후 보고되는 증상 중심의 연구에서 나아가 파병 전 군인들이 경험하는 불안감을 호전시킬 수 있는 요인을 확인하고 그들의 심리적 건강의 유지와 조직의 효과성 향상시키는 것이 본 연구의 핵심 목적이라 할 수 있다. 따라서 본 연구에서는 해군 파병군인들을 대상으로 그들의 심리적 건강에 부정적 영향을 끼치는 핵심변인으로 불안을 설정하고, 국내·외 군 정신건강 및 직업적 영역에서의 심리적 부적응과 관련된 선행연구를 바탕으로 직업소명의식과 사회적 지지를 보호요인으로 선정하여 주 효과를 검증하였으며, 또한 직업소명의식과 사회적 지지의 상호작용효과를 검증함

으로써 두 변인의 상호작용효과가 파병 불안에 미치는 효과를 확인하고자 하였다.

그 결과, 먼저 직업소명의식은 파병 불안을 줄이는 보호요인으로써의 효과를 확인하였다. 이는 높은 직업소명의식을 가진 개인은 파병에 대한 낮은 수준의 불안을 가지는 것으로 해석할 수 있다. 이 결과는 소명의식이 심리적 건강에 부정적 영향을 줄 수 있는 요인으로부터 보호요인으로 작용할 수 있다는 군 조직을 대상으로 진행한 연구들의 결과와 일치하는 결과로 해석할 수 있다.

다음으로 파병 군인들이 지각하는 사회적 지지가 파병 불안을 효과적으로 낮출 수 있는 효과를 확인하였다. 이를 통해 사회적 지지를 높게 지각하는 개인은 파병 불안으로부터 개인의 심리적 건강을 보호하는 것으로 해석할 수 있다. 이러한 결과는 군인이 지각하는 사회적 지지가 심리적 부적응원의 보호요인으로 작용할 수 있다는 이전의 여러 연구들과 맥락을 같이 하는 결과라 할 수 있다. 또한 직업적 영역에서 심리적 부적응에 영향을 미치는 개인 내·외적 심리적 자원이 상호작용할 수 있다는 선행연구에 기반하여 파병 불안에 대한 직업소명의식과 사회적 지지의 상호작용효과를 검증하였다. 그 결과, 기존 이론과 같이 직업소명의식과 사회적 지지가 모두 높은 경우 파병에 대한 불안을 가장 낮게 지각하였으며, 두 심리적 자원이 모두 낮을 경우 파병에 대한 불안을 가장 높게 보고하였다.

본 연구는 파병환경에서의 경험으로 인해 겪을 수 있는 개인의 심리적 부적응을 사전에 방지할 수 있는 요인으로 직업소명의식과 사회적 지지의 역할에 대해서 살펴보았으며, 파병 군인을 선발하고 그들의 심리적 건강을 유지하는 맥락에서 다음과 같은 실무적 함의점을 지닌다. 첫째, 파병 군인의 군 생활에 대한 소명의식이 그들의 파병에 대한 불안을 유의미하게 줄이는 것으로 나타났다. 이러한 결과는 파병 군인을 선발하는 과정에서 직업소명의식의 정도를 반영하는 것의 필요성을 시사한다. 충분히 높은 수준의 직업

소명의식을 지각하는 군인을 선발하여 파병에 대한 불안감이 상대적으로 낮은 파병부대를 형성함으로써 파병 중 심리적 부적응으로 인해 발생할 수 있는 인적 위험요소를 완화시킬 수 있을 것이다. 또한 선행연구를 통해 불안수준이 높은 군인이 전투 수행 중 과도한 신체적 각성을 느끼고, 전투상황을 회피하는 모습을 보이는 등 전투의 승패와 직결될 수 있는 부적응적 행동을 보이는 것으로 미루어 볼 때, 소명의식이 높고 불안 수준이 낮은 전투원을 사전에 선발하는 것은 낯선 지역에서 국내 선박들을 해적으로부터 보호하고 최적의 전투력을 발휘할 수 있는 정예 전투부대를 형성하는데 도움을 줄 것으로 기대할 수 있다.

둘째, 소명의식이 낮은 개인이라 할지라도 가족, 동료, 사회 등의 사회적 지지원으로 부터 제공되는 양질의 사회적 지지는 그들의 불안수준을 완화시킬 수 있음을 확인하였다. 이는 파병 군인 중 상대적으로 소명의식이 낮고 불안수준이 높은 군인들을 관리하는데 있어 그들의 가족이나 동료, 국가로부터 충분한 사회적 지지를 지각할 수 있는 환경을 조성함으로써 파병 중 경험하는 심리적 부적응에 대한 취약점을 호전시킬 수 있는 실무적 함의점을 지닌다. 특히 청해부대 장병들이 파병 지역에서 근무하기 전 가족이나 동료 등 그들에게 중요한 사회적 지지원으로부터 충분한 성원을 받을 수 있는 문화를 정착시킴으로써 파병 전 불안 수준을 낮추고 보다 적응적인 생활을 유지하게 할 수 있을 것이다.

마지막으로, 본 연구 이후에 진행될 연구를 위한 제언은 다음과 같다. 무엇보다도 본 연구는 청해부대 21진에 속하여 파병을 간 인원들만을 대상으로 연구를 진행하였기 때문에 모든 파병 군을 대상으로 결과를 일반화하는 것에는 한계를 지닌다. 따라서 파병 군인의 정신건강에 대한 지속적인 관심을 바탕으로 보다 다양한 대상을 통해서 후속연구가 진행될 필요성이 있다. 또한 동일방법 편의로 인한 문제가 발생하지는 않았으나, 후속 연구들에서는 파병에 대한 불안의 측정을 심리적 요인과 더불어 물리적, 신체적 방법

등의 다양한 방법을 활용하여 더 객관적인 자료를 확보하는 것이 필요할 것으로 사료된다.

참고문헌

강성록, 김세훈, 이현엽(2014), 〈베트남전 참전 제대군인의 외상 후 스트레스 장애 증상에 대한 예측 변인〉, ≪Korean Journal of Clinical Psychology≫ 33, 35~50, 한국임상심리학회.

김희연, 채규만(2010), 〈심리도식, 가족응집성-적응성, 스트레스 취약성과 자살생각의 관련성〉, ≪인지행동치료≫ 10, 39~55, 한국인지행동치료학회.

설정훈, 박수현(2015), 〈해군 장병의 스트레스와 인지적 정서조절전략이 정신건강 문제에 미치는 영향: 지각된 사회적지지의 조절된 매개효과〉, ≪Korean Journal of Clinical Psychology≫ 34, 553~578, 한국임상심리학회.

심예린, 유성경(2012), 〈한국판 소명 척도(CVQ-K) 타당화〉, ≪한국심리학회지: 상담 및 신리치료≫ 24, 847~872, 한국상담심리학회.

어유경, 정안숙, 박수현(2015), 〈여자 대학생의 일상 스트레스가 정신건강에 미치는 영향〉, ≪한국심리학회지: 여성≫ 20, 571~589, 한국여성심리학회.

우정희(2012), 〈해외파병군인의 외상후 스트레스장애(PTSD)에 관한 연구〉, ≪한국테러학회보≫ 5, 72~103, 한국테러학회.

유치성, 박인조, 손영우(2016), 〈군 간부들의 학습된 무력감, 우울, 조직몰입 및 직무열의의 관계: 우울의 매개효과 및 소명감의 조절효과를 중심으로〉, ≪한국심리학회지: 문화 및 사회문제≫ 22, 431~453, 한국문화및사회문제심리학회.

이경은, 하은혜(2011), 〈청소년 사회불안에 대한 취약성-스트레스 모델: 대인불안과 수행불안을 중심으로〉, ≪인지행동치료≫ 11, 39~57, 한국인지행동치료학회.

이기은(2006), 〈연구원의 경력몰입과 직무태도간의 관계에서 개인특성과 사회적 지원의 조절효과 검증〉, ≪대한경영학회지≫ 19, 1419~1440, 대한경영학회.

이주희, 김정규(2015), 〈자기존중감 및 통제소재가 병사의 군 적응에 미치는 영향: 사회적 지지와 스트레스 대처 방식의 매개 효과〉, ≪한국심리학회지: 문화 및 사회문제≫ 21, 299~315, 한국문화및사회문제심리학회.

이지영(2007), 〈해외 파병 부대원의 스트레스 유형이 반응에 미치는 영향에 관한 연구〉, ≪연세대학교 석사학위논문≫, 연세대학교.
임정인, 손영우(2016), 〈군 초급간부의 관계갈등이 이직의도에 미치는 영향: 방어적 침묵과 소명의식의 조절된 매개효과〉, ≪인적자원관리연구≫ 23, 303~321, 한국인적자원관리학회.
장재현, 이기학(2013), 〈외상경험에 의한 심리적 어려움과 회복요인에 대한 개념도 연구: 천안함 피격사건 생존장병을 중심으로〉, ≪상담학연구≫ 14, 1145~1164, 한국상담학회.
정효현(2003), 〈아프가니스탄 파병 한국군의 파견 명분 인식과 스트레스 반응과의 상관성 연구 - 동의부대 제3진·다산부대 제1진을 중심으로〉, ≪한국정책과학학회보≫ 7, 99~126, 한국정책과학학회.
하유진, 최예은, 은혜영, 손영우(2014), 〈한국판 다차원적 소명척도 (MCM-K)의 타당화 연구〉, ≪한국심리학회지: 산업 및 조직≫ 27, 191~220, 한국산업및조직심리학회.
한덕웅, 전겸구, 이장호(1997), 〈한국판 STAXI 척도 개발: 분노와 혈압〉, ≪한국심리학회지: 건강≫ 2, 60~78, 한국건강심리학회.
한인영, 이지영, 구승신(2009), 〈군 병사들이 복무 중 경험한 외상적 사건과 PTSD 증상, 우울 및 사회적지지의 관계〉, ≪한국군사회복지학≫ 2, 25~51, 한국군사회복지학회.
한태근, 정윤수(2009), 〈PKO 활동과 전장 스트레스관리에 관한 연구-외상 후 스트레스장애(PTSD)를 중심으로〉, ≪한국정책학회 하계학술발표논문집≫ 2009, 35~62, 한국정책학회.
홍규덕(2008), 〈북한의 핵 모호성 유지에 따른 우리의 대응전략〉, ≪전략연구≫ 15, 180~220, 한국전략문제연구소.
Aiken, L. S., West, S. G., & Reno, R. R. (1991). *Multiple regression: Testing and interpreting interactions*. New York: Sage.
Beehr, T. A., Bowling, N. A., & Bennett, M. M. (2010). Occupational stress and failures of social support: When helping hurts. *Journal of Occupational Health Psychology* 15(1), 45~59.
Brewin, C. R., Andrews, B., & Valentine, J. D. (2000). Meta-analysis of risk factors for posttraumatic stress disorder in trauma-exposed adults. *Journal of Consulting and Clinical Psychology* 68(5), 748~766.
Connor, K. M., Vaishnavi, S., Davidson, J. R., Sheehan, D. V., & Sheehan,

K. H. (2007). Perceived stress in anxiety disorders and the general population: A study of the Sheehan stress vulnerability scale. *Psychiatry Research* 151(3), 249~254.

Davidson, J. C., & Caddell, D. P. (1994). Religion and the meaning of work. *Journal for the Scientific Study of Religion* 33(2), 135~147.

Dik, B. J., & Duffy, R. D. (2009). Calling and vocation at work: Definitions and prospects for research and practice. *The Counseling Psychologist* 37(3), 424~450.

Dik, B. J., Eldridge, B. M., & Duffy, R. D. (2012). Development and validation of the calling and vocation questionnaire(CVQ) and brief calling scale(BCS). *Journal of Career Assessment* 20(3), 242~263.

Dik, B. J., Eldridge, R. D., & Steger, M. F. (2008, August). *Development of the Calling and Vocation Questionnaire (CVQ).* Paper presented at the annual convention of the American Psychological Association, Boston, MA.

Duffy, R. D., Allan, B. A., & Bott, E. M. (2012). Calling and life satisfaction among undergraduate students: Investigating mediators and moderators. *Journal of Happiness Studies* 13, 469~479.

Engel, G. L. (1978). Psychologic stress, vasodepressor (vasovagal) syncope, and sudden death. *Annuals of Internal Medicine* 89, 403~412.

Hagmaier, T., & Abele A. E. (2012). The multidimensionality of calling: Conceptualization, measurement and a bicultural perspective. *Journal of Vocational Behavior* 81(1), 39~51.

Holahan, C. J., & Moos, R. H. (1991). Life stressors, personal and social resources, and depression: A 4-year structural model. *Journal of Abnormal Psychology* 100(1), 31~38.

Mathews, A., & MacLeod, C. (1985). Selective processing of threat cues in anxiety states. *Behaviour Research and Therapy* 23(5), 563~569.

Peterson, C., Park, N., Hall, N., & Seligman, M. E. P. (2009). Zest and work. *Journal of Organizational Behavior* 30(2), 161~172.

Pietrzak, R. H., Johnson, D. C., Goldstein, M. B., Malley, J. C., & Southwick,

S. M. (2009). Psychological resilience and postdeployment social support protect against traumatic stress and depressive symptoms in soldiers returning from Operations Enduring Freedom and Iraqi Freedom. *Depression and Anxiety* 26(8), 745~751.

Sippel, L., Pietrzak, R., Charney, D., Mayes, L., & Southwick, S. (2015). How does social support enhance resilience in the trauma-exposed individual? *Ecology and Society* 20(4), 136~145.

Spielberger, C. D., Gorsuch, R. L., & Lushene, R. E. (1970). *Manual for the state-trait anxiety inventory (Self-Evaluation Questionnaire)*. Palo Alto, CA: Consulting Psychologists Press.

Steger, M. F., Pickering, N. K., Shin, J. Y., & Dik, B. J. (2010). Calling in work: Secular or sacred? *Journal of Career Assessment* 18(1), 82~96.

Viswesvaran, C., Sanchez, J. I., & Fisher, J. (1999). The role of social support in the process of work stress: A meta-analysis. *Journal of Vocational Behavior* 54(2), 314~334.

Wrzesniewski, A., McCauley, C., Rozin, P., & Schwartz, B. (1997). Jobs, careers, and callings: People's relations to their work. *Journal of Research in Personality* 31(1), 21~33.

Zimet, G. D., Dahlem, N. W., Zimet, S. G., & Farley, G. K. (1988). The multidimensional scale of perceived social support. *Journal of Personality Assessment* 52(1), 30~41.

제16장

파병군인, 외상 후 스트레스 장애를 넘어 외상 후 성장으로

트라우마 경험으로서 파병

해외파병이란 한 국가의 군사력을 다른 국가의 주권이 미치는 영역에 보내는 것을 말한다. 오늘날 세계 평화 유지, 국제적인 질병과 재난의 인도적 지원, 테러 위협 방지 등 국가 간 다양한 이해관계 속에서 파병부대의 중요성이 점차 높아지고 있으며, 대한민국도 국민의 보호와 해적 퇴치를 위해 소말리아, 레바논 지역에 5천명 이상의 평화 유지요원을 파병하고 있다.

대한민국은 2008년 유엔 안전보장이사회(UN Security Council)의 결의를 통해 18개국으로 구성된 CTF(Combined Task Forces) 151에 배속되었으며, 2009년부터 소말리아 해적들로부터 민간 선박들을 보호하기 위한 해군 구축함 부대(이하 "청해부대")를 파병하고 있다. 청해부대는 2020년 현재까지 30척의 구축함을 파견하고 10,000명 이상의 군인을 작전에 투입하였으며, 총 22,400척의 민간 선박을 보호하고, 약 21번 이상의 대(對)해적 작전을 수행하였다. 소말리아 지역 해적의 발생건수가 전 세계

해적 발생건수의 절반이 넘고, 대한민국 국적의 선박이 연간 400회 이상 이 지역을 운항한다는 점에서, 청해부대 파병의 중요성은 더욱 커질 것으로 판단된다.

청해부대가 현재까지 수행한 대해적 작전을 살펴보면, 가장 대표적으로 2011년 "아덴만 여명작전"을 통해 해적으로부터 납치된 삼호주얼리호를 구출하였다. 이 과정에서 살상무기로 강력하게 저항하는 해적을 제압하기 위해 함포공격을 실시하고 UDT/SEAL 특수부대원을 헬기로 투입하였으며, 선원 21명을 모두 구출하고 17명의 해적 중 8명을 사살, 5명을 생포하였다. 또한 2009년에는 납치된 바하마 국적 선박을 구조하기 위해 기관총을 이용하여 사격하고, 해적선에 직접 승선하여 해적을 제압하였으며, 2012년에는 소말리아 해적에 582일 동안 피랍된 제미니호 한국인 선원을 성공적으로 구출하였다. 최근에는 가나 해역에서 납치된 우리나라 선원 3명을 구출하기 위해 해적들에게 무력을 사용한 대해적 작전을 수행하여 전원 구출에 성공하였다. 이처럼 청해부대는 해적과의 무력 교전을 포함하여 해적 제압을 위한 특수한 임무를 수행하고 있다.

이처럼 적과 대치하는 특수한 환경에서 임무를 수행하는 파병 군인은 극심한 스트레스를 경험할 가능성이 높은 것으로 보고되기 때문에 그들의 심리적 건강에 대한 연구의 필요성이 꾸준히 제기되고 있다. 특히 청해부대원은 6개월 이상의 작전기간 동안 물품적재와 장비정비를 위해 항구에서 정박하는 짧은 기간 외에는 대부분을 바다 위에서 보내야 한다. 또한 소말리아의 높은 기온과 척박한 해상상태 등의 열악한 자연환경뿐만 아니라, 개인공간이 협소하고 임무 외에 다른 여가활동 수단이 부족한 전투함정이라는 특수한 생활환경에서 대부분을 지내야하기 때문에 스트레스에 취약한 집단이다.

현재 청해부대원의 정신건강을 관리하기 위해 부대장 주관 스트레스 조사 및 개인 건강 상담을 실시하고 있기는 하나, 스트레스 위험 집단이나 외상경험 집단에 대한 전문적인 관리와 조치가 미흡한 수준이다. 또한 100만 명 이상의 참전 군인이 존재하는 미국의 경우 파병 부대에 정신건강 전문가를 파견하는 등 예방적 조치를 취하고 있으나, 대한민국의 경우 파병 당시와 파병 이후 경험하는 군인의 정신건강에 대한 관리가 미흡하여 외상 후 스트레스 장애를 포함한 심리적 부적응을 호소하는 것으로 나타났다(우정희, 2012).

현재까지 파병 군인에 대한 연구는 이라크 및 아프가니스탄 전쟁을 겪은 미국 군인을 중심으로 진행되어왔고, 동양 문화권 및 대한민국 파병 군인에 대한 연구는 상대적으로 부족한 상황이다. 또한 군 복무 중 심리장애 유병률에 있어 문화적 차이가 존재하고, 고통을 호소하고 대처하는 방식에도 인종과 문화차이가 있다는 점에서, 서구 문화권 중심으로 이루어진 참전 군인들의 정신건강 관련 결과를 대한민국 현실에 그대로 적용하는 것에는 많은 주의를 필요로 한다. 이러한 배경에서 대한민국 군인이 파병 이후 보고하는 심리적 증상과 이에 영향을 미치는 보호요인을 살펴볼 수 있다면 대한민국 파병 군인의 선발에서부터 파병 중 부대관리, 파병 이후 심리적 어려움을 개선하는 것에 도움을 줄 수 있을 것이다. 이를 위해 본 연구에서는 청해부대의 파병 전, 임무 중, 파병 종료 후 세 차례에 걸쳐 그들이 경험하는 외상 후 스트레스 장애 및 외상 후 성장 수준과 이를 예측할 수 있는 심리적 변인에 대하여 확인하였다.

외상 후 스트레스 장애(post-traumatic stress disorder)

파병 군인에게 발생하는 대표적인 심리적 부적응 증상은 외상 후 스트레스 장애(Post-traumatic Stress Disorder; PTSD)이다. PTSD는 전쟁이나 전투, 인명피해와 같이 개인의 삶에 위협을 주는 사건을 직접 경험하거나, 타인의 죽음을 목격한 경우, 위와 같은 사건을 일차적으로 대응한 경우 등 외상사건을 경험한 이후 부정적인 증상을 나타내는 것이며, 대표적인 증상으로는 외상경험과 관련한 자극 회피, 고통스러운 외상 사건의 재경험, 과각성 등이 있다.

파병 군인의 PTSD를 다룬 선행연구에서 파병을 겪은 군인은 파병에 노출되지 않은 군인에 비해 높은 PTSD 유병률을 나타내었으며, 이들 중 많은 수가 정신과 치료를 받거나 받기를 원하는 것으로 나타났다. 또한 베트남전과 이라크전에 참전한 군인들을 대상으로 실시한 리차드슨, 프루와 아시에르노(Richardson, Frueh, & Acierno, 2010)의 연구에서도 PTSD 유병률이 17%로 높게 나타났으며, 대다수의 군인이 PTSD 증상으로 치료를 받았다. 특히 PTSD 증상이 심한 군인의 경우 우울증, 불안과 같은 정서적 문제에서부터 공격적 행동, 알코올장애, 약물남용 등 행동 문제까지 전반적인 심리적 부적응과 신체기능의 악화로 인해 군 생활 적응에 어려움을 겪는다.

대한민국 파병 군인에 대한 연구 결과를 살펴보면, 파병 중 전투지역에 노출될 경우 파병 전보다 스트레스 수치가 높게 나타났다. 또한 과거 베트남전 참전 군인의 PTSD에 대한 연구에서 제대 군인 400명 중 163명(약 40%)이 PTSD 준거점수 이상의 수준을 보였고, 전투 경험에 노출된 제대 군인이 노년기에 PTSD와 관련된 다양한 부정적인 신체적, 정신적 증상을 경험한다고 보고된다. 이처럼 국가를 막론하고 파병지역에서 직접적으로 적과 대치하며 근무하는 군인 중 상당수가 외상경험으로 인한 PTSD 증상을 보이는 것으로 나타났는데, 이는 임무 중 부대 전투력에 부정적 영향을 주고 생명을 다루는 임무의 실패를 야기할 수 있다. 또한 파병 이후에는 군인의 부대 적응에 부정적인 영향을 주며, 높은 이직률을 발생시키고, 제대 후에는 전반적인 삶의 질에 부정적인 영향을 주는 것으로 나타났다.

외상 후 성장(post-traumatic growth)

한편, 군인을 포함한 성폭력 피해자, 재난 피해자 등을 대상으로 진행된 외상경험과 그로 인한 심리적 적응에 대한 연구에서 모든 외상경험이 PTSD와 같은 심리적 부적응으로만 이어지는 것은 아니며, 외상경험을 통해서 개인의 내면적인 성장을 도모할 수 있다는 가능성이 제기되고 있다.

예컨대, 죽음의 위협과 같은 외상경험을 직접적 혹은 간접적으로 경험한 사람들 중 외상경험을 성공적으로 극복한 사람들의 경우, 이전에 비해 높은 자존감과 대처기술의 향상, 대인관계의 호전과 같은 긍정적인 심리적 성장을 보고하였다. 이와 같이 외상경험 이후 개인이 경험하는 심리적 성장에 대하여 다양한 용어를 통해 설명하려는 시도가 이루어지고 있는데, 그 중 대표적인 예시가 외상 후 성장(Post-Traumatic Growth; PTG)이다.

PTG란 외상 사건을 경험한 후에 주관적으로 지각하게 되는 긍정적인 심리적 변화로, PTG를 경험한 사람은 긍정적인 자기 지각 및 대인관계의 변화, 가능성의 발견, 영적 변화 등을 경험한다고 보고한다. 특히 외상을 경험한 사람이 외상경험의 부정적인 측면을 극복할 수 있는 의미를 발견한 경우, 정신건강 및 심리적 안녕감에 긍정적인 영향을 미치는 것으로 보고되고 있다. 이렇듯 외상 후 성장을 통한 변화란 외상 사건 이전 수준을 초월한 심리적 기능의 성장을 의미한다고 할 수 있다. 따라서 파병 군인의 외상 후 성장에 영향을 미치는 경로에 대해 확인할 수 있다면, 외상 후 스트레스 장애 증상의 이해를 넘어 군인들의 심리적 안녕감의 증진을 위한 이해와 개입에 도움을 줄 수 있을 것이다.

의미창출이론(meaning-making theory)과 삶의 의미

PTG에 관한 선행연구에 따르면, 삶에 위협을 주는 스트레스 사건을 경험한 이후 그 사건이 주는 의미를 긍정적으로 해석하는 것이 외상 후 성장을 이룰 수 있는 핵심 기제임이 밝혀졌다. 외상사건을 경험한 군인은 자신이 가지고 있던 신념체계가 흔들리게 되어 디스트레스(distress)를 느끼기 된다. 하지만 자신의 내적 자원을 통해 디스트레스에 대처하여, 외상경험이 주는 의미를 적응적으로 받아들인다면 심리적인 성장을 이룰 수 있다. 특히, 외상경험 속에서 삶의 의미(meaning in life)를 발견하고 추구하는 것은 개인의 심리적 성장을 이끌 수 있는 핵심적인 요인이다.

삶의 의미가 있는 사람들은 자신의 삶에 분명한 목적과 의미가 있다고 믿으며, 적극적으로 의미를 추구하기 위해 노력한다. 스테거 외(Steger et al. 2006)에 따르면, 삶의 의미는 의미추구와 의미존재로 두 축으로 구성되어 있다. 의미존재(presence of meaning)란 개인이 자신의 삶이 의미가 있다고 생각하는 주관직인 평가이며, 의미추구(searching for meaning)는 개인이 자신의 삶에서 의미를 찾으려고 노력하는 경향을 의미한다고 할 수 있다.

삶의 의미를 다루는 많은 연구들에서는 삶의 의미를 보존하고, 추구하는 것이 개인의 성장, 웰빙, 심리적 강점 등을 형성하는데 중요한 역할을 하는 것으로 보고하고 있다. 또한 외상경험을 마주하였을 경우 대처 과정에서 삶의 의미의 중요성에 대해서도 여러 연구들이 이어져 왔고, 심리적 어려움을 극복하며 외상 후 성장을 도모하는 메커니즘과 밀접한 관련이 있는 것으로 나타났다. 일반인들을 대상으로 한 연구뿐만 아니라 전쟁, 테러 등과 같은 전투관련 외상경험을 겪은 군인들에게 삶의 의미가 갖는 긍정적 효과를 확인한 연구들이 존재하는데, 미 공군을 대상으로 실시한 브라이언 외(Bryan et al. 2013)의 연구에서는 삶의 의미가 부정적 스트레스, 자살 충동 등의 부정적 변인과 유의미한 부적상관관계를 나타내었으며, 미군을 대상으로 실시한 브레이든 외(Braden et al. 2017)의 연구에서는 삶의 의미가 우울증과 같은 정서적 어려움을 유의미하게 보호하는 것으로 나타났다. 또한 오웬스 외(Owens et al. 2009)에서는 한국전쟁, 베트남전, 걸프전, 이라크 전쟁을 겪은 참전 군인의 우울증과 PTSD의 관계에서 삶의 의미가 유의미한 조절효과를 나타내어, PTSD 증상을 호전시키는 것으로 보고되었고, 그 외에도 삶의 의미를 포함한 적응적인 의미창출(meaning-making)이 전투에 참여한 군인의 PTG를 유의미하게 예측한다는 연구들이 수행되었다.

박(Park, 2010)의 의미창출이론(meaning-making theory)은 외상경험이나 스트레스 사건 이후 개인의 심리적 적응을 설명하는 모델이며, 외상경험에 대한 의미창출(meaning-making)을 성공할 경우 삶의 의미를 보존하고 심리적 어려움을 극복하지만, 실패할 경우 심리적 부적응을 지속적으로 경험하는 것으로 나타났다. 이 모델에 따르면, 삶의 의미는 개인의 신념과 목표로 이루어진 전반적 의미(global meaning)와 스트레스 사건을 맞닥뜨릴 때 발생하는 상황적 의미(situational meaning)로 구성되어 있다. 스트레스 유발 사건을 경험한 군인은 기존에 가지고 있는 전반적 의미와 사건 순간에 지각하는 상황적 의미 사이의 불일치 정도를 지각하게 된다. 두 의미의 불일치 정도가 상대적으로 작을 경우에는 상황에 효과적으로 적응하는 반면, 불일치 정도가 클 경우에는 의미창출 과정을 통하여 기존 경험의 의미를 재구성한다. 특히 개인이 외상 사건을 경험을 하더라도, 외상경험을 재해석하여 성공적인 의미창출(meaning-making)을 실시하였는지의 여부가 외상 이후 나타나는 심리적 결과를 결정한다.

또한 라너와 블로우(Larner & Blow, 2011)는 박(2010)의 모델을 근거로 전투 군인(combat veteran)의 외상경험으로부터 PTSD가 발생하거나 PTG가 실현되는 경로를 meaning-making coping의 관점으로 설명하였다. 위 모델에 따르면 파병에 투입된 군인들이 전투와 같은 외상 사건들을 적응적으로 meaning-making을 했는지의 여부에 따라 PTSD의 발생과 PTG의 경로가 달라진다. 특히 종단적 관점(longitudinal view)에서 파병 이전(pre-deployment) 형성하였던 global meaning을 토대로 외상

경험에 대해 긍정적으로 재해석했을 때, 파병 이후(post-deployment) PTG를 이룰 수 있다는 이론적 모델을 제시하였다. 본 연구에서는 의미창출이론을 바탕으로 외상경험 이후 삶의 의미를 보존하고 의미창출을 촉진시키는 핵심자원으로서 소명의식(calling)을 선정하였다.

의미창출이론과 소명의식의 적응적 역할

소명의식이란 개인이 자신이 하고 있는 일을 통해서 개인적인 충만감을 느끼거나 사회적으로 의미 있는 헌신을 하도록 이끄는 목적의식이다. 일을 소명으로 바라보는 사람은 경제적 수입이나 성과와 같은 물질적 만족보다 일을 하는 과정에서 느끼는 성취감과 의미를 중요하게 여기며, 일을 통해 자신의 정체성을 확립해 나간다고 보고된다. 또한 딕 외(Dik et al. 2012)는 소명이란 한사람의 인생에서 일이 가지는 의미를 총체적으로 이해할 수 있게 하는 핵심요소로, 초월적 부름이나 스스로의 성찰을 통해 일과 관련한 자신의 의무와 역할을 깨닫고, 자신의 일을 통해 삶의 목적을 이루어나가는 동시에 사회에 기여하고자 하는 공공선을 인식하고 실천하는 것을 의미한다고 보고한다.

소명의식은 자신의 업무에서 느끼는 부정적 영향을 감소시킬 수 있는 보호요인으로 연구가 진행되었다. 하그마이어와 아벨레(Hagmaier & Abele, 2012)는 소명의식이 직무에서 느끼는 소진(burnout)과 유의미한 부적 상관관계가 있다고 보고하였다. 또한 브제스니에브스키 외(Wrzesniewski et al. 1997)에 따르면 소명의식이 높은 사람일수록 우울 및 직무 스트레스를 낮게 보고하였으며, 스트레스 환경에서도 자신의 상황 및 문제해결방안을 더 명확하게 지각한다. 또한 군인의 소명은 그들이 복무 중에 지각하는 불안 증상을 유의미하게 낮추었으며, 군대 안에서 지각하는 부정적 정서를 극복할 수 있는 기제로 나타났다. 이처럼 소명의식은 자신의 직업에서 느끼는 스트레스와 밀접한 관련이 있는 개념으로, 스트레스의 부정적 영향을 완충하는 보호요인으로 작용함을 알 수 있다. 본 연구에서는 이와 같은 이론적 배경을 바탕으로 소명의식이 파병 이후 군인들이 보고하는 부정적인 심리적 증상인 PTSD의 보호요인으로 작용할 것이라 가정하였다.

뿐만 아니라 소명의식은 직무만족, 직업 정체성과 같은 직무관련 변인을 포함하여, 삶의 의미나 만족과 같은 삶 변인과도 긍정적인 관계를 맺고 있다고 보고되고 있으며, 개인이 하고 있는 일을 소명으로 여길수록 적응적으로 일을 수행하고, 직업과 삶에서 높은 만족도를 나타냈다. 특히, 소명을 지닌 사람은 직업적 활동에서 높은 정체성과 효능감을 바탕으로, 높은 일의 의미와 삶의 의미를 보이는 것으로 나타났다. 이처럼 소명의식은 삶의 의미와 삶의 만족, 주관적 안녕감(well-being) 등의 삶 관련 변인들과의 높은 정적 관계를 나타내고 있다. 본 연구에서는 위와 같은 선행연구를 바탕으로 소명의식이 외상 후 성장에 미치는 영향력에 주목하였다.

의미 창출 이론에 근거하여 개인의 직업소명의식을 구체적으로 살펴보면, 소명의식을 구성하는 목적/의미, 친사회적 지향 요인은 각각 전반적 의미를 구성하는 신념(belief), 목표(goal)와 밀접한 관련이 있다. 직업소명의식을 구성하는 요인 중 목적/의미 요인은 직업에서의 경험이 삶의 목적과 의미를 실현해 준다고 믿는 다는 점에서 신념 요인과 관련이 있다. 또한 친사회적 동기 요인은 사회 공익에 기여하고 있다는 인식을 의미한다는 점에서 목표 요인과 관련이 있다. 이처럼 직업소명의식이 직업에 대한 개인의 신념뿐만 아니라, 사회 전반적인 영역에 긍정적 영향력을 끼치는 목표와 관련된 요인인 만큼 전반적 의미 개념과 밀접한 관련이 있다고 볼 수 있다. 따라서 소명의식을 통한 직업 활동에 대한 인식은 개인이 지각하는 스트레스 경험에 대한 meaning-making 과정에서 해당 사건을 긍정적인 방향으로 재해석 할 수 있는 인지적 자원으로 작용할 수 있다.

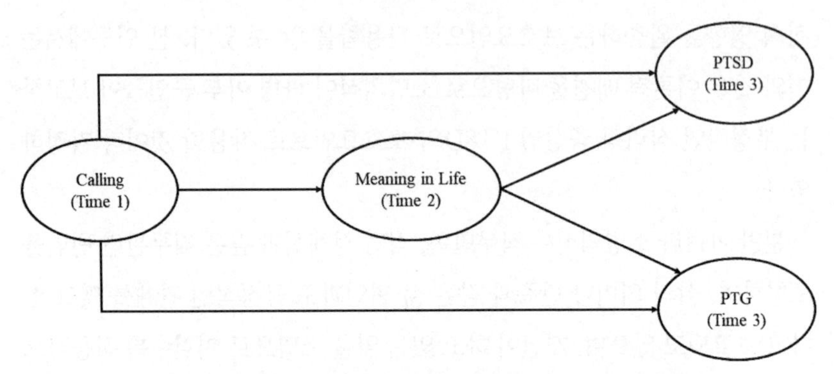

〈그림 1〉 소명의식, 삶의 의미, 외상 후 스트레스 증상과 성장의 관계

선행연구들을 바탕으로 본 연구에서는 소명의식이 파병 군인들의 삶의 의미를 보존하고 의미의 재구성 과정을 촉진하는 인지적 기제로서 작용하며, 결과적으로 파병 후 보고하는 PTSD 및 PTG를 유의미하게 예측할 것을 가정하였다. 앞선 내용을 종합하여, 소명의식과 삶의 의미, PTSD, PTG의 관계를 〈그림 1〉로 나타내었고, 아래와 같이 두 가지 경로를 가설로 설정하였다.

(1) 전체 모형에서 파병 전 소명의식이 파병 이후 PTSD와 PTG에 미치는 직접경로가 유의미할 것이며, PTSD에는 부적 영향을(1a), PTG에는 정적 영향을 줄 것이다(1b).

(2) 소명의식은 또한 파병 임무 중 삶의 의미에 유의미한 영향을 주며, 삶의 의미를 통해 파병 이후 PTSD(2-a)와 PTG(2-b)에 간접적인 영향을 줄 것이다.

설문 연구의 방법과 결과

연구의 대상

본 연구를 위해 대한민국 청해부대 00진 242명을 대상으로 총 8개월에 걸쳐 세 차례 설문조사를 실시하였다. 먼저, 파병 임무수행 전(Time 1; T1)에 연구자가 해당 부대에 방문하여 설문조사를 실시하였고, Time 1로부터 4개월이 지난 임무 수행 중(Time 2; T2)에 해당 부대 설문 담당 장교가 연구자와 연락 후 설문을 실시하였다. 마지막으로 Time 2시점부터 4개월이 지난 파병종료 후 한국에 복귀했을 때(Time 3; T3) 연구자가 재방문하여 설문조사를 실시하였다.

T1에 응답한 참가자는 242명, T2에 응답한 참가자는 207명, T3에 응답한 참가자는 103명이었으며, T1부터 T3까지 모두 응답하고 식별부호가 일치한 참가자는 103명(drop rate : 42%)으로, 총 103명의 자료를 최종 분석에 사용하였다. 참가자들은 T1에 성별, 나이, 계급, 이전 파병 경험 등의 인구통계학적 조사와 예측변인인 소명의식 측정에 응답하였고, T2에 매개변인인 삶의 의미 설문에 응답하였으며, T3에 외상 후 스트레스 증상과 외상 후 성장 설문에 응답하였다.

모든 설문조사 전, 연구 참여자를 대상으로 본 연구가 대학기관 IRB 승인받은 연구이며, 대한민국 국방부 및 해군본부로부터 허가받은 연구임을 설명하였다. 또한 파병 군인들로 하여금 연구 참여에 거부하고, 임무수행에 부담이 될 경우 설문을 중단할 권리가 있음을 밝혔다. 설문에서 나타난 개인 정보는 통계법에 의거하여 비밀이 철저히 보장되고, 인사고과에 반영되지 않음을 상세히 설명하였다.

측정도구

본 연구에서는 설문지를 통해서 성별, 나이, 계급, 결혼 유무, 파병 경험 등의 인구통계학적 정보를 조사하였고, 주요 변인들의 측정을 위하여 T1에 한국판 소명 척도, T2에 삶의 의미 척도, T3에 한국판 사건충격 척도, 한국판 외상 후 성장 척도를 사용하였다. 설문 전 대한민국 국방부장관 및 해군 참모총장, 청해부대장의 승인을 받은 뒤 설문을 실시하였다.

소명의식 : 소명의식은 딕 외(Dik et al. 2012)가 개발한 CVQ(Calling and Vocation Questionnaire)을 바탕으로 심예린과 유성경(2012)에 의해 타당도가 검증된 한국판 소명 척도(CVQ-K)를 사용하였다. 한국판 소명 척도는 초월적 부름, 목적/의미, 친사회적 지향 등 3개의 하위요인으로 구성되어 있으며, 각 하위요인은 4문항씩으로 총 12문항으로 구성되어 있다. 본 연구에서는 원척도를 개발한 연구에서 제안한 것과 같이 1점(전혀 해당되지 않는다)에서 4점(전적으로 해당된다)의 Likert 4점 척도로 직업 소명의식을 측정하였다. 한국판 소명 척도에서는 점수가 높을수록 소명의식을 높게 지각하고 있다는 것을 의미한다. 심예린과 유성경(2012)의 연구에서 보고된 척도의 내적일치도(Cronbach's α)는 .85였으며, 본 연구에서는 .90으로 나타났다.

삶의 의미 : 삶의 의미 척도(Meaning in Life Questionnaire; MLQ)는 스테거 외(2006)에 의해 개발되었으며, 원두리, 김교헌과 권선중(2005)이 한국어 번안 및 타당화하였다. 삶의 의미 존재, 삶의 의미 추구 등 2개의 하위요인으로 구성되어 있으며, 총 10문항이다. 본 연구에서는 0점(전혀 아니다)에서 7점(매우 그렇다)의 Likert 8점 척도로 측정하였으며, 점수가 높을수록 군인의 삶의 의미가 높다는 것을 의미한다. 원두리, 김교헌과 권선

중(2005)의 타당화 연구에서 나타난 전체 내적일치도(Cronbach's α)는 .90이었으며, 본 연구에서는 .94으로 나타났다.

외상 후 스트레스 장애 증상 : 청해부대원이 경험하는 외상 후 스트레스의 수준을 측정하기 위하여 바이스와 마르마르(Weiss & Marmar, 1997)에 의해 개발된 사건충격 척도(Impact Event Scale; IES)를 은헌정 외(2005)가 한국어로 수정 및 번안 타당화한 IES-R-K를 사용하였다. 사건 충격 척도는 특수한 외상을 경험한 후 지각하는 충격의 정도를 설명하는 척도로 널리 알려져 있다. 위 척도는 과각성, 회피, 침습 등 3개의 하위요소로 이루어져있으며, 총 22문항으로 구성되어있다. 본 연구에서는 0점(전혀 아니다)에서 4점(매우 그렇다)의 Likert 5점 척도로 측정하였으며, 점수가 높을수록 군인이 지각하는 외상경험의 수준이 높음을 의미한다.

추가적으로 은헌정 외(2005)에서 제시한 PTSD 선별 절단점 24점, 부분 PTSD 증상 절단점은 17점을 기준으로 볼 때, 본 연구에서 부분 PTSD 증상을 충족시킨 연구 대상자는 49명(47%)이었다. Jo et al. (2018)의 연구에서 나타난 각 요인들의 내적일치도(Cronbach's α)는 .96, 본 연구에서 내적일치도 계수는 .98이었다.

외상 후 성장 : 청해부대원이 지각하는 파병 경험이후 긍정적인 변화를 측정하기 위하여 테데스키와 칼훈(Tedeschi & Calhoun, 1996)이 개발한 외상 후 성장 척도(Post-traumatic Growth Inventory; PTGI)를 송승훈 외(2009)가 한국어로 번안 및 타당화한 한국판 외상 후 성장 척도(K-PTGI)를 사용하였다. 위 척도는 자기 지각의 변화, 대인관계의 깊이 증가, 새로운 가능성의 발견, 영적 및 종교적 관심의 증가 등 4개의 하위요소로 이루어져있으며, 총 16문항으로 구성되어있다. 본 연구에서는 0점(전혀 아니다)에서 5점(매우 그렇다)의 Likert 5점 척도로 측정하였으며, 점수가

높을수록 파병 이후 긍정적 변화를 많이 경험한 것을 의미한다. 송승훈 외(2009)의 연구에서 나타난 각 요인들의 내적일치도(Cronbach's α)는 .94이었고, 본 연구에서 내적일치도 계수는 .97이었다.

설문 자료의 분석절차

수집된 자료의 분석과 확인적 요인분석(CFA), 구조방정식모형(SEM)을 검증하기 위해 SPSS 23.0과 Mplus 6.0 프로그램을 활용하였다. 마지막으로, 소명의식과 PTSD 그리고 PTG의 관계에서 삶의 의미의 매개효과를 살펴보기 위하여 구조방정식 모형(Structural Equation Model; SEM)을 검증하였다.

분석의 주요결과

소명의식과 삶의 의미, PTSD, PTG의 관계를 확인하기 위하여 구조방정식 모형을 검증하였다. 본 연구에서 설정한 두 가지 가설을 검증하기 위해 소명의식에서 PTSD 및 PTG에 이르는 직접 경로를 확인하였으며, 또한 소명의식이 파병 군인의 삶의 의미를 매개하여 PTSD와 PTG에 영향을 미치는 간접 경로도 함께 확인하였다.

구조모형을 검증한 결과, 전체 모형은 좋은 수준(good fit)으로 나타났다. 모형 적합도 지수는 $\chi2$ (47) = 72.919; CFI = .97; TLI = .97; SRMR = .07; RMSEA = .07로 나타났으며, 분석결과는 〈그림 2〉와 같다. 먼저 소명의식, 삶의 의미, PTSD와의 관계를 보면, 소명의식은 삶의 의미를 매개하여 PTSD에 유의미한 영향을 미쳤으며, 이는 완전 매개경로로 분석되었다(가설 2-a). 특히, 매개모형에서 소명의식이 PTSD에 미치는 직접 효과는 유의미하지 않게 분석되어 가설 1-a는 지지되지 않았다. 이러한 결과를 통해, 소명의식이 PTSD에 직접적인 영향을 주는 경로보다는 파병 중 삶의 의미를 높이고, 파병 이후 PTSD 증상의 수준을 낮추는 간접 경로의 효과가 유의미한 것으로 해석할 수 있다.

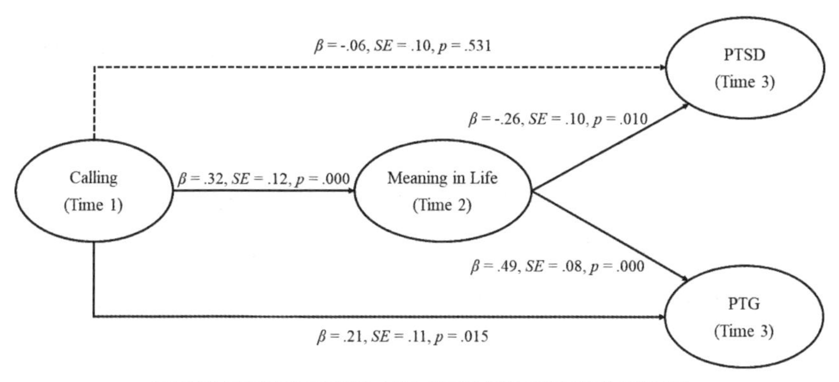

〈그림 2〉 구조방정식모형을 통해 살펴본 주요 변인 간의 영향관계

반면, 소명의식과 삶의 의미, PTG의 경로를 살펴보면, 삶의 의미가 소명의식과 PTG 관계를 부분 매개하였고(가설 2-b), PTSD와는 달리 소명의식이 PTG에 미치는 직접 경로가 계속해서 유의하게 나타났다(가설 2-a). 이러한 결과를 통해 소명의식이 파병 경험 이후 PTG에 직접적인 영향을 주는 유의미한 경로를 확인할 수 있었으며, 동시에 매개변인인 삶의 의미의 인지적 자원으로서 PTG에 간접적인 경로로 영향을 줄 수 있음을 의미한다.

시사점과 앞으로의 과제

본 연구의 목적은 대한민국 청해부대원의 소명의식과 PTSD, PTG와의 관계에서 삶의 의미의 매개효과를 검증하는 것이다. 특히 박(2010)의

meaning-making theory를 중심으로 global meaning을 구성하는 핵심기제로서 소명의식을 선정하였고, 소명의식을 바탕으로 스트레스 사건으로부터 삶의 의미를 보존하고 재창출하는 과정을 통해 PTSD를 경감시키고, PTG를 촉진시키는 연구모델을 이론적으로 검증하였다. 이를 위해 대한민국 해군 소말리아 파병부대원을 대상으로 파병 출발 전, 파병 임무 중, 파병 종료 후 세 차례에 걸쳐 설문조사를 실시하여 변수들 간의 인과관계를 명확하게 확인할 수 있는 가능성을 제시하였다. 이러한 접근은 파병지역에서 겪게 되는 특수한 외상경험으로부터 PTSD symptoms를 경감시키고, PTG를 촉진시킬 수 있는 소명의식과 삶의 의미의 역할을 확인하였다는 점에서 파병 군인 의 심리적 건강을 개선하는데 이론적, 실무적 도움을 줄 수 있을 것이다.

본 연구에서 설정한 연구모델을 검증한 결과, 소명의식과 PTSD 그리고 소명의식과 PTG의 관계에서 삶의 의미가 유의미한 매개효과를 나타내었다. 이러한 결과는 극심한 스트레스 사건인 외상경험 이후 개인의 성공적인 의미의 재구조화(restructuring)에 따라 외상 이후 심리적 결과가 다르게 발생할 수 있다는 meaning-making model을 지지하는 결과라 할 수 있으며, 특히 전투에 노출된 군인이 성공적으로 meaning-making을 할 경우 PTSD를 경감시키고, PTG를 실현시킬 수 있다는 연구와 일치하는 결과라 할 수 있다.

세부적으로 살펴보면, 우선 삶의 의미는 소명의식과 PTG의 관계를 부분매개하였고, 소명의식이 PTG에 미치는 주 효과가 여전히 모델에서 유의미하였다. 이러한 결과는 소명의식이 PTG를 실현시키는 핵심기제로서 작용할 수 있음을 의미한다. 특히 소명의식은 외상경험으로 인한 meaning-making 과정에서 global meaning을 형성하는 데 인지적인 자원으로 중요한 역할을 담당하는 동시에 PTG의 직접적인 촉진요인으로서 작용할 수 있다는 사실을 의미한다. 이러한 결과는 소명의식이 직무에서 경험하는 긍정적인 심리적 결과를 발생시키는 요인임을 밝힌 선행연구들과 같은 맥락이며, 심리적 어려움을 극복하고 개인적인 성장을 도모할 수 있다는 연구결과와 일치하는 결과라고 할 수 있다.

마지막으로 삶의 의미는 소명의식과 PTSD의 관계를 완전 매개하는 것으로 나타나 소명의식이 meaning-making을 촉진하는 인지적인 자원으로써 작용하여 PTSD symptoms를 보호할 수 있다는 것을 의미한다. 그러나 흥미로운 점은 최종 모형 검증에서 소명의식이 PTSD에 미치는 직접경로가 통계적으로 유의미하지 않은 것으로 나타났다는 점이다. 또한 본 연구의 상관분석에서 소명의식이 PTSD와 낮은 수준의 부적 상관이 있었지만, p 〈 .05 수준에서 유의미했다. 이러한 결과를 통해 볼 때, 소명의식이 PTSD에 대해 지니는 주 효과가 PTG에 미치는 주 효과에 비해 상대적으로 낮을 수 있음을 의미한다. 예를 들어, 한국 소방관들의 calling과 PTSD에 대한 연구에서는 burnout으로 인한 소방관의 PTSD의 수치가 오히려 calling이 높을수록 악화되는 결과가 나타났다. 이러한 결과는 calling이 특정 조건에서 오히려 PTSD를 높일 수 있는 가능성 또한 발생할 수 있으며, calling과 PTSD의 관계가 일관되지 않을 수 있음을 시사한다. 따라서 calling과 PTSD의 관계에 대한 추가적인 탐색이 필요하며, 두 변인 간에 존재할 수 있는 매개변인과 조절변인을 추가적으로 탐색할 필요가 있다. 이를 통해 calling과 PTSD의 관계에 대한 보다 깊은 이해가 가능할 것으로 생각한다.

본 장에서는 파병이라는 전장 외상경험으로 인한 개인의 심리적 부적응을 사전에 방지하고 심리적 성장을 촉진할 수 있는 요인으로 소명의식의 역할에 대해서 살펴보았다. 이는 파병 군인을 선발하는 과정에서부터 파병에서의 임무수행, 파병 후 외상 후 성장을 포함한 개인의 심리적 적응을 유지하는 차원에서 다음과 같은 실무적 시사점을 지닌다. 먼저, 파병 군인을 선발하는 과정에서 직업소명의식의 정도를 반영하는 것이 필요하다. 현재 대한민국 소말리아 파병 군인의 선발절차는 파병 신청 군인의 이전 파병경험 유무, 계급, 근무기간, 가족 여부 등 개인 외적요인만 반영될 뿐, 개인 심리적 적응요인에 대한 고려가 부족한 실정이다. 파병이 특수한 외상 스트레스를 경험할 수 있는 위험요소로서 군인의 심리적 부적응을 유발할 수 있고, 이는 개개인의 전투력에 부정적 영향을 줄 수 있을 뿐만 아니라, 파병 부대 전체의 임무수행과 전투 수행의 승패와 직결될 수 있다. 따라서 파병 군인의 선발 과정에서부터 외상경험을 적응적으로 meaning-making 할 수 있는 군인을 선발할 필요성이 있으며, 소명의식과 같은 개인의 긍정자원을 확인할 수 있는 방안을 모색해야 한다. 뿐만 아니라 선발 이후에도 소명의식이 상대적으로 낮은 군인에게 calling 교육과정을 통해 파병의 의미를 지각할 수 있는 역량을 기르는 과정 또한 필요할 것이다. 위와 같은 노력은 소명을 통해 파병 전 심리적으로 안정직인 global meaning을 형성함으로써 임무 중에 겪는 외상경험으로부터 효과적으로 적응하게 하여, 파병 부대의 전투력을 안정적으로 발휘할 수 있도록 도움을 줄 것으로 기대할 수 있다.

또한 파병 임무 중에도 군인들의 삶의 의미 체계가 흔들리지 않도록 지속적인 관심과 제도적 장치 마련이 요구되며, 파병 이후에도 군인들의 외상 스트레스를 관리하고 본연의 임무에 정상적으로 배치되어 정상적인 삶을 영위할 수 있도록 상담 및 교육체계 마련이 필요하다. 군인 신상관리 관계자들은 소명의식이 삶의 의미 체계를 보전하는 인지적 자원으로 작용하여 심리적 적응을 도울 수 있는 메커니즘에 주목하고, 심리적 부적응을 겪는 파병 군인들을 관리하기 위한 환경을 조성해야 할 것이다.

다음으로 추후 연구를 위한 제언은 다음과 같다. 첫째, 본 연구는 동양 문화권에 속해있는 대한민국 해군 파병 군인을 대상으로 연구를 실시하였기 때문에, 서구 문화권에 속해있는 군인이나 다른 임무 특성을 지닌 육군 및 공군 파병 군인을 대표하는 결과로서 일반화하는 것에는 한계를 지닌다. 따라서 문화권과 군의 유형을 고려하여 다양한 표본을 대상으로 연구를 실시하고 파병 군인의 특수한 임무에 따른 심리적 변화에 대해 살펴볼 필요가 있다.

둘째, 본 연구는 종단 연구로 진행되었으나 T1시점과 T3시점의 차이가 8개월이라는 점에서 다른 종단연구에 비해 상대적으로 기간이 짧다. 특히 삶의 의미는 파병 임무 수행 중(T2) 뿐만 아니라, 파병 이후에도 군 생활을 지속해 나가는 과정에서, 가족이나 친구의 사회적 지지(social support) 같은 사회적 자원(societal resource)에 의해 증진될 가능성이 있기 때문에, 추후 연구에서는 삶의 의미가 파병 이후(T3)에도 새롭게 형성되는 기간을 고려하여 보다 긴 종단연구 모델을 통해 면밀하게 살펴볼 필요가 있다.

참고문헌

강성록, 김세훈, 이현엽(2014), 〈베트남전 참전 제대군인의 외상 후 스트레스 장애 증상에 대한 예측 변인〉, ≪Korean Journal of Clinical Psychology≫ 33, 35~50, 한국임상심리학회.

박용욱, 설정훈(2019), 〈파병장병의 외상경험이 삶의 의미에 미치는 영향과 직업소명의식의 조절효과: 해군 청해부대를 중심으로〉, ≪한국군사학논집≫ 75(2), 139~166, 육군사관학교 화랑대연구소.

박용욱, 설정훈, 손영우(2018), 〈직업소명의식과 지각된 사회적지지가 파병 군인의 파병 불안 감소에 미치는 영향: 상호작용효과를 중심으로〉, ≪한국심리학회지: 문화 및 사회문제≫ 24(1), 63~77, 한국문화및사회문제심리학회.

송승훈, 이홍석, 박준호, 김교헌(2009), 〈한국판 외상후 성장 척도의 타당도 및 신뢰도 연구〉, ≪한국심리학회지: 건강≫ 14(1), 193-214.

심예린, 유성경(2012), 〈한국판 소명 척도(CVQ-K) 타당화〉, ≪한국심리학회지: 상담 및 심리치료≫ 24, 847~872, 한국상담심리학회.

우정희(2012), 〈해외파병군인의 외상후 스트레스장애(PTSD)에 관한 연구〉, ≪한국테러학회보≫ 5, 72~103, 한국테러학회.

원두리, 김교헌, 권선중(2005), 〈한국판 삶의 의미척도의 타당화 연구: 대학생을 대상으로〉, ≪한국심리학회지: 건강≫ 10(2), 211~225.

은헌정, 권태완, 이선미, 김태형, 최말례, 조수진(2005), 〈한국판 사건충격척도 수정판의 신뢰도 및 타당도 연구〉, ≪대한신경정신의학회지≫ 44(3), 303~310, 대한신경정신의학회.

이연미, 김영희, 지지은(2010), 〈해외파병 부대원들을 위한 정신건강 증진 프로그램 개발에 관한 연구〉, ≪군진간호연구≫ 28(1), 70~83. 국군간호사관학교 군건강정책연구소.

Ahn, J., Kim, H.-W., & Lee, J. Y. (2019). A cross-cultural study of calling and life satisfaction in the United States and South Korea. *Journal of Career Development*. Advance online publication

American Psychiatric Association (2013). *Diagnostic and statistical manual of mental disorders* (5th ed.). Arlington, VA: American Psychiatric Publishing.

Asnaani, A., Reddy, M. K., & Shea, M. T. (2014). The impact of PTSD symptoms on physical and mental health functioning in returning veterans. *Journal of Anxiety Disorders* 28, 310~317.

Boullion, G. Q., Pavlacic, J. M., Schulenberg, S. E., Buchanan, E. M., & Steger, M. F. (2020). Meaning, social support, and resilience as predictors of posttraumatic growth: A study of the Louisiana flooding of August 2016. *American Journal of Orthopsychiatry*. Advance online publication.

Braden, A., Overholser, J., Fisher, L., & Ridley, J. (2017). Life meaning is predictive of improved hopelessness and depression recovery in depressed veterans. *Journal of Social and Clinical Psychology* 36(8), 629~650.

Bryan, C. J., Elder, W. B., McNaughton-Cassill, M., Osman, A., Hernandez, A. M., & Allison, S. (2013). Meaning in life, emotional distress, suicidal ideation, and life functioning in an active duty military sample. *The Journal of Positive Psychology* 8(5), 444~452.

Cox, D. W., Bakker, A. M., & Naifeh, J. A. (2017). Emotion dysregulation and social support in PTSD and depression: A study of trauma-exposed veterans. *Journal of Traumatic Stress* 30(5), 545~549.

Dik, B. J., & Duffy, R. D. (2009). Calling and vocation at work: Definitions and prospects for research and practice. *The Counseling Psychologist* 37(3), 424~450.

Dik, B. J., Eldridge, B. M., Steger, M. F., & Duffy, R. D. (2012). Development and validation of the calling and vocation questionnaire (CVQ) and brief calling scale (BCS). *Journal of Career Assessment* 20, 242~263.

Dobrow, S. R., & Tosti-Kharas, J. (2011). Calling: The development of a scale measure. *Personnel Psychology* 64(4), 1001~1049.

Dohrenwend, B. P. (2006). The psychological risks of Vietnam for U.S. veterans: A revisit with new data and methods. Science 313, 979~982.

Duffy, R. D., Allan, B. A., Autin, K. L., & Douglass, R. P. (2014). Living a calling and work well-being: A longitudinal study. *Journal of Counseling Psychology* 61(4), 605~615.

Duffy, R. D., Allan, B. A., & Bott, E. M. (2012). Calling and life satisfaction among undergraduate students: Investigating mediators and moderators. *Journal of Happiness Studies* 13(3), 469~479.

Duffy, R. D., Dik, B. J., Douglass, R. P., England, J. W., & Velez, B. L. (2018). Work as a calling: A theoretical model. *Journal of Counseling Psychology* 65(4), 423~439.

Duffy, R. D., & Sedlacek, W. E. (2010). The salience of a career calling among college students: Exploring group differences and links to religiousness, life meaning, and life satisfaction. *The Career Development Quarterly* 59(1), 27~41.

Dursun, P., Steger, M. F., Bentele, C., & Schulenberg, S. E. (2016). Meaning and posttraumatic growth among survivors of the September 2013 Colorado floods. *Journal of Clinical Psychology* 72(12), 1247~1263.

Fulton, J. J., Calhoun, P. S., Wagner, H. R., Schry, A. R., Hair, L. P., Feeling, N., Elbogen, E., & Beckham, J. C. (2015). The prevalence of posttraumatic stress disorder in operation enduring freedom/operation Iraqi freedom (OEF/OIF) veterans: A meta-analysis. *Journal of Anxiety Disorders* 31, 98~107.

Goodson, J., Helstrom, A., Halpern, J. M., Ferenschak, M. P., Gillihan, S. J., & Powers, M. B. (2011). Treatment of posttraumatic stress disorder in U.S. combat veterans: A meta-analytic review. *Psychological Reports* 109(2), 573~599.

Hagmaier, T., & Abele A. E. (2012). The multidimensionality of calling: Conceptualization, measurement and a bicultural perspective. *Journal of Vacational Behavior* 81(1), 39~51.

Hijazi, A. M., Keith, J. A., & O'Brien, C. (2015). Predictors of posttraumatic growth in a multiwar sample of US Combat veterans. *Peace and Conflict: Journal of Peace Psychology* 21(3), 395~408.

Hoge, C. W., Terhakopian, A., Castro, C. A., Messer, S. C., & Engel, C. C.

(2007). Association of posttraumatic stress disorder with somatic symptoms, health care visits, and absenteeism among Iraq war veterans. *American Journal of Psychiatry* 164(1), 150~153.

Horesh, D., Solomon, Z., Zerach, G., & Ein-Dor, T. (2011). Delayed-onset PTSD among war veterans: The role of life events throughout the life cycle. *Social Psychiatry and Psychiatric Epidemiology* 46(9), 863~870.

Horowitz, M., Wilner, N., & Alvarez, W. (1979). Impact of Event Scale: A measure of subjective stress. *Psychosomatic Medicine* 41(3), 209~218.

Hu, L. T., & Bentler, P. M. (1999). Cutoff criteria for fit indexes in covariance structure analysis: Conventional criteria versus new alternatives. *Structural Equation Modeling: A Multidisciplinary Journal* 6(1), 1~55.

Ikin, J. F., Creamer, M. C., Sim, M. R., & McKenzie, D. P. (2010). Comorbidity of PTSD and depression in Korean War veterans: Prevalence, predictors, and impairment. *Journal of Affective Disorders* 125, 279~286.

James, L. M., Van Kampen, E., Miller, R. D., & Engdahl, B. E. (2013). Risk and protective factors associated with symptoms of post-traumatic stress, depression, and alcohol misuse in OEF/OIF veterans. *Military Medicine* 178(2), 159~165.

Jo, I., Lee, S., Sung, G., Kim, M., Lee, S., Park, J., & Lee, K. (2018). Relationship between burnout and PTSD symptoms in firefighters: The moderating effects of a sense of calling to firefighting. *International Archives of Occupational and Environmental Health* 91(1), 117~123.

Joseph, S., & Linley, P. A. (2006). Growth following adversity: Theoretical perspectives and implications for clinical practice. *Clinical Psychology Review* 26(8), 1041~1053.

King, L. A., King, D. W., Vogt, D. S., Knight, J., & Samper, R. E. (2006). Deployment Risk and Resilience Inventory: A collection of measures for studying deployment-related experiences of military personnel and veterans. *Military Psychology* 18(2), 89~120.

Koo, K. H., Hebenstreit, C. L., Madden, E., & Maguen, S. (2016). PTSD detection and symptom presentation: Racial/ethnic differences by gender among veterans with PTSD returning from Iraq and Afghanistan. *Journal of Affective Disorders* 189, 10~16.

Kurian, A. G., Currier, J. M., Rojas-Flores, L., Herrera, S., & Foster, J. D. (2016). Meaning, perceived growth, and posttraumatic stress among teachers in El Salvador: Assessing the impact of daily spiritual experiences. *Psychology of Religion and Spirituality* 8(4), 289~297.

Larner, B., & Blow, A. (2011). A model of meaning-making coping and growth in combat veterans. *Review of General Psychology* 15(3), 187~197.

Maercker, A., & Zoellner, T. (2004). The Janus face of self-perceived growth: Toward a two-component model of posttraumatic growth. *Psychological Inquiry* 15(1), 41~48.

Martela, F., & Steger, M. F. (2016). The three meanings of meaning in life: Distinguishing coherence, purpose, and significance. *The Journal of Positive Psychology* 11(5), 531~545.

Owens, G. P., Steger, M. F., Whitesell, A. A., & Herrera, C. J. (2009). Posttraumatic stress disorder, guilt, depression, and meaning in life among military veterans. *Journal of Traumatic Stress* 22(6), 654~657.

Park, C. L. (2010). Making sense of the meaning literature: An integrative review of meaning making and its effects on adjustment to stressful life events. *Psychological Bulletin* 136(2), 257~301.

Park, C. L. (2016). Meaning making in the context of disasters. *Journal of Clinical Psychology* 72(12), 1234~1246.

Park, C. L., & Ai, A. L. (2006). Meaning making and growth: New directions for research on survivors of trauma. *Journal of Loss and Trauma* 11(5), 389~407.

Park, C. L., Chmielewski, J., & Blank, T. O. (2010). Post-traumatic growth:

Finding positive meaning in cancer survivorship moderates the impact of intrusive thoughts on adjustment in younger adults. *Psycho-oncology* 19(11), 1139~1147.

Park, C. L., Cohen, L. H., & Murch, R. L. (1996). Assessment and prediction of stress-related growth. *Journal of Personality* 64(1), 71~105.

Park, J., Sohn, Y. W., & Ha, Y. J. (2016). South Korean salespersons' calling, job performance, and organizational citizenship behavior: The mediating role of occupational self-efficacy. *Journal of Career Assessment* 24(3), 415~428.

Park, Y., Seol, J. H., & Sohn, Y. W. (2018). Effects of occupational calling and social support on the anxiety of Korean navies dispatched overseas. *The Korean Journal of Culture and Social Issues* 24(1), 63~77.

Pietrzak, R. H., Harpaz-Rotem, I., & Southwick, S. M. (2011). Cognitive-behavioral coping strategies associated with combat-related PTSD in treatment-seeking OEF-OIF veterans. Psychiatry Research, 189(2), 251~258.

Rawat, A., & Nadavulakere, S. (2015). Examining the outcomes of having a calling: Does context matter?. *Journal of Business and Psychology* 30(3), 499~512.

Richardson, L. K., Frueh, B. C., & Acierno, R. (2010). Prevalence estimates of combat-related post-traumatic stress disorder: Critical review. *Australian & New Zealand Journal of Psychiatry* 44(1), 4~19.

Steger, M. F., Frazier, P., Oishi, S., & Kaler, M. (2006). The meaning in life questionnaire: Assessing the presence of and search for meaning in life. *Journal of Counseling Psychology* 53(1), 80~93.

Steger, M. F., Frazier, P. A., & Zacchanini, J. L. (2008). Terrorism in two cultures: Stress and growth following September 11 and the Madrid train bombings. Journal of Loss and Trauma 13(6), 511~527.

Steger, M. F., Kashdan, T. B., Sullivan, B. A., & Lorentz, D. (2008). Understanding the search for meaning in life: Personality, cognitive style, and the dynamic between seeking and experiencing meaning. *Journal of Personality* 76(2), 199~228.

Steger, M. F., Owens, G. P., & Park, C. L. (2015). Violations of war: Testing the meaning-making model among Vietnam veterans. *Journal of Clinical Psychology* 71(1), 105~116.

Steger, M. F., & Park, C. L. (2012). *The creation of meaning following trauma: Meaning making and trajectories of distress and recovery.* In R. A. McMackin, E. Newman, J. M. Fogler, & T. M. Keane (Eds.), Trauma therapy in context: The science and craft of evidence-based practice (pp.171-191). Washington, DC: American Psychological Association.

Steger, M. F., Pickering, N. K., Shin, J. Y., & Dik, B. J. (2010). Calling in work: Secular or sacred?. *Journal of Career Assessment* 18(1), 82~96.

Tedeschi, R. G., & Calhoun, L. G. (1996). The Posttraumatic Growth Inventory: Measuring the positive legacy of trauma. *Journal of Traumatic Stress* 9(3), 455~471.

Tedeschi, R. G., Shakespeare-Finch, J., Taku, K., & Calhoun, L. G. (2018). *Posttraumatic growth: Theory, research, and applications.* New York: Routledge

Thompson, J. A., & Bunderson, J. S. (2019). Research on work as a calling… and how to make it matter. *Annual Review of Organizational Psychology and Organizational Behavior* 6(1), 421~443.

Vogt, D., Smith, B. N., King, D. W., & King, L. A. (2012). *Manual for the Deployment Risk and Resilience Inventory-2 (DRRI-2): A collection of measures for studying deployment-related experiences of military veterans.* Boston, MA: National Center for PTSD.

Weiss DS, Marmar CR (1997) *The impact of event scale-revised.* In: Wilson JP, Keane TM (eds) Assessing psychological trauma and PTSD: a practitioner's handbook. New York: Guilford.

Wrzesniewski, A., McCauley, C., Rozin, P., & Schwartz, B. (1997). Jobs, careers, and callings: People's relations to their work. *Journal of*

Research in Personality 31(1), 21~33.
Zhou, X., Wu, X., & Zhen, R. (2018). Self-esteem and hope mediate the relations between social support and post-traumatic stress disorder and growth in adolescents following the Ya'an earthquake. *Anxiety, Stress, & Coping* 31(1), 32~45.